WITHDRAWN

MADAGASCAR

MADAGASCAR
Society and History

Edited by
Conrad Phillip Kottak
Jean-Aimé Rakotoarisoa
Aidan Southall
Pierre Vérin

Carolina Academic Press
Durham, North Carolina

© 1986 by the Wenner-Gren Foundation
   for Anthropological Research
All rights reserved

Library of Congress Catalog Card Number: 83-70313
International Standard Book Number: DT
0-89089-252-0 (cloth) 469
0-89089-253-9 (paper) M274
M33
Carolina Academic Press 1986
Post Office Box 8795, Forest Hills Station
Durham, North Carolina 27707

Text and jacket design by Anistatia R Miller

Printed in the United States of America

CONTENTS

Introduction
Conrad Phillip Kottak   1

Abstracts   9

PART I.   History, Adaptation, and the State

1 Origines malgaches: histoire culturelle et archéologie de Madagascar, mise au point et commentaire
Pierre Vérin   45

2 Early Communities on the Island of Maore and the Coasts of Madagascar
Henry T. Wright   53

3 Principaux aspects des formes d'adaptation de la société traditionelle Malgache
J. A. Rakotoarisoa   89

4 The "Anjoaty" and Embouchures in Madagascar
David Hurvitz   107

5 Milieu naturel et peuplement de l'Androy
Manassé Esoavelomandroso   121

6 A propos des Mikea
Fulgence Fanony   133

7 Le temps et l'espace dans l'idéologie politique de la Royauté Sakalava-menabe
Jacques Lombard   143

8 Ritual and Work in Madagascar
Gillian Feeley-Harnik   157

9 Royal Authority and the Protector System in
   Nineteenth-Century Imerina
   Gerald M. Berg 175

10 La Société Malgache vers 1800
   Hélène Ratrimoharinosy 193

PART II.   Varieties of Kinship and Social Organization

11 Hierarchy and Equality in Merina Kinship
   Maurice Bloch 215

12 Ilafy: terre et parenté
   Janine Razafindratovo-Ramamonjisoa 229

13 Quelques traits de l'organisation sociale des Betsileo
   du Manandriana
   Narivelo Rajaonarimanana 245

14 Faliarivo and the Model of Malagasy Kinship
   Aidan Southall 263

15 Kinship Modeling: Adaptation, Fosterage, and Fictive
   Kinship among the Betsileo
   Conrad Phillip Kottak 277

16 The Transformation of the Bara Rural Economy
   Richard Huntington 299

17 Mahafaly as Misnomer
   Karl Eggert 321

18 Divination and Kinship among the Sakalava of West
   Madagascar
   William J. G. Gardenier 337

19 L'Organisation sociale Sakalava du Nord: une récapitulation
   J. F. Baré 353

20 Funerals and Social Change in Mayotte
   Michael Lambek and Jon H. Breslar 393

21 Common Themes in Malagasy Culture
   Aidan Southall 411

Bibliography 427

Index 439

PART I

History, Adaptation, and the State

Introduction

Conrad Phillip Kottak

Most of the papers in this volume were originally prepared for Burg Wartenstein Symposium No. 83, "Human Adjustment in Time and Space in Madagascar," supported by the Wenner-Gren Foundation for Anthropological Research. Since their preparation in 1979, many of the papers have been revised and updated, and there is a new paper by Michael Lambek and Jon Breslar drawing on their ethnographic fieldwork in Mayotte, southernmost of the Comoro Islands, where both early and late settlement by Malagasy speakers seem likely.

The main themes of the symposium—Malagasy history, social organization, and human ecological adaptation—are apparent in most of the articles. Part I includes those papers dealing with "History, Adaptation, and the State." The first two articles consider recent archaeological work on Madagascar. Pierre Vérin reviews the archaeological framework for Malagasy history, recalling older discoveries and highlighting recent work of researchers of the Museum of Art and Archaeology of the University of Madagascar.

Although the oldest date so far obtained for archaeological remains in Madagascar does not antedate 800 A.D., various lines of evidence have led many scholars to speculate that the date of first settlement was earlier. Madagascar's original settlers, the Protomalagasy, were most probably an Indonesian-East African blend. Contemporary Madagascar has remarkable linguistic unity; the various Malagasy languages and dialects appear to be more closely interrelated than the Romance languages. Their closest collaterals are spoken in Indonesia.

As Vérin points out, Madagascar's settlers had knowledge of metallurgy. Despite archaeological evidence for early hunting and gathering in the extreme south, the Protomalagasy surely had food-producing ancestors and wasted little time in introducing plant cultivation and stockbreeding (mainly of zebu cattle) to Madagascar. Indeed there is evidence for shifting cultivation, supplementing lagoon and estuary fishing and collecting, in the small early settlements on the coasts of Madagascar and the Comoros described here by archaeologist Henry Wright.

Several scholars have been particularly interested in the roles of Arabian migrants, Afro-Arabs, and "islamized" peoples in Madagascar's history. Vérin mentions archaeological evidence for contact with East Africa and the Islamic world, but Wright notes that few of the earliest coastal pottery types had East African affinities. Archaeological evidence for commerce with East Africa and Islamic influence comes later, between 1000 and 1200 A.D. Discussion of more recent Afro-Arab and Islamic influence on Madagascar is included in the papers by Hurvitz, Lombard, Baré, Lambek and Breslar, and in Southall's concluding essay.

The archaeologists' papers are followed by geographer Jean-Aimé Rakotoarisoa's survey of Madagascar's main geographic and ecological contrasts and their implications for human adaptation. He delineates the major cultural-geographic regions of the island, which, along with the twenty official ethnic labels traditionally used in the national census, provide a framework for understanding variations in economy, demography, and cultural ecology. In the central highlands live the densely populated, intensively agricultural, wet-rice cultivating, state-organized Merina and Betsileo. Shifting cultivation is prominent in the economies of the Tanala ("forest people") of the eastern escarpment and in many humid coastal areas, especially along the eastern littoral. The transition from rice-cultivating highlands to arid cattle-herding south and west is accomplished by the Betsileo (Rajaonarimanana, Kottak). The dry-country stockbreeders include the Bara (Huntington), Tandroy (Esoavelomandroso), "Mahafaly" (Eggert), and interior Sakalava (Gardenier). Despite the preeminence of pastoralism in their economies, all these people also cultivate, usually in the alluvial soils of streambeds and river banks. Madagascar's lowest population densities are in the south and west. Other residents of the southwest discussed here include isolated Mikea hunters and gatherers and coastal Vezo sailors and fishers (Fanony).

Unlike the populations just mentioned, the Anjoaty described by David Hurvitz are not one of Madagascar's twenty official ethnic groups. Rather, the Anjoaty are scattered along the Malagasy coasts, where they have a special culturally-defining relationship with river and bay mouths (embouchures). Hurvitz offers a symbolic interpretation of the quasi-mythic migration legends that bring Anjoaty ancestors to Madagascar from Arabia, and he establishes that at least two distinct groups of Afro-Arabs, all now essentially malagasized, have reached Madagascar.

Historian Manassé Esoavelomandroso reconstructs the ecology and history of the Tandroy of southern Madagascar. He draws on both written accounts and oral traditions in tracing the development of "melting pot" ethnicity in Androy (Tandroy country). The Tandroy share many similarities in economy and social organization with such other southern-western groups as Bara, "Mahafaly" and Sakalava. These are highlighted in the papers by Huntington, Eggert, Gardenier, Lombard and Baré.

The Mikea described by anthropologist Fulgence Fanony are unusual among the Malagasy in their foraging existence. They live in a large, sandy, arid forest between the southwest coast and the interior plains homeland of Masikoro herders and cultivators, who have been assigned Sakalava ethnic identity as a result of their conquest by the Sakalava Menabe kingdom (see Lombard). The Mikea trade honey and meat with their neighbors for such products as chewing tobacco, spears, and cooking utensils.

Jacques Lombard focuses on the political ideology of the original Sakalava state, Menabe. Formed in the southwest, the Sakalava Maroseragna ("many ports") dynasty engaged in a series of conquests northward along the west coast. By the mid-nineteenth century, Sakalava branches had established themselves as rulers in Analalava (Feeley-Harnik) and Ampasindava and Nosy Be (Baré). Lombard links the Maroseranana to "islamized" Malagasy from the east coast, presumably relatives of the Anjoaty described by Hurvitz. Lombard also describes the economic changes effected by the Sakalava monarchy, including reorganization of cattle breeding, and supervision of the west coast ports where at various times in Sakalava history there has been thriving trade with European slave buyers and/or merchants from Arabia, Africa, and the Comoros. Lombard also describes the effectiveness of the Sakalava Maroseranana in replacing natives' ancestors with their own as the focus of legitimacy and ceremonial life.

Gillian Feeley-Harnik also describes the prominent role of royal ancestors, including their funerary ceremonies and other "royal work," among the northern Sakalava of Analalava. In the presence of the Malagasy Republic the Sakalava monarchy no longer has any operational political relevance. Feeley-Harnik shows, nevertheless, that subjects' traditional obligations to living and dead Sakalava monarchs survive in such public works as rebuilding the royal cemetery. A similar Sakalava monarch-subject relationship is described later by Baré.

The Sakalava state of Madagascar's west coast arose and persisted on the basis of trade and conquest, and rulers' control over subjects was greatest in and near the major ports. (Little of the Sakalava kingdom described by Lombard, Feeley-Harnik and Baré is obvious, for example, in Gardenier's account of interior Sakalava.) Madagascar's other prominent indigenous state, that of the Merina of the central highlands, developed in more familiar circumstances, considering processes of state formation in other world areas. Although trade and warfare no doubt stimulated the growth of sociopolitical complexity in the central highlands just as on the west coast, the internal factors contributing to the evolution of a state hierarchy are much clearer in densely populated, intensively agricultural Imerina than in the Sakalava case. By the mid-nineteenth century the Merina had become Madagascar's major power, conquering two-thirds of the land and most of the population of the island. Merina monarchs and commanders borrowed from European military and administrative organization and strategy in subduing the island. Missionaries, particularly those of the London Missionary Society, spread literacy and Protestantism among the Merina elite.

Historian Gerald Berg reconstructs the evolution of the pre-Christian religion of the Merina state, its growth from supernaturally efficacious individual talismans and kin group palladia into a hierarchical pantheon. Palladia once associated with particular local kin groups were elevated to serve as national religious symbols. Thereafter the royal pantheon became increasingly sacralized, and ceremonials stressed inequality between sovereign and kin groups by emphasizing the innate religious superiority of royalty. Many echoes of pre-Christian Merina religious symbolism are discernible in other Malagasy groups, including the Anjoaty (Hurvitz) and Sakalava (Lombard).

Part I ends with historian Hélène Ratrimoharinosy's reconstruction of major features of Malagasy life (particularly in Imerina) on the eve of French conquest and the French colonial rule that lasted between 1896 and Madagascar's independence in 1960. Ratrimoharinosy's paper shows that many of the customs, institutions, and social distinctions discussed in Part II's essays on Malagasy social organization were already well-established when the French conquered Madagascar.

Among the liveliest issues discussed during the weeklong symposium were different interpretations of Malagasy history and social organization, and this is reflected in the organization of this book. In the realm of history, scholars have traditionally sought foreign origins for Malagasy customs and sociopolitical institutions. This is inevitable perhaps, given the ethnic and geographic diversity represented by the island's original settlers and subsequent visitors and immigrants, plus the claims to remote foreign ancestry made by ethnic groups and descent groups in many parts of the island. Nevertheless, many participants in the symposium opted for more detailed consideration of internal factors, particularly infrastructural modifications and their structural and superstructural entailments, that might provide new insights about Malagasy history. (Berg's paper illustrates such detailed attention to mechanisms of internal structural and superstructural reorganization. More lengthy examples are included in Kottak, 1980.)

Interpretation of Malagasy social organization, including kinship, descent, and marriage customs, was another disputed area, and in this volume's last essay Southall provides a synthesis of the different viewpoints presented in the papers and discussion at the symposium. Participants argued about whether there is a single Malagasy kinship system, or whether there are significant structural and ideological differences from region to region. Should Malagasy descent systems be considered agnatic or cognatic? Those who had studied such stockbreeding groups as Bara, Tandroy, "Mahafaly," and Sakalava tended to characterize descent among these populations as patrilineal. On the other hand, the cognatic nature of Merina kinship was undisputed, although Bloch's essay, like Kottak's findings among the Betsileo, shows that higher-ranking kin groups are more likely to stress agnatic affiliation.

Southall's concluding essay probably reflects the opinion of most participants that there is a broad contrast between the cognatic structures of the central highlands and the more agnatic kinship-descent systems of the pastoral west and south, with the southern and western Betsileo mediating this contrast. One other factor influencing an ethnographer's decision to use either the patrilineal or the cognatic label may be previous field experience. Having worked in strongly patrilineal societies in Africa, Southall, for example, has been impressed by the cognatic features of Malagasy social organization. Kottak, on the other hand, having previously worked in a cognatic society with no discernible descent group structure, was impressed with the corporate nature of certain Betsileo descent groups and with their agnatic slant. Southall's final essay appropriately emphasizes participants' conclusion that "cumulative kinship" (originally used by Huntington to analyze the Bara), along with several other features of kinship, descent, and marriage customs, may offer a better framework for understanding Malagasy social organization than would result from continuing the patrilineal-cognatic debate.

With Maurice Bloch's paper, which begins Part II, we move from recent Merina history to its social organization, specifically to potentially contradictory principles of equality and hierarchy in Merina kinship. The hierarchical principles show up mainly within domestic groups, whereas an ideology of equality tends to govern relations between relatives in different domestic groups. In Bloch's analysis the Merina kinship system is used differently depending on politicoeconomic context, and kinship symbols have been incorporated within Merina political organization.

The northern Betsileo of Manandriana studied by Narivelo Rajaonarimanana blend cognatic and agnatic principles in their kinship and descent system. Rajaonarimanana describes the dispersed named cognatic descent group focusing on a common ancestral village with the founder's tomb, and the more patrilineal local descent group segment (Kottak found roughly the same kinds of groups among the southern Betsileo, except that the rule of local descent group affiliation varied with socioeconomic stratum).

The Zafimaniry, located southeast of Rajaonarimanana's Betsileo and north of Kottak's research area, have affinities both with the Betsileo, of whom they may be an offshoot, and the Tanala, forest horticulturalists of the eastern escarpment, who are their neighbors. Aidan Southall describes reflections of a "model of Malagasy kinship" in the Zafimaniry village of Faliarivo.

Kottak views variation in Malagasy (southern Betsileo) social organization in the context of politicoeconomic contrasts, showing how senior and junior commoners make different use of common principles of Betsileo social organization, including ritual kinship, fosterage, and adoption. Kottak suggests that a florescence of "kinship modeling"—i.e., the conversion of nonkin into (fictive) kin or the strengthening of distant kin relationships—will occur in kin-based societies experiencing increasing contact with outsiders and rapid sociopolitical change.

Huntington's paper, focusing on the northeastern Bara, is also concerned with change, specifically with effects on Bara life of increasing market penetration during the 1970s. Note, too, that some of the basic units of Bara social organization described by Huntington recur among the other Malagasy ethnic groups of the pastoral south and west. Analyzing the sociopolitical organization of the "Mahafaly" of southwestern Madagascar, for example, Karl Eggert describes eight kinds of social group in which his informants claimed membership. Eggert's paper underscores the problematic nature of the conventional ethnic labels employed as official categories by French colonialism and Malagasy Republic alike. The "Mahafaly," for example, never use that term for themselves.

William Gardenier examines the role of divination (a panmalagasy institution) in central Sakalava social organization. Unlike the other students of the Sakalava whose contributions are included in this volume, Gardenier worked among commoners who had little to do with royalty and little familiarity with Sakalava state history. Their social organization is quite similar to that described by Eggert for the "Mahafaly." Gardenier shows the role of divination, along with sorcery and witchcraft fears and accusations, in Sakalava kin group fissioning.

Like Huntington's paper, Jean François Baré's documents the impact of market penetration and mobility on traditional social organization—of the northern Sakalava of Nosy Be island and the mainland peninsula of Ampasindava. Baré shows that kinship and marriage customs are used differently by commoners and royalty, and his analysis reveals many similarities, and a few notable differences (stricter exogamy, more frequent divorce), with most Malagasy groups.

Although the Sunni Moslem Maorais of Mayotte in the Comoros include Malagasy speakers related to the northern Sakalava, few ethnographic similarities with Madagascar are discernible in the contribution by Michael Lambek and Jon Breslar, which examines funerary customs in the context of recent political events. Swahili and Sakalava colonies came together in the Comoros, and were islamized. The result seems to have been a new cultural amalgam, and an erasure of many typical markers of Malagasy ethnicity.

The cultural and religious contrast with this near neighbor emphasizes Madagascar's distinctiveness, the unity overriding the variations examined in previous articles. Southall's concluding essay, which synthesizes both written and verbal insights arising from Wenner-Gren Symposium no. 83, is appropriately entitled "Common Themes in Malagasy Culture." Although Southall pays special attention to social organization, he also touches on some of those historical questions that make Madagascar such a fascinating single laboratory for studying hundreds of problems and issues related to cultural tenacity and persistence, diversification and evolution, history, structure, and process.

Abstracts

PART ONE—HISTORY, ADAPTATION, AND THE STATE

Origines malgaches: histoire culturelle et archéologie de Madagascar, mise au point et commentaire. Pierre Vérin.

In an article prepared especially for this volume, Pierre Vérin updates his Symposium paper on the state of archaeological research in Madagascar. Here he summarizes recent research sponsored by the Center for Art and Archaeology of the University of Madagascar, and shows how new discoveries have added to previous knowledge. Archaeological findings support several generalizations. For example, there is archaeological evidence that Madagascar's first human colonization (by Indonesians and East Africans) was underway by at least 900 A.D., but the date of initial settlement may actually be several centuries earlier. Early hunting and gathering in at least some parts of the island was succeeded by cultivation and herding. Most regions of Madagascar had been settled, though in some cases with sparse populations, by the fourteenth century, at which time defensive works appeared, to become important in the highlands around 1500 A.D. Ever since 1000 A.D. Madagascar has been involved in trade with other parts of the Indian Ocean. The roles of Indonesians, Africans, and Arabs in Madagascar's history, mentioned by Vérin and differently stressed by various scholars, are discussed further in the other articles in this volume.

La documentation archéologique présentée par Vérin tient compte de ce qui a été découvert à Madagascar depuis le temps du symposium. En effet, le Centre et le Musée d'Archéologie font épanouir l'oeuvre entreprise au début de l'indépendance. Déjà les découvertes de terrain permettent des aperçus d'ensemble du problème des origines malgaches et du développement des cultures.

Au Xe siècle, Indonésiens et immigrants de l'Afrique orientale semblent déjà être installés, mais il n'est pas impossible que les premières occupations soient antérieures. A un genre de vie fondé sur la chasse et la cueillette se substituent l'élevage extensif et la riziculture intensive. L'ensemble du territoire malgache semble occupé au XIXe siècle encore qu'en bien des endroits, le peuplement soit peu dense. Les systèmes défensifs existent dès le XVe siècle et se perfectionnent.

Depuis le début du peuplement, Madagascar entretient des rapports commerciaux avec diverses aires de l'océan Indien. Les rôles respectifs des Arabes, des Indonésiens et des Africains au travers de l'histoire malgache sont évoqués dans cette contribution, mais aussi abordés et discutés dans les articles de quelques-uns des autres auteurs.

Ny tahirin-kevitra arkeolojika aroson'Atoa Verin eto dia maneho ireo voka-pikarohana hita hatramin'izao fivoriam-be izao. Ao tokoa manko ny Foibem-pampianarana sy ny trano fitahirizana ny vako-pirenena izay nanohy sy nanitatra ireo asa efa natomboka hatramin'ny nahazoana ny fahaleovantena. Efa ahafahana sahady manao topimaso momba ny fiaviana sy ny fivelaran'ny harentsaina malagasy ireo vokatry ny fikarohana azo hatramin'izao.

Tamin'ny taon-jato faha-10 dia toa efa niorim-ponenana teto sahady ireo indonezianina sy ireo mpifindra monina avy ao Afrika atsinanana. Izany anefa tsy milaza fa tsy nisy olona niorim-ponenana teto talohan'izay. Fiompiana sy fambolena no nisolo an'ilay fomba fiaina nifototra tamin'ny haza sy ny fiotazana. Ny ankamaroan'ny faritany teto dia toa efa nisy olona tamin'ny taon-jato faha-19 na dia nisy aza faritany sasany mbola vitsy mponina. Efa nisy hatramin'ny taon-jato faha-15 sahy nihatsara miandalana ireo rafi-piarovana ny tanàna.

Hatramin'ny niorenan'ny mponina voalohany teto, dia nifandray ara-barotra tamin'ireo faritra maro teto amin'ny Ranomasina Indianina i Madagasikara. Tsiahivin'ny mpanoratra amin'izany ny anjara asan'ny arabo, ny indonezianina sy ny afrikanina nandritra ny vanim-potoana maro teo amin'ny tantaran'i Madagasikara ary izany dia mbola ho voaresaka sy ho voahadihady ao amin'ny lahatsoratra atolotr'ireo mpanoratra sasantsasany izay ho hitantsika eto.

Early Communities on the Island of Maore and the Coasts of Madagascar.
Henry T. Wright.

Until recently, knowledge of the earliest inhabitants of Madagascar has been based solely on comparative biological, linguistic, and ethnographic studies of living peoples. Now, such indirect knowledge can be complemented with that based upon more direct, though still preliminary, archaeological studies of some of the earlier communities of Madagascar and the nearby Comores. Considerations of settlement size and location and of ceramics and food remains found in small soundings made on some of these sites of the ninth to thirteenth centuries A.D. suggest relatively small communities lacking social differentiation. The people of these settlements engaged in shifting cultivation of the hill slopes, and lagoon and estuary fishing and shell-fish collecting. Wright notes that most of the early ceramics were made in a tradition unknown elsewhere, but a minority have parallels on the East Coast of Africa. Through time, some communities became larger, with indications of increasing commercial contact with the East African Coast and increasing identification with the Islamic world. Further survey and more extensive excavation should allow a testing of these preliminary suggestions and a refinement of our understanding of the cultural life of the first settlers of Madagascar.

Jusqu'à une époque récente, notre connaissance relative aux anciens habitants de Madagascar était exclusivement fondée sur des données biologiques, linguistiques et ethnographiques extrapolées à partir des groupes actuels. Maintenant cette connaissance indirecte commence à être complétée par les études archéologiques des anciens groupes qui peuplaient Madagascar et les Comores voisines. Ces études préliminaires prennent en compte la superficie et la localisation des zones habitées, mais aussi la nature du matériel céramique et les vestiges culinaires: les sondages révèlent que dans ces sites allant du IXe au XIIIe siècle vivaient de petits groupes humains où la différenciation sociale était peu accentuée. Les habitants tiraient leur subsistance des cultures itinérantes de la pêche côtière et d'estuaire, ainsi que de la collecte de coquillages.

Wright constate que les céramiques anciennes appartiennent à une tradition encore inconnue ailleurs mais que quelques-unes d'entre-elles sont comparables avec des céramiques est-africaines. Au fur et à mesure que les siècles passent, certains établissements humains deviennent importants, les contacts avec la côte orientale d'Afrique et le monde islamique s'intensifient. Avec ce dernier, l'influence culturelle et religieuse va de pair avec les relations économiques. Des investigations supplémentaires et des fouilles plus complètes testeront ces hypothèses et devraient beaucoup apporter à notre connaissance des conditions d'existence des premiers occupants de Madagascar.

Hatramin'ny fotoana vao tsy ela akory, dia nifototra tamin'ny vokatry ny fandinihana ara-biolojika sy ny fiteny ary ny fomba amam-panao fotsiny ny fahalalantsika ireo mponina tranainy teto Madagasikara ary izany aza dia mbola notsoahina avy tamin'ny fahafantarantsika ireo mponina amin'izao fotoana izao. Ankehitriny dia manomboka hatevenin'ireo fikarohana arkeolojika (eto Madagasikara sy any Komoro) izany fahalalana izany. Ireny fandinihana mialoha ireny dia miompana indrindra amin'ny velarana sy famaritana ny toerana misy an'ireny faritra nonenana ireny ary ny toetoetran'ireo vaky tavilotra sy ny sisana sakafo. Hita tamin'izany fa hatramin'ny taon-jato faha-9 ka hatramin'ny taon-jato faha-13 dia nipetrahana vondrom-bahoaka madinika tsy nahitany tsy fitovian-tsaranga be loatra ireny toerana ireny. Nivelona tamin'ny fambolena mifindrafindra sy tamin'ny fanjonoana an-dranomasina ary tamin'ny fitsimponana akoran-driaka ireny olona ireny.

Mbola tsy fanta-piavina ireo vakin-tavilotra tranainy ireo, ny sasany anefa ampifandraisana sy ampitoviana amin'ny hita any Afrika atsinanana. Nihanitombo vahana miandalana ireny fiorenam-ponenana ireny ary nohatevenina araka izany koa ny fifandraisana tamin'i Afrika atsinanana sy ny tany silamo. Tamin'ity farany ity dia niaraka amin'ny fifandraisana ara-barotra ny fidiran'ny fivavahany sy ny haren-tsainy. Mbola ilaina anefa ny manao fikarohana misimisy kokoa eo amin'ny lafiny arkeolojika mba hanamafisana orina izany petra-kevitra izany sy mba hitondra fanazavana misimisy kokoa eo amin'ny fomba fiainan'ireo mponina voalohany teto Madagasikara.

Principaux aspects des formes d'adaptation de la société traditionelle malgache.
J. A. Rakotoarisoa.

Jean-Aimé Rakotoarisoa summarizes Madagascar's main geographic and ecological contrasts and their implications for human adaptation. He notes the diversity that environmental variation has produced within a bounded (insular) population characterized by notable linguistic unity. (All native Malagasy languages share an Indonesian origin). In the central highlands, the densely populated Merina and Betsileo support themselves by irrigated rice cultivation. Madagascar's northern and eastern coasts are humid, as is the eastern escarpment homeland of the Tanala and interior Betsimisaraka. Here the economy is based on shifting cultivation of rice and secondary crops. Although all Malagasy economies are mixed, the mainstay of the arid savannas of the west and south is herding of zebu cattle. Still, populations like the Bara,

Tandroy, "Mahafaly," and interior Sakalava also grow rice in the flooded alluvial soils of stream and riverbanks. Malagasy society is changing today, and many currents of change have their roots in Madagascar's history. Rakotoarisoa notes some of the main internal (demographic pressure, migration) and external (monetarization, global dependence, new technology) reasons for change. In addition, this paper surveys such basic features of Malagasy material culture as houses, tombs and dress, and such sociopolitical institutions as royalty, nobility, the state, and stratification.

Jean-Aimé Rakotoarisoa fait un bilan des diversités géographiques et écologiques de Madagascar qui déterminent l'adaptation humaine à ces milieux. Il fait ressortir le fait que ces contextes ont engendré des différenciations dans une population insulaire à l'unité linguistique remarquable (tous les dialectes malgaches ont une origine indonésienne commune).

Sur les Hautes-Terres centrales, Merina et Betsileo tirent leur subsistance de la riziculture inondée. Sur la côte et l'escarpement oriental jusqu'à Vohémar et au Sambirano, les habitants vivent dans un environnement forestier humide et pratiquent la culture itinérante sur brûlis du riz et des tubercules associés. Certes, tous les systèmes économiques malgaches sont plus ou moins mixtes et si dans l'ouest et le sud l'élevage extensif est dominant, les Bara, les Sakalava, les Tandroy et les "Mahafaly" possèdent aussi des rizières sur les terres d'alluvions.

Les sociétés malgaches sont en mutation, mais les changements trouvent fréquemment leur genèse dans les développements intérieurs de l'histoire malgache. Rakotoarisoa expose les principaux facteurs à l'origine de ces changements, qu'ils soient de nature interne (pression démographique, migration) ou externe (monétarisation, dépendance avec l'extérieur, nouvelles technologies). L'article décrit aussi les traits principaux de la culture matérielle malgache (maisons, tombes, costume) et quelques-unes des institutions socio-politiques: royauté, noblesse, état, stratification.

Notsongain'i Jean Aimé Rakotoarisoa ireo fahasamihafana ara-jeografia sy ara-ekolojia misy eto Madagasikara ka mamaritra ny fifandraisan'ny mponina amin'ny tontolo manodidina azy. Asongadiny amin'izany fa ireo lafin-javatra ireo no miterka ny fahasamihafana misy eo amin'ny mponina amin'ny nosy izay manana fomba fiteny iombonana (ny fitenim-paritany eto Madagasikara dia manana fototra iombonana, dia ny indoneziaina).

Any afovoan-tany dia mivelona amin'ny fambolem-bary tondradrano ny Merina sy ny Betsileo. Ao amin'ny moron-tsiraka sy ny fidezana amin'ny ilany atsinanana hatrany Vohémar ary manodidina an'i Sambirano dia faritra be ala sy mando lava no iainan'ny mponina ary fambolem-bary amin'ny alalan'ny tavy sy fambolena vodin-javatra toy ny vomanga, mangahazo, sns, no ivelomany. Marina tokoa fa ny fomba famokarana malagasy dia tsy tokan-doha mazàna, koa na dia mibahantoerana aza ohatra ny fiompiana any andrefana sy atsimo dia mamboly vary eny amin'ny baiboho ihany koa ny Bara, ny Sakalava, ny Tandroy ary ny Mahafaly.

Miovaova hatrany ny rafi-piainana malagasy, ary mazàna dia ny fivelaran'ny tantaram-pireneny no miteraka ireny fiovana ireny. Atolotr'i Rakotoarisoa etoana ary ireo rangory fototry ny afo niteraka izany fiovana izany, ao ireo avy ao anaty (fitombon'ny mponina, fifindramonina) na avy any ivelany (fampiasana ny vola, fiankinan-doha amin'ny any ivelany, fidiran'ireo teknika vaovao). Hita ao amin'io lahatsoratra io koa ireo endrika manokana hananan'ny fahaizan-draha malagasy (trano, fasana, fitafy) ary ny sasantsasany amin'ireo fomba voarafitra eo amin'ny ara-piaraha-monina sy ara-politika toy ny fiandrianan'ny mpanjaka, ny fiandrianana, ny fanjakana, ny antanantohatra.

The "Anjoaty" and Embouchures in Madagascar. David Hurvitz.

In contrast to most of the selections that follow, in which researchers focus on the officially recognized Malagasy "ethnic groups" with bounded geographic homelands, the Anjoaty studied by David Hurvitz have lived in widely separated regions of the island's coasts since at least the seventeenth century, on the basis of Europeans' reports. Scholars have sometimes treated the Anjoaty and other "Afro-Arab" populations of Madagascar simply as descent groups within a large migratory wave from Arabia. Hurvitz, on the other hand, has established that there were at least two separate early migrations of Arabian (or Afro-Arab) groups to coastal Madagascar. The contemporary Anjoaty are viewed here as part of a wider cultural tradition of embouchures (rivers and bay mouths). The location of Anjoaty cemeteries at the mouths of rivers and bays is the most important defining feature of the embouchure culture. Hurvitz views the Anjoaty's migration legends (which bring them from Arabia) as symbolic statements built upon a cosmological contrast between land and ocean, symbols of life and death. Whatever their historical accuracy, Anjoaty traditions have become myths involving the passage over water to land, with embouchures as the places where the two worlds meet. Hurvitz's research clarifies the basis of the ritual powers widely attributed to the Anjoaty and other Malagasized Afro-Arabs, and it also sheds light on the water symbolism used in many Malagasy rituals.

Contrairement à la plupart des contributions qui figurent dans cet ouvrage et dans lequel les auteurs ne mettent pas en cause la classification officielle des groupes ethniques malgaches aux limites géographiques communes, Hurvitz étudie les Anjoaty dont les ancêtres ont touché de multiples régions côtières, si l'on en croit certaines relations européennes remontant au XVIIe siècle. Les spécialistes ont parfois considéré les Anjoaty et les autres populations "afro-arabes" comme de simples groupes de descendance issue d'un flux migratoire venu de l'Arabie. Hurvitz, au contraire, montre qu'il y eut au moins deux anciennes migrations de groupes islamisés sur les côtes malgaches.

Les Anjoaty actuels relèvent d'une tradition culturelle d'installation aux embouchures de rivière ou aux entrées de baie. La localisation des cimetières anjoaty à ces ouvertures du littoral constitue un des aspects parmi les plus pertinents de la définition de cette "culture des embouchures."

Hurvitz considère les légendes relatives aux migrations depuis l'Arabie comme l'expression d'une idéologie qui exprime symboliquement un contraste cosmologique entre la terre et l'océan, images de la vie et de la mort. La réalité historique importe peu, puisque les traditions anjoaty sont des mythes relatant le passage de l'eau où la terre et que les embouchures sont les lieux où les deux univers sont au contact.

La recherche d'Hurvitz clarifie les bases des pouvoirs rituels reconnus par tous aux Anjoaty et aux autres islamisés malgaches de source ancienne: elle explique aussi le symbolisme de l'eau dont beaucoup de rituels malgaches font usage.

Samihafa kely amin'ny ankamaroan'ny lahatsoratra hita ato ny fanadihadiana atolotr'Atoa Hurvitz mikasika ny Anjoaty. Araka ny voalazany dia saiky niorim-ponenana tany amin'ny morontsiraka maro teto amin'ny Nosy ireo razam-ben'ny Anjoaty ary manaporofo izany ireo fifandraisana nifanaovany tamin'ny eoropeana hatramin'ny taon-jato faha-17. Tsy mba sahala amin'ireo foko sasany izay niorim-ponenana ao anatin'ny fangitra jeografika efa fantatr'izy ireo. Ireo mpandinika dia mihevitra fa ny Anjoaty sy ireo mponina sasany, taranaka afrikanina sy

Arabo dia sampana tarika avy amin'ireo mpifindra monina avy any Arabia. Atoa Hurvitz kosa dia mampiseho fa misy fara-faharatsiny fifindra-monina tranainy roa nataon'ireo silamo ireo teto amin'ny morontsirak'i Madagasikara.

Ireo Anjoaty fantatra amin'izao fotoana izao dia anisan'ireo mponina niorim-ponenana amin'ny vinany na amin'ny helodrano. Ny tena mampiavaka azy ireo, eo amin'ny lafiny fomba amam-panao, dia ny fisian'ny fasan'izy ireo eny amoron-dranomasina ary izany no anaovana ny kolontsain-dry zareo ho "sivilizasion'ny vinany".

Ny anganombaviantitra momba ny fifindran'izy ireo monina avy any Arabia dia heverin'ny mpanoratra ho toy ny lalan-tsaina anehoany ny taratry ny fifanoheran' ny tany sy ny ranomasina izay sarin'ny fiainana sy ny fahafatesana rahateo. Ireny lovantsofina ireny dia mitantara ny fiampitana avy amin'ny rano ho ety an-tanibe ary ny vinany no toerana ihaonan'ireo tontola roa ireo.

Ny fikarohan'Atoa Hurvitz dia manazava misimisy kokoa ny fototry ny fahefana ara-pivavahana ananan'ireo anjoaty sy ny silamo hafa. Hazavainy ao koa ny hevitry ny rano ao amin'ny fomba amam-panao malagasy maro.

Milieu naturel et peuplement de l'Androy. Manassé Esoavelomandroso.

Historian Manassé Esoavelomandroso discusses the ecology and human colonization of the extremely arid Androy country of southern Madagascar. He characterizes the Tandroy as a composite population, descended from original Karimbola and Mahandrovato groups, who gradually came under the tenuous political control of "Roandriana Zafimanara" claiming connection to the Afro-Arabs just discussed by Hurvitz. Zafimanara policy was to attract additional migrants, including groups from Sakalava and Bara country, Anosy (to the east), and even the central highlands. Thus, Androy became a "melting pot." Population is densest today in areas that can be cultivated: fertile calciferous soils just north of the southern littoral, and alluvial riverbanks and stream beds. Esoavelomandroso also discusses a reverse migration from south to north around 1800 A.D. In search of good pastureland, certain Tandroy groups colonized this area (still sparsely populated, however) of extensive cattle herding.

L'historien Manassé Esoavelomandroso examine les aspects écologiques et l'occu-pation par l'homme de la région aride de l'Androy dans le sud de Madagascar. Il considère les Tandroy comme une population composite dont certains ancêtres sont issus des premières populations autochtones Karimbola et Mahandrovato; les Tandroy passèrent progressivement sous le contrôle politique lâche de la dynastie des Roandriana Zafimanara qui s'affirment apparentés aux islamisés dont Hurvitz vient d'évoquer la situation.

Les Zafimanara favorisèrent la venue de nouveaux immigrants particulièrement des groupes venues des pays bara, des Sakalava, mais aussi de l'Anosy à l'est et même des Hautes-Terres. Ainsi l'Androy devint une aire de brassage de populations. Celles-ci sont aujourd'hui les plus nombreuses dans les régions où les cultures trouvent les sols propices: terre calcaire fertile au nord du littoral méridional, zones alluviales des cours d'eau.

Par ailleurs, Esoavelomandroso décrit une migration qui, contrairement aux autres courants, se produisit du sud au nord vers 1800. Certains groupes Tandroy occupèrent avec leurs troupeaux un territoire encore peu peuplé où ils pratiquèrent l'élevage extensif.

Dinihan'ny mpanoratra eto ny endriky ny tontolo iainana (na faritra onenana) sy ny fiorenan'ny mponina ao amin'ny faritra main-tany ao Androy, atsimon'i Madagasikara. Aminy dia fiaviana maromaro no hita ao amin'ny mponina Tandroy ka ny sasany amin'ireo razambeny dia avy amin'ireo mponina voalohany teo an-toerana dia ny Karimbola sy ny Mahandrovato. Taty aoriana dia nofehezin'ny taranak'andriana Roandriana Zafimanara, izay milaza fa manana rohim-pihavanana amin'ny Silamo, ny Tandroy ary vao noresahin'i Hurvitz teo ny momba io rohim-pihavanana io.

Nanamora ny fifindra-monina ny Zafimanara ka ny mponina avy amin'ny faritany Bara sy Sakalava indrindra no hita tamin'izany, tao koa anefa ireo avy amin'ny faritr'Anosy avy any atsinanana ary na dia ny avy any afovoantany aza. Lasa faritra nifaneraseran'ny mponina maro ny tao Androy.

Ny ankamaroan'ireo mponina ireo ankehitriny dia saika hita eny amin'ny faritra tsara ho amin'ny fambolena: avaratry ny faritra faran'ny moron-dranomasina atsimo, ny faritra manamorona ny moron-drano.

Ankoatr'izany, dia resahin'i Esoavelomandroso koa ny endriky ny fifindra-monina nanodidina ny taona 1800 izay tsy nitovy tamin'ny sisa satria avy tany atsimo no nianavaratra. Nisy sokajina Tandroy niaina niaraka tamin'ny faritra tsy mbola nisy olona firy ary dia nanao fiompiana goavana tao ry zareo.

A propos des Mikea. Fulgence Fanony.

Fulgence Fanony reports on his field work among hunters and gatherers who inhabit the dry, sandy forest of southwestern Madagascar. The Mikea live between the coastal homeland of nomadic Vezo fishers and sailors, and the interior plain whose residents claim Masikoro ethnic identity. Fanony highlights relations between the Mikea and their neighbors, including the (at least partial) incorporation of all these groups into the southern Sakalava Menabe state. The traditional Mikea economy involved collection of wild yams and other roots and tubers, and hunting of such small animals as the tenrec. Most contemporary Mikea, however, also engage in trade with their neighbors, providing honey and meat in exchange for spears and other hunting tools, cooking utensils, chewing tobacco, and dried fish. Their neighbors think of the Mikea as lazy and dirty and their lifestyle as savage, but Masikoro occasionally adopt Mikea foraging techniques when faced with scarcity. The term "Mikea," concludes Fanony, describes an ethnic group, a mode of life, and a "clan" officially recognized by the Sakalava monarchy.

Il s'agit d'un rapport par Fulgence Fanony consécutif à un travail de terrain effectué parmi les Mikea chasseurs et collecteurs qui habitent la forêt sèche et sableuse au nord de Tuléar. Les Mikea vivent sur un territoire compris entre la côte parcourue par les pêcheurs vezo nomades et les plaines de l'intérieur dont les occupants se rattachent à l'ethnie masikoro. Fanony insiste sur les realtions que les Mikea entretiennent avec leurs voisins, montrant même comment ces groupements ont été plus ou moins inclus dans le royaume sakalava méridional du Manabe.

L'écominie traditionnelle des Mikea repose sur la recherche des ignames et tubercules sauvages et la chasse au petit gibier où les tenrecs ont un place de choix. Actuellement la plupart de ces populations entretiennent des relations commerciales suivies avec leurs voisins, auxquels elles fournissent du miel et de la viande contre des sagaies, des outils, des utensiles de cuisine, du tabac à mâcher et du poisson séché.

Les populations du voisinage considèrent que les Mikea sont sales et paresseux et que leur mode de vie est sauvage, mais à l'occasion les Masikoro adoptent aussi les techniques de survie des Mikea en forêt quand leur agriculture subit une calamité. D'après Fanony, Mikea signifie d'abord un groupe ethnique, mais aussi un style de vie et encore un "clan" qui fut officiellement reconnu par la monarchie sakalava.

Tatitry ny asa fanomanana mifanesy alohan'ny fanadihadiana ifotony mikasika ny Mikea izay mpihaza sy mpanangona voankazo ary monina anaty ala maina sy be fasika ao avaratry Toleara no hita eto. Ao anelanelan'ny morontsiraka ivezivezen'ny mpanjono vezo sy ireo mpifindrafindra-monina (ireo tsy manana faritra onenana raikitra) sy ny lemaka an-tanibe izay ahitana mponina misy ifandraisany amin'ny foko masikoro, no iainan'ny Mikea. Antitraterin'i Fanony eto ny fifandraisan'ny Mikea amin'ireo mponina manodidina azy, ary asehony amin'izany koa ny nahatonga io foko io ho toa tafiditra tao anatin'ny fanjakana Sakalava atsimon'i Menabe.

Ny foto-pivelomana nolovain'ny Mikea dia mifototra amin'ny fitadiavana fakanjavatra anaty tany sy fihazana biby madinika ary dia manana anjara-toerana manokana amin'izany ny sokina. Ankehitriny dia manana fifandraisana ara-barotra mitohy amin'ireo mpifanolo-bodirindrina aminy izy—tantely sy hena atakalo lefona, fiasana madinika, kojakojan-dakozia, paraky sy trondro maina.

Ny mponina manodidina azy dia mihevitra fa ny Mikea dia olona maloto sy kamo ary ny fomba fiainany dia mbola fomba fiainan' olon-dia, na izany aza anefa dia ampiharin'ny Masikoro ny fomba fahaizana miaina any an'ala rehefa tsy manjary ny vokatry ny fambolena. Ho an'i Fanony, ny teny hoe Mikea dia midika hoe "foko", nefa koa mandika fomba fiainana ny firazanana izay neken'ny fanjakana sakalava ny fisiany.

Le temps et l'espace dans l'idéologie politique de la Royauté Sakalava-menabe. Jacques Lombard.

Jacques Lombard examines the political ideology of the (southern) Sakalava Menabe royalty, the formation of which he traces to the early seventeenth century. Lombard states that the Sakalava Menabe kingdom was formed as a result of the conquest led by exterior elements —"islamized" Andriambolamena immigrants from Madagascar's east coast—who initiated a social and economic reorganization of the west coast. The Sakalava dynasties, including the Maroseragna rulers of Sakalava Menabe, were all branches of the Andriambolamena. Lombard considers the manner in which the Maroseragna extended hegemony over the native populations they subdued, the former "masters of the land" (*tompontany*), reconstructing the past and replacing their ancestor cult with a new cult of royal ancestors. Lombard also examines the roles of the king, the diviner-curer (*ombiasa*), and spirit possession in Sakalava political ideology. He delineates Sakalava cosmology, hierarchies of supernatural entities, and conceptions of time and space.

Jacques Lombard analyse l'idéologie politique de la royauté sakalava du Menabe dont il retrouve les origines au début du XVIIe siècle. Il estime que le royaume sakalava du Menabe fut constitué à la suite de la conquête menée sous la direction des Andriambolamena islamisés venus de la côte est. Ceux-ci mirent en branle une réorganisation du système social et économique. Les dynasties sakalava y compris les souverains Maroseragna du Menabe-Sakalava, étaient toutes issues des Andriambolamena.

Lombard décrit le processus selon lequel les Maroseragna imposèrent leur hégémonie sur les populations locales les premiers maîtres du sol (*tompontany*): ils leur assignèrent une nouvelle histoire et remplacèrent leurs cultes ancestraux par un rattachement aux ancêtres royaux. Les fonctions assumées par les rois font aussi l'objet d'un examen, que ce soit le rôle d'*ombiasa* (devin guérisseur) ou celui de possession des ancêtres si essentiel à l'idéologie politique sakalava. L'article donne un tableau de la cosmologie sakalava, des hiérarchies des puissances surnaturelles, ainsi que des conceptions du temps et de l'espace.

Noadidian'i Jacques Lombard ny foto-pisainana ara-politika nisy tany amin'ny fanjakana sakalava any Menabe, ary hitany fa ny fiandohan'izy io dia nanomboka tany amin'ny taon-jato faha-fito ambin'ny folo tany. Heveriny koa fa ny fanjakana sakalava dia niforona taorian'ny fananihana nataon'ireo Andriambolamena avy any amin'ny morontsiraka atsinanana, izay efa nanana ny finoana silamo. Tamin'izay dia nasian'izy ireo fanamboarana ny rafitra ara-piaraha-monina sy ara-toekarena. Ireo Andriambolamena ireo no loharano nipoiran'ireo "andriana" sakalava rehetra, ary anisan'izany koa ireo Maroseragna ao Sakalava Menabe.

Tantarain'i Lombard koa ny fomba nentin'ny Maroseragna ampanaiky ny tompontany hanaraka ny fombafomba rehetra tiany: tantara vaovao no napetrak'izy ireo, ary ny fomba nentim-paharazan'ireo tompontany aza dia novany ka nampifandraisiny amin'ireo razana Mpanjaka. Na ny andraikitry ny Mpanjaka, na ny asan'ny ombiasa, na ny fitoeran'ny fanahin'ny razana izay zava-dehibe eo amin'ny foto-pisainana sakalava dia samy namboarina daholo. Ity lahatsoratra ity koa dia nampiseho ny teti-bintana sakalava sy ny ambaratongan'ireo hery tsy hita maso ary ny fomba fiheverana ny fotoana sy ny tontolo.

Ritual and Work in Madagascar. Gillian Feeley-Harnik.

Gillian Feeley-Harnik's discussion of royal work among the Sakalava of northwestern Madagascar focuses on the Analalava region, where a Sakalava dynastic branch known as the southern Bemihisatra established itself around 1850. This was part of the northward expansion of Sakalava dynastic rule from the original Menabe kingdom just described by Lombard. The people of Analalava conceive of their lives as governed by all the Sakalava monarchs that have ever lived, but particularly important are the last living local ruler and his or her immediate ancestors. Feeley-Harnik describes royal work that she witnessed in 1972. Its purpose was to repair and rebuild a royal tomb and the setting enclosing it. Such public works are the most concrete surviving expressions of subjects' obligations to the traditional monarchy. Feeley-Harnik's analysis is designed to show that the distinction between work and ritual, as between economics and religion, is both ethnocentric and unproductive. She concludes by examining the possible relevance of the Sakalava example to the analysis of labor and technology in industrial societies.

L'étude de Gillian Feeley-Harnik relative aux travaux royaux se situe dans le nord-ouest de Madagascar, précisément dans la région d'Analalava où s'était établie vers 1850 une branche des Bemihisatra issue du tronc royal dont l'origine au Menabe a été présentée précédemment par Lombard. Ce mouvement d'installation fait partie de l'expansion de la dynastie sakalava vers le nord.
    Les gens d'Analalava font graviter leur existence dans l'orbite de leurs souverains et plus précisément autour de l'actuelle reine et de ses ancêtres récents.
    Feeley-Harnik a assisté aux travaux royaux en 1972; ceux-ci consistaient en la remise en état d'une tombe royale et en la construction de son enclos. De telles activités sont les expressions les plus concrètes des obligations qui incombent encore aux sujets de la monarchie traditionnelle. A cette occasion l'auteur se propose de montrer que la distinction entre les travaux et les rituels ou celle entre l'économie et la religion est de nature ethnocentrique voire peu opératoire. Les résultats de cette analyse sont susceptibles d'application dans certaines études du travail et de la technologie dans la société industrielle.

Ao amin'ny faritra avaratra andrefan'i Madagasikara, ao amin'ny faritr' Analalava izay misy ny Bemihisatra hatramin'ny taona 1850, taranaky ny Mpanjaka tao Menabe izay efa naroson'i Lombard tety aloha ny momba ny fiaviany, no nanaovan'i Gillian Feeley-Harnik fikarohana mikasika ny asa fanao ho an'ny Mpanjaka. Izany fiorenam-ponenan'ireo mponina ireo eo izany dia azo lazainalfa vokatry ny fiparitahan'ny Sakalava mianavaratra.

Ny olona ao Analalava dia miaina tsy mba manalavitra ny toerana misy ireo mpanjakany sy ireo razambeny.

Feeley-Harnik dia nanatrika sy nahita maso ny asa fanao ho an'ny Mpanjaka tamin'ny taona 1972 dia ny fanavazavana sy fikolokoloana ny fasan'ny Mpanjaka ary ny fefy manodidina azy. Izany asa izany dia adidy tsy maintsy hefain'ireo izay ambany fahefan'ny mpanjaka. Tian'ny mpanoratra hasongadina ny mahasamihafa ny asa sy ny fomba, na hoe ny asa ara-toe-harena sy ny vavaka dia fisainana fombandrozana foko ho an'ny tena ho marina ary tsy dia hahitana vokany loatra.

Ny vokatr'ity fandinihana ity dia azo hampiarina amin'ny fikarohana eo amin'ny asa aman-draharaha momba ny toe-karena.

Royal Authority and the Protector System in Nineteenth-Century Imerina. Gerald M. Berg.

The Sakalava monarchies of western Madagascar ruled over political systems that did not, according to Lombard's and Feeley-Harnik's analyses, arise out of local socioeconomic forces, but through conquest of native groups by an expansive Maroseragna ("Many Ports") dynasty. Trade and warfare no doubt stimulated the growth of sociopolitical complexity in the central highlands, but the internal evolution of a state hierarchy is clearer in densely populated, intensively agricultural Imerina than on the west coast. Meticulous documentary and archival research is the foundation of historian Gerald Berg's reconstruction of the evolution of the Merina national pantheon and its role in bolstering royal authority. Far back in Merina history, talismen (*ody*) and palladia (*sampy*) respectively ensured the protection of individuals and autonomous local kin groups. Later, the rise of lowland riziculture and largescale irrigation required cooperation between groups and promoted a central authority; an emerging structure of consensus between group and ruler was expressed ritually by inclusion of each group's palladium within the royal pantheon. Around 1800 A.D., under King Andrianampoinimerina, the royal pantheon became increasingly sacralized, as pantheon ritual stressed inequality between king and kin groups by emphasizing the innate religious superiority of royalty. Finally, Christianity replaced belief in the pantheon as a sanction of royal authority, and European military might and administrative techniques superceded royal ritual.

Les monarchies sakalava de l'ouest et du nord-ouest de Madagascar se trouvaient, si l'on en croit Lombard et Feeley-Harnik, à la tête de systèmes politiques qui ne tiraient pas leur origine de forces socio-économiques élaborées sur place, mais qui furent établis par la conquête de peuples par la dynastie des Maroseragna (aux nombreux ports). Certes, la guerre et le commerce stimulèrent l'apparition des complexes socio-politiques sur les Hautes-Terres. Mais l'évolution interne de la hiérarchie politique est plus perceptible, dans l'Imerina densément peuplée et intensément cultivée, que sur la côte ouest. La recherche d'archives et la documentation méticuleuse qui sont à la base de la reconstruction historique de l'historien Gérald Berg lui permettent de préciser ce que fut l'évolution du panthéon national merina et ses conséquences sur la renforcement de l'autorité royale. Aussi loin que l'on remonte dans l'histoire merina, les talismans (*ody*) et les palladiums (*sampy*) assurèrent la protection des individus et des groupes de parenté. Ultérieurement le développement de la riziculture de bas-fonds et de l'irrigation sur une grande échelle nécessitèrent la coopération des unités sociales et renforcèrent l'autorité centrale; ce consensus entre les groupes et leurs souverains entraîna l'introduction rituelle du palladium de chacun des groupes dans le panthéon royal.

Au début de XIXe siècle, sous le règne du roi Andrianampoinimerina, le panthéon royal devint de plus en plus sacré et ses rituels reflétaient la domination royale sur les groupes claniques au-dessus desquels la royauté s'affirmait. Enfin, le christianisme se substitua au panthéon en tant que sanction de l'autorité royale et les techniques militaires et administratives de l'Europe remplacèrent les rituels royaux.

Ny fanjakana sakalava andrefana sy avaratra andrefana, raha araky ny filazan'i Lombard sy Feeley-Harnik, dia loha-laharana eo amin'ny politika. Ny foto-atin'izany anefa dia tsy nipoitra avy amin'ny zava-misy teo antoerana akory, fa nolovana avy amin'ireo taranaky ny Maroseragna. Ekena fa ny ady sy ny varotra dia nampientana sy nampivoatra betsaka ny fiainana, ny fiaraha-monina sy ny politika. Fa mbola azo tsampaintanana bebe kokoa by fivoarana avy amin'ny politika anaty, hita izany eo amin'ny faritr'Imerina izay maro kokoa ny mponina sy feno kokoa ny kolo-tsaina noho iny amin'ny faritra andrefana iny.

Ny fikarohana amin'ny alalan'ny arsiva sy ny toerana fanovozankevitra izay fototry ny fandrafetana ny tantara nataon'Ingahy Gérald Berg no manazava tsara ny fandrosoan'ny fanjakana merina sy ny fahamafisany.

Rehefa zohina ary ny tantara merina dia voalaza fa ny ody sy ny sampy no niantoka ny fiarovana ny tsirairay sy ny mpianakavy. Ny fambolem-bary sy ny toha-drano izay antoky ny fahefan'ny mpitondra dia nilana ny firaisan'ny vahoaka sy ny fanapahan-kevitry ny maro ka mahatonga ny Mpanjaka hanaiky ny sampin'ny firaisana samihafa.

Teo amin'ny taon-jato faha-19, tamin'ny andron'Andrianampoinimerina, dia nitombo hasina ireo andriamanitra kely rehetra ary ny fombafomba manodidina izany dia mitaratra ny fahefan'ny mpanjaka eo anatrehan'ny foko rehetra eo ambany fiadidiany. Taty aoriana dia ny finoana kristianina no hisolo ny fanompoan-tsampy ary ny teknika miaramila sy ny fifezana eoropeana no handimby ny fomba fitondran'ny Andriana.

La société malgache vers 1880. Hélène Ratrimoharinosy.

Historian Hélène Ratrimoharinosy reconstructs major features of Malagasy life during the second half of the nineteenth century, prior to the French conquest in 1895. Based mainly on her analysis of the journal of Prime Minister Rainilaiarivony, who headed the Malagasy Government under Queens Ranavalona II and III, Ratrimoharinosy's paper discusses cooperative work, ritual kinship, stratification, stratum endogamy, teknonymy, funerary customs, slavery, military life, corvée, social distinctions and lifestyle differences, government functioning, and court life in Antananarivo. The general impact of Merina state expansion on other Malagasy ethnic groups is also discussed.

L'historienne Hélène Ratrimoharinosy évoque les aspects essentiels de la vie malgache durant le XIXe siècle avant la conquête française de 1895. Sa description repose essentiellement sur les indications du journal du Premier Ministre Rainilaiarivony qui dirigea le gouvernement malgache aux temps des reines Ranavalona II et Ranavalona III. Cette contribution touche ainsi aux activités collectives, à la parenté rituelle, à la stratification, à l'endogamie des castes, à la teknonymie, aux coutumes funéraires, à l'esclavage, à la vie militaire, aux corvées, aux distinctions sociales et aux différences dans les styles de vie; le fonctionnement du Governement, la vie de la cour à Tananarive et les effets de l'expansion merina sur les autres groupes malgaches sont également abordés en détail.

Hélène Ratrimoharinosy dia mitantara ny endrika nananan'ny fiainana malagasy nandritra ny taon-jato faha-19, talohan'ny fandresen'ny frantsay tamin'ny taona 1895.

Mifototra indrindra amin'izay voarakitra ao amin'ny diarin'ny Praiministra Rainilaiarivony izay nitondra ny fanjakana malagasy tamin'ny andron'ny Mpanjaka Ranavalona II sy Ranavalona III ny fitantarany. Voarakitra amin'izany asa izany ny mikasika ny asa iombonana, ny sarim-pihavanana, ny antanan-tohatra, ny lova tsy mifindra ny fomba fandevenana, ny fanandevozana, ny miaramila, ny fanompoana, ny fahasamihafana, eo amin'ny fiaraha-monina, aryny fahasamihafan'ny fari-piainana. Velabelariny amin'ny antsipiriany koa izany ny mikasika ny raharaham-panjakana, ny fiainana ao an-dapa tao Antananarivo ary ny akon'ny firoboroboan' Imerina any amin'ny faritany hafa.

PART TWO—VARIETIES OF KINSHIP AND SOCIAL ORGANIZATION

Hierarchy and Equality in Merina Kinship. Maurice Bloch.

Bloch illustrates how Merina kinship simultaneously stresses the potentially contradictory principles of equality and hierarchy. Hierarchical elements, which apply mainly within domestic groups, include inter- and intragenerational seniority and hypergamy. These are matched by egalitarian elements of kin relations between domestic groups: the notion of *havana*, the shared tomb, and *lova tsy mifindra* marriage. Different politicoeconomic contexts enable the same kinship system to be used to produce very different systems of social organization. For example, higher-ranking demes (kin groups) are more concerned with tracing genealogical seniority and appear more patrilineal than "agricultural demes." Bloch also notes that symbols derived from the Merina kinship system are used for wider political tasks and draw on both hierarchical and egalitarian representations.

Bloch démontre comment la parenté merina met en oeuvre des principes potentiellement aussi contradictoires que l'égalité et la hiérarchie. Les aspects hiérarchiques qui fonctionnent essentiellement à l'intérieur des groupes familiaux se réfèrent à des notions de "seniorité" entre les générations et à l'intérieur de celles-ci et aussi d'hypergamie. Ces principes sont corrigés par les aspects égalitaires des relations de parenté entre les groupes familiaux; interviennent là les concepts de *havana*, de tombe partagée et de mariage *lova tsy mifindra*. Le même système de parenté peut engendrer des systèmes d'organisation sociale très différente selon les divers contextes politiques ou économiques. Ainsi, des demes (groupes de parenté) de rang élevé se préoccupent davantage de retrouver la "seniorité" généalogique et apparaissent ainsi plus patrilinéaires que ceux évoluant dans un contexte purement agricole. Bloch note aussi que les symboles issus du système de parenté merina sont employés pour des réalisations de type plus largement politique et font appel à des représentations à la fois hiérarchique et égalitaire.

Asehon'i Bloch eto amin'ny fomba ahoana ny fihavanana ao Imerina no mametraka foto-kevitra mifanohitra mikasika ny fitovian-jo sy ny ambaratonga. Ny endrika andrafetana ny ambaratonga mantsy dia miakina indrindra amin'ny fizokiana aloha eo amin'ny samy taranaka sy ao anatin'ny taranaka tsirairay avy eo amin'ny fanambadiana miakatra (vehivavy manambady lehilahy avo razana noho "fanambadiana miakatra," mifanohitra amin'ny hoe mandrorona). Ireo foto-kevitra ireo dia hamarinina amin'ny alalan'ny fanehoana ny fitovian-jo eo amin'ny fifandraisan' ny mpihavana ao anatin'ny fianakaviam-be; ampiasaina noho izany ireo hevi-teny toy ny hoe "havana", fizarana ny fasana, fanambadiana "lova tsy mifindra"; io rindram-pihavanana io ihany koa dia mety hiteraka rindram-pandaminana ara-tsosialy izay miovaova arakaraky ny fisehoan-javatra ara-politika na ara-toe-karena. Misy ohatra antokon'olona ambony razana izay sarotiny amin'ny famaritana ny "fizokiana" amin'ny alalan'ny tetiarana raha ohatra amin'ireo izay mivelona amin'ny fambolena fotsiny. Marihan'i Bloch ihany koa fa ny dindon'io rindram-pihavanana io dia ampiasaina eo amin'ny fanatanterahan-javatra eo amin'ny lafiny ara-politika ary dia ampiasaina amin'izany izay rehetra mety hidiran'ny fizokiana sy ny fitovian-jo.

Ilafy: terre et parenté. Janine Razafindratovo-Ramamonjisoa.
___

Janine Razafindratovo-Ramamonjisoa contrasts current conditions in Ilafy, a Merina village, with Ilafy just prior to the French conquest. Rapid population growth has contributed to fragmentation of estates and emigration. Villagers now buy and sell land, products, and labor. Razafindratovo-Ramamonjisoa suggests that traditional social labels are no longer relevant in today's Ilafy, where everyone is affected by a world political economy. Before colonialism, large landowners favored large families and used slave labor to cultivate their fields. As a result of the abolition of slavery, emigration, fragmentation, and absentee ownership, the largescale landowner is no longer a figure in Ilafy life. Most cultivators acquire land through sharecropping, and poverty is the destiny of all who choose farming as their sole profession. Historical contrasts in marriage patterns, including village and kin group endogamy, concern about incest, and postmarital residence (from virilocality to ambilocality), are also discussed.

Janine Razafindratovo-Ramamonjisoa compare les conditions d'existence des habitants d'Ilafy, un village merina, à celles que ces mêmes habitants connaissaient un peu avant la conquête française. La croissance de la population a entraîné la division des propriétés et l'émigration. Maintenant les villageois achètent et vendent des terrains, des produits et du travail. L'auteur estime que les catégories sociales traditionnelles ne s'appliquent plus désormais à l'Ilafy d'aujourd'hui où chacun subit les effets de la situation politique du monde. Avant la colonisation, les grands propriétaires avaient volontiers des grandes familles et utilisaient la main-d'oeuvre servile pour cultiver leurs champs. A la suite de l'abolition de l'esclavage, de l'émigration, de la fragmentation sociale et de la propriété absentéiste, les gros propriétaires terriens ne comptent plus guère dans la vie d'Ilafy. Bon nombre des cultivateurs exploitent les terres par métayage et la pauvreté demeure le destin de tous ceux qui choisissent l'état de cultivateur comme unique activité.

Janine Razafindratovo-Ramamonjisoa expose également certains contrastes historiques dans les systèmes de mariage, l'endogamie de groupes villageois ou de parenté, les préoccupations relatives à l'inceste et la résidence post-maritale (qui va de la virilocalité à l'ambilocalité).

Razafindratovo-Ramamonjisoa dia mampitahy ny fomba fiainan'ny mponina ao amin'ny tananan'Ilafy ao Imerina amin'izao fotoana izao sy tamin'ny andro talohan'ny fandresen'ny vazaha.

Ny fitombohan'ny mponina dia nanatsipotipotika ny fananana sy nampitombo koa ny fifindra-monina. Ankehitriny ny tambanivohitra dia mivarotra na mividy tany, ny vokatra ary manjary mampikarama olona. Tsapan'ny mpanoratra fa ny fomban-drazana dia tsy miasa intsony, fa efa manaraka ny fiovana politika ankehitriny ny olona. Talohan'ny fanjanahan-tany ireo tompontany be velarana dia mamokatra ny taniny avy amin'ny fampiasana ny fanandevozana. Ankehitriny dia foana izany nohon'ny fanafoanana ny fanandevozana sy ny fisian'ny fifindra-monina.

Ny tompontany dia mampamokatra ny taniny avy amin'ny fakana ampahany, ary ny fahantrana sisa no miandry izay miankina amin'ny fambolena mba ho anto-pivelomany.

Asehon'ny mpanoratra koa ny fifanoherana nisy teo amin'ny rindram-panambadiana, ny fifanambadian'ny samy mpiray tanana na ny mpihavana, ny maha-hentitra na tsy maha-hentitra ny fadibe amin'ny mpianaka sy ny mpianadahy ary ny fonenana alohan'ny fanambadiana (avy any amin'ny fonenan-dralehilahy mankany amin'ny fonenan-dravehivavy).

Quelques traits de l'organisation sociale des Betsileo du Manandriana. Narivelo Rajaonarimanana.

Narivelo Rajaonarimanana describes kinship groups and categories of the northern Betsileo, who live between the Mania and Manandriana rivers in the former subprefectures of Ambositra and Ambatofinandrahana. Echoing Kottak's findings among the southern Betsileo, Rajaonarimanana found that a principle of undifferentiated or cognatic descent predominates in northern Betsileo kinship, yet there is also a strong agnatic ideology. Northern Betsileo commoners belong to dispersed cognatic descent groups *(akitsanjy)*; members share their descent group name, along with a distinctive cattle ear mark, taboos, and a common genealogy and oral history recorded in a "family book." *Akitsanjy* members residing elsewhere occasionally assemble in their ancestral village, where their common ancestor first settled on moving to Manandriana, to take part in tomb-centered rituals. *Akitsanjy* are segmented into local descent groups, with a more agnatic structure based on patrivirilocal residence. Other salient kin-based categories among the northern Betsileo include *havana* (near relatives) and *tamy* (distant kin, including ritual and adoptive kin and in-laws).

Narivelo Rajaonarimanana décrit les groupes de parenté et les catégories sociales des Betsileo du Nord qui vivent entre les rivières Mania et Manandriana dans les anciens sous-préfectures d'Ambositra et d'Ambatofinandrahana. Comme l'a noté Kottak dans le sud betsileo, Rajaonarimanana a trouvé que le principe de descendance indifférenciée ou cognatique prédomine dans la parenté, encore que permane une forte idéologie agnatique. Les roturiers betsileo du nord appartiennent à des groupes des descendances cognatiques dispersées *(akitsanjy)*. Leurs membres partagent en commun un nom, des groupes de descendance ainsi que de margues d'oreilles de boeufs distinctes, des tabous, enfin une généalogie commune et une histoire orale écrite dans un "livre de famille."

Les membres de *l'akitsanjy* qui résident loin ailleurs se réunissent occasionnellement dans le village ancestral que leur ancêtre commun créa lorsqu'il vint au Manandriana et prennent part à des rituels funéraires. Les *akitsanjy* sont segmentés en groupes locaux de descendance sur la résidence patri-viri-locale. Parmi les autres catégories remarquables de la parenté du nord-betsileo figurent la notion de *havana* (proches-parents) et celle de *tamy* (parents lointains) qui comprend aussi les parents rituels adoptés et la belle-famille.

Hazavain'i Narivelo Rajaonarimanana eto ny fifandraisan'ny mpihavana sy ny fisokajiana ara-piaraha-monina ao amin'ny Betsileo avy ao avaratra izay eo anelanelan'ny reniranon'i Mania sy Manandriana ao anatin'ny sous-préfecture-n'Ambositra sy Ambatofinandrahana fahiny.

Toy ny voalazan'i Kottak momba ny Betsileo atsimo, Rajaonarimanana koa dia mahatsapa fa mbola mavesa-danja eo amin'ny fihavanana ny foto-kevitra ijoroan'ny taranaka tsy mifidy razana, na dia mbola mibahan-toerana aza ny fandovana ny anaran-dray. Amin'ny olontsotra betsileo avy ao avaratra, ny hoe "akitsanjy" dia taranak'ireo tsy mifidy razana fa niparitaka. Ifandovan'ny tsirairay amin'io foko io ny anarana, iombonany ny fanambarana amin'ny sofin'omby toa izany koa ny fady, ary faranyiombonany ny tetiarana syny tantara avy amin'ny lovantsofina voarakitraanaty "bokim-pianakaviana."

Ny taranaky ny akitsanjy izay any am-pielezana dia mihaona tsindraindray ao amin'ny tanana navelan'ny razana ao Manandriana ary mandray anjara amin'ny fomba fandevenana. Mitsinjarazara any amin'ny fonenen-dralehilahy ny akitsanjy. Ankoatry ny fisokafiana ara-pihavanana dia hita ao amin'ny Betsileo avaratra koa ny atao hoe "havana" (fianakaviana akaiky) sy ny hoe "tamy" (fianakaviana lavitra) ary anisan'izany ny sarintsarin-kavana sy ny havam-bady.

Faliarivo and the Model of Malagasy Kinship. Aidan Southall.

Aidan Southall examines the structures and processes of kinship, marriage and affinity in Faliarivo, one of the largest and oldest of Zafimaniry villages, just below the top of the escarpment east of Betsileo country. Cousin marriages, though less than half the total, create an intense core network of kinship ties within the village, which provides a base for village solidarity and leadership. Malagasy kin terms are adapted to cousin marriage, picking out men and women descended from pairs or multiples of siblings over several generations. *Remby* is the searching of genealogical links between spouses, to guard against dangers of incest and establish that if some routes are technically incestuous, others can be found which are desirable, especially when one spouse is descended from a daughter of the village, who went to marry outside and so is "brought back." The model of the relationship between men and women in marriage, procreation and kinship is the opposite of that of strongly exogamous and even hostile groups. As in most of Madagascar, marriage is perceived as a link forged within, not without; with one's own, not a foreign essence; hence the closer the better. Yet incest is taboo, so marriage is a compromise, uniting those who are close enough to be of the same essence, though of opposite sex, but not close enough to be dangerously incestuous. Some say that the rite removing a potentially incestuous link between spouses *is* marriage. The ban on marriage between descendants of two sisters is the only brake preventing the emergence of completely isolated endogamous units. The Faliarivo system is what would be expected if Betsileo were deprived of kingship and irrigated rice cultivation, the opposite process to that assumed by Ralph Linton. Faliarivo consisted of separate settlements of slave and free until the French conquest, when the ex-slaves were settled in a new village, became Roman Catholics and carved religious figures, while the free became Protestants and carved chairs.

Aidan Southall fait un examen critique des structures et des processus relatifs à la parenté, au mariage et à l'affinité à Faliarivo, l'un des plus grands et des plus anciens villages zafimaniry situé juste au pied de l'escarpement à l'est du pays betsileo. Les mariages entre cousins, même s'ils n'interviennent que dans un peu moins de la moitié des cas créent un réseau serré de liens de parenté à l'intérieur du village, base essentielle dans le système de solidarité et de commandement dans le groupement d'habitat. Les termes de parenté malgache sont adaptés à ce mariage entre cousins puisqu'ils dénotent des hommes et des femmes descendant de paires ou de plusieurs "siblings" sur plusieurs générations. *Remby* évoque la recherche de liens généalogiques entre époux, afin de se prémunir des dangers de l'inceste; d'autres liens peuvent être découverts et fortement appréciés surtout lorsqu'un époux descend d'une fille du village qui s'est mariée à l'extérieur et est ainsi "ramenée." Le modèle de relation entre homme et femme dans le mariage, c'est-à-dire la procréation et la parenté, est opposé aux systèmes basés sur le lignage et fortement exogames, dans lesquels le mariage établit des liens entre des groupes rivaux hostiles. Comme un peu partout à Madagascar, le mariage est perçu comme un lien créé de l'intérieur et non pas à l'extérieur; on s'allie avec les siens, mais pas avec ce qui est d'essence étrangère; le plus proche est donc préférable.

Toutefois, comme il y a le tabou de l'inceste, le mariage est une sorte de compromis, unissant des conjoints de sexes opposés qui sont suffisamment proches pour être de la même essence, mais pas trop toutefois au point de créer les situations dangereuses d'inceste. Certains prétendent que le rite qui supprime un lien potentiellement dangereux sur le plan de l'inceste est précisément le mariage. L'interdiction du mariage entre les descendants de deux soeurs est la seule entrave qui empêche l'apparition d'unités endogames complètement isolées. Le système de Faliarivo est celui auquel on pourrait s'attendre chez les Betsileo si ceux-ci n'avaient pas été soumis à l'autorité royale et n'avaient pas eu la culture rizicole irriguée, en somme un processus inverse à celui qu'avait imaginé Ralph Linton.

Faliarivo était composé jusqu'à la conquête française des deux secteurs: l'un de libres, l'autre d'esclaves; les anciens esclaves fondèrent un nouveau village, devinrent catholiques et sculptèrent des statues religieuses, tandis que les descendants des gens libres devinrent protestants et sculpteurs de chaises.

Aidan Southall dia nanao fitsikerana ny fizotran'ny fihavanana eo anivon'ny fanambadiana sy ny fifankazahoana eo Faliarivo izay tanana anisan'ny lehibe sy ela indrindra any amin'ny Zafimaniry amin'ny ilany atsinanan'ny faritany Betsileo. Ny fanambadiana teo amin'ny zanak'olo marahalahy—zanak'olo marahababy—zanak'olo mianadahy na dia tsy mahatratra 50% aza dia manamafy ny fihabvanana eo an-tanàna—fihavanana izay endrika hifaharan'ny firaisana ary ny fiadidiana eo amin'ny mpiraymonina. Ny teny entina milaza fihavanana eo amin'ny Malagasy dia natao mirindra amin'ireo fanambadiana amin'ireo zanak'olo mpiray tam-po. Satria samy milaza lehilahy na vehivavy tera-dehilahy na "siblings" maro nifanesisesy.

Remby rehefa mitetiarana eo amin'ny mpivady dia ny mba hahafahany mamantatra fa tsy mpifady ireo olona ireo rehefa ziona ny taranany tany aloha. Ny kofehy mamato-pihavanana hafa dia tena irina indrindra raha lehilahy ka zana-behivavy teo an-tanàna nefa voatery nanara-bady tany ivelany. Raisiny ho toy ny fiverenan'ilay vehivavy indray ezany. Ny fifandraisan'ny lehilahy sy ny vehivavy ao anatin'ny fanambadiana dia mifanipaka amin'ny fifandraisana ao anatin'ny tarika ary matetika aza ivelan'ny tarika tsy dia mifankahazo na tena miady mihitsy aza. Ohatran'ny fahita eto Madagasikara ny fanambadiana dia atao hanamafy ny fatorana eo amin'ny mpianakavy ka aleo miray amin'izay olona akaiky ny tena indrindra.

Nefa noho ny fisian'ny fadibe amin'ny mpianaka sy mpianadahy, ny fanambadiana dia manao izay iraisan'ny olona roa, lahy na vavy, izay tena mifanakaiky tokoa ara-pihavanana nefa kosa tsy voakasiky ny fady ka mety hampidi-doza. Misy aza milaza fa ny fomba arahina amin'ny fampakaram-bady dia manafoana izay mety fady. Ny tena tsy azo atao indrindra dia ny fanambadiana eo amin'ny zanak'olo mpirahavavy. Ny zava-misy ao Faliarivo dia izay zavatra mety ho hita tany Betsileo raha toa ka tsy misy ny fahefan'ny Andriamanjaka ary raha tsy misy koa ny fambolena vary mitari-drano. Raha tsorina dia mifamadika amin'ny zava-misy no eritreretin'i Ralph Linton.

Hatramin'ny fanjanahan-tany frantsay dia nisy tao Faliarivo ny olona afaka sy ny andevo tranainy dia namoron-tanàna vaovao sy nivadika katolika ary nanao sary masina sikotra ny andevo taloha; fa ny fanjakan'olona afaka kosa dia sady lasa protestanta no nandrafitra.

Kinship Modeling: Adaptation, Fosterage, and Fictive Kinship among the Betsileo. Conrad Phillip Kottak.

Two aspects of Betsileo kinship modeling stand out: (1) varied use of shared representations of kinship and fictive kinship, depending on region and rank, and (2) the extent of Betsileo kinship modeling—the existence in one society of so many different ways of dealing with nonrelatives as kin, or of drawing distant kin closer together. Roughly ordered by importance, these include fosterage, stipulated descent, ritual kinship, adoption and phratry organization. Conrad Kottak's paper examines the southern Betsileo, located in the former subprefectures of Fianarantsoa and Ambalavao. He demonstrates varied use of common cultural representations by contrasting three villages that vary in rank (senior versus junior commoner) and regional economy (agricultural east versus more pastoral south and west). Kottak concludes that both ritual kinship and fosterage enable the Betsileo to employ ancestral cultural norms and values to impose order on, and preserve familiar meaning within, a social system in transition. A florescence of kinship modeling, he suggests, is a likely concomitant of rapid social change in traditional, kinbased societies.

Deux aspects du modèle de la parenté betsileo paraissent fondamentaux:

1. l'usage varié de représentations partagées de la parenté réelle ou fictive selon les lieux et le rang;

2. l'étendue de ce modèle; celui-ci implique dans une société de multiples façons de considérer comme parents des gens avec lesquels on n'est pas apparenté ou de rapprocher les parents éloignés.

Parmi ces procédés classés par ordre d'importance figurent le fait d'élever un enfant, la descendance assignée, la parenté rituelle, l'adoption et l'organisation en phratrie. L'article de Kottak fait référence à ces constatations dans son étude des Betsileo du sud localisée dans les anciennes sous-préfectures de Fianarantsoa et d'Ambalavao. Il met en valeur l'usage que font les Betsileo de leurs représentations culturelles en comparant des situations dans trois villages qui diffèrent selon les rangs et les systèmes économiques (agriculture ou pastorale). Kottak en conclut que la parenté rituelle et l'adoption permettent au Betsileo d'utiliser des normes culturelles et des valeurs, grâce auxquelles un certain ordre est imposé et la signification familiale préservée à l'intérieur d'un système social en évolution. Sur un plan général l'épanouissement des modèles de parenté pourrait être concomitant au changement social rapide qui survient dans les sociétés traditionnelles fondées sur la parenté.

Toetra roa no toa tena ifotoran'ny endriky ny firafi-pihavanana betsileo:

1. Ny fampiasana samihafa hita eo amin'ny fanehoana ny tena fihavanana na ny sarim-pihavanana arakaraka ny toerana sy ny fizokiana;

2. Ny velaran'izany lasitra izany; midika io lasitra io ao amin'ny fiaraha- monina fa maro ny fomba ahazoa-mandray ho havana ireo olona izay tsy manana rohim-pihavanana amin'ny tena akory na ny fomba ahazoa-mampifanakaiky ny tena amin'ny havan-davitra.

Amin'ireo fomba ireo, dia ireto avy no fahita raha atao araka ny laharampahamehana: ny fitaizana sy fanalehibeazana zaza, ny taranaka anaovana adidy, ny sarim-pihavanana, ny fanganan-jaza ary ny fizarana ara-pianahana. Ny lahatsoratr'i Kottak dia maneho ireo toe-javatra ireo raha mandinika ny Betsileo tatsimo izay monina any amin'ny vakim-pileovana fahinin'i Fianarantsoa sy Ambalavao. Asongadiny amin'izany ny fomba fampiasan'ny Betsileo ireo fanehoan-kolon-tsaina, raha mampitaha izay toe-java-miseho ao amin'ny tanana telo izy, tanàna izay samihafa araka ny fizokiany sy ny hareny na fihariany harena (fambolena na fiompiana). Notsoahin'i Kottak avy amin'izany fa ny sarim-pihavanana sy ny fanganan-jaza dia fomba ahazoan'ny Betsileo mampiasa ny fitsipi-piaraha-monina momba ny soa toavina, izay ahafaha-mametraka fandaminana iray sy ahazoamiahy ny lanjan'ny fianakaviana eo anivon'ny firafi-piaraha-monina an-dalam-pivoarana. Eo amin'ny lafiny ankapobeny, ny fivelaran'ny firafi-pihavanana dia mety hiara-dia amin'ny fivoarana hita ho haingam-pandeha eo amin'ny fiaraha monina ary fahita eo amin'ny fiaraha-monina ntaolo milafika amin'ny fihavanana.

The Transformation of the Bara Rural Economy. Richard Huntington.

Anthropologist Richard Huntington's visits to northeastern Baraland (the Menarahaka Valley and Ranotsara Plain near Ihosy) span the period between 1970 and 1974. The Bara are the southern neighbors of the Betsileo just described by Kottak. Here Huntington describes basic Bara economic adaptation and social organization and offers informed guesses about the eventual effects of increased market participation. Traditionally, the Bara mixed economy, based on cattle breeding and cultivation of rice and secondary crops, was aimed at providing family security rather than amassing great wealth. Year-to-year fluctuations in fortune and certain social leveling mechanisms operated to keep Bara society relatively unstratified, despite differences in individual herd size. 1973 and 1974 were mini-boom years for the Bara economy, during which the head tax previously imposed by the Malagasy government was abolished, and Bara began to receive higher prices for the rice and cattle they exported. But there were unforeseen results. The higher value of cattle stimulated an outbreak of rustling, and, since external buyers now accepted unhusked rice, poorer local women could no longer supplement their family incomes by pounding rice for resale. Huntington also found among the Bara such familiar Malagasy cultural features as hamlet settlement pattern, virilocality, corporate local agnatic groups (*tariky*); dispersed endogamous named cognatic descent groups (*raza*), circumcision, curing, and funerary ceremonies. One particularly interesting feature of Bara social organization is the system of interlocking cattle liens between the families of husband and wife.

Le travail de terrain de l'anthropologue Richard Huntington s'est déroulé de 1970 à 1974 dans la vallée du Menarahaka et dans la plaine de Ranotsara, près d'Ihosy. Les habitants étudiés sont les voisins méridionaux des Betsileo, sur lesquels Kottak a fait porter ses observations.

Dans cette contribution Huntington décrit l'adaptation économique et sociale des Bara à leur milieu et formule des déductions quant aux effets qui surviennent lorsque la participation à l'économie de marché s'accroît.

L'économie bara traditionnelle de type mixte fondée sur l'élevage du bétail et sur la culture du riz et des récoltes secondaires, visait plus la sécurité familiale que l'accumulation d'une très grande richesse. Bien que la taille des troupeaux variât considérablement selon les individus, les fluctuations de la fortune d'une année sur l'autre et certains mécanismes égalisateurs maintenaient la société bara relativement sans classes bien marquées. Les années 1973 et 1974 furent caractérisées par un développement sans précédent de l'économie bara, car la taxe de capitation fut abolie et les habitants reçurent le meilleur prix pour le riz et le bétail qu'ils vendaient. Mais il y eut d'autres conséquences imprévues. L'augmentation du prix du bétail suractiva le marché, et comme les collecteurs acceptaient désormais du riz non décortiqué, les femmes les plus pauvres sur place se virent supprimer le petit revenu qu'elles tiraient du pilonnage du paddy pour la revente.

Huntington observe aussi que chez les Bara comme dans bon nombre d'autres régions de Madagascar, on trouve un peuplement en hameaux, la virilocalité et la présence de groupes agnatiques locaux (*tariky*), de groupes cognatiques dispersés (*raza*), les circoncisions, la médecine traditionnelle et les cérémonies funéraires. Dans l'organisation sociale bara, on relève aussi la coutume d'établir des liens fondés sur le bétail entre les familles du mari et de sa femme.

Ny fikarohana eny am-potony, eny an-toerana, nataon'i Richard Huntington "anthropologue" tany amin'ny lohasaha Menarahaka sy ny lemaka Ranotsara akaikin'Ihosy dia manomboka tamin'ny 1970 ka niafara 1974. Ny mponina izay naraovana fikarohana tamin' izany dia ireo manodidina ny Betsileo atsimo, izay efa nanaovan'i Kottak fandinihana. Ny asa tena sahanin'i Huntington dia momba ny fiainan'ny Bara eo amin'ny lafiny ekonomika sy sosialy.

Ny toe-karena nentim-paharazan'ny Bara dia mifantoka indrindra eo amin'ny fiompiana omby sy ny fambolem-bary izay entiny indrindra mba hamelomany ny fianakaviany fa tsy nokendreny akory ho entina hangoronana harena be. Na dia tsy mitovy aza ny fananan'ny tsirairay eo amin'ny hamaroan'ny omby, ny fiovaovan'ny harena, ny fizotran'ny toe-karena isan-taona dia tsy mampisy loatra ny kilasy samy hafa eo amin'ny Bara.

Ny taona 1973 sy 1974 dia misongadina indrindra teo amin'ny toe-karena bara, satria nofoanana tamin'izany ny hetra isan'omby, nasondrotra ny vidin'ny vary tao amin-dry zareo ary niakatra koa ny vidin'omby.

Nisy lafy ratsiny kely ihany anefa izany. Rehefa nisondrotra ny vidin'ny omby, dia nisondrotra koa ny vidin'ny entana, ary ny mpividy vary ambongadiny dia mividy vary tsy voatoto, ka ireo vehivavy izay faran'ny sahirana ka niankina amin'ny fitotoam-bary mba ho fivelomany, dia very kapoaka.

Voamarik'i Huntington koa eo amin'ny Bara toy ny amin'ny toerana maro eto Madagasikara ny fisian'ny fitokotokoana ara-taranaka, ny fisian'ny tarika mitondra ny anaran-dray. Tsara raha mbola hanaovana fikarohana koa hoy izy ny momba ireo taranak'ireo olona isan-tarika ireo, ny fanambadiana tsy mivoaka ny foko iray, ny didim-poatra, ny fitsaboana nentim-paharazana ny fomba fandevenana. Hita eo amin'ny fomba bara koa ny fanakambanana ny omby amin'ny fianakavian'ny mpivady.

Mahafaly as Misnomer. Karl Eggert.

Popular, scholarly, and official publications referring to the Mahafaly region of southwestern Madagascar classify the people living there as Mahafaly, one of Madagascar's twenty official ethnic groups. By way of contrast, ethnographic research conducted by anthropologist Karl Eggert between 1970 and 1973 among residents of the region indicates they use "mahafaly" neither as a name for themselves as a total population nor as a label for any one of the eight different kinds of social and cultural groups in which they actually claim membership. The reason for this discrepancy seems to lie in the transformation by outside observers, European and Malagasy alike, of "mahafaly" from a term the region's people use to describe the character of their homeland into a name for the people themselves.

Toutes les publications, qu'elles soient administratives, scientifiques ou destinées au public ordinaire parlent du peuple mahafaly comme de l'une des vingt ethnies connues, chaque fois qu'elles veulent mentionner les habitants de la région mahafaly. S'inscrivant en faux contre cette dénomination, l'ethnologue Karl Eggert, qui a mené une recherche dans cette zone de 1970 à 1973, constate qu'aucun des habitants n'emploie le terme pour parler de l'ethnie en général ou pour désigner l'une des huit catégories sociales ou culturelles dont ils se réclament. La raison de cette différence de points de vue s'explique par le fait que les observateurs extérieurs, Malgaches ou Européens, ont appelé "Mahafaly," ce "qui rend interdit" une population qui usait du terme pour caractériser un des aspects de leur terre ancestrale.

Rehefa mety ho asa soratra, na momba ny ara-panjakana na ara-tsiansa na natao ho an'olon-tsotra dia mametraka ny foko mahafaly ho isan'ireo foko roapolo misy eto Madagasikara na dia ny mponina ao amin'ny faritany mahafaly aza no tiany ho marihana. Tsipahan'i Karl Eggert izany satria nandritra ny fikarohana nataony tany amin'iny faritra iny nandritra ny taona 1970 ka hatramin'ny taona 1973 dia tsy nahare olona nampiasa ny teny hoe mahafaly mihitsy izy mba iantsoana ny foko amin'ny ankapobeny na koa anondroana ny iray amin'ireo sokajy valo misy azy. Ny nahatonga io tsy fitovian-kevitra io dia satria ireo mpiavy, na Malagasy na Eoropeanina, no mampiasa io teny mba hanondroana ireo mponina niantso ny toeram-piaviany ho "mahafaly."

Divination and Kinship among the Sakalava of West Madagascar. William J.G. Gardenier.

William Gardenier did ethnographic fieldwork among the central Sakalava of western Madagascar. Contrast the simplicity of the social organization he describes with the more complex Sakalava variants reported by Lombard, Feeley-Harnik, and, in the next paper, Baré. Indeed, the social organization of Gardenier's Sakalava seems more similar to the Mahafaly situation described by Eggert than to other Sakalava groups. This reflects the tremendous cultural and behavioral diversity subsumed under Sakalava ethnicity. Gardenier's computer analysis of Sakalava divination demonstrates the relative importance of human agents (such as sorcerers and witches) as opposed to supernatural ones (such as ancestors and god) in causing disease. He shows how this is related to the small size of kin groups and the unimportance of ancestors in Sakalava kinship. Instead, the Sakalava are seen to place considerable emphasis on children. Finally, Gardenier suggests that similar studies of divination be made among other groups on the island to ascertain the role of supernaturalism and kinship in human ecological adjustment in Madagascar.

William Gardenier a mené des recherches ethnographiques parmi les Sakalava du Nord-Ouest de Madagascar. La simplicité de l'organisation sociale qu'il observe contraste avec d'autres formes d'organisations sociales plus complexes déjà décrites par Lombard, Feeley-Harnik et plus loin par Baré. La situation décrite par Gardenier est plus proche de ce qu'a rapporté Eggert que de ce qui nous est connu chez les Sakalava. Sans doute parce que sur le plan de la culture et du comportement, il existe une très grande diversité parmi les Sakalava.

L'analyse que fait sur ordinateur Gardenier de la divination, permet de séparer le rôle des facteurs humains (sorciers et sorcières) par opposition à ce qui est attribué au surnaturel (ancêtres et dieux) dans la causalité des maladies. Ceci est en relation avec la taille réduite des unités de parenté et le rôle relativement peu important que jouent les ancêtres dans la parenté sakalava. En direction opposée les Sakalava considèrent comme plus important la descendance.

Enfin Gardenier propose que des études similaires portant sur la divination soient effectuées parmi les autres groupes ethniques de l'île pour déterminer le rôle de surnaturel et de la parenté dans l'adaptation humaine au milieu à Madagascar.

Nanao fikarohana etnografika tany amin'ny Sakalava any amin'ny faritra avaratra andrefan'i Madagasikara i William Gardenier. Ny hatsoran'ny lamim-piaraha-monina nodinihiny dia miavaka amin'ny endriky ny lamin-piaraha-monina izay mananosarotra kokoa ny fandinihana azy toy ireo nofariparitan-dry Lombard, Feeley-Harnik ary tany aloha, ry Baré. Manakaiky kokoa amin'izay taterin'i Eggert noho ny amin'izay fantatsika mikasika ny Sakalava ny toe-javatra fariparitan'i Gardenier amintsika. Azo inoana fa ny fisian'ny fahasamihafana betsaka eo amin'ny lafiny kolo-tsaina sy ny fitondran-tena any amin'ny Sakalava no mahatonga izany.

Eo amin'ny fandinihana ny anton-javatra mahatonga ny aretina. Ny famakafakana momba ny faminaniana izay nataon'i Gardenier tamin'ny milina "ordinateur" dia ahazoa-manavaka ny anjara asan'ny olombelona (mpamosavy na mpitsabo) miolotra amin'izay heverina ny tsy hita maso (ny Andriamanitra sy ny razana). Mifandray amin'ny hakelin'ny velaran'ny vondrom-pihavanana sakalava izany toe-javatra izany. Mifanohitra amin'izay anefa dia heverin'ny Sakalava ho zava-dehibe kokoa ny taranaka.

Farany, Gardenier dia manoso-kevitra fa tokony hisy fandinihana sahalahala amin'izay mikasika ny faminaniana, hatao any amin'ireo foko hafa eto amin'ny nosy mba hahazoa-manasongadina ny anjara asan'ny tsy hita maso sy ny firafi-pihavanana eo amin'ny fahaiza-mandray ny tontolo manodidina ny olombelona eto Madagasikara.

L'Organization sociale Sakalava du Nord: une récapitulation. J.F. Baré.

From 1970 through 1972, Jean François Baré did ethnographic and historical research among the northern Sakalava, on the east coast of the island of Nosy Be and on the mainland peninsula of Ampasindava. The more southerly Sakalava of Analalava described by Feeley-Harnik earlier in this volume represent an offshoot of the same Behimisatra nobility. Baré's paper documents the impact of the monarchy, cash cropping, migration, mobility, and ethnic diversity on undifferentiated descent, marital alliances, and agnation. Case studies illustrate differences between cultural rules and actual behavior concerning filiation and postmarital residence. Baré shows that, as other contributions in this section attest for other Malagasy groups, the Sakalava kinship and marriage system is used differently by commoners and royalty. In addition to certain contrasts with other Malagasy (e.g., reduced endogamy and frequent divorce), Baré also discusses the northern Sakalava versions of such familiar features of Malagasy life as stipulated and demonstrated descent, agnatic and cognatic principles, virilocality, adoption, ritual kinship, royal rituals, and the prominant role of women.

Jean-François Baré a effectué ses recherches ethnologiques et historiques chez les Sakalava du Nord, à Nosy Be et dans la presqu'île d'Ampasindava voisine. Un peu plus au Sud, à Analalava où Feeley-Harnik mena ses recherches, vivent également des nobles Sakalava qui appartiennent eux aussi à la branche Bemihisatra. Dans sa contribution, Baré fait le point sur l'impact que la monarchie, les cultures de rente, les migrations, la mobilité sociale et la diversité ethnique ont eu sur la descendance indifférenciée, les alliances de mariage et l'agnation. Des cas précis montrent les différences qui existent entre les règles qui régissent la culture et les comportements réels dans des situations de filiation et de résidence après mariage. Entre autres contributions, Baré montre ici que le système de parenté et de mariage fonctionne de façon différente chez les nobles ou chez les roturiers, situation qui se retrouve ailleurs à Madagascar. Avec certains traits originaux tels que l'endogamie réduite et les divorces fréquents, Baré donne la version sakalava de certains aspects de la vie sociale malgache tels que la descendance assignée ou démontrée, les principes agnatiques ou cognatiques, la virilocalité, l'adoption, la parenté rituelle, les rituels royaux et le rôle prééminent des femmes.

Tany amin'ny Sakalava avaratra, tany Nosy Be ary tao amin'ny saikanosin' Ampasindava no nanaovan'i Jean-François Baré fikarohana ara-etnolojia sy ara-tantara. Tao Analalava, somary atsimo kokoa, izay nanaovan'i Feeley-Harnik fikarohana dia ahitana ihany koa andriana sakalava izay anisan'ny foko Bemihisatra rahateo. Asehon'i Baré eto ny fiantraikan'ny endrim-pitondran' Andriamanjaka tokana, ny voly mampidi-bola, ny fifindra-monina, ny fiovana sokajy ara-piaraha-monina (na fiovana sokajim-bahoaka) sy ny fahamaroan'ny foko, eo amin'ny taranaka tsy mifidy razana, eo amin'ny fanambadiana avy eo amin'ny fandovana anaran-dray. Asehony eto koa ireo ohatra mivaingana manasongadina ny fahasamihafana misy eo amin'ny làlana mifehy ny kolo-tsaina sy ny fampianarana izany mikasika ny fiaviana (firazanana) sy m ikasika ny fonenana aorian'ny fanambadiana. Ankoatr'izany dia asehon'i Baré eto ihany koa ny fahasamihafana misy eo amin'ny fomba firafitry ny rindram-pihavanana sy ny fanambadiana eo amin'ny andriana sy eo amin'ny olon-tsotra, toy izay fahita manerana an'i Madagasikara. Miaraka amin'ireo endrika sasantsasany mampiavaka azy toy ny faha-vitsian'ny lova tsy mifindra sy ny fahamaroan'ny fisaraham-panambadiana dia asehon'i Baré avy amin'ny ohatra sakalava ny endrika sasantsasany hananan'ny fiaraha-monina malagasy toy ny taranaka hanaovana adidy, ny foto-kevitry ny fandovana anaran-dray na ny tsy fifidianan-drazana, ny fonenan-dralehilahy, ny fananganan-jaza, ny sarim-pihavanana, ny fombafomba manodidina ny mpanjaka ary ny anjara toerana lehibe hananan'ny vehivavy.

Funerals and Social Change in Mayotte. Michael Lambek and Jon H. Breslar.

As we conclude our survey of Madagascar's history and cultural variation, we return to Mayotte, southernmost member of the Comoro archipelago, where the eventual colonists of Madagascar may have established the early settlements described by archaeologist Henry Wright at the beginning of this volume. Despite centuries of contact between the northwestern Sakalava just described by Baré and the Maorais of Mayotte, few of the features of Malagasy culture that have become familiar through the previous papers are discernible in this selection—with one exception, the centrality of collective funerary ceremonies in social life. Most of the specifics of funerary rituals are, however, different. The extaneous and interfering variable is the dominant presence of Sunni Islam in Mayotte. Lambek and Breslar point out that contemporary Mayotte lies at the interface of Malagasy (Sakalava) and Swahili (Comorian) culture, with speakers of both language groups, all of whom are, however, Sunni Moslems. This paper examines ritual and social change. How does religious participation affect particular actors in the ritual, and how does ritual respond to and influence social change? Lambek and Breslar contrast ideal funerary behavior with what actually took place in the context of a pervasive island-wide opposition between two political parties. The basic contradiction was between the traditional expectation that the entire community should perform the funeral and the more recent rule of participation—that members of different parties shouldn't join in the same rituals. The authors describe ways in which the matter was resolved, enabling the form of the ritual to remain invariant in the face of social change.

Alors que s'achève notre tour d'horizon sur les variations historiques et culturelles de Madagascar, nous retournons à l'île la plus méridionale de l'archipel comorien qui a peut-être connu des établissements proto-malgaches, ainsi que le laisse entrevoir l'archéologue Wright au début de cet ouvrage. Même si les Mahorais de Mayotte ont entretenu pendant des siècles des contacts avec les Sakalava du Nord, que vient d'évoquer Baré, on retrouve dans cette île un bien petit nombre des aspects essentiels de la culture malgache avec lesquels les auteurs de ce volume nous ont familiarisé, à l'exception du caractère central à la vie sociale que représentent les cérémonies funéraires collectives. Les rituels funéraires en eux-mêmes sont toutefois bien différente. La présence générale de l'Islam Sunni à Mayotte a constitué une influence entraînant ces différences.

Lambek et Breslar exposent comment dans la société actuelle mahoraise interfèrent les cultures comorienne et sakalava, dont un grand nombre de participants sont bilingues, mais réunis par l'Islam Sunni. Les auteurs se préoccupent de comprendre le changement rituel et social. Dans quelle mesure la participation religieuse influence les acteurs spécifiques du rituel et comment le rituel répond et s'adapte au changement social? Ceci amène Lambek et Breslar à mettre en opposition le comportement funéraire idéal qui est assuré dans le contexte d'une rivalité de deux parties qui embrasse toute l'île. La contradiction fondamentale réside en ces termes: d'une part on estime que tout le groupe se doit de participer aux rites funéraires, mais d'autre part l'éclatement politique implique maintenant que les gens des partis rivaux ne soient pas associés dans les mêmes rites. Nous apprenons ici comment la contradiction a été résolue, le rituel se maintenant intact malgré le changement socio-politique.

Rehefa voadiniky ny mpanoratra avokoa ny tantara sy ny fiainana samihafa ao Madagasikara, dia niverina namakafaka ny momba ny nosy farany atsimo ao Komoro ry zareo araky ny voalazan' Andriamatoa Wright, archéologue, eo am-piandohan'ny boky.

Na dia nisy fifandraisana nandritran'ny taon-jato maro aza teo amin'ny Mahorais sy ny sakalava avaratra hoy Baré, dia hita fa vitsy dia vitsy ny fifandraisan'ny fomban'izy ireo afa-tsy izay mikasika ny fomba fandevenana iraisan'ny foko rehetra izay manana anjara toerana manokana eo amin'ny fiainana ara-piaraha-monina. Na izany aza anefa dia misy mahasamihafa azy ihany ny fombafomba entina manatanteraka izany. Ny fisian'ny "Islam Sunni" ao Mayotte no tena nahatonga izany.

Lambek sy Bresler nampiseho ny fiarahan'ny kolo-tsaina komorianina sy sakalava ny maro amin'izy ireo aza dia mampiasa ny fiteny roa tonta, ary atambatry ny Islam Sunni. Ny mpanoratra dia misahana indrindra ny fiovana eo amin'ny fomba sy fiainana sosialy. Moa ve ny fivavahana misy fiantraikany amin'ny fomba amam-panao sy ny fiovana eo amin'ny fiainana andavan'andro? Izany no nahatarika an'i Lambek sy Bresler hampiseho ny fifanoherana misy eo amin'ny fomba fandevenana. Eo ireo izay mihevitra fa ny foko rehetra dia tokony handray andraikitra amin'ny fandevenana, eo koa ireo izay namparasaky ny politika ka mampiseho fihetsika manambara fa izay mifanohitra sy mifankahala dia tsy mi-ray fomba intsony. Dia ho hitantsika ao anatin'ity lahatsoratra ity izany ny ala-olana amin'izany fifanoherana izany, ka tsy simba ny fomba amam-panao na dia eo aza ny fiovana amin'ny fiaraha-monina sy ny politika.

Common Themes in Malagasy Culture. Aidan Southall.

Aidan Southall's concluding essay incorporates information from the previous selections and from the verbal commentary of the participants at Wenner-Gren Symposium 83. Near the beginning of this paper, Southall summarizes the role in Madagascar's history of different groups of Afro-Arabs, distinguishing between the early (seventh–eighth century A.D.) immigrants who may have been the ancestors of the Anjoaty described by Hurvitz, and the more recent Swahili-speaking components of the west coast trading cities, which were linked through trade to such East African ports as Kilwa, Zanzibar, and Malindi. Using "cumulative kinship" as the central principle of his model, Southall also summarizes general themes in Malagasy social organization: undifferentiated descent with a slant toward patrifiliation, inalienable maternity, problematic paternity, insignificant bridewealth, fragile individual marriage despite lasting group affinal relationships, the importance of children, teknonymy, cousin marriage, and sex-of-speaker terminology.

La récapitulation de Southall tient compte du contenu des articles de ce volume mais aussi des interventions qui ont suivi les exposés menées par les participants du symposium Wenner-Gren 83.

Dans le domaine de l'histoire culturelle une analyse des apports afro-arabes est tentée et l'auteur distingue les premiers immigrants (VII-VIIIe siècle) peut-être ancêtres des Anjoaty, décrits par Hurvitz, des composantes plus récentes du Nord-Ouest, usant du swahili et entretenant des relations commerciales avec les échelles de Kilwa, Zanzibar et Malindi.

Sur le plan de l'ethnologie, Southall estime que la "parenté cumulée" constitue le principe central du modèle, et résume les thèmes principaux de l'organisation sociale malgache: descendance indifférenciée avec tendance à la patrifiliation, maternité inaliénable, paternité problématique, dot insignifiante, mariage fragile des individus en dépit des rapports durables d'affinité, importance des enfants, teknonymie, mariage des cousins, terminologies de parenté selon le sexe de celui qui s'exprime.

Ity famintinana nataon'i Southall ity dia natao arak'ireo taratasy sy adi-hevitra nandritra ny symposium Wenner gren 83. Eo amin'ny tantara koltoraly dia nandraman'ny mpanoratra nofakafakaina izay nentin'ny Afrikanina sy Arabo ary hitany fa ireo mpiavy voalohany (taon-jato faha-7 na faha-8) dia mety ho razamben'ny Anjoaty voalazan'i Hurvitz avy ao avaratra andrefana, mampiasa ny teny swahili no mifandray ara-barotra amin'ny Kilwa, Zanzibar sy Malindi.

Eo amin'ny sehatry ny etnolojia, dia heverin'i Southall fa ny "parenté cumulée" no fitsipi-fiainana fototra, ary nobangoiny ho toa izao foto-kevitry ny rafi-piaraha-monina malagasy: taranaka tsy mifidy razana na dia mavesa-danja aza ny fombafomba ny ray, tsy atakalo tsy amidy vola ny maha-reny, mampisalasala ny maha-ray, tsy misy lanjany firy ny haren-jazavavy enti-manambady, marefo ny fanambadiana na dia mafy orina aza ny fifankatiavana, mamy ny zanaka, "teknonymie," fifanambadian'ny mpihavana akaiky, fomba fiteny mikasika ny fihavanana arakarak'izay olona mampiasa azy na lahy na vavy.

1

Origines malgaches: histoire culturelle et archéologie de Madagascar, mise au point et commentaire

PIERRE VÉRIN

Lors de la réunion de Burg Wartenstein en août 1979, j'avais essayé de donner une synthèse de ce que l'on croit connaître sur les origines malgaches. Avant publication, j'ai soumis ce travail à mes collègues et amis de l'Institut d'Art et de Civilisation de l'Université de Madagascar. Ceux-ci pensant qu'il s'agissait de ma contribution habituelle pour la Revue *Taloha* publièrent incontinent la note. J'y renvoie donc les lecteurs à cet ouvrage et me propose de mettre au point les données en fonction des récentes découvertes.

Le chercheur archéologue trouve dans l'étude de Madagascar des satisfactions intrinsèques à la situation insulaire de l'île: les phénomènes sont localisés à partir des côtes depuis lesquelles l'occupation vers l'intérieur s'est effectuée. En inventoriant les diverses phases dans toutes les régions de Madagascar on peut espérer reconstituer la totalité de l'histoire culturelle de l'île depuis les premières occupations jusqu'au XXe siècle. De surcroît, comme le monde malgache a été en contact avec l'extérieur par voie de mer à toutes les époques, on peut raisonnablement le replacer dans l'évolution diachronique des pays de l'Océan Indien.

Cette approche n'est en opération que depuis une vingtaine d'années. Comme le dit si justement Domenichini (1981, p. 12) avant qu'il y eut une archéologie malgache, on avait élaboré une archéologie de Madagascar, vue surtout au travers des influences parvenues de l'extérieur. Selon cette conception, le Malgache qu'il soit d'origine africaine ou indonésienne ne pouvait qu'être un figurant de son histoire recevant des influences externes dont la plus spectaculaire était celle des "Arabes." Les premières découvertes de Jully dans le Nord-Est se situent dans cette perspective.

En faisant une rétrospective, il convient toutefois à ne pas négliger la connaissance des anciennes contributions avant d'entreprendre une analyse des résultats des récentes recherches. Surtout l'archéologie peut éclairer le passé malgache pour toutes les phases sans écriture, mais la connaissance des données de l'anthropologie, de la linguistique et de l'ethnologie constitue un préalable à toute investigation.

Rappel du capital culturel amassé par les anciens anteurs. Les Grandidier, Ferrand, Otto Dahl, mais aussi Deschamps, Hébert et Kent, ont proposé des schémas d'explication du peuplement qui tiennent compte des données bien acquises. En mettant l'accent sur les aspects de l'une ou l'autre, on privilégie les apports indonésiens, africains ou mixtes, selon le cas.

Tous les auteurs ont été frappés par l'hétérogénéité anthropologique des Malgaches. Certes le type indonésien domine sur les Hautes Terres et le type africain á la côte. Chamla a contribué à montrer que le type mixte était africano-indonésien, et non pas mélanésien, comme avait voulu nous en persuader Alfred Grandidier. Ce n'est pas un des moindres mérites de Kent d'avoir prouvé que le préjugé anti-africain de A. Grandidier était fondé sur les préférences personnelles de cet explorateur plus tournées vers l'Asie que vers l'Afrique.

Les recherches sur la tache mongolique par Rakoto-Ratsimamanga et surtout les travaux sérologiques ont considérablement renouvelé la question, mais mettent en évidence une fois de plus cette bipartition Afrique/Sud-Est-Asiatique de la population.

Les renseignements fournis par la linguistique comparée auraient dû venir en première place dans ce rappel, puisque c'est grâce à cette discipline que l'on s'aperçut très tôt de l'affiliation de la langue malgache (Houtman, Mariano, au début du XVIIe siècle). Mais cette appartenance indonésienne de la langue ne saurait nous faire oublier les interférences phonologiques syntaxiques et lexicales que le malgache a eu avec des langues de l'Afrique orientale.

En outre, sans mettre en cause le rattachement à un phyllum commun proto-malgache l'unité linguistique n'est pas aussi solide qu'on l'avait crue. La glottochronologie, sans apporter de certitude sur les temps de dispersion (*time-depth*), révèle un éventail dialectologique de trois groupes, dont celui du Nord qui présente un archaïsme peut-être révélateur d'un peuplement pionnier dans cette zone de Madagascar.

L'ethnographie avait singularisé un certain nombre de traits qu'elle croyait pouvoir attribuer à des sources indonésiennes, indiennes ou africaines. Travail méritoire sans doute, mais combien incertain dans des domaines comme la religion ancestrale, les coutumes funéraires, l'organisation sociale dont les mêmes aspects sont tantôt jugés venant d'Asie, tantôt venant de l'Afrique. Seuls des éléments de culture matérielle peuvent être attribués avec sûreté à une aire ou à l'autre, notamment dans le domaine de l'agriculture, de l'élevage, de la pêche, de la navigation, de la vannerie et de la poterie, d'autant plus qu'un parallélisme linguistique existe. La riziculture sur brûlis est bien d'origine indonésienne comme l'a montré Dez, mais la contribution africaine est fondamentale en matière d'élevage. Les rituels de manipulation du lait á Madagascar se retrouvent identiques chez les Bantous.

L'acquis archéologique pour des nouvelles recherches. A l'indépendance de Madagascar, à l'aube de la décennie 1960, le pays disposait donc de la connaissance de cette trame culturelle africano-indonésienne et des résultats de travaux archéologiques sur les comptoirs du Nord, particulièrement sur Vohémar, Mahilaka et Nosy Manja, résultats perçus surtout comme la découverte d'alluvions étrangères, arabes ou chiraziennes. De nombreuses observations de surface avaient été faites sur l'Imerina et l'Antsihanaka, mais aucune description "au sol." Molet avait recensé les abris sous-roches à Nosy Lava et en pays tsimihety, mais surtout dans une brève note de terrain avait évoqué son intéressante visite à Antsoheribory dans la baie de Boina.

L'Université de Madagascar entreprit, par le Centre et le Musée d'Art et d'Archéologie, l'inventaire des sites du territoire national. L'étude des vestiges du Nord entre Maintirano et la baie d'Antongil a fait l'objet de mon ouvrage sur les échelles du commerce. J'ai insisté sur le fait que ces villes commerçantes ne furent pas un épiphénomène de la culture malgache, mais des territoires par où se maintinrent les relations avec l'extérieur et même par où transitèrent de nombreux migrants.

Sur les Hautes-Terres, Mille recensa la plupart de sites visibles sur photos aériennes entre Antsirabe et les Tampoketsa du Nord d'une part, entre le liseré forestier de l'Est et la dépression sakalava d'autre part. C'est à partir de cette trame, oeuvre essentielle de pionnier que tous les chercheurs intéressés par la région travaillent préalablement à toute étude.

L'essai de Mille fut complété par un premier relevé aérien similaire de Fernandez sur l'Alaotra et de Grimaud sur l'Ankay.

En même temps que ces deux options majeures "Hautes-Terres" et "Nord," le Service d'Archéologie de l'Université, qui n'eut pas de budget propre jusqu'en 1970, fit ou stimula des recherches sur d'autres régions: vestiges vazimba de la région de Malaimbandy, levée du site d'Isandra en Betsileo (Vérin et al., 1964), analyse des *teza* dans la même région (Gueunier), forts merina extérieurs (Rakotoarisoa), sites de subfossiles du Sud-Ouest associés à l'intervention humaine, vers Ankazoabo et Tuléar notamment (Battistini, Vérin, Chanudet), travaux dans le Sud-Est vers Matitànana (Pannetier, Brissaud, etc.), mais aussi dans l'Extrême-Sud (Vérin, Heurtebize). Certes, comme le dit Domenichini,

> tous ces travaux ne sont-ils pas de valeur égale; certains d'entre eux sont plus attentifs aux traditions orales qu'au matériel archéologique, considéré comme annexe, et d'autres peu habitués à tirer toutes les conclusions possibles des données stratigraphiques. Il n'en demeure pas moins que tous devront permettre à moyen terme de faire un peu plus de lumière peut-être sur les origines du peuplement et de la civilisation malgaches, et sûrement sur les cheminements des migrations intérieures anciennes, l'occupation du sol et les aménagements régionaux, la formation des unités politiques et économiques anciennes, les relations culturelles et commerciales avec les autres pays et l'histoire de la culture matérielle. (Domenichini, 1981, p. 13).

Si certaines des notes produites peuvent paraître trop brèves, eu égard aux sujets traités, c'est essentiellement parce que leurs auteurs en étaient des étudiants non spécialisés en archéologie, mais dont les travaux préliminaires ne pouvaient que rendre service dans un pays où la *terra incognita* archéologique était si vaste. Il suffit de voir le parti qu'en a tiré Oberlé dans son agréable compilation sur l'Imerina.

En tout cas, on ne saurait affirmer comme l'a fait Kent, en 1979, que "In contrast to Central Imerina and the Muslim entrepôts in north-western coastal Madagascar, the rest of the veritable small continent has hardly been touched by archaeologist's spade" ... (Kent, 1979, p. VII). Les travaux du Sud présentés par Emphoux dans ce même ouvrage, édité par Kent, s'inscrivent au contraire dans une belle continuité commencée à Talaky, mais surtout mise sur pied par Heurtebize auquel on doit créditer la découverte des sites de la région de Lambomaty qu'il décrivit dans une note préliminaire en 1974.

Les travaux récents. L'apport essentiel me paraît être la contribution de Henry Wright qui a établi un premier essai de phases archéologiques en Imerina, basé essentiellement sur la céramologie. Entre le XIVe et XIXe siècle, cette séquence rend bien compte des modifications intervenues dans certains aspects de la civilisation des Hautes-Terres, mais il reste à raccrocher cette séquence à d'autres paramètres, notamment aux transformations des villages fortifiés et à l'architecture funéraire. Dans ce volume, Wright compare les poteries locales du Nord avec celles qu'il a découvertes aux Comores. Pour la première fois, on peut rapprocher des données culturelles malgaches anciennes avec des matériaux provenant des territoires voisins.

Un des aspects faibles des recherches antérieures réside probablement dans l'absence de séquences céramologiques. Certes, il est tentant d'identifier les céramiques importées pour donner des datations et cela ne nous dispense en aucune façon d'établir des chronologies relatives comme il est entrepris actuellement.

Domenichini contribue avec succès à la remise en question du corpus des traditions merina dont on a eu trop tendance à faire une interprétation littérale. Sous sa direction ont été établies des contributions qui laissent bien augurer de l'avenir, comme l'étude sur le Vonizongo ancien de Andrianaivoarivony Rafolo (1981) et les travaux de Hilarion Rakotovololona sur Mangamila et de David Rasamuel sur la région du Voromahery (1979 et 1981). Ce dernier chercheur a bien départagé les sites retenus par la tradition et ceux qui lui sont antérieurs; il adapte les typologies de Mille et Wright et envisage même l'existence d'un horizon antérieur à la phase céramique Fiekena.

Victor Raharijaona exécute actuellement une étude des sites de la Manandona, région proche d'Antsirabe, à l'extérieur des relevés aériens de Mille.

Daniel Raherisoanjato s'est surtout intéressé aux traditions orales de l'Arindrano, mais les préoccupations archéologiques ne sont pas exemptes de son travail.

L'archéologie de l'Extrême-Sud a fait des progrès spectaculaires avec les recherches d'Emphoux et de Radimilahy. Les sites d'Andranosoa (920 + 90 BP) et de Bekoropitike (730 + 90 BP) nous permettent de penser que du XIe au XIIIe siècle, un peuplement conséquent s'installe dans l'Androy.

Lorsque le peuplement se développe à partir du XIVe siècle on rencontre des sites à fossés et une céramique graphitée à décor à moulures et incisions triangulaires, fait son apparition (Radimilahy, 1981, p. 64). Cette poterie locale s'apparente avec celle de Rezoky et Asambalahy, mais présente aussi des analogies avec les découvertes de Kingany (baie de Boina), Ankatso ancien, et Tranovato (près de Fort-Dauphin). Cette homogénéité des céramiques du début du XIVe siècle au début du XVIe siècle correspond à un temps fort d'occupation dans le peuplement de Madagascar.

Les sites de l'Androy ont aussi livré des tessons importés de *sgraffiato* très ressemblants à ceux de Mahilaka, donc de Tàkht-i-Suleyman (XIIe siècle), ainsi que du céladon du XVe siècle également retrouvé en Imerina par Wright.

Les chercheurs malgaches natifs ou étrangers ne tarderont pas à nous donner un tableau cohérent du peuplement de l'île. Mais d'ores et déjà, on peut estimer:

1. Le peuplement malgache commence au moins à partir du Xe siècle, mais qu'il pourrait être de quelques siècles antérieurs.
2. La métallurgie existe très tôt, probablement dés le XIe siècle et peut-être même dès les origines du peuplement.
3. A un genre de vie fondé sur la chasse et la déprédation écologique succède un développement de l'agriculture et de l'élevage. Vers le XIVe siècle, la plupart des régions de Madagascar sont atteintes, même si le semis du peuplement est peu serré.
4. Les appareils défensifs sont visibles dés le XIVe siècle, mais ils deviendront sur les Hautes-Terres importants à partir du XVIe siècle. Les premiers systèmes avec leurs fossés peu (Fiekena) ou pas visibles (Androy) ont possédé des palissades ou des protections végétales et ils évoquent à ce titre plus les enclos bantous que les fortifications indonésiennes. Le creusement considérable des fossés en Imerina au XVIIe ou au XVIIe siècle est peut-être une nécessité née de la déforestation totale de cette région.
5. Madagascar est pendant tout le IIe millénaire de notre ère en rapport avec les circuits commerciaux de l'Océan Indien. Certes les découvertes de céramiques (chinoise et islamique), de perles et de verre sont abondantes sur les côtes, mais elles parviennent dans l'intérieur et constituent alors de précieux repères de datation.

Bibliographie

Chamla, M.C.
    1958 "Recherche anthropologique sur l'origine des Malgaches," *Mémoires du Museum*, Paris.

Chanudet, C.
    1975 "Conditions de la disparition des subfossiles de Madagascar, Essai bibliographique," *Travail d'Etudes et de Recherches*, Brest, à paraître dans *Travaux et documents du Musée d'Art et d'Archéologie de Tananarive*.

Dahl, O.
1951 *Malgache et Maanjan. Une comparaison linguistique*, Egede Institut, Oslo.
Deschamps, H.
1960 "Histoire de Madagascar," Berger Levrault, *Mondes d'Outre-Mer*, Paris.
Dez, J.
1964 "Quelques hypothèses formulées par la linguistique comparée à l'usage de l'archéologie," *Taloha 1*, pp. 197–213.
Domenichini, J.P.
1981 "Problématiques passées et présentes de l'archéologie à Madagascar," *Recherche Pédagogie et Culture*, IX-55, sept.–déc., pp. 10–15.
Emphoux, J.P.
1978 "Note sur une culture ancienne du XIIe siècle en pays antandroy," *Communication à l'Académie Malgache* le 21 décembre.
1979 "Archaeology and Migrations in Northern Androy: A Preliminary Report," in *Madagascar in History—Essays from the 1970's*, R. Kent ed., pp. 32–41.
Fernandez, M.F.
1970 "Contribution à l'étude du peuplement ancien du lac Alaotra," *Taloha 3*, pp. 3–54.
Ferrand, G.
1908 *L'origine africaine des Malgaches*, Imprimerie Nationale, Paris.
Grandidier, A.
1908 *Ethnographie de Madagascar*, vol.IV, T.1, "Les habitants de Madagascar, leur origine, leur division, leur répartition."
Grimaud, M.C.
1972 "Contribution à l'étude du peuplement ancien de la région de l'Ankay," *Travaux et documents XI du Musée d'Art et d'Archéologie*.
Gueunier, N.
1973 "Les Teza betsileo," Thèse de Doctorat de 3e cycle, Paris.
Heurtebize, G. et Vérin, P.
1974 "Premières découvertes sur l'ancienne culture de l'intérieur de l'Androy (Madagascar). L'archéologie de vallée du Lambomaty sur la Haute Manambovo, *Journal de la Société des Africanites*, XLIV, 2, pp. 113–21.
Jully, A.
1898 "Les immigrations arabes à Madagascar," *Notes reconnaissances et explorations*, vol. III, Tananarive, pp. 438–44.
Kent, R. (ed.)
1979 *Madagascar in History. Essays from the 1970's*. The Foundation for Malagasy Studies, 906 Washington Street, Albany, CA. Voir introduction.
Mille, A.
1970 "Contribution à l'étude des villages fortifiés de l'Imerina ancien," *Travaux et documents II et III*, Musée de l'Université de Tananarive.
Oberlé, P.
1976 *Tananarive et l'Imerina*, Tananarive, Société Malgache d'Edition, 183 p.
Pannetier, J.
1969 "Contribution à l'archéologie du Sud-Est," *Travail d'Etudes et de Recherches*, Université de Tananarive, Départ. d'Art et d'Archéologie.
Radimilahy, M.C.
1980 "Archéologie de l'Androy" (contribution à la connaissance des phases du

peuplement et enquêtes orales), 3 vol., *Travail d'Etudes et de Recherches*, Centre d'Art et d'Archéologie de l'Université de Tananarive.

1981 "Archéologie de l'Androy," *Recherche, Pédagogie, Culture,* vol. IX, no. 55, pp. 62–65.

Rafolo, Andrianaivoarivony
1981 "Etude du Vonizongo ancien d'aprés les sources orales et archéologiques," *Travail d'études et de Recherches,* Centre d'Archéologie de l'Université, 2 vol., 268 p.

Raherisoanjato, D.
1980 "Origine et évolution du royaume de l'Arindrano jusqu'au XIXe siécle," *Travail d'Etudes et de Recherches,* Université de Madagascar, 382 p.

Rakotoarisoa, J.A.
1970 "Les forts extérieurs de l'Imerina," *Mémoire de Maîtrise Musée d'Art et d'Archéologie de Madagascar.*

Rasamuel, D.
1979 "Traditions orales et archéologie de la basse Sahatorendrika. Etude des sources concernant le Peuplement," *Mémoire Centre d'Art et d'Archéologie,* 181 p.
1981 "Pour une histoire du Voromahery," *Recherche Pédagogie et Culture,* IX-55, pp. 95–100.

Tattersall, J.
1973 "Cranial Anatomy of the Archaeolemurinae," *Anthropological Papers of the American Museum of Natural History,* vol. 52, part.I, 110 p.

Vérin, P., Battistini R. et Chabouis, D.
1964 "L'ancienne civilisation de l'Isandra," *Taloha 1,* pp. 249–285.

Vérin, P. (avec Battistini)
1971 "Contributions sur la région d'Ankazoabo et de Tuléar," dans *Taloha 4.*

Vérin, P.
1972–75 *Les échelles du commerce sur les côtes nord de Madagascar* Lille III, 74 p.
1979 "Le probleme des origines malgaches," *Taloha 8,* pp. 41–55.

Wright, H.
1979 "Observations sur l'évolution de la céramique traditionnelle en Imerina centrale," *Taloha 8,* pp. 7–28.
1979b "Early Communities on the Island of Mayotte and on the Coasts of Madagascar," Symposium Wenner-Gren 1979, Berg Wartenstein.

2

Early Communities on the Island of Maore and the Coasts of Madagascar

HENRY T. WRIGHT

Introduction. The Comorean Archipelago is well situated to serve as a halting place for travelers moving toward Madagascar. There has long been a hope that archaeological work on the islands would provide direct evidence of past communities and thus allow a definitive assessment of conjectures about the development of Malagasy culture's unique amalgam of African and Southeast Asian elements. In the future, when the archaeology of the Indian Ocean as a whole is better known, work on the Comoros may well serve such a purpose. However, this paper seeks the more attainable end of considering some early communities on the easternmost island of the Comorean Archipelago and the nearby coasts of Madagascar in their own terms. Even with the limited data of surveys and small excavations it is possible to say something about how the early occupants lived and how they related to the broader world. Even such general insights will provide useful contexts for the formulation of questions about cultural diversity in Madagascar.

The settlements considered in this paper apparently date to the thirteenth century A.D. and earlier. The paper has three parts. First, it presents ceramics from sites on the island of Maore or Mayotte and develops a tentative chronological sequence. Second, the sequence of developing settlement patterns is discussed. Third, comparable ceramics and settlements on the nearby coast of Madagascar, recently reported by Pierre Vérin (1975), are discussed. The conclusion contrasts various areas and outlines future research possibilities. This conclusion is most tentative; however, given the limited opportunities for scholarly investigation in this part of the world, it seems best to make available the evidence at hand, whatever its limitations.

Early Maorais Ceramic Assemblages. Maore is the member of the Comoros closest to Madagascar (figure 1). It is also, to all surface indication, geologically the oldest of the four main islands. The northwesternmost, Ngazidja or Grande Comore, is volcanically active and is little eroded; there is no extensive reef development. The islands between, Ndzuwani or Anjouan and Mwali or Moheli, are quiescent, eroded to knife-like ridges, and have some limited reef development. Maore, the southeasternmost, is eroded to gentle ridges and rounded peaks and possesses extensive barrier reefs. Its deeply weathered soils trap moisture and feed several perennial streams. With a bounty of fish in its lagoons and a wealth of plant foods, Maore has—in times of peace—provided a rich life for its inhabitants.

The island is thirty-six kilometers from north to south and covers 375 square kilometers. Perhaps more important for fisher folk, it has 180 kilometers of coastline on the main island alone, not including the coastlines of the subsidiary islets, and approximately 600 square kilometers of lagoon. The austral summer—from October to May—is hot and very wet, while the winter is cool and rarely rainy. The island is today almost completely covered with secondary forest and cultivated areas. Only on the very tops of the peaks, reaching 660 meters above sea level, are there remnant uncut forests of giant bamboo and other plants. In the cultivated areas, the most common tree crops today are coconuts, bananas, and *ylang-ylang* (the perfume tree). Rice, manioc, maize, and other crops are grown in impermanent fields. However, today's patterns are no indication of past conditions. Some of the crops—for example, *ylang-ylang*—are grown in response to distant market demands, and yet others are recent introductions from the New World. These may well have replaced earlier crops. For example, before valley floors were coopted first for sugar cane and then for coconut, taro may have been important, since many varieties of feral taro—some still eaten in times of famine—are to be seen in marshy areas. The island has little mammalian fauna. The lemur is common, while the boar and tenrec are less so, but all may have been introduced by human agents. The domestic cow is common and second only to the many fishes of the lagoon as a source of sustenance for the Maorais people. The human community pattern is today one of scattered small hamlets and villages, with several nascent small towns. The present high populations—about 38,000 in 1973—is apparently a response to increased access to modern

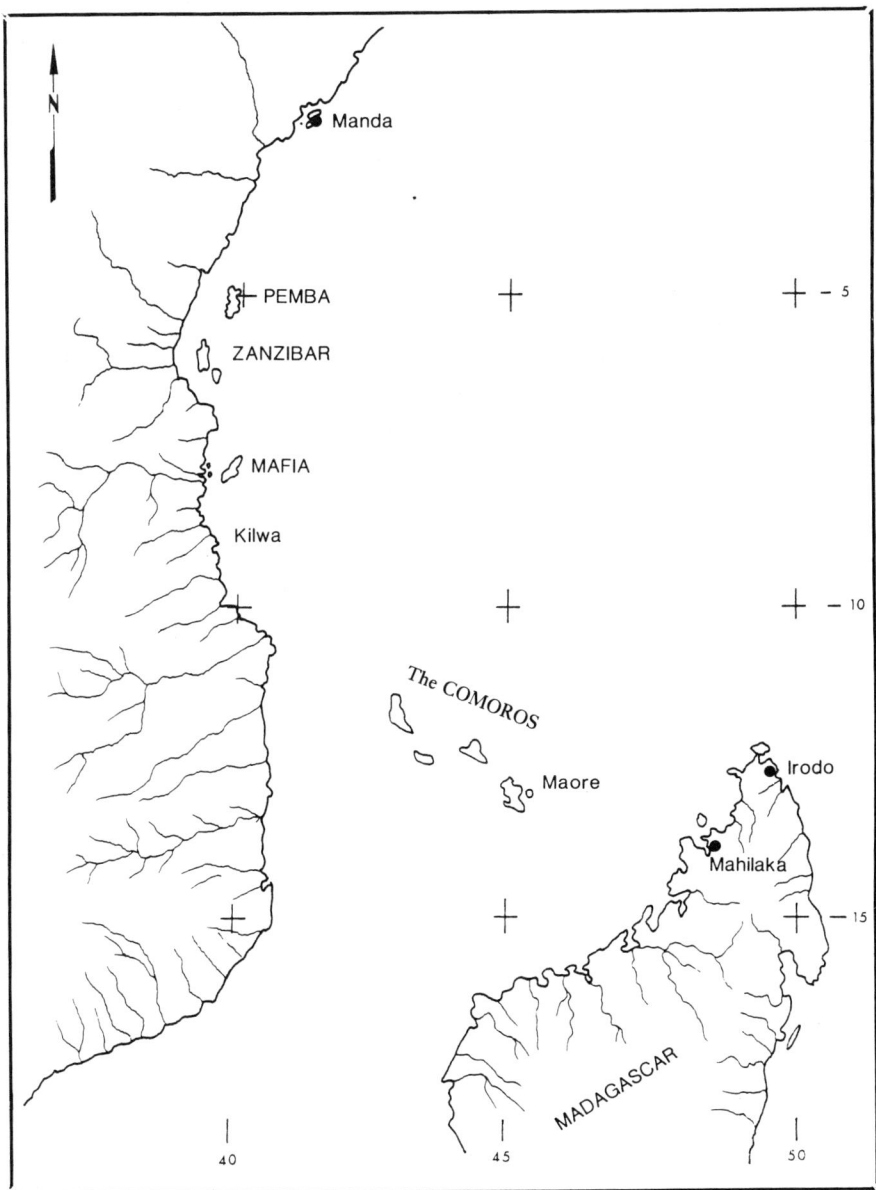

FIGURE 1 THE COMOROS, MADAGASCAR, AND THE COAST OF EAST AFRICA

medicine. The late nineteenth-century population was very much a function of the demands of the plantation economy, and the estimated early nineteenth-century population of 3,000 (Faurec, 1941) reflects the impact of constant slave raiding. Thus all knowledge of early Maore, both its past environments and its peoples, must come from historical, archaeological and paleoenvironmental studies.

The first extensive archaeological research on Maore was undertaken in 1975 by a group from the University of Michigan Museum of Anthropology supported by National Science Foundation Grant GS 42337X. We had the full support of the authorities at Moroni and at Dzaoudzi, the administrative center of Maore. The work was begun by Susan Kus and Michael Lambek and completed by Susan Kus and H. T. Wright. About 65 percent of the coastline—all except the northern and southern extremities of the island—were traversed on foot and every eminence less than fifty meters in altitude was examined. All total, 115 sites were recorded. A preliminary report in French was prepared immediately (Kus and Wright, 1976). In 1980 Wright returned with the support of the University of Michigan to complete the survey of the coasts. This paper will present the evidences of settlements dating between the ninth and thirteenth centuries A.D. related to those of Madagascar.

The assemblages believed to be the earliest of the three discussed is that collected from the surface of Majikavo I (May 36: grid location 5910–5242) now a field of mixed rice and manioc. It is a technically and stylistically simple ceramic complex. Most vessels have a soft clay body containing 10 percent to 25 percent by volume inclusions of coarse angular fragments or "grits" up to two millimeters in length. These fragments could be either: one, a temper of crushed red and gray rock; two, a temper of crushed sherds; or three, an accidental admixture of particles in the clay sources. All vessels seem to have been constructed from hand-built rings of clay. Most were fired in an oxidizing atmosphere and are red or dusky red in color. The surfaces seldom exhibit burnishing, but one must keep in mind that all sites have been repeatedly cultivated and burned over and such surface treatment may have been obscured. The surfaces of the vessels exhibit distinctive small cracks or crazing around the exposed grits.

There are two basic shapes, one of which can be subdivided into three variant shapes. Most common are the restricted vessels with relatively wide mouths or orifices, lacking necks, of which there are the following three variants:

1. deeper spherical vessels apparently lacking a carination (figure 2b);
2. shallow, apparently carinated vessels with an incurved rim; of these, most have a tapered inner lip and a groove on the exterior of the lip (figures 2a, c, d); below this groove is often a row of impressions of a dentate instrument, almost certainly the edge of the *Arca* shell (figures 2c, d, f); sometimes there is a similar row of imprints just above the carination (figure 2c);
3. a shallow carinated form with a concave restricted rim (figures 2e, 3a, b); the inner lip may have a tapering (figure 3a) or flattening (figure 2e), and the lip top may have impressions or notches (figures 2e, 3b); just above the carination there may be dentate shell impressions (figure 2e), plain shell impressions (figure 3a), or punctates (figure 3b).

The less common basic shape in the Majikavo I sample is a small restricted jar with an everted or outcurved neck. The necks are either plain (figure 3e) or have zigzag or herringbone incisions around them (figure 3f). In addition to these two basic shapes there are two rims from vessels whose sides have been first outcurved, then recurved inward (figure 3c). These recurved vessels have no decoration, but one has a light burnish. There is also one rim from an open bowl with flattened lip (figure 3d). This too is lightly burnished.

Majikavo I is the type site of the 'Majikavo Phase' (Ibid. 127). Other sites possessing similar ceramics, and therefore also assigned to this phase, are rare and much smaller than Majikavo I. They are all distinguished by a preponderance of soft, thick oxidized sherds with grit inclusions, fragments of wide-mouthed vessels, and by the presence of rims with broad exterior grooves on the lip and deep dentate shell impressions. One site has a soft buff-ware sherd with blue-green glaze probably Sassanian-Islamic ware of the ninth to eleventh centuries A.D. (Chittick, 1974: 302–03). There is also a single chloritoschist sherd from a roughly cylindrical vessel, doubtless an import from northern Madagascar. The main reason for asserting that the assemblage is tenth century or earlier is that these ceramics seem to be prototypic to others for which the evidence indicates an eleventh- to thirteenth-century date. It is, however, possible that Majikavo ceramics are a post-thirteenth-century development. One hopes that future excavation will reveal better dating evidence.

FIGURE 2   CERAMICS OF MAJIKAVO I

a. Vessel with incurved rim. D: 36; T: .91; color: 2.5YR 3/2 (dusky red); incl: 20 percent white, red grits, trace sand.

b. Spherical vessel with incurved rim. D: 16; T: .73 color: 2.5YR 3/4 (dark reddish brown); incl: 25 percent grits; surfaces reduced.

c. Carinated vessel with incurved rim, shell impressions. D: 26; T: 1.13; color: 7.5YR 3/1 (dark brown) incl: 20 percent coarse white grits.

d. Vessel with incurved rim, shell impressions. D: 28; T: 1.20; color: 5YR 4/2 (dark grayish red); incl: 25 percent red, white grits.

e. Carinated vessel with convex rim, shell impressions. D: 26; T: 1.03; color: 2.5YR 4/2 (weak red); incl: 15 percent red, white grits; exterior reduced.

f. Carinated vessel with incurved rim, shell impressions D: 21; T: 1.00; color: 2.5YR 1/2 (very dusky red); incl: 25 percent coarse white, red grits; surfaces reduced and charred cooking debris evident on the interior.

NOTE: Diameter (D) is measured to the nearest centimeter. Body Thickness (T) two centimeters below the lip is given to the nearest hundredth of a centimeter. The color is measured with a Munsell Soil Color Chart; the verbal equivalent of the hue, value, and chroma measures follows in parentheses. The proportion of inclusions is estimated by eye on a broken surface; unless otherwise noted the particles are medium-sized particles between 0.05 and 0.20 centimeters in length. Comments on Kilwa parallels refer to figures in Chittick (1974).

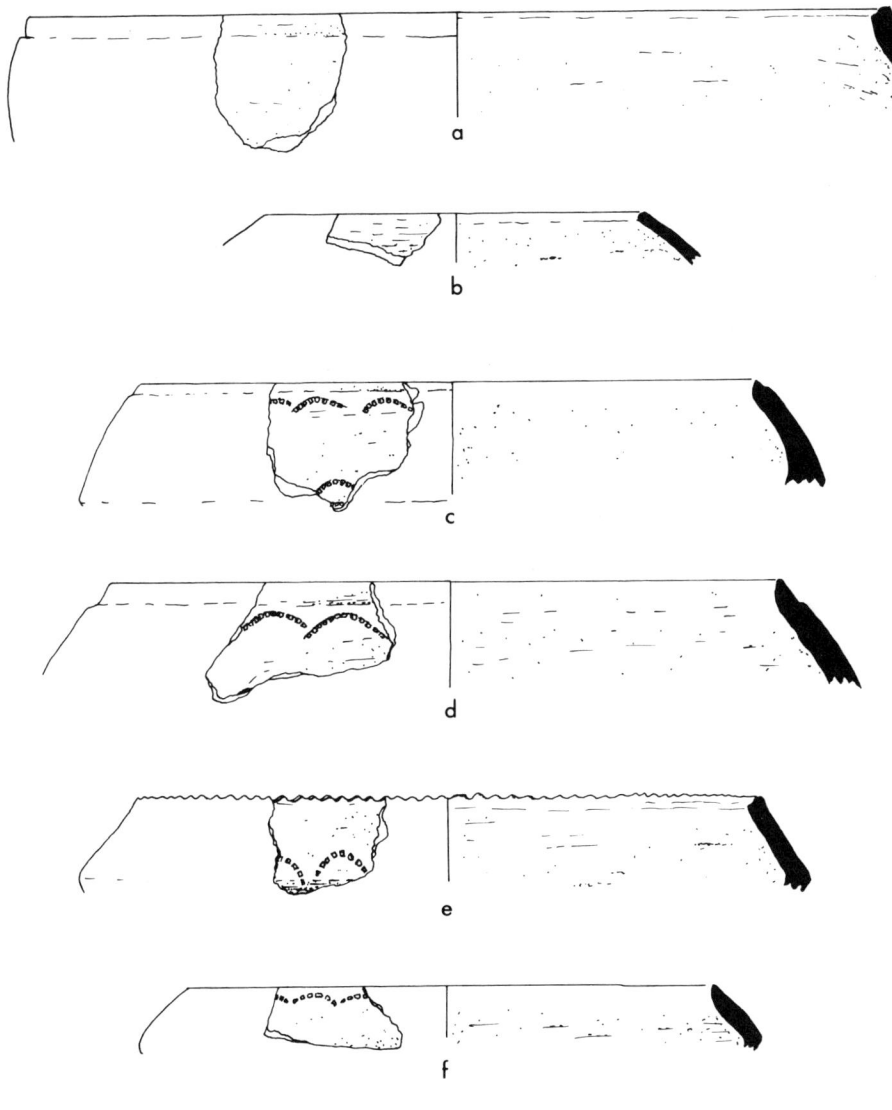

Figure 3 Ceramics of Majikavo I, cont.

a. Vessel with concave rim, plain impressions. D: 25; T: .82; color 5YR 3/1 (very dark gray); incl: none; fully reduced.

b. Carinated vessel with outcurved rim, punctate decoration. D: 30; T: .69; color: 5YR 2/2 (dark reddish brown); incl: 5 percent white grits; fully reduced, cf. Kilwa 94 f, h.

c. Vessel with recurved rim. D: 27; T: 1.09; color: 10R 3/3 (dusky red); incl: trace sand, red grits; light exterior burnish, cf. Kilwa 104 a, c, f.

d. Bowl with flat lip. D: 30; T: .83; color: 2.5YR 2/1 (very dusky red); incl: 10 percent red, brown grits; light exterior burnish.

e. Small jar with outturned rim. D: 16; T: .61; Color: 5YR 3/1 (very dark gray); incl: 5 percent tan grits; interior has possible red slip.

f. Small jar with outturned rim. D: 15; T: .64; color: 5YR 3/2 (dark reddish brown); incl: 10 percent tan grits; cf. Kilwa 95 i.

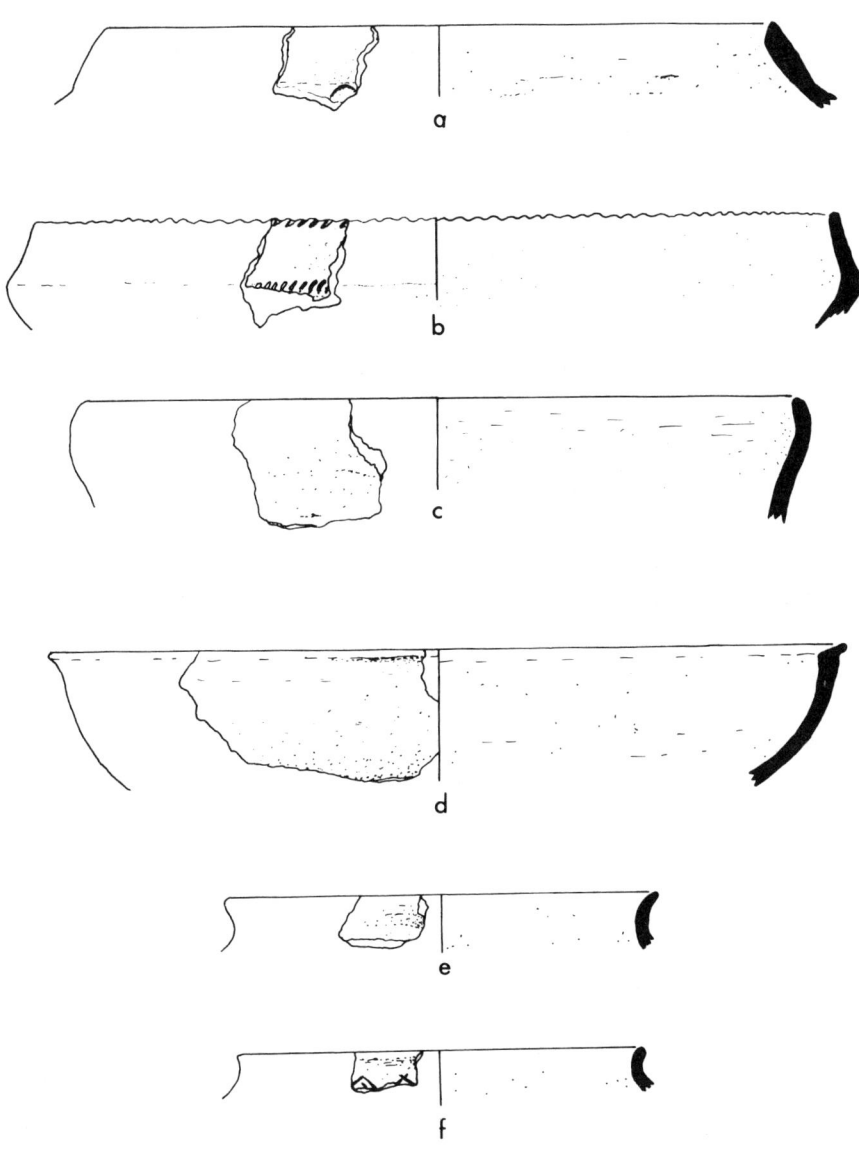

The next assemblage to be discussed was collected from the cluster of sites called Majikavo II to IV (respectively May 37: 5909–5243; May 38: 5906–5244; and May 102: 5908–5242) both from the surface and from a half-meter square excavation made in order to recover a marine shell sample. All vessels have a soft clay body with either 5 percent to 30 percent grits similar to those of Majikavo I or, rarely, glassy black sand. They were hand built in a similar manner. However a majority were fired in reducing, rather than oxidizing, atmosphere resulting in a grayish color. Some vessels have a light burnish. The basic vessel shapes are the same as those of Majikavo I, but there are distinctive differences of detail. Among the wide-mouthed vessels, there are three variants, but their relative proportions differ from those of Majikavo I. While some may be of: (1) the deeper spherical variant; more common are (2) the shallow usually carinated variant with incurved rims (figures 4a, b, e). These have an only slightly exterior lip groove (figure 4a) or none at all. Shell impressions, which are often plain and faint (figure 4a) rather than dentate (figure 4b), are typically very close to the vessel's rim. However, the most common wide-mouthed variant is (3) a shallow carinated form with an outcurved rim (figures 3c, d, f), typically reduced and with a decoration of incised zigzag lines around the neck. Beaded (figure 4d) and flattened (figure 4f) lips occur. This last noted example may indeed be from a large deep jar, showing that in contrast to the Majikavo I assemblage as presently known, there is a continuum of gradations from large shallow wide-mouthed forms to the smaller deeper jars. Among the smaller jars, there is more variety than at Majikavo I. Plain, zigzag incised, and impressed (figure 4g) decorations occur. There is one example, unique in the collections from Maore, with a multiply grooved rim (figure 4h). In addition to the frequently occurring wide-mouthed vessels and jars, there is a unique heavy rough bowl (figure 4i) and a bowl with burnished red slip.

Very similar to the Majikavo II to IV assemblage is that collected from the beach at Hanyundru (May 79: 738–105). Because of their findspot these sherds are better preserved than usual for Maore, but they are unfortunately few. Almost every diagnostic sherd is illustrated. Because of the importance of the settlement at Hanyundru, these few sherds merit detailed discussion. With the exceptions noted subsequently, the ceramics from Hanyundru have a soft clay body and 5 percent to 20 percent grit inclusions like those previously mentioned. They are similarly constructed. Most are oxidized to a coarse red or brown color. The same range of forms as from Majikavo are attested here. Among the wide-mouthed vessels are the smaller possibly deeper spherical variant (figure 5d) with a decoration of oval punctates and slashes. There are also large shallow possibly carinated examples with incurved rims (figures 5a, b). Note the small size or lack of the outer lip groove and the placement of the shell impression very close to the vessel's rim as at Majikavo II to IV. Also there is an example of the carinate variant with concave rim (figure 5c) exhibiting a decoration of both dentate impressions and slashes. The other basic shape, the small jar, is represented by neck fragments with zigzag incisions (figure 5e). Several unique rims merit comment. There is a deep open bowl made of an ordinary clay body but very poorly fired. Its surface seems to have been brushed or scratched and the lip has round punctates (figure 5f). Even if such vessels were common (such brushing is common in other Maore assemblages) they would not survive for long on the surface of a much cultivated manioc or rice field. Only the special conditions at Hanyundru allowed the survival of this example. Finally there are two rims, both with inclusions of small white particles, probably a beach sand temper (figures 5g, h). The smaller, slightly restricted bowl also has a red slip (figure 5g). Small excavations at Hanyundru in 1980 (Wright, 1983) produced the same types of ceramics.

Majikavo II to IV and Hanyundru are the type assemblages of the tentative "Hanyundru Phase" (Kus and Wright, 1976: 127–28). There are a large number of other sites with similar ceramic assemblages. These are distinguished by the preponderance of the soft coarse ware sherds; however, in contrast to those on Majikavo Phase sites these are often thinner and reduced, reflecting the proportional increase in small jars in these assemblages. When the rims of the wide-mouthed incurved vessels occur, they have little or no exterior lip grooving and the shell impressions, often plain, are very close to the lip. When the rims of the small jars occur, they are usually reduced and often have oblique or zigzag incisions and round or oval impressions. Associated with this assemblage on the surface of Majikavo III and II respectively were a wheel-turned sandy buff-ware jar rim with blue-green glaze, probably Sassanian-Islamic ware, and a fragment of wheel-turned tan-bodied ring base of a bowl with splashed light green and brown glaze on the interior, perhaps a sgraffiato of the eleventh to thirteenth centuries (Chittick, 1974: 303). Both were small and badly damaged by the burning of fields and weathering, so the identifications are tentative. In the test at Majikavo II in undisturbed shell midden were a tiny fragment of a similar ring base and two small "drawn" or "cane" beads of "Indian red" color. In the small excavations at Hanyundru, there were similar beads and an incised sherd with olive green glaze, probably a late

FIGURE 4 CERAMICS FROM MAJIKAVO II AND III

a. Vessel with incurved rim, shell impressions. D: 35; T: 1.12; color: 2.5YR 4/3 (weak reddish brown); incl: 30 percent coarse tan, red grits; light burnish.

b. Vessel with incurved rim, shell impressions. D: 40; T: 1.09; color: 2.5YR 3/2 (dusky red); incl: 20 percent coarse red grits.

c. Vessel with concave rim, incisions. D: 30; T: .97; color: 2.5YR 4/2 (weak red); incl: 30 percent coarse tan, gray grits; cf. Kilwa 95 i.

d. Vessel with incurved rim, incisions. D: 20; T: .73; color: 10R 4/6; incl: 5 percent coarse, tan, gray grits; cf. Kilwa 94 d, 95 i.

e. Small vessel with incurved rim. D: 15; T: .91; color: 10R 4/5 (red); incl: 25 percent coarse tan grits.

f. Large jar with outturned rim, incisions. D: ca. 35; T: 1.04; color: 5YR 4/3 (reddish brown); incl: 20 percent coarse tan grits.

g. Jar with outturned rim, curved impressions. D: ca. 25; T: .71; color: 2.5YR 4/1 (weak red); incl: 20 percent grits; cf. Kilwa 98 g.

h. Jar with outturned rim, grooved lip. D: 18; T: .80; color: 5R 4/2 (weak red); incl: coarse tan and red grits.

i. Heavy bowl. D: 38; T: 1.02; color: 7.5R 3/1 (dark brown); incl: tan and red grits.

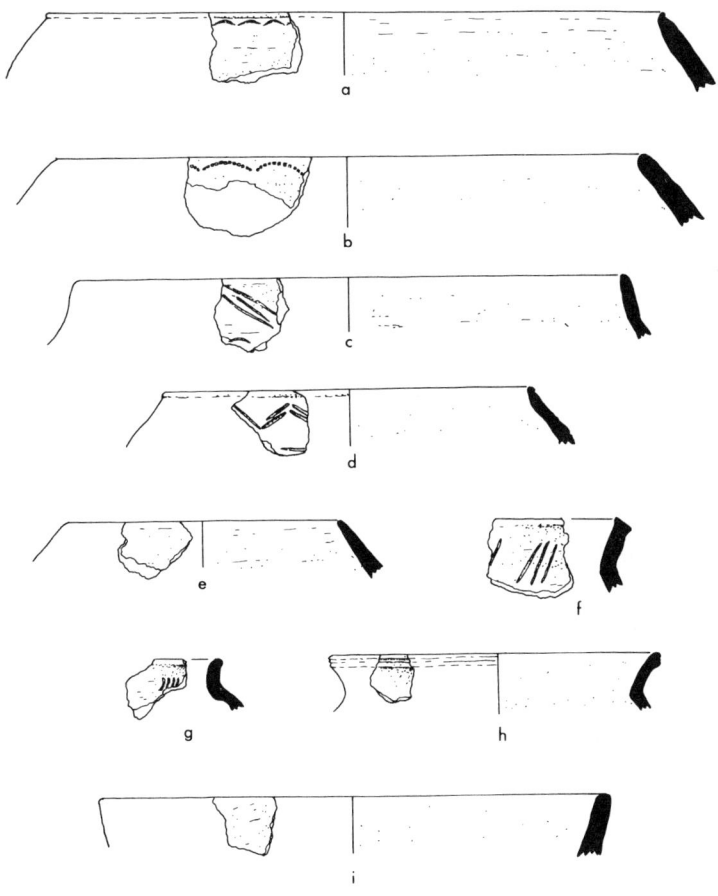

FIGURE 5   CERAMICS FROM HANYUNDRU

a. Carinated vessel with incurved rim. D: 30; T: 1.19; color: 2.5YR 4/6 (red); incl: 5 percent red grits.

b. Vessels with incurved rim, shell impressions. D: 26; T: 1.35; color: 10R 5/8 (red); incl: 20 percent coarse red, gray grits.

c. Carinated vessel with outturned rim, incision and shell impression. D: 36; T: .97; color: 10R 3/1 (dark reddish gray); incl: 10 percent coarse gray, red grits; cf. Kilwa 100 a.

d. Vessel with incurved rim, oval punctates and incisions. D: 17; T: .78; color: 2.5YR 4/4 (reddish brown); incl: 5 percent coarse gray grits.

e. Jar shoulder with incised decoration. Neck D: 28; T: .83; color: 2.5YR 4/5 (reddish brown); incl: 10 percent red grits; cf. Kilwa 95 i.

f. Bowl with flat lip, round punctates. D: 15; T: .71; color: 5YR 4/5 (reddish brown); incl: 20 percent coarse red grits, sand; surface brushed or impressed with grass.

g. Vessel with incurved rim, red wash. D: 16; T: .79; color: 2.5YR 4/6 (red); incl: 15 percent coarse red, fine white grits; cf. Kilwa 109 c.

h. Bowl with flat lip. D: 30; T: .52; color 2.5YR 2/0 (black); incl: 10 percent fine white grits.

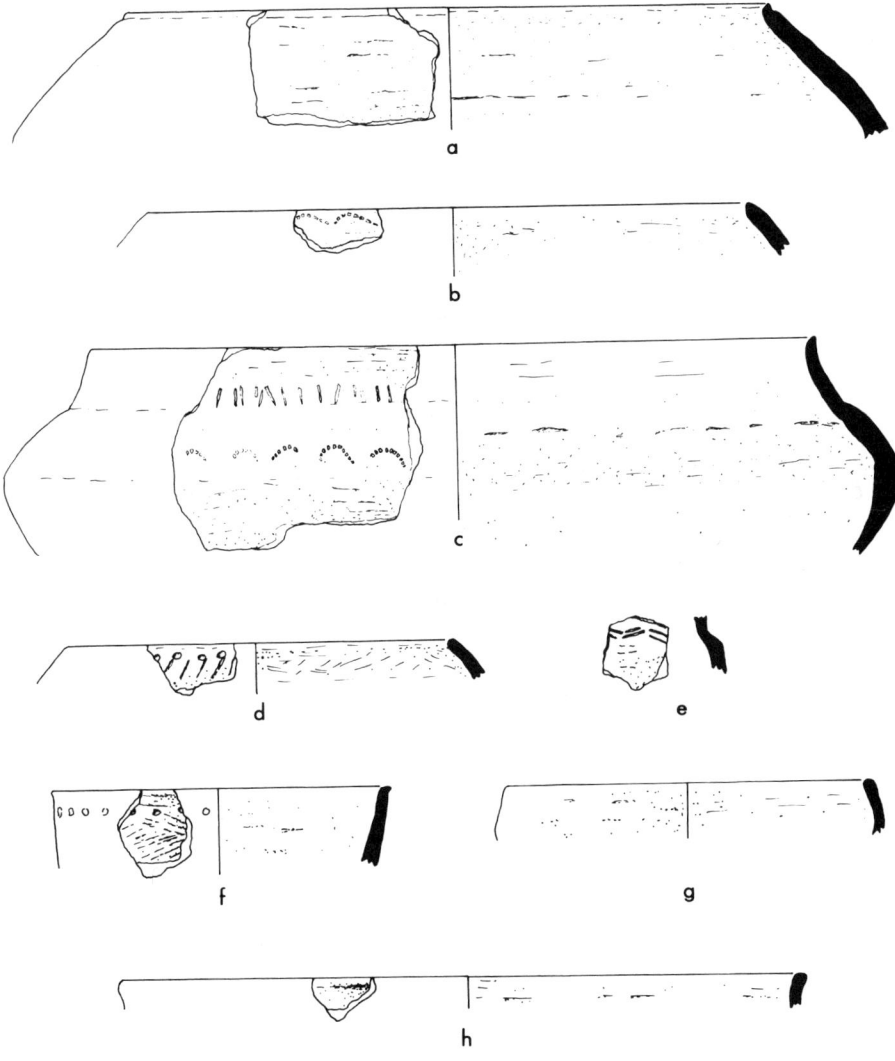

sgraffiato (Wright, 1983). I suggest a date during the eleventh to thirteenth centuries A.D. for the Hanyundru Phase.

These Maorais ceramics resemble some from Kilwa (Chittick, 1974). The resemblances are not sufficiently close to allow firm cross-dating but they do provide insight into the relative degree of craft similarity and thus perhaps the degree of cultural interaction between Maore and the African coast. The local Maorais component of any assemblage is composed of the heavy wide-mouthed vessels with incurved rims, never burnished and often with shell impressions below the rim. These do not have parallels in the local wares from Kilwa. The Majikavo Phase assemblages contain three combinations of vessel shape and design found at Kilwa. The wide-mouthed vessels with concave rims and notched lips and the jars with outturned rims and incising are similar to the "Type I Early Kitchen Ware" of Period Ia (ninth to tenth centuries A.D.; Op. cit. 322, figure 104). However, these Kilwa-related vessels are rare, and all total they comprise only 22 percent of the available sample from Majikavo I. The Hanyundru Phase assemblages have jars with outturned rims similar to "Type I" at Kilwa and larger wide-mouthed vessels with high outturned rims and incising similar to "Type 3" vessels of Period Ib and II (twelfth to thirteenth centuries A.D. at Kilwa; Ibid. 321, figure 100). These Kilwa-related variants comprise at most 30 percent of the two Hanyundru Phase assemblages.

These limited parallels with ceramics from a site on the coast of East Africa do not necessitate any direct contact between the Maorais communities and the continental coast. There is another early ceramic assemblage known from the sites of Dembeni on Maore (May 110: 5810–5198, Billard, 1977), from the Zira'at of Old Sima on Ndzuwani (AN 6452–4210), and from individual sites on Mwali and Ngazidja (Wright, n.d.). This 'Dembeni Phase' assemblage has local vessels which duplicate those illustrated from Kilwa I in association in excavation contexts with Sassanian-Islamic ware, opaque white glazed ware, and incised plain ware all probably imported from the Gulf region between the eighth and tenth centuries A.D. While these recently excavated samples are still in the process of analysis, and the precise relation between the Dembeni and Majikavo communities cannot be specified at the moment, local interaction between them would be the simplest explanation of the rather generalized Kilwa affinities noted above.

Early Maorais Settlement Patterns. At this point, having defined two distinct early ceramic assemblages on Maore, we may turn to the questions of the distribution on the landscape of the settlements of each assemblage and of other associated debris on these sites, other than ceramics, which indicate something about the ways of life pursued in these settlements.

Majikavo I is the largest known settlement of the Majikavo Phase and is the center of the only concentration of Majikavo Phase settlements on Maore (figures 6, 8). The site lies on a terrace about ten meters above sea level, isolated on the east and west by gullies, and facing northeast across the adjacent beach and shallow bay. As the name (Comorean for "waterless") implies, there is no nearby spring or stream, and the most reasonable local water source today would be a brackish seep well about fifty meters distant. However, in the past, before destruction of the soil in much of this district, perennial water may have flowed in some of the now intermittent channels. The site itself covers about 0.5 hectares and has a dense scatter of shell and potsherds on its sloping peripheries. Regrettably, no area with a deep accumulation undisturbed by recent manioc and rice cultivation was found. The level central portion of the site had little refuse, a pattern which occurs in present-day Maorais villages. A village of this size and configuration would have five to ten houses today. In contrast to this larger settlement are four smaller settlements on the northeast coast, a settlement only a kilometer away and three others four to six kilometers distant. All are on ridges several hundred meters from the coast. In most cases the water source is an intermittent stream 100 meters or more from the site. All have one to four light scatters of sherds with a few shells suggesting one to four temporary structures. The location, water source, and size are all conformable with the modern pattern, in which such sites are temporary settlements used at times of harvest and planting by families from central settlements. There are no definite Majikavo Phase settlements elsewhere on the island; while the known Majikavo Phase settlements do conform to one's expectation of the pattern for an initial or pioneer community, it is important to emphasize that it may not be the earliest Maorais Phase.

The Majikavo II–III–IV group and Hanyundru are among the larger settlements of the Hanyundru Phase (figures 6, 7, 9). The former group, which must be considered one community broken into several neighborhoods by rock outcrops and gullies, is just east of Majikavo I around a small marsh which may once have been a tiny natural harbor (figure 6). The general position of the site, and its water resources, are like those of the earlier site. The four portions of the group together must have covered about two hectares. Measurement of the two lower portions is difficult because a thick sterile silt covers the middens; animal burrows and wells have revealed sherds in only a few places.

Other portions of the site have dense concentrations of shell and other refuse. A 0.5 meter square test excavation on May 38 revealed 0.20 meters of undisturbed debris. Tidal area molluscs, lagoon and reef fish, and sheep or goat of notably small stature were represented among the food remains. The only architectural feature is a rough stone wall on Majikavo IV (May 102), the highest portion of the site. Present day settlements of this size and configuration would have twenty to forty houses. Like the Majikavo II-III-IV site, the site of Hanyundru faces northeast across a large bay (figure 7). It has a sand beach protected by a basalt outcrop to the west, but frequent storms override the beach and cut into the land creating a cliff about two meters high to the west though gradually disappearing to the east as the land slopes down. The uppermost 1.8 to 0.5 meters of sediment is a sterile silt clay probably washed from the hill to the west. The site deposit itself is a dark brown sandy soil about 0.2 meters thick containing lenses of shell, potsherds, charcoal, and bones. This layer is visible along the cliff for about 180 meters, completely sealed by the silt clay. The flat terrace behind extends about 100 meters from the beach. The settlement could have covered almost two hectares. However, without test excavation one cannot say how much of the available space was actually used. As at Majikavo there are no springs or streams nearby, but seep wells could have been placed in the intermittent stream bed 200 meters to the south. In addition to the shell lenses, wave action has revealed two notable architectural features. One is a stone wall running due east-west out of the cliff. How much of this possible building remnant is protected by the cliff is unknown. The other is a group of burials in correct Islamic position located in consolidated beach sand south of the site. The former feature recalls the rough wall at May 102. There is another larger Hanyundru Phase site, now almost completely destroyed by natural forces. It was on a sandspit connecting the subsidiary island of Pamanzi with the islet of Dzaoudzi, the administrative center of the island (May 114: 5872-5284). Wave action has greatly denuded the once large site leaving sherds, shells, and bones along 180 meters of partially cemented beach sand. The settlement would have faced northwest over the lagoon. These larger Hanyundru Phase settlements share a number of characteristics: all are on low beaches with northerly exposure; none have good water supplies; all probably covered about two hectares; and the two better preserved examples have traces of rough stone construction.

A fourth larger Hanyundru Phase site is located on a ridge sixty meters above the valley of a large stream near modern Dembeni (May 110: 5810–5198). This defensible location was chosen by peoples of the earlier Dembeni Phase, and Hanyundru occupation here represents continuity in a traditional location rather than an exception to the settlement choices characteristic of the Hanyundru Phase. Displaced cut stone fragments on the 3.5 hectare surface of this site could relate to either the Dembeni Phase or the Hanyundru Phase.

In contrast to these larger sites are a range of smaller ones on both the east and west coasts of the island. Most are on ridges several hundred meters from the coast. For purposes of this discussion we may divide them into the small village sites and the even smaller hamlet sites. The two small village sites are close to good water sources. They have light concentrations of sherds and rare shells. They cover about 0.4 hectares and may have had ten to twenty houses. The smaller hamlet sites differ from these small villages in several ways. All are more than 100 meters from water sources. They typically have one or more light scatters of sherds covering 0.1 to 0.3 hectares. Probably, they were once the locations of one to four temporary houses. The locations, water resources, and sizes of the hamlets are those to be expected for temporary settlements.

As in the Majikavo Phase, the distribution of Hanyundru Phase settlement on the island as a whole (figure 9) is concentrated on the eastern side of the island. Most of the larger settlements are there, and the distance between settlements, or pairs of settlements, averages 4.2 kilometers. In contrast, the comparable distances on the newly settled west coast average five kilometers. As a whole, the pattern is most simply explained as resulting from an expansion and extension of previously established patterns of land use. That these patterns may have involved serious environmental damage is indicated by the heavy deposits of sediment on Hanyundru and Majikavo III. It is possible that some combination of overgrazing and cultivation on the hill slopes without the benefit of the planting of perennial crops which might better hold the soil, were responsible. Excavation and recovery of Hanyundru Phase plant and animal remains are needed to test this proposition.

Before turning to comparable material on the nearby coasts of Madagascar, the evidence currently available from Maore can be summarized. The oldest communities of Maore discussed here are tenth century or earlier. They comprise only a village and some subsidiary hamlets on the northeast coast. The village has evidence of lagoon mollusc gathering, and the character of the hamlets argues for shifting cultivation in the way that rice is cultivated today. Ceramic vessels are largely in a local tradition, though a few have African parallels. In the eleventh and twelfth centuries this pattern of exploitation prospers, larger coastal villages appear, and the west coast is utilized. These larger villages have a few stonefounded buildings and evidences of limited

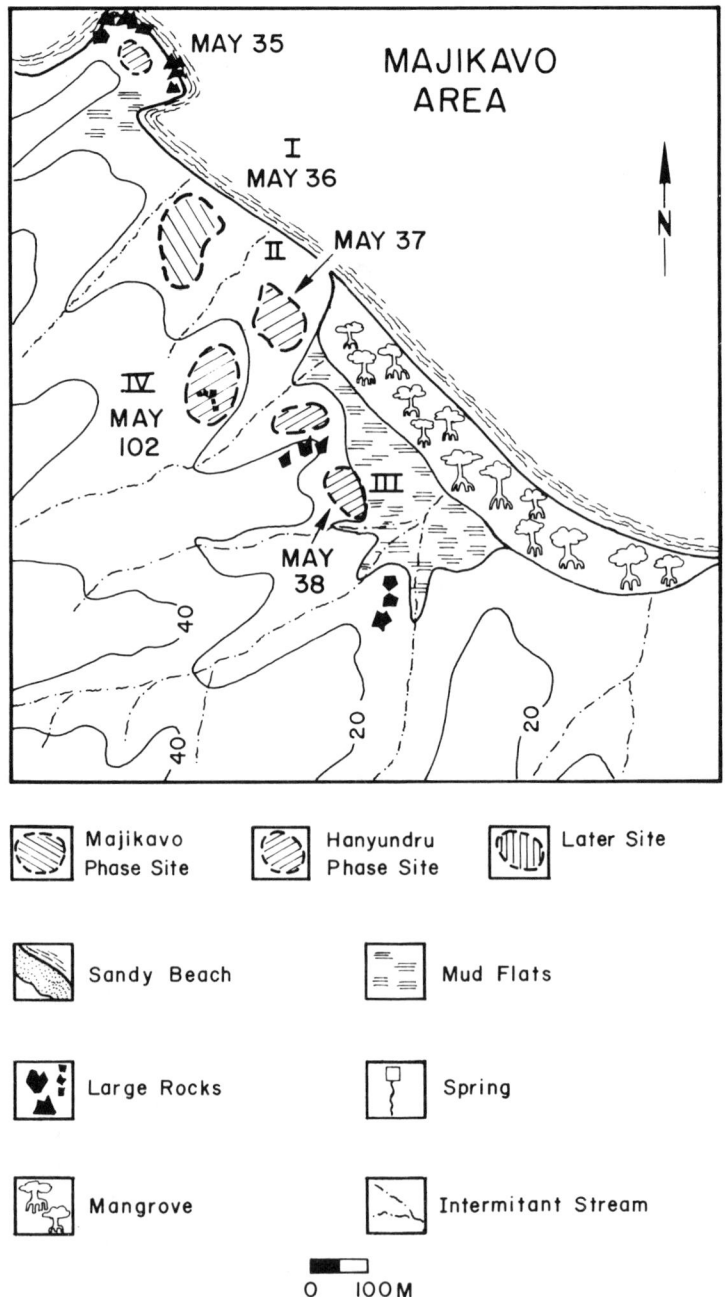

FIGURE 6 MAJIKAVO AND ENVIRONS

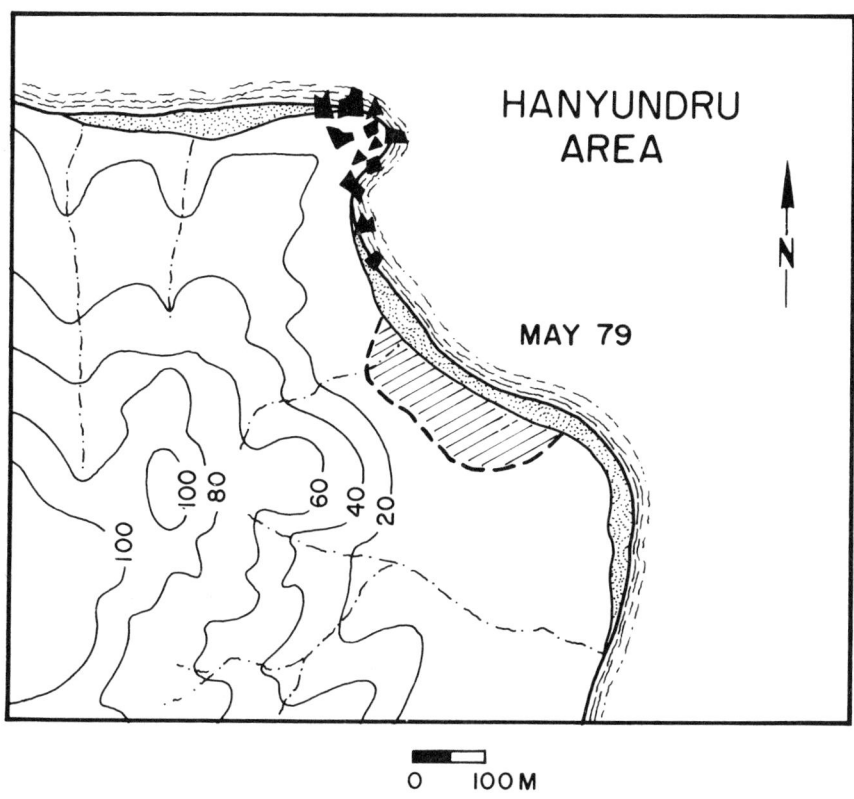

FIGURE 7 HANYUNDRU AND ENVIRONS

wider prosperity in the form of imported Near Eastern ceramics. However, most ceramics are locally produced in the established tradition. After the thirteenth century, this community pattern proved to have serious limitations. There is evidence of soil erosion and the abandonment of previously occupied tracts.

Early Settlements on the Coasts of Madagascar. Pierre Vérin's archaeological study of the coasts of Madagascar and consideration of existing documents (1975) is available only in limited edition. I have been triply fortunate in being able to study the manuscript with care, discuss many problems with Vérin himself, and restudy his collection,

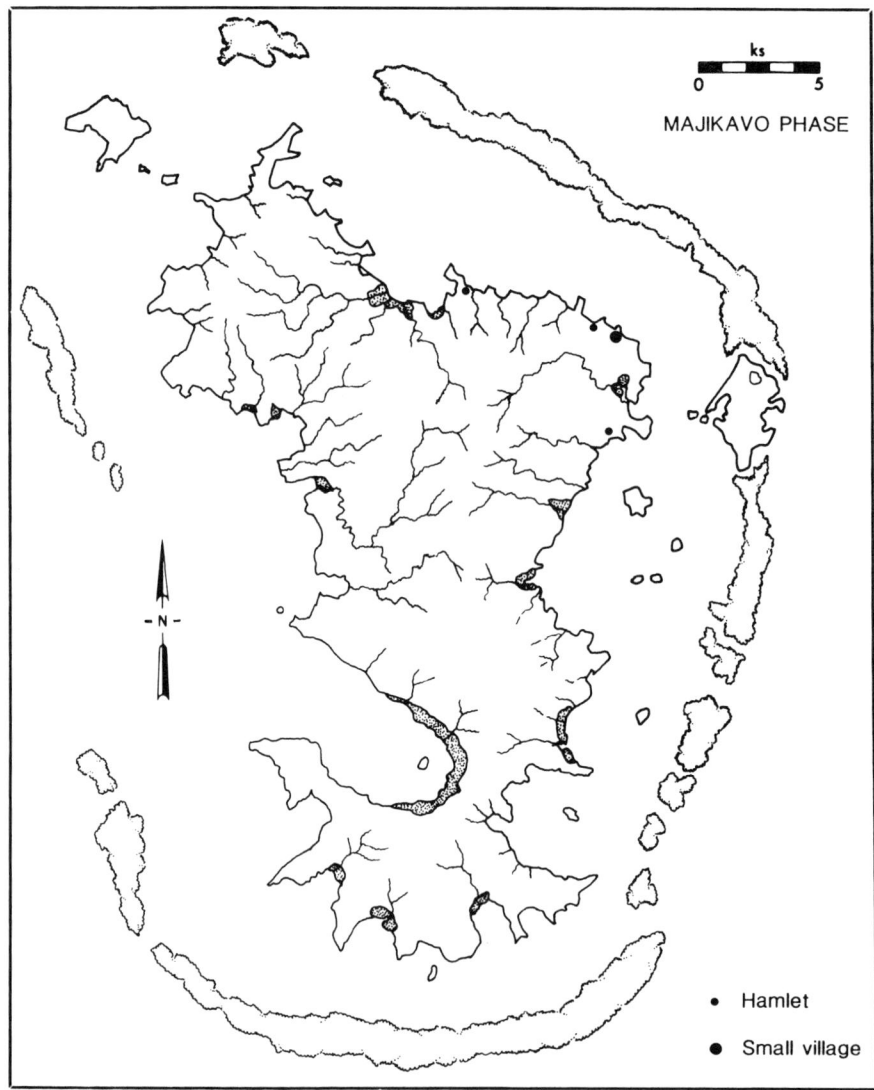

Figure 8 Majikavo Phase Sites on Maore

now housed in the Musée d'Art et d'Archéologie in Antananarivo under the direction of J. A. Rakotoarisoa. It is important to note that the intent of Vérin's research was to construct a culture historical framework to serve as a foundation for all Malagasy archaeological studies. The best way to accomplish this aim was to conduct stratigraphic excavations on

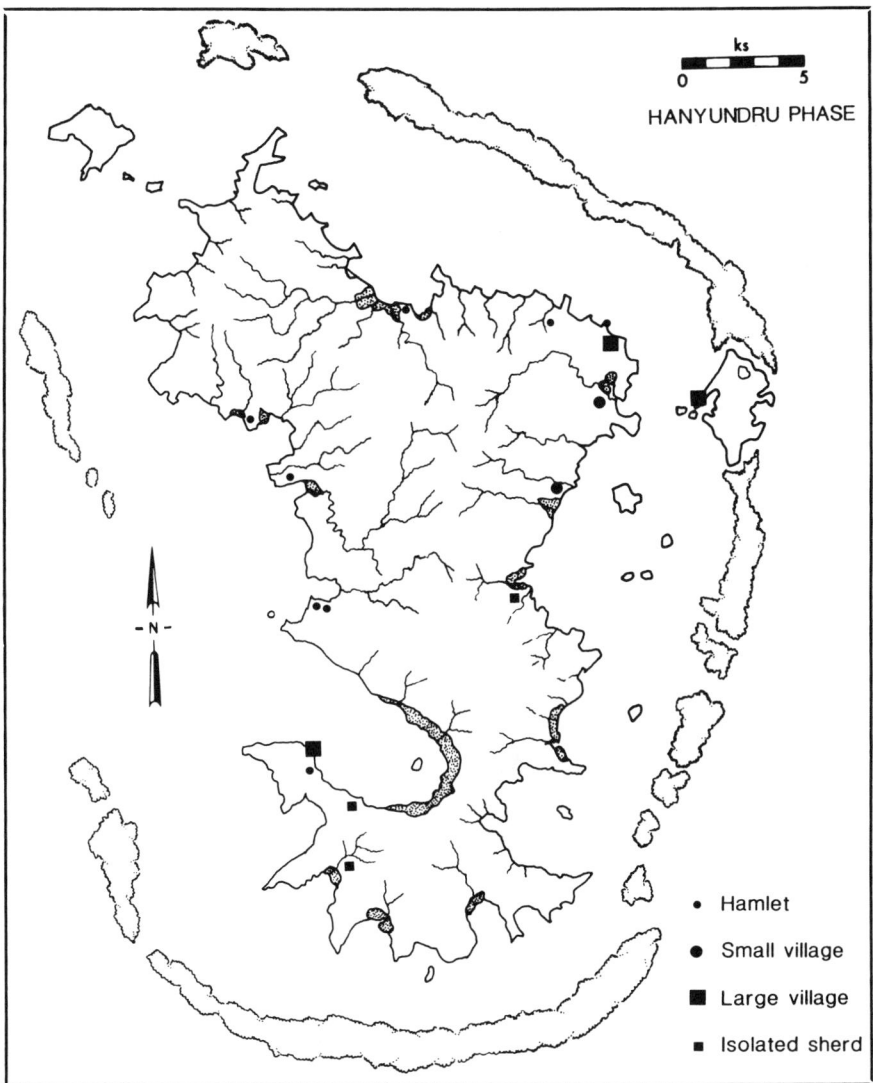

FIGURE 9   HANYUNDRU PHASE SITES ON MAORE

the larger sites which once had international connections. Detailed settlement pattern surveys and horizontal excavations could not be planned without such a framework. Indeed, the Maore survey would be difficult to interpret without the understanding of imported ceramics built up by Kirkman and Chittick on the coast of Africa to the west and by Vérin on Madagascar to the east. Unfortunately, as a consequence of the differing methods used, one cannot compare the total settlement patterns of Maore and Madagascar. It will be necessary to restrict this comparison to ceramic assemblages and major settlement types. First, I will discuss the sites on the Bay of Irodo on the northeast coast, comparable to those of the Majikavo Phase. Second, I will discuss sites on the Bay of Ampasindava on the northwest coast, comparable to those of the Hanyundru Phase.

The early sites near Irodo were studied by Vérin and Battistini, a geographer (Vérin, 1975: 725–42). They exemplified the ceramics recovered from the three sites with a detailed consideration of those from their "Site II", named Tafiampatsa. A sample of the ceramics from Sondage II at this site are shown in figure 10, drawn and described with the same conventions as are the ceramics from Maore. The ceramics from the site are hard and compact, usually with 5 percent to 10 percent medium sand grains included in the clay body. There are a few exceptions with grits similar to those noted in the Maore pottery. The vessels were hand built from rings of clay and were usually fired in an oxidizing atmosphere. A few have red slips, but none exhibit burnishing. However, it must be remembered that even the collections from soundings are from eroded deposits, and burnish may have been destroyed. There are three basic vessel shapes, the first of which can be divided into three variants, as on Maore. Most common among the basic shapes are restricted vessels with relatively wide mouths, lacking necks. Some of these are deeper, possibly spherical vessels with incurved rims, most of which have a wavy zigzag combed band below the rim (figures 10d, e, h). Some of these are shallower forms with low heavy incurved rims most of which have a red slip (figures 10a–c). The remainder are shallow carinated forms with slightly concave rims (figure 10f), a few of which have the combing described above or designs of oval punctates. The second most common basic shape is a large open vessel with expanded or beaded lip, some of which have red slips (figures 10i, j). Finally, a few vessels have the shape of a small jar with slightly out-turned rim, one of which has combing like that mentioned above (figure 10g).

The evidence for the date of this assemblage is varied. From Tafiampatsa itself there are no absolute dates, but there is a sherd with blue-green glaze identified as Sassanian-Islamic ware of the ninth to eleventh centuries A.D. Presumably this imported pottery was received in exchange for objects of chloritoschist, as vessels and perforated discs, perhaps net weights, of this material were common on the Irodo sites. From "Site III," Tafiantsirebika, where reportedly similar but undescribed ceramics were found, there is a radiocarbon age determination on marine gastropods of A.D. 890–910 (Ralph, Michael, and Han, 1973; Gak 692: a.d. 860±90). From "Site I," Antanimenabe, where there are only a few sherds on a paleo-sol covered by a sand dune, there are two dates on charcoal of A.D. 770–790 (Gak 380: a.d. 750±140) and A.D. 1000 (Gak 350b: a.d. 970±100). While the evidence is not ideal, it seems reasonable to date the Irodo sites to the ninth and tenth centuries A.D.

The Irodo ceramics assemblage is similar to that of the Majikavo Phase of Maore. Both have hand-built predominantly oxidized vessels in the same general range of shapes. There are two major differences. First, while the Maore pottery has grit inclusions, that of northwest Madagascar has sand inclusions. This may simply reflect local differences in available materials. Second, while that of Maore has a wealth of shell edge impressions, a form of decoration which persisted there until recent times, that of northeast Madagascar has a wavy combing, which likewise persisted in this area. This difference represents a slight divergence within one tradition of pottery decoration. However, this early tradition of Madagascar and Maore is otherwise unknown. There are neither relatives nor prototypes known elsewhere. There is one form not shared by the two assemblages. The large open vessels with red slips are a combination of shape and design which does not occur among Majikavo or Hanyundru ceramics, though it is known much earlier along the East African coast. There are several possible interpretations of this difference: one, that the part of Tafiampatsa where these vessels occur (and it is only the part around Sondage II) is of an age different from localities elsewhere at Irodo; two, that there were direct exchange relations between East Africa and Madagascar, bypassing the Comoros or at least bypassing Maore, carrying these forms; or, three, that there were widespread early exchange relations, but by chance the distinctive, red slip vessels have not yet been recovered in the small sample of Majikavo I.

The settlement characteristics of the Irodo sites are varied. The main site of Tafiampatsa, stretching for 1200 meters along the beach facing east across the bay, is actually three discrete clusters of shell concentrations. There is a northern concentration 320 meters long with seventeen shell concentrations visible, a central one 250 meters long with eighteen shell concentrations visible, and a southern one 250 meters long with thirteen shell concentrations visible. Since the central area has the large open vessels with the red slip while the northern area does not, these separate areas may not be of the same date, as noted above. The ceramic characteristics of the southern area are not known.

FIGURE 10   CERAMICS OF IRODO: TAFIAMPATSA SONDAGE II

a. Vessel with incurved rim, red wash (72). D: 18; T: 1.06; color: 2.5YR 3/3 (dark reddish brown); incl: 10 percent medium sand; cf. Kilwa 106 e, f, 107 a, b.

b. Vessel with incurved rim (71). D: 14; T: .88; color: 2.5YR 4/2 (weak red); incl: 5 percent medium sand, granules.

c. Open vessel with heavy incurved rim, red wash (75). D: 24; T: 1.54; color: 7.5YR 4/2 (dark brown); incl: 5 percent medium sand; cf. Kilwa 106 e, f, 107 a, b.

d. Spherical vessel with incurved rim, combing (40). D: 14; T: 1.07; color: 2.5YR 4/6 (red); incl: 5 percent medium sand.

e. Spherical vessel with incurved rim, combing (53). D: 14; T: .66; color: 2.5YR 5/6 (red); incl: 5 percent medium sand.

f. Carinated vessel with concave rim (66). D: 20; T: .80; color: 7.5YR 4/2 (dark brown); incl: 10 percent red grits; cf. Kilwa 97.

g. Small jar with outturned rim, combing (44). D: 15; T: .82; color: 5YR 4/4 (reddish brown); incl: 10 percent medium sand; cf. Kilwa 94 g.

h. Spherical vessel with incurved rim, combing (45). D: 13; T: .70; color: 2.5YR (red); incl: 20 percent coarse gray grits.

i. Simple bowl, thickened lip (85). D: 32; T: .92; color: 10R 3/1 (dark reddish gray); incl: 10 percent medium sand.

j. Simple bowl with thickened lip, red wash (73). D: 25; T: .94; color: 7.5YR 5/5 (brown); incl: 5 percent sand.

NOTE: The number in parentheses following each title is the specimen number in the Museé d'Art et d'Archéologie Collections, Antananarivo.

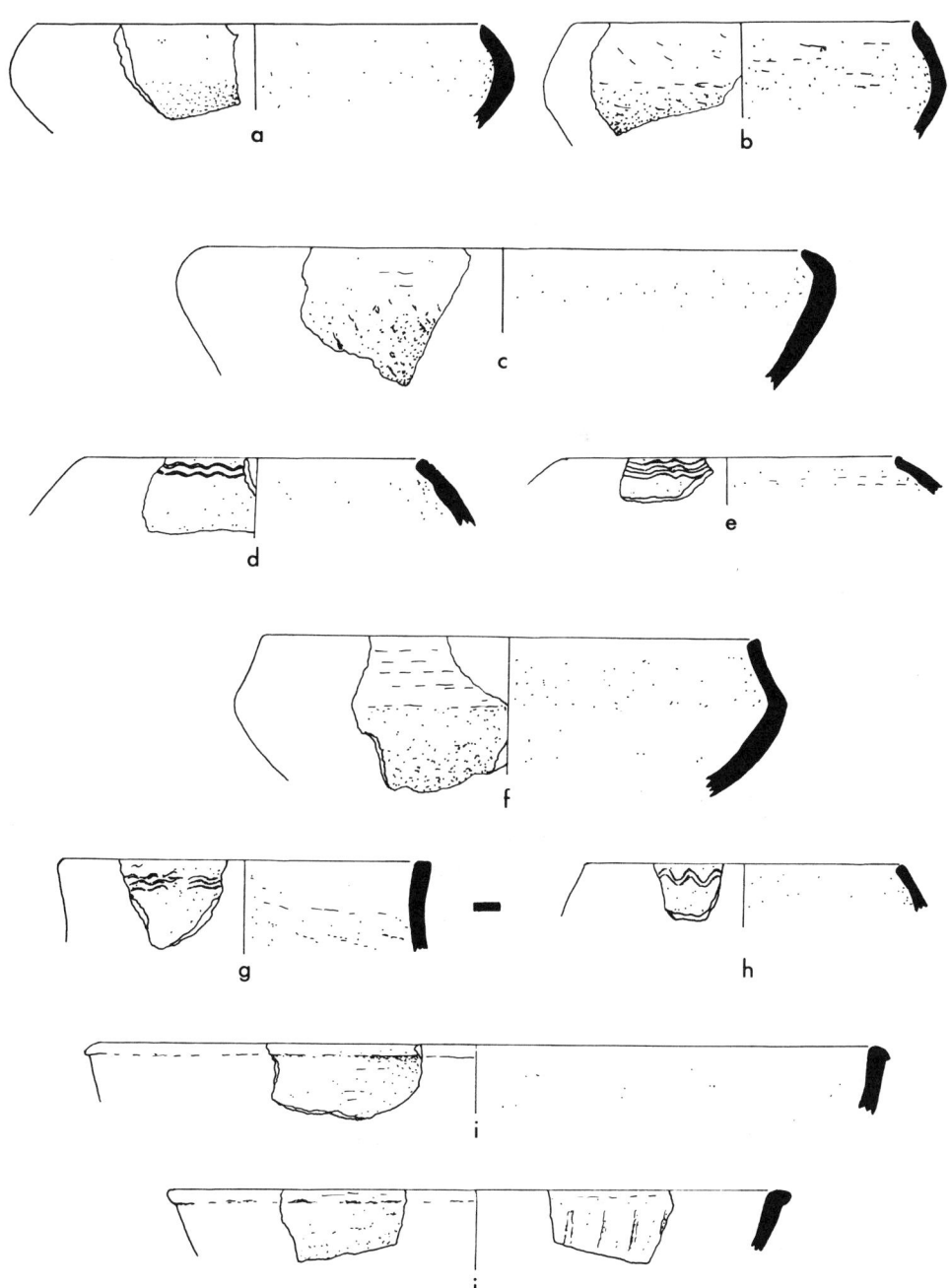

The dominant mollusc at Tafiampatsa is *Pyrazus palustris*, a small gastropod of the mangrove swamps.

There seems to be no permanent water source near this large site. In contrast, Tafiamtsirebika faces west across mangroves and the estuary of the Irodo River. It is 310 meters long and has thirteen shell concentrations visible, mostly *P. palustris* and oyster *Ostrea*; the latter suggests collecting in soft bottomed estuaries. The differences of exposure, water supply, and preferred molluscs suggest a seasonal difference between Tafiampatsa and Tafiamtsirebika. While what is known of Irodo subsistence is comparable to that of Majikavo—molluscs are important and low, exposed beaches are preferred settlement locations in certain seasons—the larger size of the Irodo settlements suggest a larger basic social unit.

The early sites on the Bay of Ampasindava have attracted attention since the early twentieth century (Millot, 1912) and were recently reinvestigated by Vérin and his team (1975: 594–644). In striking contrast to the previously described sites on Maore and Madagascar, the main early site on the bay, Mahilaka, was a flourishing town of which massive masonry buildings still stand. As an example of Mahilaka local wares, ceramics from Vérin's excavations at "La Case de Redan" are shown (figure 11), drawn and described as were those previously discussed in this paper. The ceramics have a hard and compact clay body, usually with 5 percent fine sand inclusions. However, as at Irodo there are a few vessels, otherwise ordinary, with soft grit inclusions similar to that so common on Maore. The vessels are handmade and usually oxidized; red slips and surface decorations are rare. There are two basic shapes. Most common is a wide-mouthed slightly restricted shape. Among these are the deep near-spherical variant, some with oval punctates (figure 11d), shallower variants with incurved rims either plain (figures 11a, c) or with wavy combing (Vérin, 1975: figure 255), and shallower variants with concave rims having either oval punctates (figure 11b), horizontal incisions, or wavy combing (figure 11b). Examples of the last have small lugs. Another basic shape is a large open bowl with heavy interior rim thickening (figures 11e, f). I suspect this is a local version of the large wide-mouthed vessel with low incurved rim, as illustrated from Irodo (figure 10c), in which the rim has been pushed into the interior of the vessel. Technical analysis of a larger series should settle this question. The third basic shape is a small jar, of which we illustrate only neck fragments (figures 11g, h), the first of which has the familiar zigzag herringbone incisions.

While there is no absolute date on materials from the strata at Mahilaka, there are many associations with imported Near Eastern sgraffiatos of the earlier type with light green and yellow glazes characteristic of Kilwa Ib of the eleventh to twelfth centuries A.D. The settlement probably continued into later centuries, but it was certainly abandoned by the fifteenth century when imported Chinese celadons became abundant on Madagascar.

The Mahilaka ceramic assemblage is technically similar to that from Irodo, and it shares the decorative technique of wavy combing as well. Of the Maore assemblages, it seems most similar to that from the Hanyundru site proper, with which it shares most vessel shapes and the preference for oval punctate decorations.

The early settlers of the Bay of Ampasindava found a broad flat coastal plain, in sharp contrast to the rugged coastline previously discussed. The site of Mahilaka is at the southeast corner of the bay in the midst of the plain. The site is today separated from the coast by 600 meters of mangrove swamp through which there are several tidal channels. The total area covered by the site has not been established but the occurrence of ceramics in test excavations indicates that it was at least ten hectares, probably much more. The earliest layers in the various excavations of the Vérin team contained both local and imported ceramics, worked chloritoschist pieces—primarily sherds of cylindrical vessels and perforated discs, perhaps net weights—and quantities of iron slag. There is evidence of past construction, but no certain evidence of stone architecture in these earlier layers, but one must remember that on the coastal plain where stones were difficult to find, later builders would reutilize the stones of earlier buildings. In the later layers, distinguished by a yellow glaze imported pottery perhaps of the thirteenth and fourteenth centuries A.D., the same industries are in evidence. The large fortress, approximately 150 meters on a side, and a mosque were definitely standing during these later periods. In contrast to Mahilaka is a smaller site on the island of Nosy Mamako seventeen kilometers northwest of the town on the west side of the bay (Vérin 1975: 655–72). Ceramics and chloritoschist pieces like those of Mahilaka appear in test excavations about twenty meters apart, and the site as a whole does not have space enough to greatly exceed one hectare. The ancient settlement would have faced south along the bay's coast. There is no evidence of stone construction here until a period long after the one under consideration. Certainly the existence of the contrasting settlements at Mahilaka and Nosy Mamako indicates a differentiated settlement pattern existed around the Bay of Amapasindava during the eleventh to fourteenth centuries A.D. However, only detailed reconnaissance can document the complete settlement distribution.

FIGURE 11   CERAMICS OF MAHILAKA, CASE DE REDAN

a. Open vessel with incurved rim. D: 28; T: .60; color: 2.5YR 3/3 (dark reddish brown); incl: 5 percent fine sand; charred cooking debris traces on sherd.

b. Vessel with concave rim, punctates, lug handle. D: 28; T: .70; color: 5YR 4/5 (reddish brown); incl: 5 percent medium sand.

c. Vessel with incurved rim, flat lip. D: 24; T: .70; color: 7.5YR (dark brown); incl: 5 percent fine sand.

d. Spherical vessel with incurved rim, punctates. D: 22; T: .92; color: 2.5YR 6/7 (light red) incl: 5 percent white grits.

e. Bowl with thickened rim. D: 40; T: .62; color: 5YR 4/4 (reddish brown); incl: 5 percent fine sand; cf. Kilwa 106 a–c, h.

f. Bowl with thickened rim. D: 22; T: .70; color: 7.5YR 5/4 (brown); incl: 5 percent fine sand; cf. Kilwa 106 a–c, h.

g. Jar shoulder with incised decoration. D: 22; T: .50; color: 2.5YR 6/6 (light red); 10 percent medium sand; cf. Kilwa 95 i.

h. Jar shoulder with ribbing. D: 18; T: .75; color: 2.5YR 4/6 (red); incl: 5 percent crushed sherd?

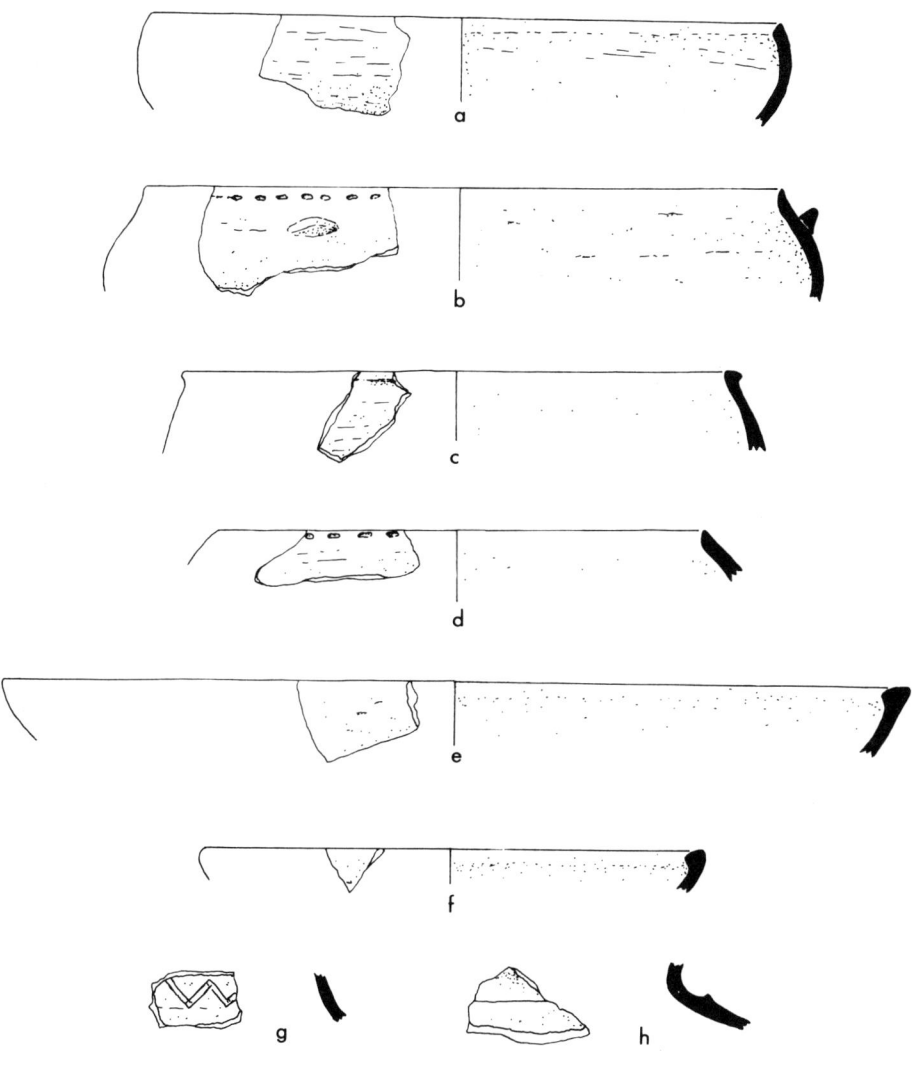

Conclusion. At this point, the discussion of Maore and the northern coast of Madagascar can be coordinated with other evidence to present a tentative outline of economic and political processes in the ninth to thirteenth centuries. After this presentation, the evidence regarding the known earlier communities will be summarized. In closing, some unanswered questions and research useful in answering them will be ennumerated.

During the ninth and tenth centuries A.D., there were only small villages and hamlets on the coasts of the easternmost of the Comoros and of nearby Madagascar. All participated in lagoon gathering and fishing and on Maore, the hamlet distribution suggests shifting seasonal cultivation. In both areas there is local production of a simple range of ceramics, primarily variants of a distinctive local style in both areas. On Madagascar, chloritoschist is worked and utilized. These small and evidently simple littoral communities were not completely isolated. A minority of their ceramics resemble those from sites on the coast of East Africa (Chittick, 1974: 237). An occasional vessel of Near Eastern derivation also reached the islands, presumably by way of established ports in the Islamic trade network such as Manda on the Lamu Archipelago (Chittick, 1967) and Unguja Ukuu on Zanzibar (Chittick, 1966). Conversely, pieces of chloritoschist were carried to Manda. What less durable commodities were also involved and whether there was direct trade—carried by ships of the African ports—or an indirect trade—carried by local water craft from island to island—are unknown.

During the eleventh to thirteenth centuries the island communities grew and some of them participated extensively in the vast Islamic trade network. In the bay of Ampasindava on northwestern Madagascar, Mahilaka was a major settlement. Food production is undocumented both in the town and in the smaller communities that existed in the hinterlands. However, there was much working of iron and manufacture of chloritoschist vessels, of types known from the East African ports. A large portion of the ceramics used in the town were sgraffiattos of Near Eastern derivation, though local wares in the tradition of Irodo were still made. The communities of Maore proliferated and the main villages became larger. However, the established patterns of land use continued. There was some import of ceramics, but most vessels were locally produced in the tradition of Majikavo. Thus, Maore appears to have been little visited by the traders, though further survey, particularly of other islands to the west, could reveal a town comparable to Mahilaka with closer links to the East African coast.

The five centuries of cultural development considered in this paper begin with a pattern of simple littoral communities with few external connections. This develops into a pattern of differentiated communities, the larger of which have close relations with Islamized ports to the northwest. The ceramics of the early settlments at Irodo and Majikavo are variants on a single theme. There must have been earlier simple communities—on the Comoros, on Madagascar, or elsewhere—where the prototype of the two assemblages was made. Even when such earlier communities are discovered and studied, it may be difficult to ascertain their origins, since low-fired globular vessels decorated with shell impressions were made in many times and places along the world's coasts. Though we cannot elucidate the issue of origins, we can usefully compare the two manifestations presently known and suggest some of the economic and social features of those communities from which later Madagascar communities presumably differentiated:

1. First, subsistence was drawn from a mixture of estuary or lagoon gathering and fishing and shifting cultivation.
2. Second, the largest known settlements contained no more than twenty households. These settlements divided into smaller units, probably for seasonal acitivities. With such small populations, interchange with other communities to seek spouses would often be necessary.
3. Third, the absence of a developed hierarchy of social groups is indicated by the lack of differences between settlements other than those explicable in terms of seasonal production activities and by the lack of differentiation within the local ceramic craft.

Further survey may well reveal larger settlements or differentiated settlements with craft products of varying quality. The Bay of Ampasindava at the time of Irodo and before or the Island of Ndzuwani at the time of Majikavo I and before require consideration. However, on the basis of present evidence, one would have to argue that the early settlers did not arrive with hierarchical social orders and specialized subsistence economies, but that these developed on the islands in the course of interaction between local communities and with later visitors. Certainly there are many questions yet unanswered among which are several which could be answered with limited additional fieldwork:

1. What were the actual crops and domestic animal species, if any, used by the various early communities? Vertebrate remains and

carbonized seeds can be recovered with the screening and water flotation of midden debris. Documentation of root crops, however, may be difficult.
2. What were the characteristics of the household units in the various small communities? This can be established if a sample of domestic buildings can be excavated. The remains of wooden posts, hearths, and storage pits should be detectable with extensive stripping of disturbed surface middens.
3. Was there any ideology of social differentiation, as opposed to an actual hierarchy marked by wealth differences? Even if the documentation of domestic units reveals no differences of social rank between households, settlement layout, indication of asymmetric patterns of exchange and mortuary differences, could facilitate the development of hierarchy given suitable material conditions.

The answers to these questions, particularly those such as the last, are never easily gained. Nevertheless, the effort will be necessary if we are to understand the bases upon which later Malagasy cultural achievements were founded.

Bibliography

Billard, G.
   1977 "Note sur la découverte de trace de civilisations anciennes à Mayotte," *Asie du Sud-Est et le Monde Insulindien*.
Chittick, H. N.
   1966 "Unguja Ukuu: The Earliest Imported Pottery, and an Abbasid Dinar," *Azania* I: 161–163.
   1967 "Discoveries in the Lamu Archipelago," *Azania* II: 37–68.
   1974 *Kilwa: An Islamic Trading City on the East African Coast*, British Institute in East Africa, Nairobi.
Faurec, U.
   1941 *L'Archipel aux Sultans Batailleurs*, Imprimerie Officielle, Tananarive.
Kus, S. and H. T. Wright
   1976 "Notes préliminaires sur une reconnaissance archéologique de l'île de Mayotte (Archipel des Comores)," *Asie du Sud-Est et le Monde Insulindien*, VII, 2–3: 123–35.
Millot, L.
   1912 "Les Ruines de Mahilaka," *Bulletin d'Académie Malagache* X: 283–88.
Ralph, E. K., H. N. Michael, and M. L. Han
   1973 "Radiocarbon Dates and Reality," *MASCA Newsletter* Vol. 9, No. 1. Philadelphia: University Museum.
Soper, R. C.
   1967 "Iron Age Sites in North-eastern Tanzania," *Azania* II: 19–36.

Vérin, P.
   1975 *Les échelles anciennes du Commerce sur les Côtes nord de Madagascar*, L'Université de Lille.

Wright, H.T.
   1983 "Notes préliminaires sur un ancien site Islamique de Mayotte," *Asie du Sud-Est et le Monde Insulindien* XII.
   n.d.   "Early Seafarers of the Comoro Islands: the Dembeni Phase of the IXth-Xth Centuries A.D."

3

Principaux aspects des formes d'adaptation de la société traditionelle Malgache

J. A. Rakotoarisoa

Les différents chercheurs, hommes de science ou simples touristes ont tous été frappés par une image de Madagascar basée sur une certaine contradiction: l'unité dans la diversité. Ils font la découverte d'un peuple dont l'unité est indéniable. L'insularité et l'unité linguistique en constituent les principaux éléments. Toutefois en pénétrant un peu plus en profondeur le milieu malgache, il apparaît que la base même de cette unité réside dans la diversité. Certains[1] auteurs ont même pu parler de la mosaïque malgache. Linton R. distingue trois grandes ères culturelles: Est, Centre et Ouest.

Géographiquement et géologiquement, les régions sont très différentes les unes des autres. La plupart des aspects caractéristiques d'une zone subtropicale se retrouvent à Madagascar, mais avec de nombreuses variantes. En l'espace de quelques centaines de kilomètres, on passe d'une région au climat perhumide où les précipitations dépassent parfois les 2000 mm par an; à une région subaride où la moyenne annuelle ne serait à peine que de 500 mm. Comme dans toutes les régions tropicales, les températures sont élevées, mais les Hautes Terres centrales avec une altitude moyenne de 1500 mm connaissent des nuits d'hiver où le thermomètre peut avoisiner le zéro degré.

La faune et la flore se sont aussi diversifiées en fonction des régions climatiques. Plusieurs espèces d'animaux ou de plantes sont endémiques. Si la forêt primaire a presque totalement disparu, il subsiste encore la forêt secondaire sur la région Est. Cette étendue boisée

---

1. Luis Mariano, Ottino, Julien etc. . . .

contraste avec les savanes herbeuses ou arborées de l'Ouest et les plantes xérophytes du Sud. Le *ravinala*,[2] souvent pris pour emblème de l'écologie malgache, ne prolifère en fait que dans les régions perhumides de l'Est et du Nord.

L'homme en arrivant à Madagascar dans les premiers siècles de notre ère prend contact avec une nature particulièrement avantageuse. La diversité du milieu écologique aurait permis une adaptation de chaque groupe d'immigrants en fonction de leur mode de vie. Au XXe siècle, nous sommes toutefois en mesure de constater que si dans certaines régions, l'homme s'est intégré parfaitement à son milieu, dans d'autres il l'a au contraire très fortement modifié. Les migrations anciennes à l'intérieur de Madagascar pourraient attester que chaque groupe avant de se fixer dans une région correspondante à son mode de vie s'est déplacé en différents endroits de l'île. Ces déplacements s'effectuant au rythme de plusieurs générations pour chaque étape ont obligé les hommes, à adapter leur condition de vie à la nature environnante en fonction de leur propre technologie, de leur mode de production et de leur organisation socio-politique. Les *Antemoro* actuellement dans le Sud-Est de Madagascar ne s'y sont installés qu'après des multiples étapes le long de la côte Nord-Ouest et tout le littoral Est. Les *Sakalava* de l'Ouest reconnaissent leur appartenance à la dynastie des *Maroseranana* du Sud qui eux-mêmes auraient eu des ascendants venus de la région Sud-Est. Aujourd'hui, les diverses branches *Sakalava* se retrouvent en majorité dans le Nord-Ouest et même jusqu'à l'Extrême-Nord dans la région de l'Ankarana: les *Merina* et les *Betsileo* ne sont venus sur les Hautes Terres centrales qu'après des arrêts de plusieurs générations à chaque palier offert par les grands escarpements du relief oriental. Les exemples de ces migrations anciennes pourraient être multipliés.

De nos jours, ces déplacements à travers Madagascar des différents clans sont loin d'être terminés. Des familles entières quittent leur *tanindrazana*,[3] à la recherche d'une vie meilleure dans d'autres régions de l'île. Une carte détaillée de la localisation des "groupes ethniques" à Madagascar révélerait des inter-pénétrations très importantes. Les termes désignant des "ethnies" (Antemoro, Betsileo, Bezanozano, Merina, Sakalava, Sihanaka, etc.) ne correspondraient plus en fait qu'à une réalité géographique. Il serait beaucoup plus juste de faire précéder ces termes du mot "pays" (pays antemoro, pays betsileo, etc.). En effet si

---

2. *Ravinala:* ravenala madagascariensis.
3. *Tanindrazana:* litt. terres des ancêtres et par extension: la patrie

la tendance actuelle se maintient, chaque groupe aurait autant de représentants dans sa région aussi bien qu'à l'extérieur. Dans les zones de mise en valeur récente (Samangoky, Marovoay, Ambila, Andapa, Morondava), la population locale est mise en minorité par des immigrants dans quelques *fokontany*.[4] Sur certains *baiboho*[5] de l'Ouest, les *Betsileo* sont plus nombreux que les *Sakalava*.

Des villages entiers de *Tandroy* se regroupent dans une partie des grandes vallées rizicoles de Marovoay et la région agro-industrielle du Sambirano. Le groupe *Tsimihety* avec l'un des taux de croissance les plus élevés de l'île, a largement dépassé ses "frontières" traditionnelles. A partir de leur région (Antsohihy-Mandritsara, Bealanana), les *Tsimihety* ont débordé vers l'Ouest en direction de Majunga et vers l'Est jusqu'à Maroantsetra-Antalaha après avoir franchi les cols du massif du Tsaratanana.

La vie rurale traditionnelle. L'ampleur de ces mouvements de migrations n'a pas encore effacé les distinctions généralement admises qui montreraient les différentes formes d'adaptation du Malgache à son milieu. A l'exception des zones urbanisées ou industrialisées, le milieu rural se divise en deux grandes catégories: pastorale et culturale. L'Ouest et le Sud sont des régions d'élevage tandis que le Centre et l'Est sont surtout des zones de culture. Ces distinctions ne se basent que sur des appréciations d'ordre général. Dans la pratique, aucune région ne s'adonne exclusivement à une seule activité. Certaines catégories de gens pourtant, en particulier chez les pasteurs, refusent de planter. Ils estiment que cultiver serait une atteinte à leur prestige social. Les éleveurs ont toujours quelque peu méprisé les cultivateurs.

L'ÉLEVAGE. L'activité pastorale peut prendre plusieurs formes selon les régions. L'élevage du zébu en semi-nomadisme serait le plus répandu. Les distances parcourues et la durée des déplacements sont assez variables. Il n'y a pas de règles fixes. Le premier impératif est la recherche d'eau, le pâturage ne vient qu'en second lieu. Il arrive parfois que pendant toute la saison sèche, des troupeaux entiers subsistent en cherchant au milieu d'une végétation xérophyte leur maigre nourriture. Leur perte de poids est assez importante, et si une épizootie survient à ce moment-là, des troupeaux entiers peuvent être anéantis. Ce seminomadisme est surtout prépondérant dans l'Extrême Sud, l'Ouest Androy, le pays mahafaly et le Ménabe. Parallèlement à l'élevage de

---

4. *Fokontany:* subdivision administrative de base.

5. *Baiboho*: types de sols riches formés par les dépôts d'alluvions lors des crues annuelles.

zébu, les gens possèdent, mais dans une proportion assez modeste, quelques têtes de moutons ou de chèvres. Sur les Hautes Terres centrales, les animaux jouissent d'une semi-liberté. Durant la période de morte saison, ils peuvent brouter à travers les champs et les rizières dégagés de toute culture, mais sous la surveillance d'un ou de plusieurs gardiens. Cependant dès le début de la saison culturale, l'herbe des *tanety*[6] devient leur nourriture principale. Lorsque l'agencement d'un terroir ou le manque de gardiens ne permet plus le dégagement d'un terrain de parcours suffisant, les animaux sont mis au piquet. Ceci est possible car sur les Hautes Terres centrales le nombre de têtes de bétail ne serait en moyenne que d'une dizaine par ménage. Une des différences majeures entre l'élevage pratiqué sur les Hautes Terres centrales et les autres régions de l'île, mis à part son caractère intensif ou extensif, consisterait dans le taux de fréquence des *fahitra*[7] pour le troupeau. Dans l'Ouest et le Sud, les animaux ne sont rassemblés dans les *fahitra* qu'à des occasions assez exceptionnelles: engraissement, comptage, soins, etc. Sur les Hautes Terres centrales par contre, les animaux sont rentrés systématiquement tous les soirs.

Les autres secteurs de l'élevage comme l'aviculture et la pisciculture ne se développent que dans les banlieues proches de certains centres urbains. Il en est de même de l'élevage porcin.

Depuis quelques années, grâce aux efforts entrepris par les responsables de l'agriculture, des centre pilotes et des fermes d'état ont été créés dans différentes régions de Madagascar.

LES CULTURES. L'activité culturale est encore plus diversifiée que l'élevage. La gamme des produits cultivés est très vaste. Il n'existe pratiquement pas de monoculture, à l'exception des zones de mise en valeur récente et faisant l'objet d'un certain encadrement technique. Pour un même produit, les techniques culturales varient d'une région à l'autre, ainsi d'ailleurs que son cycle végétatif. Le riz, nourriture de base de la grande majorité des Malgaches, est cultivé de plusieurs façons. Ces différences sont dues à un certain nombre de facteurs: nature générale de l'environnement (pente, extensions des vallées, boisement, alluvionnement, etc.) et mode de mise en valeur du terrain (outillage, aménagement, engrais, sarclage, etc.). Ainsi on peut distinguer d'une manière

---

6. *Tanety*: collines qui forment un paysage typique des hautes terres. La végétation est surtout constitué par des vero (andropogon fiscus).
7. *Fahitra*: endroit relativement clos où les animaux sont sensés passer la nuit.

très générale trois façons de cultiver du riz: irriguée, inondée et sur brûlis.

Traditionnellement les paysans des Hautes Terres centrales pratiquent surtout la riziculture irriguée. Les rizières sont aménagées en terrasses suivant une courbe de niveau établie empiriquement par les paysans. Le nombre de terrasses est limité en amont par la hauteur des sources. En pays betsileo, nous avons pu compter 80 terrasses successives dans la région d'Ambositra. Ceci n'est rendu possible que par la présence de vastes ensembles granitiques qui constituent des réservoirs naturels d'eau d'une très grande capacité.

Les bas-fonds sont presque tous aménagés en rizières. Sur les plaines particulièrement vastes: Betsimitatatra, Betafo, Antsirabe etc..., les techniques culturales tendent vers une certaine mécanisation. L'utilisation massive des tracteurs comme dans les grandes zones d'aménagement, n'en est encore qu'au stade des essais. Les travaux de labour sur la grande plaine rizicole du Betsimitatatra située aux portes même de la capitale d'Antananarivo, sont surtout effectués à la charrue, voire à l'*angady*.[8] Ce retard technologique apparent des paysans du Betsimitatatra se retrouve en fait dans la plupart des régions rizicoles des Hautes Terres. Les paysans merina et betsileo sont en fait confrontés à tous les problèmes posés par leur adaptation à une technologie nouvelle. Les difficultés sont nombreuses. Une mécanisation n'est pas possible sans procéder à un remembrement des parcelles trop exiguës. Les tentatives de remembrement se heurtent à l'individualisme du paysan qui avant de donner son accord demandera un temps très long de réflexion. Le problème n'est pas seulement technique, il est aussi psychologique. En effet pour beaucoup de paysans adopter une nouvelle technique et abandonner l'ancienne serait une façon de renier l'efficacité du savoir-faire des ancêtres. Toutes les précautions doivent être prises pour ne pas provoquer la colère de ces derniers.

Tout se passe donc comme si ces cultivateurs des Hautes Terres étaient prisonniers de leur passé. En définitive, leurs longues traditions de riziculteurs et leurs expériences séculaires, au lieu de les servir, apparaissent aujourd'hui comme une sorte de carcan qui rendrait difficile toute innovation, même celle visant à amoindrir leurs peines dans les pénibles et nombreux travaux imposés par la culture irriguée du riz.

Dans l'Ouest et le Sud, en particulier aux embouchures des grands fleuves et dans certaines dépressions, le riz est cultivé selon la technique des rizières inondées. En effet durant la saison des pluies, fleuves et

---

8. *Angady*: sorte de bêche mais dont la lame est de forme plus allongée.

rivières sortent de leurs lits et inondent de très grandes surfaces. Le dépôt d'alluvions important permet, au moment des basses eaux, d'avoir à disposition une terre particulièrement fertile: le *baiboho*. Sans avoir recours à des travaux de préparation excessifs, les paysans peuvent semer et planter. Ils ne se préoccupent pas non plus de problèmes d'engrais puisque le sol est enrichi naturellement d'une saison à l'autre par l'apport de nouveau dépôt d'alluvions. Aussi les travaux rizicoles sont-ils réduits tout en conservant un rendement à l'hectare assez élevé. De plus en plus, ces régions de *baiboho* font l'objet d'une exploitation à grande échelle par le pouvoir public. Différents essais de variétés nouvelles y sont expérimentés, avec une forte tendance à la mécanisation des travaux, alors que traditionnellement les paysans se contenteraient à la limite du simple bâton à fouir.

Le long de la région orientale, les paysans doivent faire face à une nature qui *a priori* ne semble pas vouloir favoriser une activité agricole intense. L'humidité du climat impose avant toute tentative de culture un défrichement de l'abondante couverture végétale. La topographie n'offre que très rarement des dégagements de plaines hydromorphes susceptibles d'être aménagées, en particulier près de la bande littorale proprement dite. La majeure partie du pays est composé d'un étagement de collines boisées aux pentes souvent assez abruptes. Pour subvenir à ses besoins de nourriture, l'homme devait recourir au seul procédé susceptible à son avis de mettre en valeur cette région: la culture itinérante sur brûlis appelée localement *tavy*.[9] La technique du *tavy* n'est pas propre à Madagascar. Elle existe dans presque toutes les régions forestières tropicales mais sous des noms différents. Il s'agit de brûler une partie de la forêt et occuper la surface ainsi dégagée par des cultures après élaguage et grattage superficiel du sol. Les premières années, le *tavy* a un rendement satisfaisant. Très vite le sol s'épuise, et chaque journée pluvieuse le prive d'une quantité toujours plus grande d'humus. Le processus pourrait aboutir jusqu'au lessivage complet du sol. Les paysans sont alors obligés de chercher une autre parcelle de forêt dès que les récoltes tombent au-dessous d'une certaine norme de rentabilité. Les déplacements se succédent ainsi et le cycle est révolu lorsqu'au bout d'une période variable (15 à 25 ans) selon les régions, les paysans replantent sur une parcelle précédemment abandonnée mais où la végétation a eu le temps de repousser. La technique du *tavy* a déjà fait

---

9. *Tavy:* culture itinérante sur brûlis.

l'objet d'un certain nombre de polémiques. Les spécialistes s'accordent pourtant à admettre que le *tavy* représente un danger réel pour l'environnement à partir du moment où la densité de la population ne permet plus une régénération de la forêt. Il semblerait qu'en ce qui concerne Madagascar à l'exception de quelques enclaves de dimensions réduites, le taux de tolérance est déjà largement dépassé. Le problème serait de trouver une façon de cultiver adéquate à ce milieu forestier. Interdire la pratique du *tavy* pour préserver la forêt est une mesure légitime encore faudrait-il donner aux paysans une solution de remplacement. Les cultivateurs de la côte Est, surtout ceux de la région dites des "falaises" continuent à brûler la forêt avec ou sans autorisation. Les réserves naturelles elles-mêmes ne sont pas épargnées. L'examen de photos aériennes décalées d'une dizaine d'années seulement montre un rythme effrayant de déforestation. Le *savoka*,[10] de plus en plus, prend la place de la forêt.

La période coloniale par l'introduction des cultures commerciales comme le café, la vanille, le girofle, le poivre a contribué à accélérer le processus de déboisement. On ne défrichait plus pour cultiver les denrées nécessaires à la consommation familiale. L'échelle n'est plus l'exploitation familiale ou villageoise mais la concession. On produisait pour vendre et non plus seulement pour vivre. L'adaptation du paysan de la côte Est s'est faite d'une manière rapide et apparemment sans rencontrer trop d'obstacles. Il faut rappeler que cette région a eu dès le XVIIè siècle des échanges commerciaux avec les marins, pirates et trafiquants étrangers de tout ordre qui ont fréquenté cette région. Les paysans se sont tellement bien adaptés que très vite la grande majorité des produits commercialisés et exportés venaient de leurs multiples petites plantations. Ils délaissèrent quelque peu les cultures vivrières. De nos jours, certaines villes de la côte Est sont ravitaillées en légumes par d'autres régions. Ces denrées sont achetées à un prix élevé alors qu'elles peuvent pousser sur place. La pénurie mondiale de céréales a pourtant démontré aux paysans trop spécialisés dans les cultures d'exportation le danger de leur système. En effet, malgré leur argent, ils n'ont plus trouvé du riz à acheter sur le marché. Dans le cas des paysans du Nord-Est, le passage d'un cyclone, ayant dévasté les plantations, n'a fait qu'empirer la situation. Le découragement dans cette région fut tel que certaines personnes commençaient à transformer leur champ de vanille en rizière sur *tanety*. Les conséquences d'un changement

---

10. *Savoka:* sorte de savane plus ou moins arborée. Sur la côte Est, les arbres sont remplacés par différentes variétés de palmiers.

d'attitude dans ce sens de la parte du paysan risque d'être préjudiciable à l'économie nationale. Ces cultures commerciales comme la vanille en particulier constituent l'une des principales sources des devises étrangères pour le pays.

Les disparités dans la vie quotidienne. Ainsi l'agriculture vient de nous fournir quelques aspects notables de la façon dont les Malgaches ont essayé de mettre en valeur les milieux variés auxquels ils se sont plus ou moins adaptés. Cependant si la technique culturale apparaît comme la plus importante, l'observation de la vie de tous les jours offre et dévoile certaines "habitudes" qui sont autant de formes d'adaptation au milieu.

Fournir une liste exhaustive des multiples détails de la vie quotidienne en les comparant d'une région à l'autre serait certes un travail intéressant et certaines publications ont déjà montré plus d'une fois la richesse des matériaux dans cette étude. Toutefois nous allons nous limiter à ne rappeler que les grands traits dans trois domaines courants: habitat—alimentation—habillement.

HABITAT. La conception et l'architecture de l'habitat varie d'une région á l'autre à Madagascar. Les matériaux utilisés sont aussi différents. A l'intérieur d'une même région, on pourrait encore noter des variantes. D'une manière générale dans la région Est et Nord, presque toutes les maisons sont construites sur pilotis avec une charpente de bois, des murs en *falafa*[11] ou *rapaka*[12] et une toiture en végétal (feuilles de cocotier, ravinala, etc.). Sur les Hautes Terres, les maisons comportent souvent un étage. Les matériaux utilisés sont pour les murs soit de la terre battue, du banco, ou des briques (cuites ou non); et pour la toiture du *bozaka* (chaume) ou tuiles.

Dans le Sud et l'Ouest, les maisons sont bâties de plein pied, avec des murs en banco et une toiture en végétal. Sauf dans les centres urbanisés, le pourcentage d'utilisation des matériaux locaux y serait le plus élevé de Madagascar dans la construction des maisons.

L'architecture diffère d'une région à l'autre mais il y a aussi des points communs. Toutes les maisons sont rectangulaires et l'habitat est toujours groupé par petits hameaux.

Actuellement, l'introduction de la tôle ondulée est en train d'uniformiser l'architecture des maisons. Cette tendance se généralise de plus

---

11. *Falafa:* tiges de roseaux liés ensemble pour faire une cloison.
12. *Rapaka:* cloison confectionnée à partir du tressage des tiges aplaties de bambou.

en plus et seul le faible pouvoir d'achat du paysan l'empêche d'en faire une utilisation massive, au moins pour la toiture.

ALIMENTATION. Les habitudes alimentaires ont aussi évolué vers une certaine standardisation. Le riz, généralement reconnu comme l'aliment de base des Malgaches, n'a pas toujours été consommé avec les mêmes fréquences dans tout Madagascar. Si les régions orientales et centrales ont un long passé rizicole, le Sud n'a vraiment commencé à consommer du riz qu'à une époque relativement récente. Dans l'Androy, le riz considéré pendant longtemps comme une denrée de luxe, réservé uniquement aux grandes occasions, constitue maintenant un objet de consommation presque quotidienne, sans pour autant remplacer entièrement le maïs, la patate douce et l'*abobo* (lait caillé).

Aussi paradoxal que cela puisse paraître dans un pays où le nombre de boeufs est supérieur à celui de la population, la carence en protéine est assez générale dans l'alimentation du paysan malgache. En effet pour accompagner le riz, on utilise très peu de choses: brèdes (feuilles de manioc pilée), des graines (haricots, *voanjobory*) et occasionnellement poisson, poulet et viande. La proximité d'un plan d'eau poissonneux n'est pas toujours un facteur suffisant pour augmenter la consommation de poisson. Beaucoup de personnes vivant dans ces régions se plaignent du manque de poisson, car les pêcheurs ne ramènent que la quantité nécessaire à sa consommation familiale. La commercialisation de ce produit pose quelques problèmes que le pêcheur n'a pas toujours envie de résoudre.

Le riz apparaît de plus en plus comme la dominante commune d'un repas malgache, et seuls les plats d'accompagnement permettraient de noter une préparation propre à certaines régions. Le Nord et l'Ouest ont tendance à faire une cuisine à base de noix et de lait de coco.

HABILLEMENT. L'habillement constitue un des facteurs qui pourrait fournir à un étranger une occasion de distinguer les différents types de Malgaches. Le chapeau en particulier varie en fonction des régions. On trouve plusieurs formes: rond, conique, large bord, sans bord, rectangulaire, etc. La conception du chapeau n'est pas forcément fonction du climat de la région notamment de son degré d'ensoleillement. Dans le Sud où le soleil est très violent, les gens portent des petits chapeaux sans bordure. Comme toute parure, le chapeau n'a pas toujours un rôle fonctionnel à l'exception de celui porté par les femmes betsileo. En effet, ce chapeau n'aurait été conçu à l'origine que pour protéger la chevelure de ces femmes lorsqu'elles transportaient des lourds fardeaux sur leur tête.

Dans une grande partie de Madagascar et surtout dans les régions côtières, l'utilisation du *lambahoany*, sorte de paréo enroulé à la taille et descendant jusqu'à mi-jambe, augmente. Betsileo et Merina restent fidèles à leur *malabary*.[13] Le port du *salaka*, pagne, ne se recontre que dans un pourcentage de plus en plus faible dans l'Ouest et dans le Sud.

Les principales causes d'évolution de la société Malgache: Les facteurs internes. L'organisation interne de chaque groupe pourrait contenir l'essence même des phénomènes qui le conduiraient inexorablement vers une évolution souvent irréversible. Démographie, technologie, organisation socio-politique seraient à considérer comme des facteurs essentiels. Ces différents éléments contribuent par leur interaction à modifier sensiblement une société.

Tous les groupes existants à Madagascar connaissent actuellement un taux de croissance élevée. Cette croissance en elle-même ne constitute pas un danger. Un taux de croissance élevé peut avoir de multiples conséquences. Il pourrait entre autre provoquer un fort mouvement de migration. Toutefois, avant de se résigner à émigrer, donc à quitter leur région même pour une période courte, ou un temps assez long mais avec espoir de revenir, les gens vont d'abord essayer de tirer le maximum de leur terroir. Cette attitude va donc les obliger soit à chercher de nouvelles étendues de terre à mettre en valeur, donc à défricher ou à utiliser des technologies nouvelles pour accroître le rendement.

La recherche de terrains nouveaux pourrait se traduire dans les régions sous couvert forestier par des nouveaux défrichements, des nouveaux feux de brousse qui conduiraient à une régression progressive de la forêt. Dans d'autres régions, on n'attendra même plus que la végétation se recycle complètement. L'extension ou la répétition des feux de brousse engendre tout un processus dont les consequences ne sont pas uniquement d'ordre économique. La pénurie de pâturage provoque une baisse du cheptel, or le rang social d'un clan ou d'un individu est intimement lié à l'importance de son troupeau; lorsque l'objet de respect ou de véritable vénération de la part du groupe n'existe pas, le maintien du pouvoir devient sujet à caution.

Dans certaines régions, la dégradation de la forêt est devenue telle, qu'il est difficile voire impossible de se procurer le bois spécifique à une cérémonie traditionnelle ou rituelle. L'adaptation se fait alors par une modification de la cérémonie en question, ou par le remplacement de l'objet initial par une autre. Le cas des nécropoles traditionnelles

---

13. *Malabary:* coupé comme une chemise, ce vêtement descend jusqu'au genou.

sakalava illustre bien cette tendance. En effet, ne trouvant plus du *hazo malany*[14] que très difficilement, il fut d'abord toléré une autre espèce de bois. Par la suite lorsqu'il fut vraiment impossible de trouver du *hazo malany* dans les environs immédiats, un certain nombre de personnes commencèrent à construire leur tombeau en ciment et béton. Cette modification des matériaux utilisés dans l'art funéraire *sakalava* entraîne peu à peu un changement d'attitude des gens. Une grande partie du symbolisme qui entourait ces objets est condamné à l'oubli car certains rites ne seront plus renouvelés. En effet, la tradition veut qu'on enterre à l'emplacement même de la tombe, les poteaux funéraires usés par le temps. Cette mise en terre de ces anciens poteaux funéraires et l'érection d'une nouvelle tombe donnent lieu à des cérémonies où les nombreux *kabary* (discours) prononcés sont autant de louanges à la sagesse ancestrale. Il s'agit d'un de ces moments qui permet à tout un chacun et aux jeunes en particulier, d'entendre, souvent sous forme de proverbes, les quelques vérités de base de leur société. A partir du moment où les tombes seront en béton et non plus en bois, ce genre de cérémonie n'est plus possible.

Les mouvements de migration, l'évolution technologique dans le mode de mise en valeur d'un terroir, et l'éducation contribuent souvent à favoriser un certain individualisme. Une situation difficile, comme la manque de terrains de culture, une disette relative ou tout autre évènement même accidentel, oblige chaque individu à chercher un autre moyen de production. Sous peine de périr, il doit adopter une autre façon de vivre. Chacun doit en quelque sorte trouver le moyen de s'adapter à cette situation nouvelle selon ses capacités. Les initiatives individuelles prennent peu à peu le pas sur la décision de groupe. Les détenteurs traditionnels de l'autorité n'ont plus beaucoup de moyens de contrôle. La notion de pouvoir et d'autorité change. Le symbole du pouvoir n'est plus d'ordre social uniquement comme par le passé, mais pourrait se baser sur des critères différents comme: puissance économique et financière, place politique, degré d'éducation et de connaissance. Cette notion de liberté individuelle est à notre avis fondamentale. Elle conduit entre autre à une liberté de choix dans les alliances matrimoniales.

A Madagascar idéologiquement, les lignages nobles se voulaient être endogames. Il faudrait pourtant y apporter beaucoup de nuances. Chaque groupe avait établi des lois et des règlements pour sanctionner toutes transgressions à cette règle. Si certaines régions comme le Sud-Est interdisent le tombeau familial à tout individu ayant pris pour

---

14. *Hazo malany:* hernandiacées, hazomalania voyoroni R. Cap.

partenaire une personne autre que celle du groupe ou du lignage, dans d'autres régions par contre, une certaine forme d'exogamie est tolérée et même parfois encouragée. De tout cela, il ressort que l'endogamie ou l'exogamie ne constituent pas les véritables problèmes. Ils ne sont en fait que des moyens de maintenir le pouvoir politique et une certaine puissance au sein du groupe. Chaque alliance matrimoniale remet en effet en question tout le problème de l'héritage. Le contrôle des alliances par le groupe a toujours contribué à maintenir un certain équilibre, mais à partir du moment où ces alliances échappent à ce contrôle et deviennent des initiatives privées, il est certain que cet équilibre risque d'être rompu. Une des conséquences immédiates serait une nouvelle distribution du pouvoir. Les roturiers, sans directement accéder au pouvoir, bénéficient par le jeu des alliances de la protection, et d'une partie de la fortune des nobles.

Ainsi, à l'intérieur même d'un groupe ou d'une société traditionnelle, il existe déjà un certain nombre de facteurs internes qui contribuent à sa déstabilisation. L'évolution qui peut aboutir jusqu'à la perte totale d'identité culturelle du groupe peut cependant prendre plusieurs années, voire plusieurs générations. Il en est tout autrement, lorsqu'il s'agit de facteurs externes au groupe. On pourrait alors parler de véritable révolution au sein de la société.

Les facteurs externes. Ces facteurs externes sont nombreux et proviennent tous du phénomène appelé développement. Nous pourrons citer en premier lieu la monétarisation. Dans le milieu rural traditionnel, il n'y avait pas de monnaie et toutes les prestations de service se traduisaient par un espèce de troc ou par *valin-tanana,* entr'aide. L'existence d'une entr'aide et du troc excluaient toute forme de paiement autre qu'en nature. L'administration centrale par l'introduction de l'impôt de capitation va bouleverser énormément la vie rurale. En effet, forcés de trouver annuellement une certaine somme d'argent, les paysans étaient obligés de vendre une partie de leur production. Cette vente ne pouvait être prélevée que sur la surproduction, alors que le paysan avait pour habitude de produire uniquement la quantité nécessaire à son autoconsommation. Ainsi, le simple paysan cultivateur se transforme peu à peu en producteur. Aucun groupe ethnique de Madagascar n'ignore actuellement l'existence de la monnaie. Cependant, en fonction du degré d'isolement de chaque région, la conception de la monnaie et la valeur qu'on y attache, varient beaucoup d'une région à l'autre. Les Mikea du Sud-Ouest continuent à ignorer ou plutôt à vouloir ignorer la valeur matérielle de l'argent. Ils continuent leur commerce sous forme de troc. A la limite, l'argent est considéré uniquement comme un moyen de faciliter le troc, il n'a pas de valeur en soi. Cette attitude des paysans mikea se retrouve, mais beaucoup plus nuancée, dans les diverses régions de Madagascar où la monétarisation a été quelque peu imparfaite. Ainsi lorsqu'on demande à un paysan de ces régions de fixer le prix d'un objet, il pourrait dire n'importe quel chiffre ne reliant pas la valeur réelle de l'objet à sa valeur monétaire. Nos expériences nous ont montré que le prix d'un objet peut varier de 1 à 100 dans une même région. Ceci est surtout vrai pour les objets qui ne sont pas de consommation courante. D'une manière générale, l'utilisation du surplus monétaire ne correspond pas toujours à la logique d'une société de consommation. Les gens dépensent leur argent, semble-t-il, à tort et à travers. A la suite d'une campagne particulièrement fructueuse, les paysans de la côte Est, devenus des producteurs achètent tout ce qu'ils trouvent dans les boutiques. Leur comportement dénote un réel mépris de l'argent en tant que papier. Ils sont plus intéressés par la transformation de l'argent en objet sans se soucier ni de son utilité réelle, ni de son prix. Il nous a été rapporté que certains paysans en pénétrant dans une boutique décident d'acheter tous les articles exposés sur une longueur d'étalage. Quelquefois, on achète des ustensiles électriques (fer à repasser, machine à coudre, etc.), alors que le village ne comporte aucune source d'alimentation électrique. Il y a aussi dans cette attitude une certaine bravade, une certaine idée de concurrence dont l'un des objectifs serait de prouver à son entourage ses capacités de dépenser. Il faut que les observateurs aient l'impression que sa fortune est si élevée qu'il lui est possible de dépenser sans compter.

Sur les Hautes Terres centrales, on peut constater une certaine thésaurisation de l'argent. Pendant longtemps, le paysan merina et betsileo n'utilisaient leur argent à aucune forme d'investissement. On pouvait encore rencontrer dans certaines familles de l'argent soigneusement caché dans un endroit sans se soucier de le faire fructifier. Dès qu'une occasion se présentait, certaines personnes s'empressaient de transformer cet argent en une valeur qui leur est beaucoup plus familière: l'or, les métaux précieux.

A notre avis, la monétarisation et l'apparition de la notion de surplus constituent les deux facteurs qui vont conduire peu à peu le milieu rural à être de plus en plus dépendant de la société englobante. En effet, il apparaît de plus en plus difficile aux paysans de vivre en autarcie. Cependant, ce processus de dépendance du milieu paysan va être encore accentué par d'autres facteurs comme celui de la technologie. A partir du moment où le paysan pouvait par son surplus monétaire acquérir des moyens de production autres que celui utilisé traditionnellement, des outils et des techniques nouvelles font leur entrée au village.

Nouvelle technologie. Comme dans toutes les sociétés rurales, les paysans malgaches se méfient *a priori* de toutes les formes d'innovation. Chaque innovation technologique introduite dans un village peut conduire à la rupture d'équilibre de cette société. Tout dépend de la faculté d'adaptation des individus ou en particulier de ceux qui représentent l'autorité au sein d'un groupe. L'apparition d'une technologie nouvelle peut être l'occasion pour un groupe d'essayer de dominer les autres groupes. Pour cela, il faut se rappeler l'épisode de l'utilisation du fer par le roi Andriamanelo. Dans l'Imerina ancien, ce roi aurait été le premier à utiliser des sagaies en fer. Ceci lui a permis de gagner presque toutes les batailles contre les autres groupes. Sans toujours envisager une utilisation guerrière de la nouvelle technologie, nous pouvons toutefois, prendre l'exemple de la charrue. Il est en effet, probable que la charrue utilisée pour la première fois dans une région peut entraîner un changement dans la distribution du pouvoir au sein d'une société rurale. Des lignages roturiers pourraient acquérir et maîtriser la charrue bien avant les lignages nobles. Il arriverait alors inévitablement un moment où la production du lignage roturier dépassera celle des lignages nobles. Cette situation est donc préjudiciable à ceux qui détiennent traditionnellement le pouvoir. Il est vrai que le mot *Mpanjaka* est encore largement utilisé pour désigner une personne qui représente cette autorité traditionnelle. Les modalités pour désigner ou élire ces *Mpanjaka* varient beaucoup d'une région à une autre. Chez les Sakalava, le système allie à la fois l'hérédité et la démocratie. D'une manière générale, les *Mpanjaka* sont choisis dans les lignages de la famille régnante. Cependant, une élection est organisée pour choisir au sein de la famille régnante celui qui doit succéder au précédent roi défunt. Ainsi, l'aîné n'est pas toujours choisi systématiquement comme roi. Par toutes sortes de systèmes de valeurs basés en particulier sur le comportement quotidien respectif des princes, le peuple peut choisir aussi bien un des cadets. Ce problème de succession peut être compliqué lorsque l'individu peut choisir en naissant entre lignage paternel et lignage maternel comme c'est le cas chez les Betsimisaraka de la côte Est. Dans une société appliquant un système égalitaire comme la région du Sud-Est de Madagascar, le roi ou le prince est choisi non seulement en fonction de son rang social mais surtout en fonction de sa fortune personnelle. En effet, le roi doit organiser un certain nombre de festivités où il devrait inviter beaucoup de personnes. Une fois désigné comme roi, il ne le devient en fait que lorsqu'il a organisé une série de banquets où il doit dépenser des sommes énormes. Au bout d'un certain nombre d'années, lorsque le roi a satisfait à toutes ces obligations, il ne lui reste en général plus grand-chose de sa fortune initiale. Alors la dernière cérémonie, consiste à le sacrer roi et à le démettre de ses fonctions. Le groupe choisit alors une autre personne parmi les gens les plus fortunés du village.

Sur les Hautes Terres centrales, les classes nobles existent toujours, les *Andriana*, mais l'usage a complètement délaissé l'attribution de titre princier sauf avec beaucoup de discrétion. Ces titres ne sont d'ailleurs plus utilisés qu'à des occasions assez exceptionnelles en particulier lors d'un enterrement.

Tout ceci tend à souligner que l'attribution du pouvoir réel n'est pas toujours héréditaire dans la pratique. Le titre de *mpanjaka* signifierait plutôt gardien des traditions que roi ou prince. L'appartenance à un lignage noble permet certes une probabilité plus grande de se voir entouré d'une certaine considération sociale, mais elle ne peut en aucun cas être une garantie. Un fils de *mpanjaka* n'est pas toujours assuré de la succession de son père. Son élimination du pouvoir pourrait se faire de plusieurs façons: intervention d'un oracle, accusation de mauvaise conduite, transgression de *fady*, interdits, etc.

Ainsi le développement entraîne toute une série de facteurs qui peuvent modifier non seulement les aspects de la vie quotidienne mais encore la philosophie d'une société. Ces facteurs sont nombreux et interviennent de façon inégale. Utilisation d'engrais, vaccination du bétail, maîtrise de l'eau, constituent autant de facteurs qui peuvent remettre en question tout l'équilibre d'une société rurale. Il est pourtant possible de réserver une place importante à l'éducation et la religion.

Ces deux facteurs contribuent aussi à l'affirmation progressive de l'individu par rapport à son groupe. Les détenteurs du pouvoir traditionnel ont d'ailleurs plus ou moins pressenti le danger de l'éducation et de la religion. Beaucoup d'entre eux ont essayé d'interdire la construction d'écoles et l'implantation d'édifices religieux dans leurs régions. En effet, dans le cas de l'éducation, ils constatent que l'enfant ayant obtenu un certain niveau de cultures, apparaît comme déraciné par rapport à son milieu environnant. Leur connaissance dépasse dans la majeure partie des cas celles de leurs parents. Ces enfants ou ces adolescents auront donc tendance à discuter et à émettre leur avis sur des problèmes réservés jusqu'à maintenant aux adultes. La méfiance des parents vis-à-vis de la scolarisation est aussi dûe au fait que les enfants revenus au village comme fonctionnaires, représentaient à la fois la société englobante et l'administration. Ils deviennent en quelque sorte des "ennemis" de la société traditionnelle.

En ce qui concerne la religion, les problèmes sont aussi graves. Les missionnaires essaient dans un premier temps de faire comprendre aux paysans que leur valeur traditionnelle, que leurs ancêtres, que leurs dieux coutumiers doivent être rejetés. Or, nous savons tous combien les paysans craignent et attachent beaucoup de valeur à leurs ancêtres et à leur *Zanahary*.[15] La fréquentation d'une église ou d'un temple conduit à un abandon progressif de certaines valeurs sociales traditionnelles. Là encore, les détenteurs du pouvoir traditionnel vont essayer de résister à l'introduction de ces nouveaux systèmes de valeur. A Madagascar, la foi chrétienne semble aller de pair avec les croyances héritées des ancêtres. Il n'y a aucun sentiment de culpabilité à faire un *joro* (offrande ou sacrifice), consulter un *ombiasy* (guérisseur) après avoir assisté à un office religieux chrétien.

Nous avons donc constaté qu'une société rurale traditionnelle est soumise à un certain nombre de facteurs internes et externes qui conduisent inexorablement à son évolution. Les conséquences peuvent être multiples. Nous ne mentionnerons ici que certains aspects. Le premier comme nous l'avons déjà mentionné consiste à conduire à cette rupture d'équilibre entre le milieu traditionnel et son environnement. L'ordre social peut être perturbé. La société doit aboutir à une réorganisation en fonction de nouveaux critères de valeurs: argent, puissance politique, éducation, etc. L'abandon des secteurs traditionnels jugés non fonctionnels est aussi une des conséquences de cette évolution. D'une manière générale, le fonctionnel et le rationnel remplacent le rituel et le traditionnel. Ne pouvant plus ignorer ces innovations, la société se voit donc devant l'obligation de choisir soit d'adapter ces innovations par un syncrétisme, soit au contraire l'éclectisme. De toutes les façons, le bouleversement social est assez important, nous pouvons citer comme exemple, le cas de l'utilisation des *aloalo* et des *volihety* dans le Sud.

Ces objets d'art funéraire étaient autrefois réservés uniquement aux lignages nobles. Cependant, avec l'introduction de la monnaie donc la commercialisation; des lignages roturiers ont pu aussi acquérir les disponibilités nécessaires pour faire construire et élever des grands tombeaux avec des grands *aloalo*. Le résultat est qu'actuellement les nobles ne mettent plus ces *aloalo*, ces *volihety* sur leurs tombeaux pour

---

15. *Zanahary:* le Créateur.

signifier que ces objets ont perdu de leur valeur initiale. On peut rapprocher ces exemples du Sud avec la situation sur les Hautes Terres centrales en particulier en Imerina. Il existe aussi dans la société Merina des symboles de l'appartenance à un lignage noble, en particulier en mettant le *trano manara*[16] sur les tombeaux. Cette pratique a été depuis longtemps réservée à une certaine classe, mais depuis quelques temps, des non-nobles ornent leurs tombeaux de *trano manara*. Ainsi certaines classes nobles n'en mettent plus sur leurs tombeaux pour bien marquer le fait que ces objets ont perdu toute leur signification initiale.

Il est donc possible actuellement d'avoir une vision inversée des phénomènes sociaux réels, si on se base uniquement sur une simple observations de l'art funéraire.

Ce bref aperçu de la société traditionnelle malgache a voulu nous montrer à la fois une certaine forme d'adaptation mais aussi quelques traits d'inadaptation. D'une manière générale, l'homme a toujours essayé d'adapter le milieu naturel à ses besoins, plutôt que d'effectuer la démarche inverse. Les témoignages anciens ont décrit des régions de Madagascar comme un pays où la nature fournissait en abondance presque toutes les denrées nécessaires à la vie. Il y a seulement quelques siècles la forêt couvrait une très grande partie du pays, et l'homme pouvait y trouver non seulement du bois mais aussi des fruits, du miel sauvage, du gibier etc. Actuellement, cette forêt est en voie de disparition rapide et ne subsiste plus que dans certaines régions dont le Nord et l'Est. L'homme n'est certes pas le seul responsable de cette déforestation mais ses multiples *tavy* en ont accéléré le processus. Il est difficile, *post facto*, de justifier le fait d'avoir remplacé la forêt et ses richesses par quelques pieds de riz, de maïs ou de haricots, autrement que par l'égocentrisme absolu de l'homme. Ce genre de problèmes n'est certainement pas spécifique de Madagascar et des aspects analogues doivent exister sous des formes différentes dans d'autres pays.

Une observation de la nature, les relations existantes entre le monde rural et son milieu naturel pourrait permettre une certaine évaluation du rapport adaptation/inadaptation. Il apparaît toutefois difficile de cerner les faits dans leur totalité sans tenir compte des phénomènes socio-économiques et culturels, aussi bien internes qu'externes. En effet, nous avons vu les limites de résistance d'une société traditionnelle face aux aggressions de la société englobante.

Madagascar, par le contraste de ses régions et la diversité de son

---

16. *Trano manara:* litt. maison froide. Il s'agit d'un modèle réduit d'une maison placée au sommet d'un tombeau.

organisation sociale traditionnelle, pourrait offrir un terrain d'investigation non négligeable pour une meilleure approche des problèmes posés par l'adaptation de l'homme à son milieu.

Bibliographie

Battistini, R.
   1963   *L'Extrême Sud. Essai de géographie physique.* Cujas, Paris.
   1968   *L'Afrique australe et Madagascar.* P.U.F., Coll. Magellan no. 23, Paris.
Decary, R.
   1950   *La Faune malgache, son rôle dans les croyances et les usages des indigènes.* Payot, Paris.
Deschamps, H.
   1959   *Les migrations intérieurs à Madagascar.* Berger-Levrault, Paris.
   1960   *Histoire de Madagascar.* Berger-Levrault, Paris.
Evrard, D.
   1970   *Étude culturelle des collections du Musée de l'ORSTOM à Tananarive.* Musée d'Art et d'Archéologie de l'Université de Madagascar, Travaux et Documents IV, Tananarive.
Grandidier, A. et G.
   1903-1920   *Collection des ouvrages anciens concernant Madagascar.*
   1908-1928   *Ethnographie de Madagascar.*
Kent, R.K.
   1970   *Early Kingdoms in Madagascar 1500-1700.* Holt, Rinehart and Winston, New-York.
Malzac, R.P.
   1912   *Histoire du Royaume Hova.* Imprimerie Catholique, Antananarivo.
Rakotoarisoa, J.A. and G. Heurtebize
   1974   "Note sur la confection des tissus de type Ikat à Madagascar: Les Laimasaka de la région de Kandreho et d'Ambatomainty." *Archipel no. 8*, pp. 67–81.
Rakotoarisoa, J.A. and H. Rakotovololona
   1979   *Essai d'inventaire des sites d'intérêt historique et archéologique du Sud et de l'Ouest de Madagascar.* Communication faite au Colloque d'Histoire Malgache à Tuléar (9-15 Avril 1979).
Ralaimihoatra, E.
   1965   *Histoire de Madagascar.* Société malgache d'Édition, Antananarivo, 2 vol.
Vérin, P. and P. Griveaud
   1968   *La protection des richesses naturelles, archéologiques et artistiques à Madagascar.* Guides d'initiation active au développement, Fasc. 6. Université de Madagascar, École Nationale de promotion sociale. Antananarivo.
Vérin, P.
   1972   *Les échelles anciennes du commerce sur les côtes Nord de Madagascar.* Thèse pour le doctorat d'Etat, ronéotypé, Paris.

4

The "Anjoaty" and Embouchures in Madagascar[1]

DAVID HURVITZ

This paper is the introduction to a larger, four-part work. It concerns the "Anjoaty," people who reside now, or who have resided, at different points on the Malagasy coast. I have written the name in quotation marks to represent the Island-wide population, but have kept the versions of the name found in the original sources, with geographical referents, to denote the local populations (see Table 1 for a list of the sources). I examine several related problems, including the historical relations between local "Anjoaty" populations, the nature of each as a social unit, the significance of the ritual powers attributed to them, and the interpretation of their migration traditions. As a link between these problems, and as a context for their solution, the "Anjoaty" are viewed as part of a wider cultural tradition of embouchures. This tradition would encompass distinct historical societies, composed of peoples of different origin, oriented to each other and to the land through cemeteries located at the mouths of rivers and bays.[2]

---

1. The fieldwork in Vohemar, Madagascar (1975–1976) was supported by the NSF and NIMH. I would like to acknowledge the bibliographies in Kent (1970) and Vérin (1972). Thanks to Professor Hildred Geertz for commenting on earlier versions of the essay.

2. I have used the word "embouchure" because it includes both river mouths and the mouths, which accurately represents "Anjoaty" thought. Paul Ottino has also pointed to the importance of embouchures (*kuala*) and notes that there were Malay city-states at embouchures in the Middle Ages (n.d.: 18). I see the embouchure culture in the context of the history of the Indian Ocean as envisioned by Ottino: ". . . Il faut s'attendre, qu'à l'image des peuples qui en sont porteurs, les cultures de ces régions se présentent comme de singuliers amalgames constitués aux différentes époques historiques, *selon des régles qui restent à découvrir*. Ces cultures hybrides dans les régions de départ sont à nouveau modifiées dans celles d'arrivée au contact des autres cultures qu'elles rencontrent et par suite d'une adaptation nécessaire à des milieux écologiques différents" (1974:12).

Table 1. Chronological Table of References to and Etymologies of the Name "Anjoaty"

Name	Etymology	Region	Source
Ondzatsi		Antanosy	Flacourt, 1661/1913
Ondzatsi		Antongil	Benyowski, 1790/1904
Antzatci		Vohemar	Anonymous, 1816 in Grandidier, 1908
Antzatzi		Bobaomby	Froberville, n.d. in Grandidier, 1908
Zanakajatch*		Vohemar	Hastie, 1823
Hénésouastes	Véridiques	Vohemar	Bernier, 1834/1886
Hounzati		Boina	Noel, 1843
Antzatci		Vohemar	Guillain, 1845
Hénésouastes		Vohemar	Guillain, 1845
Hounzati		"Cagembi" in Boina	Guillain, 1845
Anzates		Vohemar	Guinet, 1864
Onjatsy	Holy	Vohemar	Batchelor, 1887
Anzuali		Ankarana	Hildebrandt, 1880
Onjatsy		Matitana	Shaw, 1893
Anjoaty		Bobaomby	Titieux, 1900
Onjatsy		Matitana	Ferrand, 1893
Zanakongatsy*	from *onja* in Malagasy = Children-of-the-waves	Vohemar	Ferrand, 1902
Undzatse	from *nadjas* or *anjas* in Arabic = impure, unclean	Madagascar	Ferrand, 1904
Onjatsy	from *olona ny Azdy* in Malagasy = the Azd people	Madagascar	Grandidier, 1908
Onjatsi		Matitana	Mondain, 1910
Anjoaty		Ampasindava	Decary, 1924
Uzatse	from *zatra* in Malagasy = acclimatized	Matitana	Julien, 1929
Anjoati		Ankarana	Mellis, 1938
Anjoaty		Ampasindava	Poirier, 1953
Onjatsy		Matitana	Deschamps and Vianès, 1959
Onjatsy	Hedzaz	Matitana	Ralaivola, 1970
Anjoaty	Anjoany	Vohemar	Ralaivola, 1970
Anjoaty	Anjoany	Madagascar	Deschamps, 1972
Anjoaty		Ampasindava	Baré, 1975
Anjoaty	*an-dafy* in Malagasy = overseas	Vohemar	Robilahy, in Ralaivola, 1970
Onjatsy	Hozoaty, a river in Arabia	Vohemar	Ndranavaratra
Anjoaty	*zaite* in Arabic = cooking oil workers	Vohemar	Asomany

*The prefix *zanaka* means child. The Anjoaty of Vohemar still sometimes call themselves Zanak'Anjoaty.

My first hand experience of Madagascar has been limited to two years fieldwork among the Anjoaty of Vohemar, but this essay concerns the "Anjoaty" in Madagascar as a whole. Given the reservations expressed by several of the participants at the Wenner-Gren Symposium, who rightly stress the need for detailed regional research before undertaking attempts at Island-wide synthesis, this project requires some defense. Justification comes, first of all, from the unique situation of the "Anjoaty" in Madagascar. Since Étienne de Flacourt's description of Antanosy in the seventeenth century, there have been a score of references to people with that name from widely separated regions of the Island's coast. The very mention of the "Anjoaty" thus poses a comparative problem of Island-wide scope. My point of view is that consideration of any one population in isolation means limiting the research to one instance of a greater historical phenomenon and restricting it to a one-sided view of a complex whole.

The same point can be made the other way around with a concret example. During my fieldwork in Vohemar there were times when I took part in actions or made observations which had me baffled, and which no direct questions could clarify. On one occasion, for instance, I was struck by the fact that some men I knew were quite uncharacteristically out of humor as we crossed the Ampanobe river, near its mouth, on our way to visit a cemetery. I carried this in my head while I was in Vohemar and tried to devise ways to ask about it (when I remembered it), but though I accumulated what seemed like related bits of information, I could never quite put my finger on the logic which held them together. However, once I widened the field of inquiry to the "Anjoaty" in Madagascar as a whole, so many more bits of information became available that the whole became clearer, and the particular incident *somewhat* more elucidated. One should understand this essay, therefore, as an attempt to establish the appropriate context for a detailed ethnography of the Anjoaty of Vohemar.

I have approached the island-wide problem of the "Anjoaty" in four ways. First, I have tried to determine the historical relations between the distinct populations. The "Anjoaty" are usually thought of as immigrants from Arabia who came to Madagascar as part of a single migration and later dispersed throughout the Island. In contrast, and to the extent that information warrants, I have tried to show here that there have been two historically distinct populations of "Anjoaty" on the Island (who could conceivably have a more distant common origin). That much said, however, the main purpose of the historical discussion is not to prove one thing or another about the origin of the "Anjoaty," nor to reconstruct their history in detail; rather, it is to break away from the traditional migration model so as to view them in terms of the embouchure culture. It is only in this way that one can come to terms with both the similarities and the differences in the data concerning them.

The second problem concerns the nature of the "Anjoaty" as a social unit. In the literature they are typically identified in one of two ways: either as a migrant descent group or clan living by the legacy of their ancestors, or as an in-marrying group of ritualists with a special status within hierarchical political kingdoms.[3] In the essay I try to show that these alternative characteristics are not contradictory, but derive from the functioning of the hierarchical kingdoms over time. The way I see it, one descent group can incorporate another into itself (through marriage and the control of children in terms of a particular territory), making it appear as a category of ritualists. At the same time, as a result of distinctions created within a single descent group, families within it can become ostracized or expelled from their homeland altogether, and so come to be identified as migrant clans. Such a mechanism would explain why "Anjoaty" have been defined differently depending on historical context.

The third problem has to do with the particulars of the ritual role and special powers attributed to "Anjoaty". We will see that they are associated with the dead buried in cemeteries at embouchures. This role seems to come from a situation where a native people, with a cemetery at an embouchure, is subjugated by incoming migrants, who take political power, leaving the former inhabitants guardians of the cemeteries. The special powers of the "Anjoaty" (they are said to possess "sainted-mouths" as we shall see) seemed directly linked to the mouths of rivers as well. Finally, there is the interpretation of the migration traditions. Rather than treat these narratives as distorted memories of the past, I see them as symbolic statements built upon the cosmology which underlies the embouchure culture. This cosmology appears to be founded on a contrast between land and ocean, one associated with life and the other with death, as if the world of the living was posed on top of an ocean of the dead. "Migration traditions" would thus be creation myths which involve the passage over water to land. Embouchures would be the places where the two worlds meet. In sum, if we see the "Anjoaty" in terms of the embouchure culture, we can come to grips with the social mecha-

---

3. Two terms constantly recur in the literature on the "Anjoaty," clan and caste. L. Dumont points out that the "mingling" of castes and clans is common in Malagasy ethnography (1970: 215).

nism underlying their migrations, the alternative ways they can be defined as social units, the sense of their ritual role, and the key to the meaning of their migration traditions.

One of the difficulties of this enterprise is the nonuniform nature of the sources themselves. For one thing, they were produced in different periods of European contact with Madagascar. The first comes from the seventeenth century, the mass of observations from the nineteenth century, and there are relatively few contemporary accounts. For another, as noted, the reports come from distinct regions of the Island. These include Boina and Ampasindava on the northwestern coast, Bobaomby on the northernmost peninsula of the Island, Vohemar on the northeastern coast, and Matitana and Antanosy on the southeastern coast of the Island. Furthermore, where there are early accounts, such as for Antanosy, there are no later accounts (and it is assumed that the Ondzatsi of Antanosy are no longer living). Similarly, where there are later accounts, such as for Matitana, there are no early accounts (even though it is assumed that the Onjatsy of Matitana go back to the time of the Ondzatsi of Antanosy). To add to the dilemma, only some of the sources are actually based on firsthand observation (and even in these the "Anjoaty" are most often mentioned only in passing). Furthermore, several of the references come from oral tradition or from *sora-be* manuscripts (texts written in Malagasy with Arabic script). So in these the problem of the interpretation of traditions is inherent in their use. Lastly, at least one of the sources, Benyowski's statements concerning the Ondzatsi of Antongil (1790/1904), seems founded on hearsay, and leads one to think that some of the others should be taken with a grain of salt as well.

The orthography of the name is representative of this problem and makes reference to the "Anjoaty" extremely cumbersome (as the reader is doubtless already aware). It has varied such that when Charles Guillain compiled archival information on the peoples of northern Madagascar in 1845, he listed the Antzatci, the Hénésouastes, and the Hounzati separately, without presuming any relation between them. It wasn't until the end of the last century that Alfred Grandidier, perhaps the first European to envision Madagascar as a whole, collected the disparate sources under the assumption that the orthography differed by dialect and by mode of transliteration, but referred to a people of common origin (whom he called Onjatsy). To repeat, in this essay I have kept the original spellings to denote the regional populations, and have put "Anjoaty" in quotation marks when concerned with the Island as a whole. This is so as not to presume a common origin, nor presuppose whether we are concerned with a clan or tribe, or with a category or class of ritualists.

Still, a survey of the sources reveals more similarities than a seemingly common name alone. Actually, these might be called areas of correspondence, since while the information is comparable, it is not always equivalent. In any case, if it is recognized that not all the "traits" mentioned in one source are mentioned in all the others, a synthetic portrait of the "Anjoaty" can be composed as a useful introduction. At the same time it should be recognized that most of these "traits," or bits of comparable information, are applicable to numerous coastal peoples in addition to the "Anjoaty". Really then, the survey provides a groundwork for constructing the larger context in which the "Anjoaty" should be viewed.

"Anjoaty" are frequently reported to be among the "Islamised" peoples of Madagascar. The French Consul Vincent Noel even wrote that the Hounzati of Boina were a "Muslim people" (1843: 411). But the German traveler Hildebrandt was certainly more accurate in stating that the Anzuali of the northwest possessed influence before what he termed the "invasion" of Islam, but for which he gives no date (1880: 275). Certainly there are pieces of information which link the "Anjoaty" to Islam. First, "Anjoaty" as well as many of the other coastal peoples of the southeast and northwest have traditions of migration from Mecca in Arabia (Ferrand, 1893; Birkeli, 1927). For instance, in seventeenth century Antanosy, the Zafiraminia (and we will see that the Ondzatsi of Antanosy qualify as Zafiraminia) reported that they came to Madagascar from Mecca via Mangararo or Mangatsini (Flacourt, 1661/1913: 82–89); while the Anjoaty of Vohemar say that they came to Madagascar from Mecca via Mijomby, a legendary sunken island.[4] In addition, in Matitana the Onjatsy are reported to be the guardians of some of the oldest *sora-be* texts known to exist (Shaw, 1893: 100); while in Vohemar at least, and probably everywhere, Anjoaty cemeteries are oriented to the cardinal points in Islamic fashion (with men buried head to the east, on the right side, facing Mecca). The Anjoaty of Vohemar also told me that they recognized similarities in their traditional manner of prayer and Muslim prayers. But the families of Anjoaty who today are practicing Muslims

---

4. Following the Portuguese Jesuits, some have identified Mangararo as Mangalor in India (though I believe Ferrand speculated that it might lie in Madagascar itself). Similarly, some have looked for Mijomby on the African coast, though Poirier seems to locate it in Boina itself (1953: 27). I am less interested in the specific places than in the parallel in the two traditions.

have become so only since the nineteenth century. Thus it seems that while the "Anjoaty" have lived within the sphere of Islamic influence, one could not call them, or the other peoples of the embouchure culture, Muslims.

"Anjoaty" are everywhere reported to live on the coast, but more important than that, they bury their dead in the sand of the littoral, often on small offshore islands, or more particularly, at the mouths of rivers and bays. For instance, there is an "Anjoaty" cemetery on Nosy Momoko in the bay of Ampasindava on the northwest coast (Poirier, 1953: 23), and another on Nosy Andriana to its north (Hildebrandt, 1880: 275). There are also Anjoaty cemeteries at the mouth of every major river and bay on the northeastern coast from Bobaomby to Ampanobe, south of Vohemar. I have no information on the Matitana region, but in Antanosy the Ondzatsi were the guardians of the cemeteries located on a small island at the mouth of the Fanjahira river and so presumably had their own cemeteries there as well (Mariano, 1616/1904: 150). This last example shows that the "Anjoaty" are not the only people with cemeteries at the embouchures, so let me list some others as well. First, the early, pre-1700, inhabitants of Vohemar, in proximity to, but distinct from, the contemporary Anjoaty cemetery (both are located just beside the mouth of the bay of Vohemar).[5] Second, Flacourt's seventeenth-century map of Madagascar shows a cemetery beside the mouth of a river across from Ile Sainte-Marie on the east coast of the Island (1661/1913). Third, the Kajemby, people of the northwest coast, are reported to possess cemeteries in the sand of the littoral (Ramilisonina, 1970: 179–183). There are certainly many more examples because Mellis points out that the traditional population of northern Madagascar was divided into Antandrano (people-of-the-water) with cemeteries on the coast, and Antety (people-of-the-interior) with cemeteries in mountain caves and crevises (1938: 15, 37). As noted, the location of cemeteries at the mouths of rivers and bays is the most important defining feature of the embouchure culture. For one thing, cemeteries associate a people with a particular territory, and in the case of the embouchure culture, this is the coastland drained through a rivermouth or bay. For another thing, people own land, or

---

5. This is now one of the important archeological sites in Madagascar. It was excavated first in 1940 by the Administrator Gaudebout and the Pasteur Vernier; since then P. Vérin has re-evaluated the evidence. Three aspects of this cemetery illustrate the social system of embouchures: location at an embouchure, division into groups of tombs which are related hierarchically according to the cardinal points; and the placement of the dead in the graves and of objects buried with them which point to an important opposition between males and females.

control land, or are masters-of-the-land (*tompon-tany*) by being the descendants of the dead buried at the embouchures, and moreover, they exercise power through their ancestors buried at the embouchures. Third, when two or more peoples have cemeteries at the same embouchure, and thus share a common territory, the ones with their cemetery to the east are the "masters" while the ones with their cemetery to the west are their dependants. To mention only one last point, in "Anjoaty" cosmology, the ancestors buried in the sand at the embouchures, lie between the world of people under the sea and the world of the living, residents of the river banks. Thus cemeteries at embouchures have a multiple significance. I hope this will become more clear as the survey continues.

"Anjoaty" have been reported to practice endogamy (Grandidier, 1908: 123–124; Baré, 1975: 124); and it is surely the association of endogamy with ritual power which has led to the appellation "priest caste" (Batchelor, 1877: 286–7; Hildebrandt, 1880: 275). Actually, however, like the other peoples of the embouchure culture, "Anjoaty" marry both within the ancestry and outside it. On the one hand this creates links of alliance between ancestries and then ties of common descent in succeeding generations. On the other hand it creates status distinctions within an ancestry (those born to an endogamous marriage versus those born to an exogamous one). Paul Ottino (1973) has discussed the Zafiraminia social hierarchy in these terms, but in greater detail than I can summarize here. But it was this I was alluding to when I mentioned the alternative views of the "Anjoaty" as a caste and as a clan. Again, the way I see it, one descent group can incorporate another through marriage alliances (exogamy) and subsequent control of the common descendants of the two groups; but at the same time, and within a single ancestry, some members can be reduced in status (because they are descendants of younger brothers, sisters, secondary wives, or exogamous marriages) and restricted to certain locales within the domain of the ancestry, or in extreme cases expelled altogether from their homeland. This is represented in the cemeteries, which are often composed of sections, corresponding either to ancestries of independent origin related by marriage, or to families of common ancestry distinguished by their manner of descent. The Ondzatsi of Antanosy, for example, appear to have been integrated into the Zafiraminia ancestry through intermarriage and to have been given their ritual status as a result; while in Vohemar, the Anjoaty incorporated others into their ancestry, making them into what the Ondzatsi were in Antanosy.

Besides being coastal residents and having their dead buried several steps from the ocean, the "Anjoaty" are often reported to live from the sea as sailors (Flacourt, 1661/1913: 26), fishermen (Flacourt, 1661/1913: 7; Grandidier, 1908: 122), and sea-turtle hunters (Guinet, 1864; Baré, 1975: 122–5). But these reports must be put in context. As "occupations" they must be thought of in terms of a wider economic system encompassing four zones of the coastland: the bays, the sand, the river banks, and the prairie. In seventeenth century Antanosy, the Ondzatsi were fishermen, in contrast to the noble Zafiraminia (the Rohandrian) who were rice growers and cattle barons. In Vohemar two things should be recognized. First, there were traditionally two types of sea-turtle hunters: those who hunted from canoes, and those who hunted from the sand (Guinet, 1864). The former were Vezo, while the latter were Anjoaty; and they can be distinguished further as land owners versus nomads. Furthermore, the Anjoaty, who in Vohemar have always been recognized as rice growers and cattlemen in addition to hunting sea-turtles (Grandidier, 1908: 122), told me that in the past the capture of sea turtles and sale of the shells was a primary means of acquiring cattle. They also said that today, when sea-turtles are practically extinct in the area, a fisherman is a poor man, one with no cattle. The point of this is that one cannot picture the "Anjoaty" as fishermen by origin. They are fishermen only in contrast to land owners and cattlemen. In fact in Vohemar they are not the fishermen at all (read Vezo) but the land owners and cattle owners themselves.

The "Anjoaty" are reported to possess special ritual functions at embouchures. For instance, as noted, the Ondzatsi in seventeenth century Antanosy were the guardians of the cemeteries of the noble Zafiraminia (which were located at the mouth of the Fanjahira river) (Flacourt, 1661/1913: 80). In contemporary Matitana the Onjatsy are recognized as the "masters-of-the-embouchure" and alone have the right to say the prayers and perform the sacrifice of a red zebu after which the mouth of the river may be unblocked of sand (Deschamps and Vianès, 1959:45).[6] In Vohemar the most important ceremonies, uniting the greatest number of people, are held at embouchures (one of these is a special prayer for rain). But in contrast to the situation in Antanosy, it is only one special category of Anjoaty, those who are also the descendants of the former natives of Vohemar (the ones with whom the Anjoaty

---

6. Pierre Verin reports that a quarter century ago he witnessed some people in the vincinity of Antalaha unblocking an embouchure of sand with canoe paddles (BW). Whether they were "Anjoaty" or not is not clear; but the symbolism of using a paddle (and the connection with "sailors") is apparent.

married upon their arrival) who may be said to be the guardians of the cemeteries. What we see here is a distinction of ritual role versus political power corresponding to the distinction of economic roles already referred to. In seventeenth century Antanosy, just as the Ondzatsi were fishermen, they were the guardians of the cemeteries (and I would say the sailors as well). Judging by the information from Vohemar, it would appear that the people who were the original natives (*tompon-tany*) and who in the embouchure culture first had cemeteries at the mouth of the river by which they lived, are given the ritual role of guardians of the embouchure of that river when they are taken into an incoming ancestry. It seems to me that one should understand the *lohateny* or joking partners relationship in the same way since they have a special role in regard to death and burial. Furthermore, at least in the migration traditions of the Anjoaty of Vohemar, the *lohateny* of the Anjoaty play a role comparable to being sailors. What I mean is, if it is not yet clear, that sailors should not be thought of as an occupation, but as a ritual role: those who bring the dead to the cemeteries.

"Anjoaty" are known particularly for the possession of efficacious, supernatural power (*hasina*), and it is this "reputation for occult power" (Guinet, 1864) that has led Europeans to call them "prophets" (Bernier, 1834/1886:203), "sorcerers" (Ferrand, 1902: 92), and "diviners" (Grandidier, 1908: 124).[7] An example of these powers is that "Anjoaty" from both Matitana and Vohemar were sorcerers in Radama I's Merina armies of the nineteenth century (Ferrand, 1902: 95). Also, one frequently finds the name "Anjoaty" used in a sense synonymous with *ombiasy* (manipulator of *hasina*). For instance Benyowski constantly writes of "Ondzatsi and Ombiasses" (1790/1904: 617). In the northeast at least, Anjoaty *hasina* is particularly manifest in their *masim-bava* (sainted-mouths) (Grandidier, 1908: 123). This is the innate ability, or necessity, to speak true words or self-fulfilling prophesies. It seems clear that "Anjoaty" derive this power from their association with the mouths of rivers. Tsiahilika, an Anjoaty of Vohemar, told me that embouchures were the most powerful (*masina*) places in the landscape. When I asked him why, he answered, "Just because."

I think I can now add: because that is the place where water from the interior passes into the ocean, representing the passage from life to death (which is why ancestors are buried there). If that is not convinc-

---

7. It is interesting to note that the powers attributed to the Onjatsy of Matitana applied equally to the Zafitsimaito and others. For this see the document reproduced in Ferrand (1893) and Kent (1970: 319–321).

ing, let me say this: the power of an Anjoaty mouth is like the power of a river mouth, and in the same way, a second meaning of the Malagasy word for embouchure, *vinany*, is prediction or forecast (Richardson 1885/1917). If I can make a more general statement, I think that the power of *hasina* is that which keeps people above water (so to speak), or allows them to live in the water (in other words to live on in death) which would explain why benedictions of water blown from the mouth are common in Madagascar (as mentioned by M. Bloch at the Symposium).

The final commonality between the different populations of "Anjoaty" are the migration traditions. I mentioned above that they all have traditions of migration from Mecca, but more significant than this "origin point" (which I don't take seriously as such) is the way in which the migrations are said to proceed from land over water to land. In fact, the entire corpus of mythology is animated by an opposition between land and water, with constantly recurring themes of creation from the sea (Flacourt 1661/1913: 82–89); return to the sea at death (from Anjoaty of Vohemar); islands sunk into the sea or villages transformed into lakes, drowned ancestors transformed into crocodiles or survivors saved from drowning on the backs of fish; fish, amphibians, canoes, (and even coffins) serving to ferry people across water; and in general, as I say, common reference to a world of people beneath the sea. The point I want to make is that the social mechanism of expulsion and incorporation is represented in the mythology as sinking islands on the one hand and landings at embouchures (and conquest of the sea serpent which inhabits embouchures) on the other. For this reason, the migration traditions are often characterized by a return overseas. Given the culture which has produced the traditions, I understand this in the same way as sea-turtles returning to the same piece of sand to lay their eggs fifteen days after they originally inspected it, or ancestors returning to their descendants eight days after they are buried in the special *tolikiandro* prayer.

In conclusion, let me say again that this essay is only the introduction to a longer work in which I hope to demonstrate many of the points which I have only mentioned so far. The compilation of traits serves as an introduction to the "Anjoaty," but also as an introduction to the culture of embouchures within which the "Anjoaty" must be considered. The main points I hope to demonstrate are the way this system produces migrants and then reincorporates them, and the way this social process is represented in the migration traditions. This is a whole, no one part of which can be understood without the others.

Bibliography

Anonymous
    1816   *Manuscript* no. 99; in Grandidier 1908:121.

Baré, J.F.
    1975   *Permanence et Evolution D'une Monarchie Du Nord-Ouest Malgache*, These IIIeme cycle.
    1977   *Pouvoir Des Vivants Langage Des Morts*, Paris.

Batchelor
    1877   "Notes on the Antankarana," *Antananarivo Annual*.

Benyowski, M.A.
    1790   *Memoirs and Travels*, 1790/1904.

Bernier, C.
    1834   *Rapport sur une mission sur la cote nord-est de Madagascar*. Published as "Quelques Notes sur le nord de Madagascar," Fleury, Th.ed., Société de Geographies Commerciale de Bordeaux, *Bulletin*, 1886.

Birkéli, E.
    1926   "Marques de Boeufs et Traditions de Race," *Bulletin* 2, Oslo Etnografiske Museum.

Bloch, M.
    1971   *Placing the Dead*, London.

Chittick, N.
    1973   "Review of Archéologie Malgache," *Azania*, vol. 8.

COACM
    1904   *Collection des ouvrages anciens concernant Madagascar*, vol II, 1904, vol. VIII, 1913.

Das Gupta, A.
    1967   *Malabar in Asian Trade 1740–1800*, Cambridge.

Decary, R.
    1924   "Notes Ethnographiques Sur Les Populations du District de Maromandia," *Revenue d'Ethnographie et des Traditions Populaires*.

Délivré, A.
    1974   *L'Histoire Des Rois D'Imerina*, Paris.

Deschamps, H.
    1972   *Histoire de Madagascar*.

Dumont, L.
    1970   *Homo Hierarchicus*.

Ferrand, G.
    1891   *Les Musulmans a Madagascar et aux Iles Comores*, vol. I–III, 1891–1902.
    1902   "Le Légende de Raminia," *Journal Asiatique*, 9th series.
    1904   "Qarmathes et Undzatsi," *Revue de Madagascar*.
    1905   "Trois Etymologies Arabico-Malgaches," *Memoires* de la Société de Linguistique de Paris, Tome 13.
    1910   "Les Voyages des Javanais à Madagascar," *Journal Asiatique*, 10th series, Tome XV.

Flacourt, E.
    1661   *Histoire de la Grande Ile de Madagascar*, COACM VIII 1913.

Froberville
    1908   *Dictionary manuscript*; quoted in Grandidier 121.

Gaudebout, P.V.
   1941   "Notes sur une campagne de fouilles a Vohemar," *Bulletin de l'Academie Malgache*, XXIV.

Grandidier, A.
   1908   *Ethnographie de Madagascar*, vol. I, Paris.

Guillain, C.
   1845   *Documents sur l'histoire, la géographie et le commerce de la partie occidentale de Madagascar*, Paris.

Guinet, F.
   1867   "Rapport sur le Nord de Madagascar," in Baron Richemont ed. *Documents sur la Compagnie de Madagascar*, Paris.

Hastie, J.
   1824   "Journal of James Hastie, British Agent in Madagascar" 1823-4, Government of Mauritius Archives (also published).

Hildebrandt, J.M.
   1880   "Ausflug zum Ambergebirge in Nord-Madagaskar," *Zeitschrift der Gesellschaft fur Erdkunde Zu Berlin*, XV.

Huntington, R.
   1973   *Religion and Social Organization of the Bara People of Madagascar*, Ph.D. Thesis, Duke University.

Hurvitz, D.
   1976   "Anjoaty Cemeteries, Villages, and Houses," to appear in *Taloha*.
   1979   "Anjoaty Cattle Ear Marks," to appear in R. Kent ed. *Madagascar in History*.

Julien, G.
   1929   *Pages Arabico-Madécasses*, Paris.

Kent, R.
   1970   *Early Kingdoms in Madagascar 1500–1700*.
   n.d.   "Religion and State in Madagascar: A Comparison of Antanosy and Sakalava in the 1600's," to appear in *Madagascar in History*.

Levy
   1911   "Le Nord-Est de Madagascar," *Revue de Madagascar*.

Marquer, P.
   n.d.   "Etude Anthropométrique des Ossements provenant des sépultures "arabes" de la region de Vohémar," *Bulletin de l'Academie Malgache*, XXVIII.

Mayeur, N.
   1912   "Voyage dans le nord de Madagascar," *Bulletin de l'Academie Malgache*, V.X.

Mellis, J.V.
   1938   *Volamena et Volafotsy*, Tananarive.

Mondain, G.
   1910   "L'Histoire de L'Imoro au XVIIe Siècle," *Bulletin de Correspondance Africaine*, Tome XLIII, Publications de la Faculté des Lettres d'Alger.

Noel, V.
   1843   "Recherches sur les Sakkalava," *Bulletin de la Société de Geographie de Paris*.

Ottino, P.
   1973   "La hiérarchie sociale et l'alliance dans le royaume de Matacassi des 16e et 17e siècles," *ASEMI*, 1973.
   1974   *Madagascar, les Comores et le Sud-Ouest de l'Océan Indien*.
   n.d.   *"Le Moyen-Age De L'Océan Indien Et Le Peuplement De Madagascar,"* ms. Centre Universitaire De La Réunion.

Poirier, C.
  1953 "Le Damier Ethnique Du Pays Côtier Sakalava," *Bulletin de l'Académie Malgache*, XXXI.
Ralaivola, C.
  1970 "Esquisse Monographique de Vohemar," *Bulletin de Madagascar*, no. 288.
Ramilisonina
  1970 "Ny kajemby Sy Ny Toeram-Pandevenany," *Taloha* 3.
Randriamandimby
  1973 "Le Concept de Hiérarchie en Imerina Historique," *Asie du Sud-Est et Monde Insulindien*, vol 4, no. 4.
Richardson, J.
  1885 *A New Malagasy-English Dictionary*, 1885/1967.
Shaw
  1893   ?   *Antananarivo Annual*.
Titieux
  1900 "De L'Élevage Dans la Province De Diego Suarez," *Revue de Madagascar*.
Vavihely, A.
  1971 *"Ny Foko Antankarana sy Sakalava Avaratra," Tari-dalana*, Mars.
Vérin, P.
  1972 "Histoire Ancienne Du Nord-Ouest De Madagascar," *Taloha* 5.
Vernier, E. and Millot, J.
  1971 *Archéologie Malgache*, Catalogues du Musee de l'Homme.
Vianès, S. and Deschamps, H.
  1959 *Les Malgaches Du Sud-Est*, Paris.

5

Milieu naturel et peuplement de l'Androy

Manassé Esoavelomandroso

Les sociétés humaines doivent aménager le milieu naturel dans lequel elles vivent, et dont les caractéristiques orientent leur action. Sans verser dans un déterminisme géographique étroit, force est de reconnaître que dans l'Androy, plus que partout ailleurs à Madagascar, la géographie imprime sa marque sur la répartition et les genres de vie de la population.

L'étude du peuplement de la région permet d'une part, d'esquisser une reconstitution de la formation de la population antandroy, et d'autre part, de constater que l'Androy a été, en dépit de conditions physiques défavorables, un "creuset humain."

Inégale répartition de la population Antandroy. Une carte de l'Androy représentant la répartition de la population, montrerait deux zones bien distinctes: le sud plus peuplé que le nord. Cela n'est pas sans rapport avec les conditions écologiques qui déterminent en partie la position des zones de concentration humaine.

La personnalité géographique de l'Androy.

1. Une entité géographique. Pour Defoort (1913: 134), "L'Androy est le pays où pousse le *roy*, buisson épineux pouvant atteindre près de deux mètres de hauteur, ronce impénétrable quand elle se multiplie et s'enchevêtre." Plus loin, il ajoute: "Que le *roy* ait donné son nom à la région, il n'y a là rien de surprenant puisqu'il étonne par son abondance, par sa verdure, par son charme trompeur!" Pour Heurtebize (1979) au contraire, "le territoire dénommé Androy ne correspond pas à une unité géologique ou géographique. . . . La définition de l'Androy est purement humaine: c'est la patrie des Antandroy."

Quoi qu'il en soit, l'appellation "Androy" est assez récente. Jusque vers la fin du XVIIe s., la région comprise entre les fleuves Mandrare et Menarandra porte d'autres noms. En effet, Flacourt qui a vécu pendant près de dix ans à Fort-Dauphin (décembre 1648–février 1658) et qui, durant son séjour, a eu de nombreuses relations avec les habitants de la région appelée actuellement "Androy" ne mentionne ni ce nom, ni le mot "Antandroy." Il parle d'une "province des Ampatres" et d'un "pays des Caremboules." Selon Flacourt (1913: 63–68), vers le milieu du XVIIe s., les Ampatres occupaient donc la région située au sud d'Antanimora et comprise entre le Menarandra et le Manambovo. Le nord des deux provinces était occupé par d'autres populations, en l'occurrence les Masikoro.

Au début du XVIIIe s., la situation a déjà changé puisque Drury (1906) qui a séjourné dans le pays pendant une quinzaine d'années à partir de 1702, appelle "Anterndroea" (Antandroy) les habitants de la contrée, et indique incidemment dans son *Journal*, que l'Angavo fait partie du territoire des Antandroy, territoire limité à l'est et à l'ouest par le Mandrare et le Menarandra.

Plusieurs noms ont donc été utilisés aux XVIIe–XVIIIe s. pour désigner l'actuel Androy. Le mot "Ampatres" utilisé par Flacourt vient de *fatra* qui a donné *fatrambe*, c'est-à-dire pâturage. Il indiquerait d'abord une entité géographique, et par extension, les habitants de cette dernière. Le mot "Antandroy" désigne dans la conscience populaire, les habitants de l'Androy (ceux du pays du roy) et donc, évoque avant tout une entité géographique.

2. Un pays semi-aride ou même aride. L'Androy s'individualise par l'aridité de son climat qui le distingue des autres régions malgaches. Cette sécheresse s'explique d'abord par l'insuffisance des pluies qui est une conséquence de la situation du pays à l'écart des influences de l'alizé et de la mousson. Cette insuffisance des pluies est aggravées par leur irrégularité, due aux incursions des hautes pressions méridionales. Cette sécheresse s'explique ensuite par l'inégale répartition des pluies: il pleut beaucoup plus dans la partie nord de l'Androy (zone cristalline) que dans sa partie sud (zone sédimentaire). L'aridité s'explique enfin par l'insuffisance de l'humidité, due à l'intensité de l'évaporation, causée par des températures élevées et à la grande perméabilité des sols (sables, calcaires).

Mais il faut préciser que cette sécheresse ou cette aridité n'était pas aux XVIe–XVIIe s. aussi marquée qu'elle l'est aujourd'hui car Flacourt et Drury indiquaient que la contrée était alors boisée.

3. Une zone de refuge. Bien qu'il apparaisse comme un milieu peu favorable à l'homme, l'Androy semble avoir été une zone de refuge pour des groupes qui ont fui leurs contrées d'origine à la suite d'une domination qu'ils ne voulaient plus supporter. Ce rôle de refuge provient de l'isolement relatif de la région. D'abord, isolement par rapport au reste de Madagascar. De l'Androy on a pu dire parfois que c'est "une île dans l'île." Malgré la note d'exagération qu'elle contient, cette formule montre bien que l'Androy est un monde à part, mal relié aux régions voisines. Ensuite, isolement par rapport au reste de Madagascar. Ensuite, isolement relatif de chaque groupe humain à l'intérieur de l'Androy même. Les ronces et les buissons isolent les villages ou les groupes de villages les uns des autres. L'immensité des espaces`a la disposition des hommes accentue encore cet isolement des villages

Ainsi l'Androy, entité géographique, est un pays aride qui apparaît comme une zone de refuge. Cette personnalité de la région conditionne en grande partie la répartition de la population antandroy.

OCCUPATION DU SOL. L'Antandroy est éleveur, mais il est aussi cultivateur. Les villages se pressent dans les zones de culture. Mais ces dernières ne coincident pas avec les zones relativement humides ou moins sèches.

1. Facteurs de répartition de la population. L'Antandroy craint non pas tellement la soif, mais surtout la disette consécutive à une sécheresse exagérée ou à une récolte insuffisante. Or la récolte est fonction de la quantité d'eau et de la fertilité du sol.

Le nord, relativement pluvieux, est une région humide. De plus, des mares, pour la plupart permanentes en raison de l'imperméabilité du sous-sol, s'y rencontrent fréquemment. Or cette zone est celle des grands pâturages, et donc, très peu peuplée.

Par contre, le sud est relativement plus peuplé. C'est là, au sud de la route actuelle Ambovombe-Tsihombe, que les cultures prospèrent sur les sables laguno-lacustres (bassin d'Ambovombe) ou les sables décalcifiés méridionaux. Or cette zone sud est plus sèche que la zone nord. Sur les sables, la grande majorité des mares est temporaire; et sur les calcaires, il n'y a pas d'eau sauf dans quelques "*ranovato*"[1].

---

1. Ranovato: les cavités qui criblent les calcaires sont emplies d'argile sableuse. Pour les retrouver sous la terre qui les recouvre sous une épaisseur de 15 à 50 cm, les hommes enfoncent au hasard des batons ou des *"angady"* (bêche à longue manche). Quand ils tombent sur une cavité, ils décapent la dalle qui la recouvre, vident le trou de tout le sable qu'il contient, et se constituent ainsi un "ranovato" prêt à être utilisé, en attendant les pluies.

Ainsi il apparaît que l'eau est un facteur non prépondérant de répartition de la population, alors que la fertilité du sol, elle, est un facteur essentiel de cette répartition.

2. Les zones de peuplement. Les zones répulsives étaient celles qui ne permettaient pas le développement des cultures. Aussi voit-on une certaine concordance entre les zones fertiles et celles assez densément peuplées.

La zone des calcaires, au sud, est la plus peuplée de l'Androy: là se pressent les villages et se multiplient les champs. Cette zone des calcaires en partie décalcifiés est la plus riche de la région, mêmes si elle est la plus desséchée; en effet, les rares précipitations sont suffisantes pour permettre des récoltes assez importantes.

La deuxième zone de concentration humaine est formée par les vallées qui sont creusées dans les terrains sédimentaires et bordées de plaines alluviales permettant les cultures. Ainsi, c'est respectivement en aval de Beara, de Tsihombe et d'Ampotaka, que les vallées du Mandrare, du Manambovo et du Menarandra sont peuplées.

3. Les zones faiblement peuplées. La région faiblement peuplée, située au nord de la zone des calcaires, est d'une très grande extension. Elle peut se diviser en trois sous-ensembles caractérisés par une densité humaine qui diminue au fur et à mesure que l'on avance vers le nord pour devenir insignifiante dans la partie septentrionale. La zone des sables, même sa partie méridionale où se rencontrent des nappes souterraines, alimentant les habitants de la zone calcaire, et où se trouvent de gros villages qui ont donné naissance aux bourgs actuels (Ambovombe, Ambondro, Beloha), est moins peuplée que la zone des calcaires, car le sol y est moins fertile. Entre la ligne des bourgs et la latitude d'Antanimora, l'eau se rencontre de loin en loin sous forme de mares ou de *saka* (ruisseau qui conserve de l'eau dans le sable du thalweg), mais le sol est d'une déplorable aridité. C'est une région peu habitée et les petits villages sont très éloignés les uns des autres. Au nord de la latitude d'Antanimora, l'eau est assez abondante mais le sol n'est pas riche. La densité humaine y est insignifiante.

La deuxième région faiblement peuplée est située au sud de la zone des calcaires: c'est l'étroite frange littorale constituée essentiellement de dunes. L'absence de terrains de culture explique la faiblesse du nombre des habitants. Par ailleurs, la mer exerce peu d'attraction sur les Antandroy qui ne sont ni marins ni pêcheurs.

Ainsi plus que l'eau, c'est la fertilité des sols qui explique la répartition des habitants de l'Androy. Mais cette répartition est aussi le résultat d'une longue histoire d'immigrations successives, mettant en contact divers groupes humains qui constituent la population antandroy.

Formation de la population Antandroy. Les origines de la population antandroy ne sont pas connues, même si des recherches archéologiques récentes (Battistini, Vérin et Rason, 1963; Heurtebize et Vérin, 1974; Emphoux, 1978 et 1979) font remonter le peuplement de la région aux Xe–XIIe s. Des données fournies par les traditions orales et de rares sources écrites permettent, elles, d'esquisser l'histoire du peuplement de l'Androy du XVIe au XIXe s.

LE PROBLÈME DES ORIGINES. Constatant l'épais brouillard qui noie le passé de l'extrême-sud de Madagascar, Decary (1930: 93) écrit: "On ne sait à peu près rien des premiers habitants de l'Androy. Il est probable que, vers le XVe siècle, toute la partie sableuse et gneissique au Nord de la ligne Ambovombe-Tsihombe-Beloha, était inhabitée; au Sud, deux tribus vivaient sur la zone calcaire: les Karimbola, à l'Ouest du Manambovo, et les Mahandrovato, à l'Est du fleuve." Tout récemment au contraire, Vérin (1978: 74) affirme que "L'Extrême-Sud connaissait ... dès le XIe siècle, un temps d'occupation par des éleveurs de bovidés dont les ancêtres avaient chassé le ratite géant aepyornis ou du moins ramassé ses oeufs dont la contenance avoisine 8 litres." L'occupation humaine de l'intérieur de l'Androy apparaît alors contemporaine de l'extinction des grands subfossiles.

S'il semble acquis maintenant, grâce aux fouilles archéologiques, que l'Androy—aussi bien dans sa partie sud que dans sa partie nord—a été habité avant le XVe s., l'incertitude demeure quant à l'origine des premiers habitants. Heurtebize et Vérin (1974: 120) pensent "que le peuplement s'est étendu depuis la côte vers l'intérieur en remontant le fleuve (Manambovo)," mais on ne sait toujours rien sur l'histoire des ancêtres de ces proto-Antandroy.

Jusqu'au XVIe siècle, ces derniers—du moins ceux d'entre eux qui vivent au sud de la ligne Ambovombe-Tsihombe-Beloha—se répartissent en deux groupes: les Karimbola et les Mahandrovato. Les premiers, plus nombreux que les seconds, affirment qu'ils sont les *tompon-tany* (maîtres de la terre; premiers occupants) et prétendent qu'ils n'ont connu aucune migration dans leur histoire" (Decary 1930: 93). Cette assertion est difficilement acceptable pour deux raisons. D'abord, la côte karimbola, avec les baies de Lavanono, Faux-cap, etc., est relativement plus favorable à la navigation que la côte mahandrovato, et donc, a pu accueillir des navigateurs. Si des autochtones y vivaient, ils ne pouvaient pas éviter le métissage avec les nouveaux arrivants. Ensuite, la seule tradition que récitent encore les Karimbola à propos de leur origine mentionne un certain Karim—un naufragé—qui aurait épousé Ivola—une captive abandonnée non loin de la côte par ses ravisseurs. De cette union qui aurait donné naissance au groupe karimbola, on peut retenir la probabilité d'un métissage avec des étrangers venus d'au-delà des mers.

L'origine des "Mahandrovato" (litt. "qui cuit des pierres") est, elle aussi, entourée de mystère. Une tradition rapportée par Defoort (1913: 80) laisse entendre que les ancêtres des Mahandrovato sont des naufragés[2]. Quoi qu'il en soit, le nom rappelle les débuts difficiles du groupe (Decary, 1930: 93–94), moins nombreux que les Karimbola et qui, à partir du XVIIe s., est submergé par des vagues successives d'immigrants.

LES ZAFIMANARA ET LE PEUPLEMENT DE L'ANDROY. Le substrat du peuplement de l'Androy est donc constitué par les Karimbola et les Mahandrovato qui, de par leur origine, ont occupé surtout la partie sud de la région. A ce substrat sont venus s'ajouter des clans ou des tribus d'origines diverses. Mais un groupe, celui des Zafimanara, a joué un rôle important dans l'organisation des *tompon-tany* et des immigrants.

1. Installation de la domination zafimanara. L'apparition, dans l'Androy, des *roandriana* zafimanara date de la fin du XVe s. ou du début du XVIe s.[3] Descendants d'Indo-Arabes (Fagereng, 1971: 2) ou d'Indonésiens indianisés (Ottino, 1979: 4), ces Zafimanara s'installent d'abord à

---

2. La légende des Mahandrovato:
"Un jour un chef blanc fut jeté à la côte au sud d'Ambovombe et avec lui beaucoup d'autres blancs et des noirs. Effrayé de l'aridité du pays où il n'y avait alors ni "raketa," ni cultures, le chef blanc implora le secours de "Zanahary." Celui-ci lui conseilla de chauffer les pierres qu'il avait devant lui. Confiant dans la bonté de "Zanahary" le chef blanc s'exécuta tandis que la plupart des autres se moquèrent de lui. Il se trouva que les pierres furent bientôt comestibles: le blanc et ceux qui n'avaient point ri de lui en mangèrent tout leur saoûl. Quant aux autres, ils voulurent faire comme eux, mais leurs pierres restèrent dures et immangeables. Ils s'enfuirent criant à la malédiction et ne reparurent plus jamais, tandis qu'à l'emplacement même où l'homme de foi avait brûlé ses pierres, sortirent incontinent des "raketa" nombreuses. Elles suffirent à l'alimentation des premiers "mahandrovato" jusqu'à la maturité du mil et du maïs qu'ils avaient sauvés de leur naufrage et semés." (Defoort, 1913, p. 80).

3. Sur les origines des Zafimanara, voir:
 – Defoort (1913, 76-77)
 – Decary (1933, 1-3)

Anjampenorora (à l'est-sud-est d'Ambondro), au coeur même du pays mahandrovato. Ils intègrent facilement dans une nouvelle organisation sociale et politique les groupes humains installés là avant eux. Leur puissance s'étend alors du Mandrare au Manambovo. Ainsi la population que Flacourt appelle "Ampatres" au XVIIe s. n'est autre que celle composée essentiellement par les Mahandrovato comme groupe dominé, et les Zafimanara comme groupe dominant. Apparaissent alors ce qu'on a pu appeler les "royaumes zafimanara." Au milieu du XVIIe s., il y a donc d'un côté les "Ampatres" ou les "royaumes zafimanara," et de l'autre, les Karimbola, c'est-à-dire, deux ensembles politiques différents.

Mais dès la fin du XVII s. et au début du XVIIIe s., les Zafimanara commencent à s'immiscer dans les affaires karimbola. Cette immixion se fait par voie pacifique, par une alliance défensive contre les Mahafaly alliance consacrée par des unions entre les familles régnantes zafimanara et celles des chefs karimbola.

Ainsi les Zafimanara soumettent les Mahandrovato et contrôlent les Karimbola. Ils arrivent donc plus ou moins bien à se faire reconnaître maîtres de l'Androy. Mais ils trouvent que leurs sujets sont peu nombreux; aussi cherchent-ils à peupler leurs royaumes.

2. Les immigrations sous les Zafimanara. La volonté d'accroître leur puissance a poussé les Zafimanara à accueillir des hommes d'origines diverses. Aussi retiennent-ils chez eux, par la promesse d'une relative indépendance et par l'appât de bons terrains de culture ou de grands pâturages, les clans immigrés. Tout au long du XVIIIe s., on voit affluer dans l'Androy, divers groupes humains, en provenance de l'est comme de l'ouest, mais surtout du nord. La plupart de ces groupes, composés surtout d'éléments jeunes, ont quitté leurs régions d'origine, soit dans le cadre d'un vaste mouvement d'expansion, soit à la suite de guerres ou de dissensions internes. Les raisons de ces migrations aident, en partie à comprendre le comportement ultérieur de ces clans ou tribus.

Un premier ensemble important, constitutif de la population antandroy, est celui que l'on peut appeler l'"ensemble sakalava." En font partie les Sevohitse qui se disent Sakalava du Menabe et descendants des Maroseranana. Ils s'installent d'abord, dans la région d'Esira, puis, dans la deuxième moitié du XVIIe s. descendent vers les puots d'Ambovombe, et obtiennent du *roandriana* d'Amdovo l'autorisation de s'établir entre cette localité et les puits. Ils forment, au nord d'Ambovombe, un groupe très nombreux. Avec eux sont arrivés leurs esclaves, les Maroaloke, qu' ils affranchissent à la fin du XVIIIe s. afin de les soutenir lors de leur lutte contr les Mahandrovato qui, vaincus, ont été dispersś ou absorbés.

Les Antemaroaloke forment, eux aussi, un groupe important à l'est d'Ambovombe. Les Tsimanata, proches parents de jSevohitse, les Anjeka qui ont transité par le Fiheregna et le Mahafaly... sont venus grossir l'"ensemble sakalava."

L'"Ensemble bara" regroupe les immigrants qui viennent de la vallée de l'Itomampy ou de la région de Midongy du sud, et qui s'établissent, pour la plupart, dans la vallée du Mandrare. C'est ainsi qu'on rencontre au nord les Tsienimbalala, et dans la région d'Amboasary, les Zafindramalo et les Zafindravalo. Un autre groupe bara — les Mahatomotse — se trouve au nord-nord-ouest d'Ambondro.

D'autres courants d'immigration, apportant à l'Androy certains de ses habitants, se sont produits surtout dans le deuxième moitié du XVIIIe s. Ainsi par Ihosy arrivent vers 1750, les Esila, qui viendraient des Hautes Terres. Ils se sont établis au nord de la zone des puits, entre la latitude d'Antanimora et celle d'Ambovombe. De l'Anosy, quelques groupes d'hommes viennent demander asile aux *roandriana* zafimanara, et s'établissent au sud-ouest d'Ambovombe.

Ces différentes vagues cohérentes d'immigrants ne se sont pas toujours juxtaposées les unes aux autres. Parfois, elles se sont mélangées ou unies aux habitants déjà installés. On assiste alors à la création de nouveaux groupements qui occupent deux zones préférentielles: la région d'Ambondro où l'on rencontre les Tanalavondrove qui se réclament des Sakalava, des Karimbola et des Zafimanara, et la région de Tsimilofo — entre Beloha et Tranoroa — lieu de contacts paisibles ou violents entre Karimbola, Mahafaly, Bara, Zafimanara et immigrants. De leurs unions est né le groupement des Afondraosa (à Beloha) d'où dérivent les Afondralambo (au sud de Tranoroa, sur le bord du Menarandra), les Antemanatsa (sud-est de Tranoroa), les Milahea (à Tranoroa), les Afondrasiloke (est-sud-est de Beloha).

De ce qui précède, on peut tirer trois conclusions. D'abord, le peuplement de l'Androy est composite. Il provient de plusieurs vagues d'immigrants qui affluent de l'intérieur vers le littoral. Arrêtés par la mer et les habitants de la zone calcaire, ils se fixent dans les zones relativement les plus fertiles, ou dans les environs des puits, ou encore dans les régions propices à l'élevage, c'est-à-dire dans la partie nord de l'Androy. Ensuite, l'Androy mérite bien son qualificatif de "creuset humain" puisque c'est là que se sont rencontrés et se sont mélangés ceux qui seraient venus par la mer et ceux qui, de l'intérieur, sont descendus vers le littoral. Enfin, les différents mouvements de population ont entraîné un entassement humain dans le bas Manambovo où l'eau douce se trouve alliée à un sol assez fertile.

Mais pour des raisons multiples, des courants de migrations se produisent à l'intérieur de l'Androy, surtout à partir de la deuxième moitié du XVIIIe s., remaniant ainsi la répartition spatiale de la population antandroy.

3. Les migrations à l'intérieur de l'Androy. Certaines migrations sont consécutives à l'expansion mahafaly. En effet, vers le milieu du XVIIIe s., le roi mahafaly Tsimamandy soumet le région située à l'est du Menarandra. La plupart des Karimbola vaincus émigrent vers le nord et s'installent dans la zone comprise entre Tsimilofo au sud et Bekitro au nord; d'autres s'enfuient vers l'est en direction du Manambovo; d'autres enfin restent chez eux, en subissant les lois du vainqueur (Defoort, 1913: 44).

L'éclatement du groupement humain compact du bas Manambovo provoque, lui aussi, une nouvelle répartition de la population antandroy. Des raisons politiques et économiques expliquent cet éclatement. La zizanie dans le groupe des dominants—les Zafimanara—comme dans celui des sujets entraîne le départ de ceux qui se sentent lésés dans leurs intérêts. Souvent, les chefs qui, malgré leur lien de parenté, sont de perpétuels adversaires se disputent les sujets. Les migrations sont alors suscitées par les Zafimanara eux-mêmes qui y voient le moyen d'augmenter leur puissance militaire et par la même occasion de rabaisser celle du voisin. Les Zafimanara ont été donc incapables de former une société stable à partir des éléments d'origines diverses qui sont venus peupler l'Androy. Des causes économiques aggravent cette instabilité et poussent les divers groupes en direction du nord. En effet, l'accroissement de la population entraîne la segmentation des clans dont des lignages entiers sont attirés par le nord peu peuplé. Par ailleurs, les grands pâturages (*fatrambe*) septentrionaux exercent une réelle attraction sur les pasteurs antandroy. Ainsi, à la fin du XVIIIe et au début du XIXe s., les mouvements migratoires se font principalement dans le sens sud nord.

Les Afomarolahy (Heurtebize, 1979) représentent l'un de ces multiples groupes qui sont partis de l'embouchure de la Manambovo (relativement surpeuplée) pour remonter vers le nord, c'est-à-dire vers les terres libres. Le déplacement de ce groupe s'est produit très tôt puisque l'auteur situe le départ des ancêtres des Afomarolahy au début du XVIIIe s. Ils quittent leur village du bord de la mer, Faralambo, et n'atteignent Andrañanivo (30 km au sud d'Antanimora) qu'après diverses étapes. Puis, vers la fin du XIXe s., Andrañanivo devient à son tour un centre de dispersion, et les divers lignages partent plus au nord où ils sont actuellement implantés, à la recherche de terres libres.

L'étude du peuplement de l'Androy montre qu'un milieu naturel, au prime abord hostile à l'homme, peut ne pas être répulsif. L'Androy, mieux que toute autre région de Madagascar, démontre bien ce fait, puisqu'il a été un des "creusets humains" de l'île. Si la fertilité du sol a entraîné surtout les Antandroy à peupler la zone calcaire aux XVIe et XVIIe s., le manque de terres cultivables, la nécessité d'avoir de grands pâturages pour l'élevage des zébus ainsi que des raisons d'ordre politique ont obligé ces mêmes Antandroy à "coloniser" la partie nord de leur région.

L'étude de ce peuplement montre aussi que les Antandroy qui tirent leur spécificité de leur histoire et du milieu naturel dans lequel ils vivent, proviennent d'une série de métissages ou de mélanges pluri-séculaires. Est-il encore besoin de préciser la profonde unité du sud qui a contribué au peuplement de l'Androy, et par-delà ce sud, l'unité de la culture malgache?

Bibliographie

Battistini, R., Vérin, P. et Rason, R.
   1963   "Le site archéologique de Talaky." In: *Annales malgaches. Faculté des Lettres et Sciences Humaines.* Tananarive, I, pp. 111–127.

Decary, R.
   1930   et 1933. *L'Androy (Extrême-sud de Madagascar). Essai de monographie régionale.* Paris, Société d'Editions Géographiques, Maritimes et Coloniales. Tomes I (224 p.) et II (268 p.).

Defoort
   1913   *L'Androy. Essai de monographie*, Tananarive, Imprimerie officielle, 134 p.

Drury, R.
   1906   *Madagascar ou le Journal de Robert Drury pendant ses quinze ans de captivité.* C.O.A.C.M., tome IV, Paris, Union Coloniale.

Emphoux, J.P.
   1978   "Note sur une culture ancienne du XIIe siècle en pays antandroy." Communication faite à L'Académie Malgache, le 21 décembre 1978. 6 p.
   1979   "Deux sites importants: Andranosoa et le Manda de Ramananga." Communication au Colloque International d'Histoire Malgache (9–15 avril 1979 à Tuléar). 9 p.

Fagereng, E.
   1971   *Une famille de dynasties malgaches.* Oslo-Bergen-Tromso, Universitetsforlaget, 104 p.

Flacourt, É.de
   1913   *Histoire de la grande île de Madagascar.* C.O.A.C.M., tome VIII, Paris, Union Coloniale. LXXIII + 306 p.

Heurtebize, G., et Vérin, P.
   1974   "Premières découvertes sur l'ancienne culture de l'intérieur de l'Androy (Madagascar). Archéologie de la vallée du Lambomaty sur la haute Manambovo."

In: *Journal de la Société des Africanistes* XLIV, 2, 1974, pp. 113–121.

Heurtebize, G.
1979 "Les progressions démographique et spatiale chez les Antandroy vues à travers le clan des Afomarolahy." Communication présentée au "Colloque International d'Histoire Malgache." 9–15 avril 1979, Tuléar/Madagascar, 7 p.

Ottino, P.
1979 "Mythe et histoire: les Andriambahoaka malgaches et l'héritage indonésien." Inédit, 43 p.

Vérin, P.
1978 "Migrations et contacts entre Madagascar et l'outre-mer jusqu'au XVIIIe siècle." In: *Annuaire des Pays de l'océan Indien,* vol. III, 1976, Presses Universitaires d'Aix-Marseille, avril 1978, pp. 73–82.

6

A propos des Mikea

FULGENCE FANONY

Poursuivant des recherches sur les organisations sociales et politiques anciennes à Madagascar, il nous a paru intéressant, après notre expérience sur la côte orientale, d'étendre notre champ d'investigation au Sud-Ouest malgache afin d'aboutir à une compréhension générale et différentielle de ces organisations.

En effet, à la différence de la Côte orientale (Fanony, 1975), le pays masikoro au sens large offre un exemple de régions où, à côté des systèmes monarchiques (Lavondès, 1967), ont co-existé, ou subsistent des systèmes différents: celui des Vezo, nomades marins et celui des Mikea, nomades forestiers, groupe qui donne son nom à la forêt sèche séparant la côte Vezo des plaines masikoro de Befandriana, Antanimieva et Ankililoaka (Manombo Antety). En tant que groupe prétendu "primitif," les Mikea donnent lieu à des descriptions plus ou moins fantaisistes ou légendaires: nains de la forêt ou au contraire géants, êtres à demi-surnaturels, ou au contraire incapables, inadaptés sociaux, fuyant la société et ses contraintes.

Ces interprétations ne sont pas seulement le fait d'étrangers à la région. Pour les Masikoro eux-mêmes comme le montre bien Lavondès, le genre de vie Mikea représente une tentation constante, celle du retour du mode de vie "civilisé" des agriculteurs-éleveurs au mode de vie "sauvage" des chasseurs-cueilleurs de la forêt. A cela se rattache chez les Masikoro la notion de *ebo* "paresseux" qui n'est pas capable de se donner le mal de cultiver la terre. Ainsi le devin guérisseur Mahakirinjo de Bekoropoka: "exposant le système des vinta (destin) déclare à propos de destin d'Alahasady que 'ceux qui sont nés sous ce destin le jeudi n'aiment pas cultiver; ils n'aiment que les menus travaux: pêcher, chercher du miel, chercher des racines.'" Entre autres remèdes destinés à conjurer ce destin, des raclures de *Kipao* sorte de pelle en bois utilisée par le Mikea pour déterrer les racines comestibles, servent à faire des taches sur le front de l'enfant à protéger."[1]

Pour d'autres régions de Madagascar, l'existence de populations retirées dont le genre de vie n'est ni pastoral, ni agricole est bien attestée[2]; rappelons par exemple brièvement que Flacourt et plus récemment R. Linton parlent eux aussi de "primitif" sur la côte Est.[3]

Pour le Menabe, Jacques Lombard, (1973) a déjà esquissé, à partir de la tradition orale sakalava, l'histoire de l'intégration et de l'organisation politique des groupes forestiers par la monarchie sakalava. Notre propos est, pour le pays masikoro, d'étudier les différents groupes, prédominants et résiduels tels qu'ils sont actuellement établis et les rapports qu'ils entretiennent.

L'étude des populations qui conservent le genre de vie des prédateurs marins est très intéressante. En effet, il existe un parallélisme entre mode de vie et rapports au milieu chez les Vezo restés nomades de la région entre Fiherenamasay et Morombe (Koechlin, 1975) et celui des Mikea de la forêt qui constitue l'arrière pays de cette côte. Cette disposition n'est pas sans rappeler la configuration de la population du pays moken.[4]

Objectivement, les rares missions entreprises depuis notre arrivée à Tuléar en 1975 ne nous permettent pas actuellement de faire une analyse exhaustive; d'autre part nos recherches n'ont porté que sur la partie méridionale de la forêt sèche des Mikea, dans la proche région d'Ankililoaka et dans celle de Basibasy et de Vorehe. Nos deux premières missions dans la région d'Ankililoaka n'ont pas été entièrement concluantes dans la mesure où nous n'avions rencontré que des Mikea "masikorisés" sur lesquels nous reviendrons plus tard. Ces missions nous ont simplement permis de confirmer l'existence de groupes pratiquant encore aujourd'hui exclusivement la chasse et la cueillette et de poser des jalons pour la suivante qui nous ont mené chez les "véritables" Mikea.

1. H. Lavondès, *Bekoropka, quelques aspects de la vie familiale et sociale d'un village malgache*, Mouton, Paris, 1967, 190 p., notam. p. 20, note 4.

2. L. Molet, "Aperçu sur un groupe Nomade de la forêt épineuse des Mikea," *Bulletin de l'Académie Malgache,* 1958.

3. Flacourt, cité et corrigé par A. et G. Grandidier et R. Linton, tous mentionnés par H. Lavondès, op. cit., p. 20.

4. Moken ou Selung de l'archipel Mergui partagé entre la Thaïlande et la Birmanie. Des nomades marins passant une partie de l'année sur la côte (Tèrrasserim) et une partie dans les îles à l'Ouest entretiennent des relations avec les nomades forestiers prédateurs de l'intérieur de la presqu'île de Malacca.

Le milieu naturel. Les études régionales tant climatologiques que géomorphologiques, pédologiques, biographiques, etc., sont assez nombreuses; nous nous contenterons toutefois des données relativement précises qui sont rassemblées dans "l'Atlas de la région de Befandriana -Sud-Manombo" de G. Dandoy.[5] En outre, si cette présentation physique nous semble nécessaire, nous la subordonnons à l'ensemble de l'étude humaine qui va suivre.

La forêt sèche des Mikea est située dans une plaine côtière qui se termine à l'Est par le couloir Befandriana - Manombo dont une partie est alluvionnaire; elle est recouverte essentiellement par des terrains sableux néogènes souvent assez épais (plus de 100 mètres ?). Cet ensemble donne des sols classés, sans doute de façon trop catégorique, sous le vocable de sables roux qui, selon beaucoup de chercheurs de l'I.R.A.M.,[6] seraient moins infertiles qu'on le dit; mais ce sont surtout les conditions climatologiques et hydrologiques, ces dernières étant liées cependant à la nature des terrains, qui font de cette région un pays hostile à l'homme. Les précipitations sont partout inférieures à 700 mm et très mal réparties durant l'année: de 85 à 90 pourcent pendant la saison chaude, de Décembre à Mars inclus, c'est-à-dire là ou les très fortes températures (moyenne sup. à 25°) entraînent une évapotranspiration très élevée; ajoutons à ceci, l'extrême variabilité des précipitations d'une année sur l'autre. Toutefois, en raison de la proximité de la mer, on devrait tenir compte des précipitations invisibles (occultes) dues à un fort degré hygrométrique; mais sont-elles encore importantes à 15–20 kilomètres du rivage? Nous sommes incapables de le prouver quoique le doute émis nous paraisse sérieux. Ce qui est certain et capital pour la densité de la vie humaine,[7] c'est la quasi-absence de vallées à écoulement même temporaire ("Sakasaka"), ce qui supposerait en période sèche, la possibilité d'avoir recours à l'inféroflux. La nappe souterraine, par ailleurs, dont l'existence a été prouvée par les travaux de Ch. A. Domergue,[8] ne peut pas être atteinte autrement que par des réalisations coûteuses à fort capital technique. Les lacs du nord, dont celui très vaste d'Ihotry, ont des eaux saumâtres.

5. Publication ORSTOM, Paris, 1972, "Contribution à l'étude géographique de l'Ouest malgache," pp. 81 à 162.
6. Institut de Recherches Agronomiques de Madagascar.
7. Dans le district d'Ankazoabo, d'après une enquête de l'INSRE de recensement démographique (Tananarive, 1969): "78% des villages (. . .) sont situés sur une plaine ou dans une vallée en particulier le long ou à proximité des cours d'eau" (p. 9).
8. "Rapport sur la zone masikoro." Ministère des Mines et de l'Industrie, Tananarive, 1965, 30 p. mult.

Naturellement, la végétation est de type bush, fortement xérophile, dont les espèces dominantes sont les didiéracées et les euphorbiacées, sans oublier cependant les arbres hérités de forêts denses sèches antérieures comme le tamarinier et les graminées (hétéropogon) qui résultent d'une dégradation de la végétation primaire.

En définitive, les conditions naturelles sont assez défavorables à l'homme; cette constatation prend encore plus de valeur quand on essaye de soutenir la comparaison entre ce pays forestier et les régions voisines. Au Nord, le fleuve Mangoky et sa large vallée, à l'Est, les dépressions de Befandriana, d'Antanimieva, d'Ankililoaka au pied de la montagne de Mikoboka, au Sud, la vallée de la Manombo et même à l'Ouest, la côte avec ses résurgences, tout cet ensemble donc constitue des terres assez accueillantes et variées; par ailleurs, la pression démographique n'est pas très élevée même si, aujourd'hui, en raison des courants migratoires, elle devient un peu plus forte.[9]

Un mode de vie traditionnel. La vie des Mikea se caractérise surtout par la pratique de la cueillette et de la chasse. Les fruits de la cueillette constituant leur alimentation de base sont en grande partie les racines de la liane *babo* (Discorea bemandry, Grandidier), le tavolo ou l'antaly et d'autres espèces d'igname: *sosa, ovy ala,* etc. Le *babo*, à cause de son caractère aquifère, est le plus recherché; cette racine qui peut atteindre entre cinq et dix centimètres de diamètre est gorgée d'une eau légèrement visqueuse, sans saveur et cependant agréable à "boire". Le *babo* est surtout consommé pendant la saison sèche où l'on ne peut pas récupérer dans des trous d'arbre l'eau d'origine météorologique. On peut l'extraire soit en mâchant cru ou cuit le tubercule, soit en le râpant dans la marmite pour faire cuire d'autres tubercules, grâce à l'humidité ainsi dégagée.

Les fruits sont apparemment d'un apport minime dans l'alimentation des Mikea. Complétant cette alimentation, la cueillette du miel sauvage est en outre une des activités des Mikea, car en plus de l'alimentation, il est aussi l'élément de troc par excellence que l'on échange contre le tabac à chiquer, le poisson séché, les instruments indispensables à la chasse comme sagaie, petite hachette (*famaky*),

---

9. Nous avons utilisé très largement l'excellente enquête de Monsieur Jean Michel Hoerner, réalisée en Juin 1974 dans "Omaly sy Anio." *Revue du Département d'Histoire de Tananarive,* Nos 3 et 4, 1976.

antsoro.[10] Grâce à la chasse aux animaux sauvages tels que les insectivores *tandrake* (Centetes ecandatus), *tambotriky,* plus petit appartenant au genre *Echinops,* et le gallinacé pintade (*ankanga*), les Mikea se nourrissent également de viande plus régulièrement peut-être que les habitants agriculteurs des villages voisins. Il s'adonnent de temps à autres à la chasse aux sangliers, le plus gros gibier de la forêt malgache, mais cette activité reste exceptionnelle, car elle nécessite plus d'organisation, puisqu'elle est pratiquée soit avec une meute de chiens soit en tendant des pièges.

L'habitat est constitué de maisons construites grossièrement en écorces de bois *ja* et de bois *sary kily* ou en herbe sèche (*ahidambo*) selon que le campement se trouve en pleine forêt ou en savane arbustive. Il existe deux sortes de case, celle en forme de hutte dont les deux pans du toit touchent le sol, sans murs latéraux, mais avec des parois aux deux extrémités et celle qui reproduit la forme de la maison traditionnelle malgache rectangulaire avec quatre murs et un toit à deux pans, (mais dans le cas des Mikea la construction est fort sommaire). A l'intérieur de ces cases, il n'y a pas de nattes en général, un élément essentiel du mobilier des maisons masikoro et vezo sur lesquelles on s'assied et on mange. On pose les divers objets directement sur le sable. Dans certaines maisons on trouve le "lit" de construction traditionnelle devenu aujourd'hui assez rare chez les agriculteurs et pêcheurs de la région: c'est une sorte de plateau constitué de petites branches liées ensemble et soutenu à environ vingt cinq centimètres du sol par des piquets. On y dort et on y dépose aussi des objets divers.

Ce mode de vie traditionnel n'est pas exclusivement pratiqué par les Mikea. Il est sans doute une image archaïque du mode de vie et des objets et techniques des autres ethnies de la région. Encore aujourd'hui les jeunes gens ou les hommes qui gardent les boeufs loin du village chez les Masikoro (*miaraky aomby*) vivent de la même façon. On peut simplement dire que chez les Mikea c'est un mode de vie permanent, tandis que chez les bergers masikoro il n'est plus aujourd'hui que passager.

Ceci nous amène à constater que la forêt du Sud-Ouest, cependant sèche, peut procurer une subsistence suffisante à ceux qui y habitent. C'est d'ailleurs ce que les Mikea expliquent à ceux qui les interrogent et

---

10. Antsoro: bêche, mais chez les Mikea elle a une forme très réduite: petite lame souvent emmanchée au même manche que le fer de la sagaie. C'est aussi l'outil des pasteurs.

semblent s'indigner de leur mode de vie "sauvage"; devant la pression sociale qui s'exerce sur eux pour les amener à sortir de la forêt, ils se justifient en disant que c'est "pour avoir à manger" qu'ils vivent en forêt. Et au moment de la "soudure" des paysans masikoro des villages voisins, eux mêmes viennent chercher dans les techniques mikea un complément de nourriture.[11] Ainsi nous pouvons conclure que Mikea et Masikoro appartiennent bien à une même culture. On ne peut donc prétendre que ces Mikea soient issus d'une race particulière, à part, ils sont plutôt un groupe[12] préférant vivre, à l'intérieur de forêt, de la chasse et de la cueillette.

Les Mikea vus de l'extérieur. Les agriculteurs masikoro ou les pêcheurs vezo de la région ont une idée bien arrêtée sur ce que sont les Mikea. En effet, leur vision rejoint celle des gens de l'extérieur, n'ayant des Mikea qu'une image stéréotypée: les mikea sont sauvages, sales, possèdent des remèdes puissants puisés dans la nature forestière. Cette puissance magique est liée à leur appartenance à la forêt comme cela se rencontre chez les Pygmées d'Afrique Centrale (par exemple les Pygmées de la forêt de l'Ituri étudiés par C. Turnbull dans son *Forest People*) à la fois méprisés et redoutés pour leur connaissance de la forêt, de ses dangers et de ses remèdes par les Bantous agriculteurs, leurs voisins. D'ailleurs, les Mikea, gens de la forêt acceptent en partie l'idée que les gens de la brousse ont d'eux, c'est-à-dire que la vie dans la forêt n'est pas une vie normale: "Teña mikea, ka atao akory!," (Nous sommes des Mikea, qu'y pouvons-nous?), nous disait un Mikea d'Añantake. L'idée que les Mikea sont les spécialistes de la forêt se traduit dans le proverbe: "Vezo rendreke, Mikea traboke, handrake olo tsy ho ato," c'est-à-dire, si un Vezo peut se noyer, un Mikea se perdre, sous entendu dans la forêt.[13]

D'après les agriculteurs, si on rencontre des Mikea à l'improviste, ils ne répondront pas à un simple appel, il faut d'abord que ceux d'entre eux qui ont entendu ou vu arriver des visiteurs, s'ils ne sont pas épouvantés ou apeurés, se manifestent pour s'enquérir de l'objet de la visite. S'ils le jugent opportun, ils hèlent alors les autres Mikea dispersés ou dissimulés dans les environs par un cri aigu bien caractéristique

---

11. Le genre de vie Mikea est une tentation permanente pour les gens de la région. Cf. H. Lavondès, *Bekoropoka*, p. 20, note 4.
12. Un groupe présentant une situation limite: les agriculteurs de la région sont en réalité pour partie agriculteurs et pour partie chasseurs-cueilleurs. Le Mikea est celui qui vit uniquement (ou presque) de la chasse et de la cueillette dans la forêt.
13. Hoerner, J.M., op. cit., p. 277.

"Mikoiky." Cette technique vocale est ressentie comme très particulière aux Mikea, le mot même de *mikoiky* évoque plus un cri d'oiseau qu'un appel humain. Parmi les stéréotypes des gens de l'extérieur de la forêt sur les Mikea figure d'ailleurs l'affirmation peu croyable que les Mikea ne répondent pas à celui qui les appelle poliment mais seulement à ceux qui les insultent. A la limite le Mikea est aussi perçu comme un être non-humain.[14]

L'idéologie des Mikea ne peut évidemment accepter totalement les stéréotypes des populations voisines. Mais elle reprend néanmoins à son compte la notion d'homme sauvage, homme de la forêt, etc. Les Mikea croient qu'il existe encore des hommes plus sauvages qu'eux. Ils les appellent "Hako." Les Hako sont censés être des hommes très petits, ayant la taille d'un enfant de dix ans et ne sachant pas parler, s'exprimant uniquement par des gestes et vivant encore plus loin que les Mikea dans des grottes au coeur de la forêt. Ainsi les Mikea éprouvent le besoin de se définir par rapport à des êtres plus sauvages qu'eux. Chacune des affirmations sur les Hako est l'exagération de ce que les agriculteurs masikoro prétendent être caractéristique des Mikea.

La sédentarisation des Mikea semble s'accentuer depuis une dizaine d'années, phénomène qui, cependant, n'est pas nouveau, car des groupes de Mikea se sont déjà sédentarisés depuis l'époque des royaumes sakalava jusqu'à nos jours. Actuellement, des groupes sont encore engagés dans ce processus de sédentarisation. C'est le cas du groupe des Mikea d'Anala-Abo, cité par Hoerner et le groupe d'Anantake que nous avons rencontré. Ce groupe est en contact suivi avec un notable villageois, Malgache d'origine étrangère à la région qui semble avoir pris à coeur la cause de la sédentarisation des Mikea. Par le biais des échanges, il est arrivé à modifier petit á petit le mode de subsistence des Mikea en les incitant à cultiver du maïs d'abord et ensuite à élever des zébus (au nombre de sept en 1976 et une dizaine en Avril 1979).

Usant de patience et de persévérance, il est même arrivé en 1978 à convaincre ces Mikea de venir habiter avec lui dans le village de Vorehe où demeure une partie du même lignage, déjà précédemment sédentarisé et converti au mode de vie agriculteur. Une dizaine d'entre eux a donc fait l'expérience d'y vivre quelque temps seulement puisqu'ils sont retournés ensuite dans la forêt.

---

14. L'étymologie populaire rapporte d'ailleurs le terme de Mikea au verbe signifiant "appeler, héler" = *Mikaiky*, à l'imperatif *Mikeha* "appelle", une étymologie du même ordre que celle du nom des Vezo, rattaché au verbe *mivoy* "ramer, pagayer" qui fournit un impératif *Vezo* "rame."

La justification de ce retour à la forêt se situe sur deux plans, l'un économique, l'autre social. Les Mikea avaient planté du maïs sur des terres du village de Vorehe, mais de par la sécheresse ce fut un échec total qui découragea ces nouveaux venus agriculteurs novices. Sur le plan social, leur acceptation n'était pas unanime par tous les sédentaires du village qui ont besoin de se défendre contre la "mikéitude," parce que cela leur rappelle sans doute qu'eux-mêmes n'ont quitté ce mode de vie qu'assez récemment. Certains les traitent de *Hako* "sauvages" prenant à leur égard une attitude de supériorité et les traitant un peu comme leurs obligés. C'est ainsi que, furieux, ils sont retournés vivre leur vie de liberté dans la forêt.

Il s'agit cependant d'un échec provisoire. De retour dans la forêt, leur façon de vivre n'est plus tout à fait la même, leur sédentarisation s'est accentuée: ils se sont regroupés en un seul campement au lieu de deux précédemment. Désormais, ils commencent l'élevage de quelques volailles domestiques, grâce au conseil du notable déjà cité. Nous avons remarqué la présence d'ustensiles de cuisine, presque inconnus auparavant: des marmites, des assiettes en tôle émaillée et quelques cuillers en aluminium. En peu de temps, ces Mikea ont donc franchi tout un stade d'évolution, passant de la vie de pur chasseur-cueilleur, nomade à celle de semi-sédentaire. Ils sont passés à la vaisselle "moderne" en tôle sans même connaître le stade intermédiaire des ustensiles de cuisine en poterie traditionnelle chez les sédentaires de la région et semblent cependant bien s'y adapter.

Il ne faut pas perdre de vue que s'ils ne sont pas restés au village, c'est aussi pour la simple raison qu'ils trouvent plus facilement de quoi se nourrir dans la forêt qu'au village. En effet, pour un petit groupe disposant d'un territoire assez vaste, l'économie de chasse et cueillette n'est pas nécessairement moins "rentable" que celle apparemment plus évoluée des agriculteurs.[15]

En guise de conclusion. Au terme d'une analyse très succincte, il nous faut dégager une conclusion qui n'a pas l'ambition d'être définitive.

Le groupe Mikea représente un mode de vie et un ethnie, de la même manière que les Vezo et les Masikoro. Le nom de *Vezo* définit à la fois une ethnie et un mode de vie, caractérisé par la pratique de la pêche. Quant au nom de *Masikoro*, il évoque également à la fois une ethnie et un mode de vie, celui qui est caractérisé par l'agriculture.

---

15. Cf. Marshall Sahlins, "La première société d'abondance," *Les temps modernes*, 263, pp. 641 à 680.

Le terme de *Mikea* définit de la même manière le mode de vie de tous ceux qui habitent en permanence la forêt, vivant uniquement de la chasse et de la cueillette. Cette définition les oppose ainsi aux sédentaires masikoro qui eux pratiquent l'agriculture ou l'élevage. Mais Mikea est également le nom ethnique du groupe pratiquant ce mode de vie et qui est sans doute un des groupes les plus anciennement installés dans la région. A ce titre, les Mikea qui ont cessé de pratiquer le mode de vie traditionnel peuvent encore revendiquer le terme comme leur nom d'ethnie, comme le font par exemple les habitants de la région de Basibasy. C'est aussi en troisième lieu un nom de groupe de descendance du style clan constitué dans le cadre des anciennes monarchies pour intégrer les Mikea aux hiérarchies royales. Donc du point de vue de l'ancienne monarchie sakalava nous avons affaire à un clan, du même type que les autres groupes engagés dans des relations hiérarchiques avec les familles royales. C'est sans doute en ce sens qu'il faut comprendre les références de J. Ruud sur des "rois mikea" comme par exemple, Ndramahatàntàny à Basibasy[16] et les affirmations tranchées de J. Lombard pour qui les Mikea sont *seulement* un clan qui a quitté depuis longtemps le mode de vie de chasse et de cueillette; c'est sans doute vrai dans le centre du pays sakalava où l'intégration a été plus complète.

On sait d'ailleurs que cette configuration sociale, associant des nomades ou semi-nomades marins et des semi-nomades forestiers, tous les deux plus ou moins indépendants des anciennes organisations monarchiques et des agriculteurs chez lesquels s'est développé l'Etat, se retrouve en Asie du Sud-Est dans l'Archipel Mergui et la côte de Terrasserim. Les nomades marins y sont représentés par les pêcheurs qui ont avec les nomades forestiers prédateurs de l'intérieur de la presqu'île de Malacca des relations épisodiques comparables à celles qu'entretiennent les Vezo au style de vie le plus traditionnel avec les Mikea.[17]

Bibliographie

Hoerner, Jean Michel
    1976   "Etude sur les populations Mikea du Sud-Ouest de Madagascar, in Omaly sy Anio (Hier et Aujourd'hui)," *Revue d'Etudes Historique du Département d'Histoire*, Université de Madagascar, Nos 3 et 4.

Koechlin, B.
    1975   *Les Vezo du Sud-Ouest de Madagascar*, Paris, Mouton.

16. Ruud (J.), op,cit., p. 175.
17. Cf. B. Koechlin, *Les Vezo du Sud-Ouest de Madagascar*, Paris, Mouton, 1975.

Lavondès, Henri
    1967   *Bekoropoka, quelques aspects de la vie familiale et sociale d'un village malgache*, Paris, Mouton, 190 p.

Lombard, Jacques
    1973   *La Royauté Sakalava, Essai d'analyse d'un système politique*, Tananarive, ORSTOM.

Molet, L.
    1900   "Aperçu sur un groupe, nomade de la forêt épineuse des Mikea," *Bulletin de l'Académie Malgache*, tome XXXVI, Tananarive, Imprimerie Officielle, pp. 241 à 243.

Ottino, Paul
    1974   *Madagascar, les Comores et le Sud-Ouest de l'Océan Indien*, Tananarive, Université de Madagascar.

Ruud, Jörgen
    1970   *Taboo, a study of Malagasy Customs and Beliefs*. Tananarive, Trano Printy Loterana, (First edition, Oslo, 1960).

Sahlins, Marshall
    n.d.   "La Première Société d'Abondance," *Les Temps modernes* 263, pp. 641 à 680.

Verguin, J.
    1958   "Les échanges," *Population et Economie paysanne du Bas-Mangoky*, Paris, ORSTOM.

7

Le temps et l'espace dans l'idéologie politique de la Royauté Sakalava-menabe

JACQUES LOMBARD

Le texte qui suit doit être considéré comme un document de travail proposant des hypothèses générales sur l'idéologie politique de la royauté Sakalava-menabe.

En effet, nous nous sommes limités à la présentation d'une matrice ou d'un modèle d'interprétation de façon à ouvrir la discussion sur cette question qui nous semble importante et qui concerne d'emblée les représentations du temps et de l'espace.

Avant d'aborder notre sujet rappelons quelques éléments essentiels pour définir la Royauté Sakalava:
— les royaumes sakalaves qui se constituent au début du XVIIe siècle ne sont pas le produit d'une évolution interne des formations économiques et sociales précédentes. Ces royaumes sont le produit d'une conquête menée par des éléments extérieurs qui vont réorganiser les données sociales et géographiques de la côte Ouest malgache.
— les institutions politiques et sociales de la royauté représentent une idéologie spécifique (*Volamena*) à laquelle vont définitivement souscrire l'ensemble des groupes présents sur le territoire, d'abord transformés, ensuite absorbés dans le jeu des nouvelles institutions.
— le développement historique et géographique des royaumes sakalava (XVI–XIXe siècle) accompagné par l'ouverture de relations avec l'extérieur (Océan Indien) va provoquer un développement important des forces productives fondé sur:
  – La pacification du territoire,
  – L'élevage extensif,
  – Le commerce de traite,

– L'ouverture de relations commerciales par le biais des échanges cérémoniels.

Enfin, étant donné le caractère de ce document, nous n'avons pas jugé utile de proposer une bibliographie. Nous renvoyons donc le lecteur aux quatres auteurs suivants: J.F. Baré, Henri Lavondès, Paul Ottino et J.F. Rabedimy.

La Royauté Sakalava.

I.1. L'idéologie politique et religieuse des *ampagnito-vola* ("qui tranche par la parole mais aussi par le fer . . . "). Le royaume Sakalava-Menabe dans l'Ouest de Madagascar[1] s'est forgé au travers des liens tissés entre la dynastie maroseragna et les différents groupes *tompon-tany* (maîtres de la terre). Nous ne savons pratiquement rien sur l'organisation sociale et politique des anciens occupants du territoire (*tompon-tany*) sinon que certains ont disparu et que d'autres se sont peu à peu transformés en groupes claniques dans le cadre des nouvelles structures politiques institutionnalisées par la royauté.

Le roi va s'affirmer comme le seul *tompon-tany*, le seul maître de la terre, du territoire découpé par les "frontières" du royaume; son pouvoir, sur les groupes qui composaient le royaume n'était pas le produit d'une situation économique dominante mais de la mise en place d'un système politique qui lui assurait la première place.

La royauté, s'affirmant de plus en plus par l'extension concrète de son territoire, s'est trouvé contrainte de reconstruire le passé puisqu'elle entrait en concurrence avec les "formations idéologiques"[2] des groupes *tompon-tany* avec lesquels elle se trouvait confrontée. Il n'y avait pas de partage possible entre le nouveau pouvoir et les anciennes idéologies qui s'organisaient chacune dans des systèmes exclusifs l'un de l'autre. En effet, les communautés *tompon-tany* et la royauté, se référaient, les uns comme les autres à l'histoire de la Création du Monde pour légitimer leur pouvoir. A l'époque de la constitution du royaume (deuxième moitié du XVIe siècle), les communautés *tompon-tany* détenaient privilège du dialogue avec les ancêtres conçus comme les fondateurs de la terre qu'ils occupaient.

Le groupe dynastique, venu de l'extérieur, était porteur d'un système idéologique, d'un système de connaissance beaucoup plus achevé que les systèmes locaux au sens où il était issu d'une société qui avait atteint

---

1. Du XVIe au XIXe siècle.
2. Nous entendons par "formation idéologiques," l'ensemble des représentations propres aux communautés *tompon-tany*.

un plus haut niveau de développement des forces productives. Ainsi, au fur et à mesure de la progression géographique de la dynastie, les communautés locales dominées par les armes ou intégrées par le jeu des échanges matrimoniaux seront "pensées" dans le cadre d'un autre système de référence idéologique; loin d'être niées pour ce qu'elles sont et en particulier au niveau de leur pratique religieuse et sociale, ces mêmes communautés verront leurs propres "croyances" intégrées dans un ensemble plus large et sur lequel elles auront perdu tout contrôle.

La naissance de l'idéologie des *ampagnito-vola* se situe au point de rencontre entre, le système idéologique des islamisés de la Côte Est définitivement coupés de leur société d'origine, d'une part, et, le contexte historique et politique de la conquête, défini en particulier par l'ouverture progressive des relations commerciales avec les puissances occidentales dans l'Océan Indien, d'autre part.

L'idéologie des *ampagnito-vola* n'est pas une idéologie importée, elle s'est forgée au fur et à mesure de la constitution des Andriambolamena (Seigneurs de l'or). Pendant plus d'un siècle (XV–XVIe siècle), des islamisés originaires de la côte Est vont migrer vers l'Ouest et donner naissance au groupe des Andriambolamena dont sont issues les grandes dynasties de l'Ouest malgache et, en particulier, la dynastie maroseragna. La dynastie maroseragna, on vient de le voir, est à l'origine de la constitution du royaume du Menabe au Nord du fleuve Mangoky.

I.2. Le culte des ancêtres-rois et le territoire politique de la royauté. L'institution du culte des reliques royales (*dady*) remonte à Ndremisara, le frère du roi Ndremandresy.[3] Le nouveau pouvoir, ainsi que nous venons de le voir, s'attribue pour son propre compte les pratiques politiques et religieuses des communautés que, par ailleurs, il rayait de l'histoire du pays. Dorénavant, on rendra le culte aux reliques des rois avant de rendre le culte aux reliques de ses propres ancêtres. Les ancêtres du roi deviennent premiers par rapport aux ancêtres des anciens occupants du pays.

Désormais, la référence à l'ancêtre le plus éloigné est bornée à l'histoire de la constitution du royaume, du nouveau territoire. *Tout ce qui précède l'histoire du royaume devient l'histoire de la dynastie fondatrice du royaume.*

On distinguera donc deux moments essentiels: le "temps" des *ampagnito-vola* d'une part et le "temps" du royaume d'autre part. Le

---

3. *1ère moitié du XVIIe siècle;* 2ème souverain historique de la dynastie maroseragna du menabe.

temps des *ampagnito-vola* est un *temps idéologique* c'est à dire celui de la reconstitution mythique du passé qui assure la légitimité du pouvoir royal dans le présent. Le temps du royaume est un *temps historique* qui voit la réalisation de l'hégémonie sakalava: développement du territoire associé au développement de l'élevage extensif et monopole des échanges avec l'extérieur (esclaves, boeufs, armes à feu . . .).

Le roi "possède tout mais rien ne lui appartient," comme il est dit dans le mythe d'origine.[4] Le roi possède tout parce qu'il est à l'origine du territoire qui correspond à un nouveau découpage politique, social et économique de la côte Ouest de Madagascar. Le pouvoir des *ampagnito* ne s'est pas imposé sur le même territoire que celui où s'exerçait le pouvoir autonome des communautés *tompon-tany*. L'ensemble du pays a été réorganisé, au niveau politique et idéologique avec la disparition de l'indépendance politique et religieuse des groupes autochtones, au niveau social avec l'intégration dans un ensemble hiérarchisé de ces différentes communautés qui se trouvaient ainsi placées dans un nouveau système d'échanges, au niveau économique, avec le développement de l'élevage comme moyen de production dominant.

I.3. L'exercice du pouvoir politique: le roi et le devin-guérisseur. Le roi est en contact direct avec la divinité suprême, par le fil de sa propre généalogie, dans le temps idéologique des Andriambolamena, c'est le "pouvoir de l'or;" par contre, le pouvoir de l'*ombiasa* ou devin-guérisseur est celui de la communication avec le monde surnaturel par l'intermédiaire de la connaissance, du *hasina*, c'est le "pouvoir de l'argent," dans l'espace social et politique des institutions du royaume. C'est aussi, dans la cosmologie sakalava, l'opposition du soleil[5] et de la lune, du feu et de l'eau, du ciel et de la terre, etc.

Le roi tient son pouvoir de Dieu et juge en son nom: "l'homme que j'ai vu soumis au jugement de Dieu était accusé de vol: il essaya de se défendre, mais ne réussit pas à se disculper de manière satisfaisante et on le condamna à boire un peu de sang d'un boeuf qui l'empoisonnerait, disait-on; s'il était coupable. Un boeuf fut donc amené et renversé par terre, puis un des membres du tribunal récita une longue prière pleine d'anathèmes contre l'accusé au cas où il serait coupable, ne cessant pendant tout ce temps de frapper l'animal avec le plat du fer de la sagaie qu'il tenait à la main; la prière finie, il perça le flanc de la victime avec

---

4. Lombard (J.) 1979 Histoire de Ndremikimiky, Copie de référence du corpus Sakalava-menabe.
5. Le terme *masoandro*, soleil, était utilisé autrefois pour dénommer les rois défunts.

cette sagaie et recueillit un peu de sang dans une coupe, où il plaça une pièce d'or que le roi portait au cou et qu'il remit à cet effet, puis il la présenta à l'accusé qui en avala immédiatement le contenu; naturellement celui-ci ne mourut pas et il nous faut par conséquent croire à sa parfaite innocence."[6]

La pièce d'or symbolise le pouvoir royal et il convient de noter le rôle rempli par le boeuf dont le sang sert à préparer le breuvage. Le boeuf est ainsi associé au pouvoir comme dans toutes les cérémonies où il est offert en sacrifice. Nous opposerons ce rite à celui de la pièce d'argent déposée dans de l'eau, rite pratiqué par les *ombiasa* pour sonder la volonté des différents génies qui peuplent la cosmogonie sakalava. Le sang du boeuf est ici symbole du feu, du souverain et de Dieu par opposition à l'eau qui est associée à la terre, aux femmes et au peuple (*vohitse*).[7]

En effet, si le roi transmet la volonté et la parole de Dieu (Ndrenagnahare), dont il est le représentant légitime et même, nous verrons plus loin, le descendant; le devin-guérisseur, quant à lui, possède la connaissance qui lui permet, dans un mouvement inverse, de sonder et d'interpréter la volonté de Dieu.

Ces deux moments de l'exercice du pouvoir correspondent aux contraintes historiques qui ont marqué la constitution des royaumes sakalava. La dynastie s'est attribué la légitimité de seul *tompon-tany* du nouveau territoire en élaborant une idéologie politique qui interprète et transforme, mais sans l'occulter, l'idéologie politique et religieuse des anciens *tompon-tany*. Les *ombiasa*, dans un mouvement parallèle, ont développé un système de connaissance qui s'élargissait à la dimension du nouveau territoire et leur donnait la maitrîse des rites et des institutions qui consolidaient sa transformation politique, sociale et économique.

L'espace social et la relation au monde surnaturel.

II.1. Le monde surnaturel. La mise en place du nouveau pouvoir n'est pas une rupture au sens où les cosmologies héritées des communautés originaires seront "repensées" dans le cadre de l'idéologie sakalava. Les ancêtres fondateurs de ces communautés vont néanmoins perdre leur référence historique et certaines réapparaîtront dans la généalogie mythique de la dynastie.

L'ensemble des *koko* ou *kokolampo*, ancêtres des plus anciens occu-

---

6. A propos du roi Andrevola de Tuléar, Baba. COACM, tome V: naufrage du Winterton sur la côte Ouest de Madagascar en 1792, page 377.
7. Peuple par opposition à la dynastie et aux groupes issus du groupe dynastique.

pants du territoire, va trouver une place entre l'ensemble *tsiny*, ancêtre des hommes en général, et les *razabe* et *raza,* ancêtres historiques des groupes organisés hiérarchiquement par rapport au souverain, les ancêtres royaux (*dady*), détenant la première place.

La terre est le monde des vivants qui s'oppose au ciel, lieu du monde surnaturel. La terre est le présent et l'avenir, le temps politique, *l'espace-royaume* qui s'oppose au passé, temps de la Création du Monde ou temps idéologique. Le monde des vivants est un futur défini, donné par rapport au passé. Tous les temps à venir ne donneront pas plus d'ancêtres que ceux dont on dispose actuellement et qui légitiment le statut hiérarchique de chaque clan constitutif du royaume.

Les relations socio-politiques dans le présent se jouent sur le registre du rapport aux ancêtres dans le cadre du rapport du monde des vivants, (et donc *de tous les vivants à venir*), au monde surnaturel, c'est à dire les génies, divinités, personnages mythiques, etc. qui remontent la chaîne de la Création du Monde jusqu'à Dieu.

Ndrenagnahare (Dieu-créateur) ne possède pas de personnalité propre. Il est la condition de la fermeture logique du système cosmologique. Sa parole n'a pas été révélée comme c'est le cas dans les systèmes religieux où Dieu prenant la parole par l'intermédiaire de son Fils ou de son Prophète fait taire de fait tous les génies inférieurs qui composaient son panthéon avant la Révélation. Ici, Dieu est le premier ancêtre du roi et lui confère ainsi une totale légitimité.

La forme la plus achevée du contact avec Dieu est toujours associée à l'utilisation des talismans, *ody,* et à la naissance de la médecine sakalava au sens large du terme. Nous sommes dans le domaine de la connaissance, du *hasina.*

L'expression sakalava *"ampanjaka tsy ampody avelo"* (les rois ne meurent jamais) illustre parfaitement le processus inverse. Le domaine de *l'ampagnito-vola* s'oppose au domaine de la connaissance, comme l'aîné au cadet et comme l'éternité à la mort. Le roi ne meurt pas puisqu'il est dans la continuité logique du temps idéologique de la Création du Monde.

On pourrait dire que les Andriambolamena sont dans un rapport de consanguinité avec Dieu sur le modèle des règles de l'endogamie dynastique dans la mesure où la transmission du "sang" de Dieu est interprétée comme celle de son pouvoir, comme la transmission du pouvoir á *l'ampagnito-vola.*

II.2.   Espace-royaume et temps idéologique. Les différentes catégories du monde surnaturel ou temps idéologique de la Création du

Monde sont, en quelque sorte, ramassées dans l'épure de l'espace —royaume qui correspond au temps concret, historique de le création du territoire du royaume Menabe entre la fin du XVI et la fin du XIX siècle.

Ainsi que nous allons le voir, la généalogie mythique puis historique qui lie Dieu au dernier souverain régnant trouve une correspondance dans les catégories du monde surnaturel puis autorise donc la communication avec Dieu par l'intermédiaire des institutions de la royauté (devin-guérisseur).

D'abord, "les ancêtres," principe d'unité des communautés *tompon-tany* qui, par définition débordaient les limites du temps historique de la constitution du royaume et qui sont maintenant vidés de leur contenu historique.

Ensuite, les *dady* ou ancêtres historiques de la dynastie (*maroseranana*) par opposition à ses ancêtres mythiques (Andriambolamena) puis une catégorie "d'esprits" intermédiaires (*angatse ou lolo*: "esprits" des morts).

Les *koko* sont les esprits de la forêt et siègent donc sur le territoire du royaume; enfin, les *tsiny* représentent la catégorie être-humain dans les premier temps de la Création du Monde.

Les *angatse* et les *lolo* ne sont pas situés dans un rapport d'antériorité avec les *Dady* et les *Raza*; ils siègent dans la zone intermédiaire qui sépare les *dady* (ancêtres de la dynastie), des vivants. Ils forment les "77 esprits errants" qui apportent les malheurs et les maladies. Ce sont les intermédiaires des "esprits" supérieurs, les "agents de police de Dieu" pour reprendre l'expression d'un *ombiasa* du Menabe. De plus, ils peuvent retirer la vie aux êtres humains. Les "77 esprits errants" correspondent au chiffre 7 qui s'oppose comme nous allons le voir au chiffre 6 et au chiffre 8.

Le chiffre 7 correspond au passage de la vie à la mort. Ce sont les *tsiny* qui sont les détenteurs du chiffre 7. Celui qui veut lutter contre les *tsiny* doit combattre pendant 7 ans pour aboutir à la victoire.

Le chiffre 6 est le chiffre de la santé, *enin-jara* (litt., le 6 de la chance) et le chiffre de la vie, *enin-kavelona* (litt., le 6 de la vie). Il correspond aux 6 générations qui forment l'unité de descendance la plus profonde et que l'on appelle *taminga*.

Si l'on considère l'unité de descendance par rapport à Ego, nous pouvons décompter cinq générations qui s'énumèrent comme suit:

	Ego	
fils	*anaka*	
petit-fils	*zafy*	unité *tariky*
arrière petit-fils	*kitro*	unité *fehitra*
etc. . . .	*afy-afy*	unité *taranaka*
	niny	unité *taminga*

Il est possible de calculer l'unité *taminga* et les autres (*taranaka, fehitra, tariky*) par rapport aux ascendants d'Ego, ainsi:

ancêtres	*Raza*
	Matoe
ascendants (grand-père)	*Dady*
(père)	*Baba*
Ego	—Ego—
	Anaka
	Zafy
Descendants	*Kitro*
	Afy-Afy
	Niny

Ce qui donne *Matoe/Zafy, Dady/Kitro, Baba/Afy-Afy* et enfin Ego/Niny et l'on dit par exemple le *taminga* de *Matoe* est *Zafy*, etc.

De 6 à 7, on passe dans le domaine des ancêtres indifférenciés: *raza* au-delà de l'arrière grand-père d'Ego par rapport à son petit fils *zafy;* au-delà du *matoe* qui est le domaine des *raza*. Le passage du monde des vivants au monde des morts s'exprime au travers de la nomenclature de parenté par le passage du *matoe* au *zaza* qui est hors système.

De 7 à 8, on passe du monde des raza à Dieu, du domaine des "esprits errants" dont la fermeture est constituée par les *raza* au domaine des *tsiny* dont la fermeture est constituée par Dieu.

Le chiffre 8 est à rapprocher des huit ancêtres qui séparent le premier roi Maroseranana de Dieu ou des huit ancêtres de la dynastie mythique des Andriambolamena.

Les estrades fabriquées au cours des cérémonies de *soloho* et de *bilo*[8] sont constituées par huit barreaux. On les appelle *tatalam-balo* (litt., l'estrade qui possède huit barreaux).

Correspondance de l'espace-royaume et du temps idéologique:

---

8. Cérémonies de possession dans le cadre desquelles est organisée la communication avec les ancêtres.

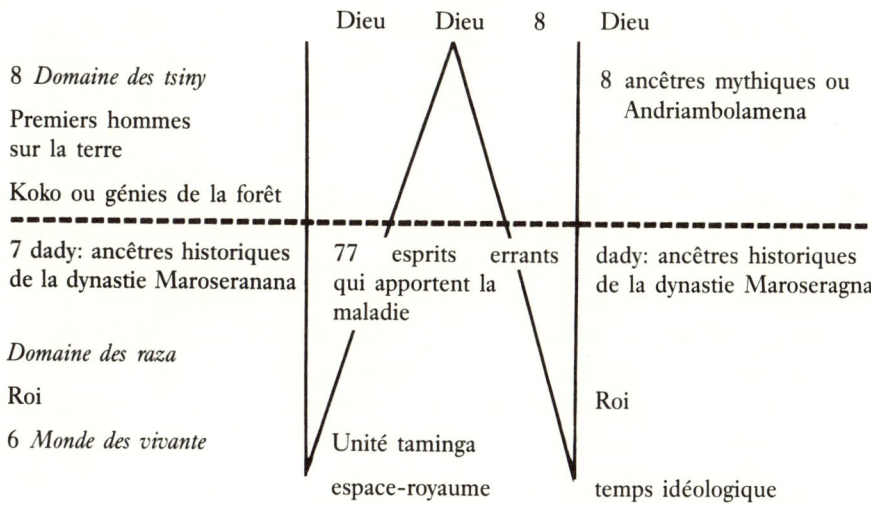

Dans le domaine des *raza*, la fermeture est constituèe par les *dady*, ancêtres des rois sakalava, et correspond à la même fermeture dans le temps idéologique alors que le domaine des *tsiny*, le domaine du huit dont la fermeture est Dieu, correspond aux ancêtres mythiques ou Andriambolamena. Le domaine des *tsiny* est la représentation dans l'espace-royaume de la catégorie "naissance du pouvoir" dans le temps idéologique.[9]

II.3. Les domaines de la représentation, et la possession. L' "espace idéologique." Les *tsiny* sont les premiers habitants du monde; ils sont partout, ils constituent l'ensemble le plus large à l'intérieur duquel tous les éléments du monde sont nécessairement inclus. Si l'on contracte une maladie dont on ignore l'origine, ce sont les *tsiny* qui en sont la cause. La catégorie *tsiny* est l'ensemble le plus large qui unifie le temps et l'espace. Il est le point de rencontre du temps idéologique et de l'espace-royaume qui se réalise dans le concept Ndrenagnahare (Dieu-créateur), fermeture de la catégorie huit dans les deux systèmes.

La catégorie *tsiny* est considérée comme la manifestation de Dieu la plus redoutable et la plus grave qu'il soit et prend des formes diverses selon le *sens* qui lui est donné par le devin-guérisseur (*ombiasa*) en fonction de l'interprétation qu'il formule à propos des évènements les plus divers (politiques, sociaux, naturels, etc.).

9. "Zatovo qui n'a pas été créé par Dieu" Lombard, Jacques.—Conte sakalava, traduit et commenté par J. Lombard, ASEMI—no. spécial Océan Indien (4)—1976, pp. 165 à 223.

152   *Madagascar*

En ce sens, la possession par "un *tsiny*" ou *tromba* représente, dans l'espace-royaume, un contact direct avec Dieu et s'oppose à la possession par les ancêtres historiques de la dynastie (également dénommée *tromba*) qui s'opère selon la logique du temps idéologique.[10]

Le monde des *koko* est un sous-ensemble des *tsiny*. Les *koko* vivent dans la forêt; ils sont mi-hommes, mi-esprits et peuvent posséder les vivants par le *tromba* grâce à leurs talismans. On notera ici que leur rapport avec le "domaine pur" n'est pas inné (cf. schéma II) puisqu'il nécessite la médiation d'un talisman sur le modèle des pratiques utilisées par le monde des vivants. Les *koko* ouvrent le passage du monde des *tsiny* au monde des *raza* quand on regarde du côté des *tsiny* alors que les *dady* constituent le passage dans le sens inverse quand on regarde du côté des *raza*.

La possession *tromba* est donc un mode de passage du monde des esprits *tsiny* et des esprits *koko* au monde des vivants.

Enfin, la possession *bilo* ou possession par les ancêtres constitue un mode de passage entre le domaine des *raza* et le domaine des vivants. (cf. note 8).

Nous pouvons représenter les relations entre chacun de ces domaines de la manière suivante:

I. *Represéntation du domaine des Tsiny.*

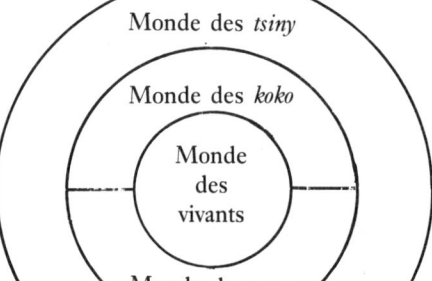

10. Comme par exemple la possession par les ancêtres des rois, "sazoka," au cours de la cérémonie dynastique du Fitampoha.

II. *Résprésentation du passage d'un ensemble à un autre.*

1°) dans le domaine des *tsiny*:

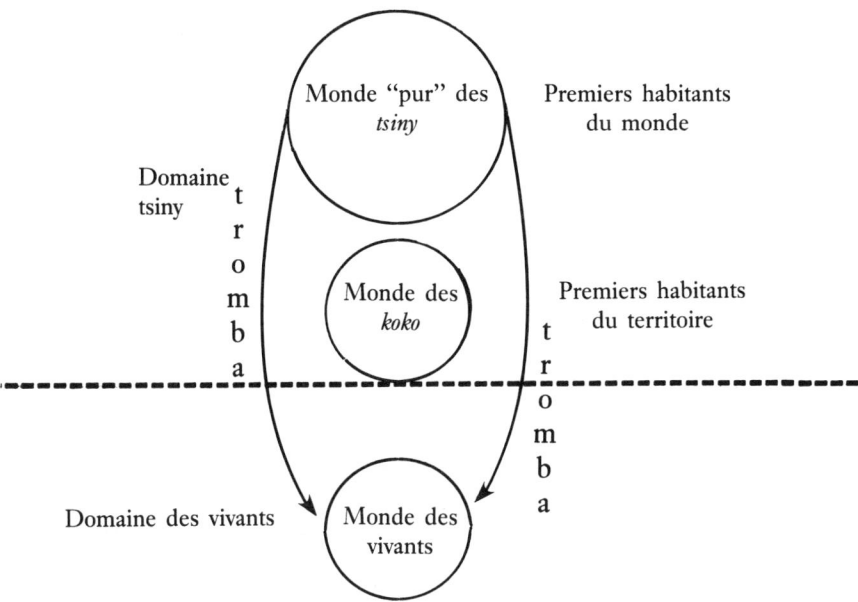

2°) dans le domaine des *raza*:

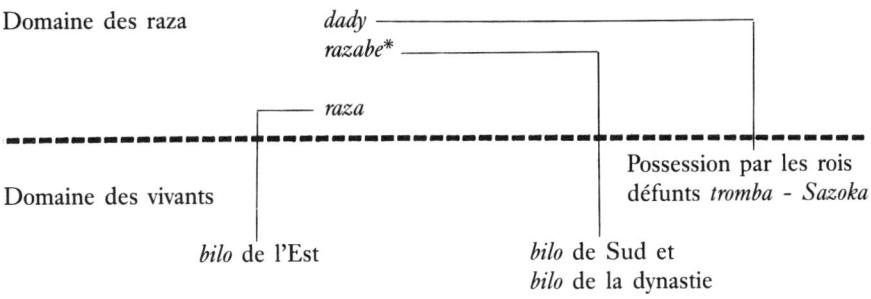

ESPACE-ROYAUME   TEMPS IDEOLOGIQUE

*razabe, "grands ancêtres," ou ancêtres des groupes nobles, cadets de la dynastie.

Le *bilo* du Sud, le *bilo* des groupes cadets de la dynastie ou groupes nobles s'opposent au *bilo* de l'Est qui est le *bilo* des autres clans constitutifs du royaume. Le *bilo* des cadets de la dynastie en remontant la généalogie des ancêtres "touche" aux ancêtres du roi donc à la possession par les *ampagnito-vola*.

Le dialogue avec les ancêtres: cosmologie et possession. Les phénomènes de possession s'organisent en trois catégories différentes selon que la possession est le produit de l'intervention du monde surnaturel chez les vivants ou selon qu'elle est le produit de l'intervention des vivants vis-à-vis du monde surnaturel.

Le premier cas est l'intervention directe du monde surnaturel qui est interprétée comme telle dans le cadre de la pratique médicale et des représentations nosographiques qui y sont associés.

La possession dans ce cas est involontaire à savoir que le degré de gravité du mal dont le patient est atteint, est conçu comme une intervention directe d'un élément du monde surnaturel. Selon l'évolution clinique de la maladie, on passe de l'intervention des *raza* par l'intermédiaire des "77 esprits errants" à l'intervention des *tsiny*. Ainsi que nous venons de la voir, les *tsiny* sont au point de rencontre du temps idéologique et de l'espace-royaume et sont la cause dernière des effets lorsque la connaissance est impuissante à déterminer la véritable origine du mal.

Le deuxième cas est un cas intermédiaire, il s'agit de sonder les intentions de "l'esprit;" l'intervention du monde des vivants est, en quelque sorte, à mi-chemin de celle du monde surnaturel. L'institution cérémonielle, en même temps qu'elle favorise le dialogue avec l'esprit, est une réponse à sa manifestation. L'"esprit" s'est manifesté par le rêve sous les augures, par exemple, d'un ancêtre qui appelle un de ses petits fils à le rejoindre puisqu'il a besoin d'aide pour travailler la terre ou soigner ses boeufs, la cérémonie alors organisée, en même temps qu'elle ouvre le champs le plus large au dialogue, est déjà la satisfaction de la demande interprétée de l'ancêtre. L'institution cérémonielle inclut dans le même temps la question et la réponse. Dans ce cas, l'intervention des vivants vis-à-vis du monde surnaturel, s'opère par le moyen de la danse, de la musique (*rombo*: tambour, battements de mains) et des chants (*kolondoy*). La danse est une manière de mettre au même dénominateur commun, le monde des vivants et le monde surnaturel et l'ivresse atteinte par ce moyen est immédiatement conceptualisée dans les termes de la possession.

Le troisième cas est celui de la possession institutionnelle. Le *kinangana* est un individu qui est dans un rapport de dialogue permanent avec un "esprit" quelconque. Les *ombiasa* en particulier possèdent tous la faculté technique de s'offrir à la possession par un élément du monde des esprits puisque c'est là un des moments de la connaissance qui organise les rapports du monde des vivants au monde surnaturel.

Le terme *kinangana* est un terme générique qui définit la personne possédée en permanence par un esprit, mais il faut distinguer la relation neutre, la relation technique qui est celle de *l'ombiasa* ou du *kinangana* de l'esprit des rois défunts ou *sazoka*[11] de la relation avec les *tsiny* ou *koko* que nous venons de présenter (deuxième cas).

Dans l'ensemble des lieux de dialogue entre le monde des vivants et le monde surnaturel, le *tromba* constitue l'évidence idéologique ultime qui, dans les idéologies occidentales, fonctionne avec les concepts de beau, vrai, bien, mal, etc.

Il constitue le "moyen terme" entre la résolution ou l'expression des conflits politiques et sociaux et leur interprétation dans les termes du système de représentation.

L'ivresse provoquée du possédé s'interprète selon les règles définies par le système de catégorisation cosmologique. L'ivresse déliée de la personne possédée, soutenue par la danse et la musique, ne peut se concevoir au moment de son déclenchement que comme l'arrivée de l'esprit désiré. Le *tromba* se constitue comme le signe de la perfection du rapport entre l'individu et "l'espace idéologique" à l'intérieur duquel il est nécessairement inclus au sens où il est l'histoire de la formation de sa sensibilité et de son intelligence. Le rôle technique de *l'ombiasa* est alors d'assurer la logique du rapport entre ces deux termes. L'évidence idéologique se cristallise à la fois dans le discours et l'émotion, l'un étant donné dans l'autre à savoir que le discours amène à l'évidence du sens ce que la sensibilité amène à l'évidence du plaisir.

Le *tromba* des *tsiny* définit les rapports "esprits/vivants" dans l'espace-royaume et s'exerce dans le domaine de *l'ombiasa* et de la connaissance. Le *bilo* du Sud[12] définit les rapports "esprits/vivants" dans le temps idéologique et s'exerce dans le domaine des *ampagnitovola*; le *tromba* des rois assure l'articulation entre les deux, la rencontre du temps idéologique et de l'espace-royaume en allant vers Dieu par le chemin du temps idéologique alors que le *bilo* orienté à l'Est[13] assure l'articulation entre les deux mêmes termes en allant vers Dieu par le chemin de l'espace-royaume.

11. *Kinangana* est le dépositaire de l'esprit et *sazoka* est le terme utilisé pour définir "l'esprit" du roi qui s'incarne dans un *kinangana*.
12. Possession par les ancêtres des groupes cadets de la dynastie.
13. Possession par les ancêtres des autres groupes de descendance.

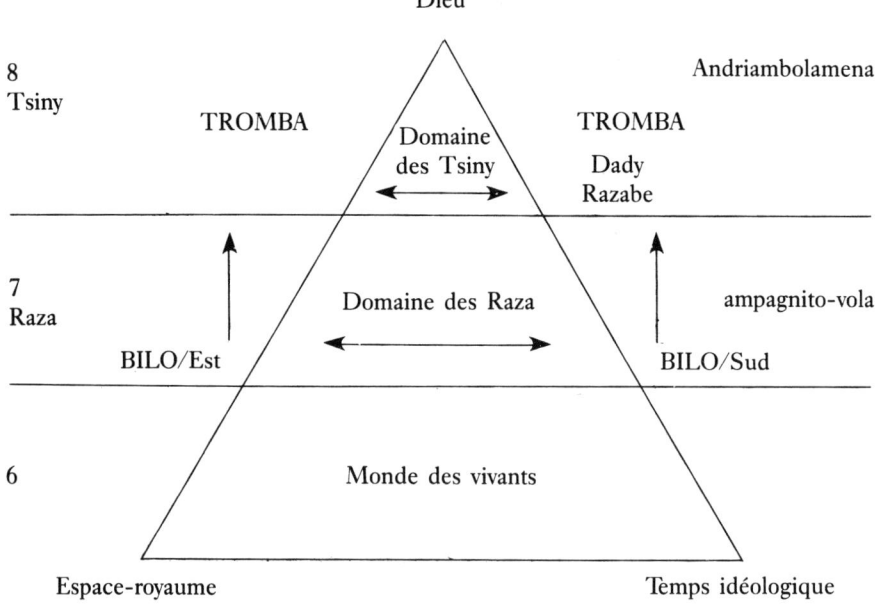

Ceux du *bilo*/Sud "touchent" au roi par leurs ancêtres, le roi "touche" à Dieu par le *tromba* de ses propres ancêtres. Ceux du *bilo*/Est touchent aux *tsiny* par les *raza* et le "peuple" touche à Dieu par le *tromba* des *tsiny*. Les deux termes *tromba* et *bilo* représentent deux systèmes exclusifs du dialogue avec les esprits qui sont donc aussi les deux moments de l'exercice du pouvoir dans la royauté sakalava.

8

Ritual and Work in Madagascar[1]

GILLIAN FEELEY-HARNIK

Some Theoretical Issues in the Analysis of Ritual and Work. The main point of this article is that work, in addition to its instrumental and other aspects, is expressive; it has meaning. I do not mean this in the personal sense in which we say that work is meaningful or meaningless for individuals, that they like it or do not like it, that it satisfies or bores them, although ultimately all of these psychological aspects of its significance are relevant. What I mean is that in addition to its practical aspect, all work has a moral, philosophical, even aesthetic aspect. It makes statements about the world and how people live or should live in it which may have nothing obviously to do with the practical task at hand, be it radio repair, dressmaking, office work, or whatever. This meaning is expressed in terms of social relations, in the number and kinds of workers and the ways in which the work relates them to one another; cosmologically, through the ideas and values attached to the work; and technologically, in the means and materials by which the work is carried out. To submit to work—at certain tasks, with certain kinds of tools, according to certain kinds of organization—is to accept certain basic ideas about the nature of humanity and society.

I want to emphasize particularly the role of technology in articulating the symbolic meaning of work, because there is a tendency, as much among anthropologists as among technologists and laymen, to assume

---

1. The fieldwork in social-cultural anthropology on which this paper is based was carried out among the Southern Bemihisatra Sakalava of northwestern Madagascar during two and a half years between July 1971 and December 1973. I would like to thank the National Institute of Mental Health for providing me with the Predoctoral Research Fellowship that made this fieldwork possible. I am grateful to Professors T. O. Beidelman, James J. Fox, and Robert Jackall, and to my fellow participants in the Wenner-Gren Foundation conference on "Human Adjustments in Time and Space in Madagascar" for their critical evaluations of earlier drafts of this paper.

that technology, like work, is a purely pragmatic pursuit, a rational attempt to cope with the environment that has to do with things, not people. Singer's *History of Technology* (1954–58), for example, defines its subject as "how things are done or made." But technology is not simply a collection of material objects and the efficient processes which involve them. As economist Peter Drucker (1960) has pointed out, it has nothing intrinsically to do with things at all. It is about human action on things: "how *man* does or makes," in other words, how human beings *work*. In his view, the subject matter of technology is work. A social anthropologist would take an even broader view: the subject matter of technology is social relations. A tool is "the *deposit* of a social relationship" in exactly the same sense in which Baxandall (1972:1) applies this phrase to fifteenth-century Italian paintings. As such, it has its expressive and aesthetic, as well as pragmatic aspects, like a painting or any work of art.

The more general point of this article is that economics as a whole is a matter of values. All economic policy is essentially moral policy, having as much to do with religion as with practicality. Practicality must always raise the question of purposes, which in turn raises the question of values. Utility has no meaning except in some context of value, as some economists (e.g., Myrdal, 1958; Robinson, 1964; Heilbroner, 1972; 1975), and sociologists (e.g., Weber, 1958; Hughes, 1958, 1971; Braude, 1975) have recognized.[2]

Anthropologists have long been aware of the importance of moral values in the economic systems of the non-western world, but the emphasis has been primarily on the complex organization and ideology of distribution and exchange. Production as a "total social fact," in

---

2. It is curious that Weber's (1958) work on capitalism and the Protestant ethic has proved so inspirational, whereas his observations on other-worldly interests in technology (cf. 1947: 163) were developed neither by himself (he chose to emphasize the "rational technology" that derived from the "rational calculation which forms the basis of economic activity," *ibid.*) nor by the majority of later sociologists and anthropologists working in the field.

Hughes' research (e.g., 1958, 1971) and teaching at the University of Chicago drew large numbers of sociologists to the subject of work. He was interested primarily in the social psychology of work, but many of his students investigated organizational aspects of work as well. Braude (1975) cites much of their research.

Other valuable sociological research on the subject of work has been done in the course of describing total institutions in which work is obviously not always utilitarian, e.g., Giallombardo's (1966: Chap. V) analysis of work in women's prisons or Rothman's (1971) discussion of different philosophies of servitude.

There is valuable comparative material on the sociology and cosmology of work and technology by geographers like Wheatley, the French historians, particularly Bloch and Braudel, and some historians of science, such as White, Pursell, Kranzberg, and Pacey.

Maussian terms, has received surprisingly little attention, perhaps owing to the development of anthropology as a formal discipline in the throes of the industrial revolution. Certainly, a view of primitive economies prevailed then in which "the lazy, individualistic and selfish savage . . . lives on the bounties of nature as they fall ripe and ready for him" (Malinowski, 1961: 157). Organized labor was thought to develop only later among civilized people.

Malinowski was the first anthropologist to write at length about the work of a particular group of people. And it is mainly his students and students' students who have kept the topic alive: Firth, Richards, Kuper, Leach, Forge, and others, particularly anthropologists working in the Malayo-Polynesian area. They have investigated a wide variety of topics related to production, including the division of labor, the relationship between rank and economic entrepreneurship, time and labor, secrecy in the distribution of technological knowledge, ritual in labor and technology, and what Firth once called "the social relations of technology" (1967a: 213). The outstanding feature of large-scale cooperative labor that seems to have struck them everywhere (except among their own compatriots) is the intimate association of technological and economic with ritual, social and aesthetic interests, such that it is difficult to find what might be called a purely technical or economic activity.

Malinowski (1961, 1935) was also the first to formulate a theory relating ritual and work. His argument in both *Argonauts* and *Coral Gardens* is biased in favor of proving that natives were not the benighted sloths they were commonly supposed to be, but could work as long, hard, and singlemindedly as any modern man. Magic, far from being a drag on production, was positively efficacious, given the circumstances and mental equipment of most natives. Magic contributed to the efficiency of production by putting order and organization into it, thereby acting also to stimulate production. It promoted the confidence sorely needed in situations of technological want, thus contributing also to economic efficiency. Finally, magical rites associated with economic practices, such as hunting and gathering, agriculture, various kinds of industry, and so on, were clearly regarded by the practitioners themselves as valuable economic goods. Ritual and magic were not only stimulus, but also reward.

As Firth (1965: 174, 182, 185) has pointed out, Malinowski's assertions, particularly regarding the confidence value of magic, are incapable of proof. Indeed, it is equally easy to come to the opposite conclusion, as Fortune (1932) did, that magic may arouse anxiety as much as courage. Nevertheless, most subsequent investigators echo Malinowski's argument that ritual provides a "safeguard to production"

(Firth, 1965: 182), even if it is at the cost of absolute efficiency, as Firth emphasizes. The ritual surrounding material objects is similarly "an enactment at the symbolic level" of the "technological and social value of these crucial implements" (Firth, 1967a: 214).

Left over from these arguments, which concentrate on the pragmatics of religion and magic in economic life, is a residue of *kula* valuables, elaborately carved Maori bird perches ("such objects of super-utility," Firth, 1972: 154) and the like, which Malinowski can only describe as "economic monstrosities" (1961: 173). The surprising, disproportionate and excessive amounts of time and labor spent on them (in the observers' view) must simply be attributed to the ingenuity of human fancy:

> The reason for the expenditure of so much labour and trouble was evidently the innate desire of the brown craftsman to turn out work of good quality and neat finish, and to exhibit his skill in wood-carving and the expert handling of tools, . . . to see what an English carpenter would call 'a good job', . . . to satisfy his craftsman's feeling and to command public appreciation. . . . Allowance must always be made for what might be called pleasures of craftsmanship, a term which serves to include also the desire to perform work for its own sake. (Firth, 1972: 155, 170)

Richard's (1961) analysis of Bemba tribute labor suggests what "a good job" or the "pleasures of craftsmanship" might actually mean. There are clearly many goals to production besides the provision of useful goods and services. The proper way to do a job, whether explained in terms of efficiency or morality, is likely to involve the inculcation of social and cosmological ideas, the reinforcement of certain kinds of social behavior, values and aspirations which for some reason cannot be expressed as well in any other mode. It is from the point of view of these semantic as well as pragmatic goals of production that the whole issue of work and ritual, technology and aesthetics, must be analyzed.

Magic is not meaningless to the participant; it is significant in terms of his own cosmology. The structure of the work as a whole, including its apparently nonproductive elements, is articulate. It makes statements about the self and about the larger social and philosophical issues in which the participant is critically involved.

This feature is quite obvious in the Malagasy case, perhaps because the reconstruction of the Sakalava royal tomb, although closely related to Sakalava agricultural practices, is more obviously "good to think" than "good to eat." The royal tomb is not crucial to physical survival in the way that clam shell adzes, canoes, cleared bushland, and even bird perches were once crucial to Tikopian, Trobriand, Bemba and Maori economies. However, these products of native industry were never exclusively economic either. It is the dichotomy between eating and thinking, "utility" and "religion," which is non-productive, as Hocart (1970:217) would have pointed out.

The questions of what people work at, why and how, are complicated by the many circumstances in which they are forced to work and such issues as whether they ever succeed in getting the "good job" to which they aspire. But it must also be recognized that people are motivated to work because they believe in what the labor and technology signify about relations among persons and things in the larger cosmological and social order. Questions about work might, therefore, be rephrased in terms of that larger context. The reasons people submit to work for certain others may have to do with broader issues concerning power and authority; the reasons they consent to work with certain others may have to do with broader conceptions of autonomy and dependency.

Having briefly outlined some theoretical problems involved in considering the philosophical and moral aspects of work, I would like to present an example of Sakalava royal work to illustrate in more detail what is meant by the assertion that work, like ritual, is expressive as well as instrumental.

The Sakalava. The Sakalava are one of the largest of the twenty officially recognized ethnic groups in Madagascar, numbering about 435,000 in 1970 (*Atlas de Madagascar*: Planche 21). Spread out over most of the west coast, they occupy an area traditionally dominated by the Sakalava dynasty which originated in southwest Madagascar during the sixteenth century and gradually conquered its way northwards. The last branch to establish itself, the Southern Bemihisatra monarchy, from which this example of Sakalava royal work is taken, was founded in northwest Madagascar around 1850.

Sakalava government depends on one of the most fundamental principles of Sakalava cosmology which links together the fortunes of the living and the dead. Sakalava conceive of their lives as governed by all the Sakalava monarchs that ever lived, whose relative power and authority are determined, in theory, by certain philosophical notions, particularly concerning age, although the most powerful in local politics are invariably the local living monarch and his most recently deceased ancestors, represented by their relics at the royal capital (*doany*) and their corpses and spirit mediums at the royal cemetery (*mahabo*) (cf. Feeley-Harnik, 1978).

Today, of course, Madagascar is an independent Republic, governed by a President and Parliament, in which Sakalava monarchy has no legal political existence. Although it continues to exist in a religious sense, the power of the monarchy, represented by its queen, the great grandchild of the founding monarch, does not extend over nearly so wide a range of activities as it did traditionally. The public works such as the one described here are the primary pursuits left to it, largely because they are assumed by outsiders to have no more than antiquarian value.

Sakalava Work. Sakalava recognize two kinds of work: *asa*, their own domestic work, and *fanompoaña*, the royal work or service which is part of their political, religious and economic obligation to the monarchy. The preferred unit of domestic labor is the household or extended family occupying adjacent households. People gather together in larger groups for funerals, but the only "public" purpose for which Sakalava united traditionally was royal—either warfare or royal work. Royal work is still practiced. It is the only kind of formally recognized labor which requires, at least theoretically, the cooperation of the entire population within the domain of a single sovereign.

The Sakalava do not distinguish royal work according to whether it is economic, political, or religious; it is all of these things inseparably. *Fanompoaña* include any and every act in the service of the sovereign, from working the royal rice fields to carrying out the great annual ceremonies of purification and communion, to royal rites of passage, to rebuilding the sacred structures of the royal capital and cemetery, to finding and finishing the giant conch shells, which are the royal trumpets, to preparing the royal incense and other ritual paraphernalia, and so on. In effect, employment in any royal service is equally an act of faith, of worship, of tribute, and of political subordination.

Fanompoaña is derived from the root *tompo*, a word which is widely used to indicate possession, seniority, responsibililty or authority, as in the phrases *tompontany* (ritual, economic and political master of the land, first settler), *tompon' ny asa* (person in charge of the work), or *tompoko* (sir, madam, literally my master), a respectful term of formal address. *Tompoko* is the prescribed mode of addressing the royal spirits of the royal ancestors as well as one's own, but it, like the other phrases, may also be used of commoners. *Tompoko* is the conventional term of address required of all Malagasy by the first President of the Republic shortly after Independence as a means of eradicating divisive greetings based on rank. Sakalava, however, use it only with government officials or strangers.

The French colonial government earlier borrowed the word *fanompoaña* (and the verbs *manompo* and *tompoina*, to behave as one should to a sovereign, to serve) to refer to statute labor, presumably as part of their effort to transfer the prestige and influence of Sakalava sovereignty to the colonial administration. The Sakalava never adopted the usage, which has since been abandoned. They call such work *asa*, like any ordinary kind of work, reserving *fanompoaña* and its cognate verbs exclusively for the royal vocabulary.

Sakalava distinguish informally between *fanompoaña maventy* ("great royal services") and *fanompoaña* according to the quantities of human and material resources they require and according to their spiritual importance. The only formal subdivision that is made in the category of *fanompoaña* is between "hot work" (*fanompoaña mafana*) and "cold work" (*fanompoaña manintsy*), hot and cold being associated with death and life respectively. There is only one kind of "hot work," the royal funeral, traditionally a year-long ceremony which included the preparation of the royal relics. "Cold work" refers to every other kind of royal service. The basic principles that govern the operation of royal work— concerning the motivation and organization of labor, the technology, and such factors as timing, location, duration, financing, and so on— apply equally to both, although they are most strictly enforced in the funeral service, which is the most difficult and dangerous work a Sakalava will ever undertake.

According to these principles, Sakalava are willing participants in a divinely ordained division of labor. The most salient characteristic of Sakalava royal service—as of the administration of the government—is its organization, according to which each category of person has its own special task, which may neither be done nor known in detail by any other. That categories of people and the work they do should never be confused is an ideal which is expressed repeatedly and in a variety of ways: *Tsy mety miharoharo asa amin' ny karazany* (the work of different kinds of people may not be mixed), *samby amin' ny asany, samby am' devoiran'any* (each to his own work), *samby am fanompoañ'any* (each to his own part in royal service), *samby am'fomban'any* (each to his own way of doing things), *samby am' plasplasiny, pitrahapitrahany kolafikolafiny* (each to his own place), and reflected in spatial and temporal organization of the workplace, whether at the royal capital, the royal cemetery, or elsewhere.

Such words express the concept of *anjara* which pervades Sakalava life. Each person has an *anjara*—share or portion of life—which is uniquely his. A person who intrudes upon another's lot in life (*miditra amin' ny anjaran'olo*), for example by doing his appointed work, will be struck down in his tracks, *toraña sur place* (fainting on the spot) or *maty tampoko* (suddenly dead). A person who attempts to escape his fate, for example by running away from his work, will suffer and his descendants after him, until he returns to beg pardon from the royal ancestors, from whom this order is derived. Even if the sovereign should command a person to do something other than his duty, he must refuse, since the ancestors are superior to their living descendant.

The only time at which the members of one group may become members of another is at the death of a sovereign, when some of his royal guardians (*Sambarivo* known as *Antidoany*, Doany-ites) are chosen by the "big men" (*olo maventy*) at the royal capital to accompany the corpse to the Mahabo to be its guardians there (thus *Antimahabo*). Such groups are known as "cattle severed from the herd" (*avak'aomby*).[3]

Royal work is not simply divided according to category of person, it is ordered in such a way as to replicate the structure of government, a hierarchy surmounted by a single head. The head, in one sense, is the whole object of the work, which is treated like the person of the sovereign, whether it is the sovereign, his corpse, his relics, his incense, architecture, sea turtles, or honey beer. The organization of labor is likewise hierarchical. Every royal service must be guided by a "head" (*loha*). "Round things" are taboo precisely because they have no head or dominant part (*raha bory fady-tsisy lohany*), whether they are things such as canoes without prows, or arrangements of persons without leaders.

Bory does not merely signify something without appendages, but rather, as in the archetypal Malagasy example, a cow without horns, something that is utterly powerless. *Tany bory* (shorn land) is used metaphorically to refer to childlessness, because it conveys the powerlessness of persons who may not be ancestors. *Bory* may refer more directly to the male genitals shorn of the penis, *tabory* being the testicles. *Ranitry* (sharp), the opposite of *bory*, is central to the symbolism of power and authority in royal ritual, work, and politics.

Consensus, not coercion, is expected to govern the ritual division of labor. As the cow submits soundlessly to slaughter, as royal flesh melts from royal corpse of its own accord, so Sakalava are expected to

---

3. The custom of breaking up human herds in this way, as well as other practices which will be discussed elsewhere, actually works against the ideals of separation and immobility.

participate voluntarily in royal work, with a glad heart, in harmony with others. Force or fighting vitiates the service (*mandroboka fanompoaña*). Thus Sakalava define *andevo*, the collective term for followers of the Sakalava monarchy or laborers in the faith, not as "slaves", which is the common European translation, but as "people who agree to serve the sovereign" (*olo maneky hanompo ampanjaka*). The mark in chalk which they receive on their foreheads every time they pay their respects (*mikoezy*) is a sign of their willing submission. Important jobs in the royal administration are the privilege of persons who have freely subordinated themselves to the Sakalava monarchy; they are taboo to one who has been forced into service. Persons bought with money or captured in war during the precolonial period were distinguished by a special name (*vilany mahery*, heavy cooking pots) and restricted to the most menial domestic duties.

Fighting, separation, and divorce are taboo during royal service because they *mampotipotiky raha* (divide or break things into small pieces, causing them to be irregular, without arrangement). It is likewise taboo to carry on two *fanompoaña* at once, an act which is expressed metaphorically as making rivals of co-wives (*tsy mety mampirafy fanompoaña*), the proverbial source of conflict and divided loyalties.[4]

The prescription against disharmony probably accounts for the taboo against odd numbers. Almost everything related to royal service is paired, the number of persons and things and the number of days, months, and years, the single apparent exceptions being the night in which royalty is buried, the day, which may be decades later, in which the *menaty* fence is rebuilt around the tomb, and the day in which the capital must be moved. Pairs are *namana* (friends, spouses) or *fivadiaña* (married couples). The sovereign himself is matched by his dead ancestors, as spirit mediums are considered to be "married" to their spirits. Odd numbers signify inequality, discord.

Sakalava should be willing to work, but they are also obliged. Obligation is never publicly adduced as the motive for royal service, but in fact a Sakalava is absolutely obligated to submit to royal authority. It is impossible to say "no" to a sovereign, living or dead. The required response to any royal utterance is always "*Koezy, tompoko*", a subordinate's acknowledgement of the presence of his superior, borrowed from a Swahili greeting and reserved for royalty (and sometimes *Silamo*, Malagasy Muslims). The person who hesitates—just as much as the person

---

4. The phrase also implies the potential interference of domestic affairs in political obligations, which is a fundamental problem in Sakalava government.

who does wrong—is accused of wanting to commit sorcery against the royal ancestors (*mila mamoriky razany ampanjaka*). If, prior to the colonial period, some *Antidoany* were rich enough to buy slaves to replace their children among the cattle dispersed at the death of a sovereign, the practice was never regarded as customary, but rather as another sign of the gradual collapse of ancestral order.

The sanction behind the obligation to be willing is the fatal and inescapable wrath of the royal ancestors. Royalty has a potential for brutality that reaches its peak with the ancestors, whose sacred power knows no limit, good or bad, the relics being especially *masiaka* or *bisata* (savage, violent, cruel), capable of killing even their own grandchildren.

The unwilling seek to avoid obligation by avoiding a personal encounter. Thus, Sakalava claim they would give a cow willingly if asked, but in fact they never give a cow unless they have a personal reason for doing so, and they avoid being asked. There is more direct disregard for the rules when royalty are represented by spirit mediums, particularly if they are members of one's own family, domestic and politico-religious obligations then having virtually equal strength.

The stories that circulate during the recruitment for any service focus primarily on the unwilling, the ones who tried to assert their autonomy from the ancestors, thereby from their fellows, and how they did or would fail. Among the many that rose to prominence during the most recent service, the reconstruction of the royal tomb (*fanompoaña menaty*), there was, for example, the "true story" (*tantara*) of the man who stubbornly refused to go cut trees and what his wife and her kinfolk did because of the child involved; the one about the whole village of people that ran away and hid when the *Antimahabo* official came through, even though he had not come to collect money as they thought; or the strangely parallel stories of the two *Antimahabo* brothers who suddenly developed serious medical problems which required immediate operations in distant hospitals.

The Fanompoaña Menaty. The royal funeral is by far the most important of all Sakalava royal works. Second are the public works required to reconstruct the royal capital on a new location, to reconstruct the royal tomb, which is never moved, on its old location, and to wash the royal relics. The first two are normally contingent on the death of a sovereign and should, therefore, occur hardly more often than royal funerals. The capital was nevertheless moved several times during the closing years of the nineteenth century, as the Southern Bemihisatra attempted to combat the French invasion of the northwest coast. It was moved several times again during the colonial period in the course of their changing relations with the French administration. Another move is contemplated, wild pigs having desecrated the royal enclosure about twenty years ago.

The *menaty* service had been held two times before in this area, prior to the colonial period. After the conquest, however, it was prohibited first by the French, then by the first President of the Malagasy Republic. The *menaty* service I witnessed was granted as the government changed hands in 1972. It marked the culmination of a royal funeral held in 1925 for the father of the current queen, shortly after her birth. The planning for the service had gone on intermittently for at least thirty to forty years, beginning long before the end of the colonial period in 1957. The service has yet to be completed.[5]

In contrast to these public works, which are carried out once in a reign (although it is doubtful if this was ever actually the case with the reconstruction of the *doany*), the fourth of the *fanompoaña maventy* is annual. The Sakalava celebrate every New Year, according to their own lunar calendar, by washing the relics of their former monarchs. This procedure, known by the name of the first month (*fanjava mitsaka*), is carried out at the royal capital, where the relics are kept, but is associated at both the capital and the royal cemetery with subsidiary services in the months before and after.

Of the three public works associated with the reign, the reconstruction of the royal tomb would appear to be the least elaborate. The finished structure is modest by Malagasy standards, consisting of nothing more than a quadrangular pile of stones surrounded by a simple palisade (the actual *menaty*).[6] It is the engineering that is ornate.

Timber is gathered for a fence some 800 feet around (composed solely of upright posts), the old posts are hauled away, the tomb is cleaned and refinished, and a new fence is erected. Efficiently executed, it might take no more than a couple of months to complete. But in practice, it requires years, far more time, people and material resources than any other kind of royal work. It is also the only royal work for which the ritual/technological requirements have been committed to writing, the "book" (*boky*) having been composed by the politico-religious leader

---

5. The French had not succeeded in prohibiting this man's funeral, as they had prohibited the funeral of his son and heir the year before. They did, however, curtail it from the traditional twelve lunar months (the Sakalava use a Muslim calendar) to three.

6. The fenced tomb, as well as the small building to which it is adjacent are surrounded by a second fence, quite different in construction from the *menaty*. But neither the second fence nor the building are reconstructed at this time.

(*ampangataka*) of the royal cemetery during the reign of the current queen's grandfather (died c. 1893), who organized the first *menaty* service in the region in honor of his father (died c. 1868).[7]

A mirror of the government is created, including a substitute sovereign, ritual specialists, ministers, spirit mediums and their attendants, together with representatives of the populace from every district in the domain. They gather at the royal capital, then at the royal cemetery, whence they move as a group to a special work camp organized along the lines of a royal village, where traditionally they might remain in relative isolation for as long as six years cutting trees. During this period no participant is permitted to return home, a requirement which could not be strictly enforced in the present instance, as the service began to exceed the two years originally granted. The labor party is maintained by regularly exacted tribute from the rest of the population. They return to the royal cemetery where several months may be required to trim and debark the trees. Then they set up the fence, a job which must be completed in a single day or all the prior decades of work and planning are for naught. It is this task which has yet to be accomplished in the present case. Finally they return to the royal capital for a few weeks, whence they disperse to their own villages. This very cursory summary does not include the period of debate which precedes the work, which is of equal sociological importance and invariably of much longer duration. Nor does it discuss the consequences of the multitude of new ties formed among the participants during their years of labor.

In the Sakalava context, the *menaty* service is clearly a statement about government, the difficult ambiguous relationship between governing and being governed or willingly submitting to government. The royal tomb represents both royal body and body politic, living and dead, in a number of different and complex ways. Its context is both garden and forest, land and sea, a summary of the most fundamental ecological and social distinctions that Sakalava recognize. The *menaty* fence, which surrounds it, signifies the variable relationship of the people to the monarch. From its ruin to its renovation, it encompasses both solidarity and dissent. The service itself is clearly modelled after the royal funeral, the key element being the "corpse," that is, the timber.

In addition to making statements about philosophy, the *menaty* service is also an expression, quite literally a *deposit*, of social relations. It

---

7. Sakalava, like other Malagasy, have long been acquainted with the art of writing, cf. Bloch, 1968; Feeley-Harnik, 1978.

is the result of an actual realignment of power and authority relations among persons currently active in the Southern Bemihisatra monarchy, a means whereby these newly transformed relations among people can be declared and validated. It is an important means of mustering active support for the monarchy, while confining dissent.

Yet Sakalava do not speak about philosophy or social relations in discussing the *menaty* service; they speak about labor and technology. Except for a very small number of ritual specialists who recognize that the *menaty* service concludes the royal funeral in that it repairs the fence that was ruined in the process of burying the royal corpse, the majority of Sakalava deal with it as a piece of work, albeit a very difficult piece of work. The purpose of the *menaty* service is the construction of a strong, durable fence. The name of the service itself focuses on the fence, the *menaty*, not the tomb, although the tomb is also cleaned and refinished. The manifest emphasis, both in conversation and in the book (what might be called the "service manual", the Sakalava title is "Procedures of Royal Service Concerning the *Menaty*," *Fomba Fanompoaña Momba Ny Menaty*), is on the "raw materials" and the techniques required to transform them into a fence, not on whatever abstract meanings they may have. The important issues are the number of trees, the kinds of trees, when they may be cut, where they may be cut, the procedures for cutting them, how to store them, where and how to trim and debark them, how to transport them from place to place, how to carry away the old fence, how to weed the ground, how to install the new posts, and so on; *how* to do all these things and by *whom*, for the division of labor is most carefully and strictly regulated. The Sakalava have a great deal to say about the labor and technology of production. They have almost nothing to say about the finished product. After all, it is just a fence. Only on closer examination is it apparent that Sakalava have mixed feelings about fences.

Fences, although they are construed superficially in terms of the ins and outs of things, actually reflect an ambivalence about the distribution of power and authority in Sakalava society (cf. Feeley-Harnik, 1980). In the case of fences around royal corpses, especially the *menaty* or innermost fence, they reflect an ambivalence about the relative power and authority of royalty and commoners. Royal power is not acquired at once with accession to the throne. It is achieved *in time*, gradually consolidated over the course of a reign, constantly subject to check from commoners for whom equality is no less important than hierarchy. It is securely established only with ancestorhood, in the manufacture of the relics and the burial of the corpse. But the recurrent conflict between hierarchy and equality is never fully resolved. As it is laid to rest with royal death, it is reawakened with royal succession.

One of the primary objectives of the royal funeral is to confirm the power of dead royalty, in the face of equality, while permitting the orderly bloodless transfer of temporal authority to a successor in a nest of rivals. The *menaty* service is a way of repeating the ideas and sentiments expressed in the royal funeral in a more accessible, thinkable, talkable form. The service transposes the difficult, even unspeakable ideas contained in the royal funeral onto objects which, because of their apparent commonness in every sense, lend themselves far more to open discussion and reflection. This is analogous to the way in which folktales, songs, and other forms of "play" make more apprehensible the dark truths of social life (cf. Beidelman, 1961, 1971; Geertz, 1972), except that in this case the homely pastime is simply "work," "royal work" to be sure, but in some ways hardly different from the house construction or fence building that occupies the ordinary Sakalava villager. No less than western engineers, Sakalava adhere consciously to the belief that "industry and techniques have only a functional import with no emotional content" (Giedion, 1967: 430),[8] which is precisely what makes the *menaty* service an acceptable preoccupation.

Sakalava cannot (by taboo) and will not talk about the royal corpse, which summarizes all too graphically the practical and ideological problems of death and succession in a divine monarchy. But they can talk at length about how timber is selected and felled to make a fence or how gardens are weeded. Such matters are common knowledge. The royal funeral is carried out secretly, in the dead of night. The crucial technical details are known only to a very few specialists, who are bound not to communicate them. By contrast, the details of the *menaty* service are broadcast far and wide. Indeed, it requires by its very nature the

---

8. Giedion (1967) argues that modern engineering and other scientific pursuits are not solely utilitarian, i.e., "only efficient adjustments to useful purposes" (p. 24). In his view, developments in physics, mathematics, and mechanical engineering have contributed to developments in architecture because they share the same cosmological concerns. He suggests that there is something about the "emotional neutrality" of industrial construction in the Western conception, its very distance from "the human residence with its inescapable associations of feeling" (p. 26) that makes it a particularly appropriate vehicle for expressing the spirit of the age. The historian should not restrict himself to the highest artistic realizations of a period, when "often he can learn more about the forces that shape its life from the common objects and utensils which are the undisguised products of its industry" (p. 28).

comprehension of a great many people, not merely as observers, but as active participants. Raising the *menaty* is equivalent to reburying the royal corpse in broad daylight with a "cast of thousands," popularizing, quite literally, the more exclusive original production.

The *menaty* service, in prolonging and reiterating the royal funeral, is designed to extend over a much longer period and over a much wider area, the peace established by the royal funeral during the immediate period of the succession (keeping in mind that the *menaty* service may be planned for years before it is actually executed, as well as its long-lasting residual effects). As the royal funeral spanned the gap of the interregnum, so the *menaty* service spans the gap of the reign itself.

So too the blood bath with which the royal relics are refurbished every New Year could be interpreted as the royal funeral in yet another form. Indeed, it could be argued that all the so-called "cold" services are restatements of the one "hot" service. Each one may represent a different resolution to the problems of relating hierarchy to equality, its unique form tailored to a particular temporal and spatial context. Thus the royal funeral and the *menaty* service may be distinguished very broadly in terms of their relative emphases on related aspects of the common political problem. The royal funeral, which marks the interregnum, is designed to contend with the fact that sovereignty is not immutable; reigns are measured from death to death. The *menaty* service is designed to cope with the fact that the body politic is not immutable. Political support waxes and wanes.[9]

Conclusion. The concrete significance of the *menaty* is the root of its abstract meaning, realized in the course of experience exactly as the Sakalava would have it. The Sakalava case thus confirms in an interesting way the views of some anthropologists (e.g., Beidelman, Fernandez, Fox, Geertz, Turner) that emphasize the sensual foundation

---

9. This interpretation of the work as a philosophical statement about the ambiguities of government is based on those aspects of the labor and technology that Sakalava themselves emphasize. However it seems to be supported by what is known of their past. Sakalava assert that royal custom is unchanging and unchangeable. Yet there are striking differences in the royal work of local monarchies described by ethnographers and historians which suggest that the Sakalava have changed considerably in the course of adapting to changing relations with other polities, including in the last 150 years their gradual subordination and conquest. As will be argued elsewhere, Sakalava divine kingship has persisted in the north, despite serious political, economic, and military losses, not by denying the death of kings, as Frazer might have predicted, but by celebrating it.

of metaphor in explaining the attachment of human beings to ideas. However, the expression of abstractions in the corporeal commonplace is interesting from yet another point of view. Anthropologists have long speculated that the most important aspects of culture are probably those that are buried so deeply in the psyche that participants simply take them for granted, without thinking. However, except for those anthropologists who have concentrated on such superficially inconsequential phenomena as games, folktales, table manners, or hairstyles, scholars have not always followed out the logic of their speculations according to which it is the trivial detail that gives the game away:

> To identify the hand of the master, and distinguish it from the hand of a copyist, we must rely on small idiosyncracies which seem inessential, subordinate features which look so irrelevant that they would not engage the attention of any imitator, restorer or forger; the shape of a fingernail or the lobe of an ear. As these are inexpressive parts of a figure, the artist himself, no less than his imitator, is likely to relax in their execution; they are the places where he lets himself go, and for that reason they reveal him unmistakably. This is the core of Morelli's argument: an artist's personal instinct for form will appear at its purest in the least significant parts of his work because they are the least laboured (Wind, 1964: 40 speaking of the nineteenth-century art critic, Giovanni Morelli; quoted by T. O. Beidelman, 1971: xv).

Although this nagging thought might explain the fanatical devotion to obscure detail for which social anthropologists are commonly known, it has not wholly dissuaded them from their pursuit of the exotic. Technology and labor are among the commonplaces of life that warrant considerably more attention in terms of their philosophical and aesthetic dimensions than they have hitherto received. Archaeologists and physical anthropologists have already done substantial research into the interrelationship between tool-making and behavior in human evolution. It is time that social anthropologists began to investigate it in the present, recognizing that nuclear power plants may be "tools" in social organization just like stone axes or royal tombs.

It used to be thought, among anthropologists as well as scholars in other disciplines, that our "fit" with the natural world had improved as we improved our technology. Stone age man stumbled to an early grave by relying on magic and superstition. Only as more efficient tools enabled him to adapt better to his environment, did he gradually relinquish his spiritual dependencies and succeed in living to a comfortable old age.

Contemporary technology does not actually fit well, and perhaps as a consequence, anthropologists have begun to reevaluate their earlier assessments of the "primitive". Thus Melanesian pig feasts, regarded as the most appalling examples of wasteful slaughter, fraught with ritual, clear evidence of the improvidence and inefficiency of the savage state, have been reinterpreted as examples of finely-honed harmony with nature, beneficial not only to human being and beast, but also to their shared surroundings (e.g., Rappaport, 1967).

Perhaps New Guinea is not Eden, but ritual clearly has more practical advantages than even Malinowski considered. Work, on the other hand, may have a speculative, philosophical side to it, a semantics which is central to "efficiency" and "utility," not only in communities like the Sakalava with relatively simple technologies, but also in contemporary industrialized societies with very elaborate technologies where economics is commonly equated with the public good, the promotion of material welfare in a democratic state. Most human effort would seem to consist of "mingled work and ceremony, technical effort and magical rite", as Malinowski (1961: 147) put it. The distinction between ritual and work seems unproductive if not untenable. It is certainly not universal.

Bibliography

Agassi, J.B.
    1971   "The Mixed Blessings of Technology: Comments on Professor Roberts' Paper." *Philosophy of the Social Sciences* 1: 221-231.
Association des Géographes de Madagascar
    1970   *Atlas de Madagascar*. Tananarive, Le Bureau pour le Développement de la Production Agricole et Le Centre de l'Institut Géographique National à Madagascar. 1969–1970.
Baxandall, M.
    1972   *Painting and Experience in Fifteenth Century Italy: A Primer in the Social History of Pictorial Style*. London.
Beidelman, T.O.
    1961   "Hyena and Rabbit: A Kaguru Representation of Matrilineal Relations.' *Africa* 31: 61-74.
    1971   Foreword. In Marion Kilson, *Kpele Lala: Ga Religious Songs and Symbols*. Cambridge, Massachusetts, pp. xi-xxi.
    1974   "Social Theory and the Study of Christian Missions." *Africa* 44:235-249.
Bloch, M.
    1968   "Astrology and Writing in Madagascar." In J. Goody (ed.), *Literacy in Traditional Societies*, Cambridge, pp. 277-297.
Drucker, P.F.
    1960   "Work and Tools." *Technology and Culture* 1: 28-37.

Feeley-Harnik, G.
- 1978 "Divine Kingship and the Meaning of History among the Sakalava of Madagascar." *Man* (N.S.) 13: 402-417.
- 1980 "The Sakalava House." *Anthropos* 75: 559-85.

Firth, R.
- 1965 *Primitive Polynesian Economy*. 2nd ed. London.
- 1967a "Ritual Adzes in Tikopia (1959)." In R. Firth, *Tikopia Ritual and Belief*, Boston.
- 1967b *The Work of the Gods in Tikopia*. 2nd ed. London.
- 1972 *Economics of the New Zealand Maori*. 2nd ed. Wellington, New Zealand.

Fortune, R.
- 1932 *Sorcerers of Dobu*. New York.

Geertz, G.
- 1972 "Deep Play: Notes on the Balinese Cockfight." *Daedalus*, 101 (1): 1-37.

Giallombardo, R.
- 1966 *Society of Women: A Study of a Women's Prison*. New York.

Giedion, S.
- 1967 *Space, Time and Architecture: The Growth of a New Tradition*. Stu. ed., rev. and enl. Cambridge, Massachusetts.

Hocart, A.M.
- 1970 *Kings and Councillors: An Essay in the Comparative Anatomy of Human Society*. Chicago.

Malinowski, B.
- 1961 *Argonauts of the Western Pacific: An Account of Native Enterprise and Adventure in the Archipelagoes of Melanesian New Guinea*. New York. (Orig. 1922).
- 1965 *Coral Gardens and Their Magic*. 2 vols. Bloomington, Indiana. (Orig. 1935).

Myrdal, G.
- 1956 *Development and Under-Development: A Note on the Mechanism of National and International Economic Inequality*. Cairo.

Rappaport, R.A.
- 1967 *Pigs for the Ancestors: Ritual in the Ecology of a New Guinea People*. New Haven.

Richards, A.I.
- 1961 *Land, Labour and Diet in Northern Rhodesia: An Economic Study of the Bemba Tribe*. 2nd ed. London. (Orig. 1939).

Roberts, J.M.
- 1971 "Expressive Aspects of Technological Development." *Philosophy of the Social Sciences* 1: 207-220. (Cf. Agassi 1971).

Robinson, J.
- 1964 *Economic Philosophy: An Essay on the Progress of Economic Thought*. New York.

Rothman, D.J.
- 1971 *The Discovery of the Asylum: Social Order and Disorder in the New Republic*. New York.

Singer, C., E.J. Holmyard, A.R. Hall, and T.I. Williams
- 1958 *A History of Technology*. 1954-58. 5 vols. Oxford.

Weber, M.
- 1947 *Max Weber: The Theory of Social and Economic Organization*. New York.
- 1958 *The Protestant Ethic and the Spirit of Capitalism*. New York.

Wind, E.
- 1964 *Art and Anarchy*. New York.

9

Royal Authority and the Protector System in Nineteenth-Century Imerina*

GERALD M. BERG

> A king of ancient times observing the influence obtained by masters of families, in consequence of their acting as their own priests and consecrating their own household gods, adopted the plan of consecrating an idol for the people, calling them his family and children (Ellis, 1838 II: 397).[1]
>
> Their idols are numerous and of different degrees of honour and renown, the most renowned in this part of the Island, are those which belong to the sovereign, these are (as far as we can ascertain) about twelve in number. The government appoints the guardians of these idols and the office is usually hereditary. These are exempt from all other services and as the service to the government, at present, is a great burden to the people, it is no small privilege to be thus exempted (Johns, 30 May 1833: LMS-LR, IV/4/B).

A history of the Merina national pantheon sheds light on the means by which kings preserved their authority and the populace maintained their kings. By including local deities in a national pantheon and

*Research for this chapter was supported by grants from the Regents of the University of California and the Mabelle McLeod Lewis Memorial Fund. I am indebted to Marie Krekling Johannessen and Per Rekdal of the Ethnographic Museum, Oslo; Nicole Boulfroy and Elie Vernier of the Musée de l'Homme, Paris; and J. Picton of the Ethnographic Section of the British Museum, London, for assistance in examining various collections of Malagasy protectors. I wish to thank Raymond K. Kent, Maurice Bloch, Elizabeth colson, and Margaret Mooney for comments on earlier drafts, though I alone am responsible for what appears here. LMS— LR = London Missionary Society, Madagascar, Letters Received. LMS—J = London Missionary Society, Madagascar, Journals.

1. An "elder" to D. Jones.

incorporating them in a royal cult, kings of early Imerina directed regional loyalty toward the sovereign. In the early nineteenth century, however, Radama I entrusted the task of national unification to the army rather than the pantheon. But, though the army gained territory, it could not contain the social turmoil which spread in the wake of literacy and of Christianity. When a Christian queen abolished the pantheon in 1869, many councilors warned that her throne's authority would suffer since it rested upon popular belief in the pantheon. They were right. The crown lost a major claim to popular loyalty, and the disunity which followed could be allayed neither by the army nor by competent administrators.

The Ody-Sampy Complex. In the first half of the nienteenth century, personal protectors, *ody*, were popular among Merina at all levels of society. The personal protector usually consisted of wood chips, either strung together, or placed in an ox horn container with various organic substances and worn around the neck or suspended from a belt around the waist. Such a protector guarded its owner from injuries in war, its owner's house from fire, its owner's fields from hail and locusts. It could find lost cattle or a desirable wife. In short, the personal protector, *ody*, insured an individual's well-being.[2] In addition, there were group protectors, *sampy*, which had a more pervasive power than the individual protector. The *sampy* could protect an entire village or

---

2. The first mention of a war charm in Imerina occurs in 1787 in La Salle's description of a bandolier of ox horns filled with a substance which rendered soldiers invulnerable to bullets. See La Salle (1816); fol. 219. At a *hova* war camp near Tamatave in 1830, Jourdain saw two small wooden "idols" which soldiers would polish with honey. Soldiers also carried crocodile teeth to insure victory. See Jourdain (juill. 1830):35–36. Charles Renel (1915), and Lars Vig (1908, 1969) are the most comprehensive studies of Merina protectors. Renel's study includes a catalogue of hundreds of *ody* with one-line descriptions as well as many of the oral traditions surrounding them which he collected from "indigènes instruits" over the eleven years he spent around Tananarive. It is the most exhaustive work on religious amulets and although it remains a landmark in painstaking descriptive ethnography, there is little understanding of the *ody* system's place in society nor any synthesis of contradictory historical data. Vig's *Charmes*, translated from Norwegian by Otto Christian Dahl, draws on information from an earlier period. Lars Vig (1845–1913) was a Norwegian missionary who arrived in Madagascar in 1875 and took up residence among the northern Betsileo and southern Merina near Antsirabe where he stayed until 1889. After a four-year leave, he returned in 1892 and remained until 1902. *Charmes* is a catalogue of *ody* sent to Norway in 1893. It was written in 1896 from notes and amended in 1908. *Charmes* gives the most detailed descriptions of *ody* made by someone with an intimate knowledge of the language and people. It also concerns an area considerably to the south of Renel's area of study and so provides a good control.

household from misfortune, and each group had at least one. In form, the *sampy* was identical to the *ody*, and this similarity has led many observers to use the two terms interchangeably, thus obscuring an essential difference in function. The principal difference in personal and group protectors lay in the more pervasive and transferable power ascribed to the group protector. The personal *ody* had no power except through consecration by the group *sampy* (*TA* 1908:56; Johns and Freeman, 29 May 1833:LMS– LR IV/4/B; Freeman and Johns, 1840:53; Ellis, 1838:I, 395– 96).[3] Protective power was transferred from the group to an individual when an individual made gifts to the group in return for pieces of wood which were consecrated by the group protector.[4] Thus group protectors, *sampy*, created personal protectors, *ody*. If the owner of an *ody* became wealthy and successful, admirers could buy offshoots of his protector in which case the successful *ody* became a group protector, *sampy*. In this way the transformation of an *ody* into a *sampy* mirrored the change in status of the protector's owner and tied inferiors to superiors. The connection between the group *sampy* and the personal *ody* was so strong that Merina expressed it in kinship terms. The group protector was known as the "mother protector," *reni-sampy*, which would give birth to a "child protector," *zana-sampy* (*TA*, 1908:56; Vig, 1903:218–219). We will refer to derivative personal protectors (*ody*) as talismen, and to generative group protectors (*sampy*) as palladia. As we have seen, the distinction lay in the protector's extent of power which may change over time.

The supreme rank of palladia (*sampy*) were those which belonged to the King and were operated in his behalf by hereditary priests. Just as palladia could consecrate talismen (*ody*), the royal palladium could bestow protection upon either a group or an individual. Thus the priest of Kelimalaza, the foremost royal palladium, exchanged bits of wood from the palladium for oxen or sheep (L. Dahle, 1877:II, 133–134).[5] This exchange was often attended by great ceremony which served to

3. Andrianaivoravelona, a Malagasy pastor, observed in 1885 that every clan has its own "idol" just as the government did. He calls it a system of totem. See Clark, (1885: 79–81). Mondain notes that each village has its own "idols." See Mondain, (1903:31). For the local power of a group protector see M. J. Jeffreys' description of Rahodibato (1914:142–44).
4. Johns to Ellis (30 May 1833), LMS–LR, IV/4/B, reported that pieces of an "idol" that belonged to four "clans" were sold to departing soldiers for two oxen, two sheep, and two fowl.
5. I am indebted to Mr. Kjetil Aano for a translation from the Norwegian. Mondain observed that often a village *sampy* is unknown to neighboring villages. See Mondain (1903:31).

emphasize the distinction in status between ruler and ruled as well as their mutual dependence. It is precisely this relationship between royalty and lower status groups, expressed in a national system of palladia, which allowed otherwise independent groups to unite in support of royalty. When it backed a successful pretender to the throne, a group entered into alliance with royalty and the group palladium entered the royal pantheon. Thus, when Andrianampoinimerina secured the support of the Ambohimanambola, its palladium, Kelimalaza, became a part of the royal pantheon. As sovereign, Andrianampoinimerina then placed Kelimalaza at the tomb sites of his ever-expanding ancestral lands (*tanin-drazana*) which included Ambohimanga, Tananarive, and Amparafaravato as well as Ambohimanambola. The people of Ambohimanambola rose in status. For their support of Andrianampoinimerina, they retained legal autonomy and performed crucial functions in royal ritual. Their relationship with royalty was expressed through their palladium's membership in the royal pantheon. In this way the royal pantheon assimilated many group palladia while preserving the palladia's regional association. The royal pantheon of group palladia represented mutual dependence between sovereigns and groups. It also was a symbol of national unity which bound the sovereign to law.

Though each ruler owed special consideration to the one or two groups which brought him to power, the royal pantheon contained *all* group palladia ever associated with royalty in the past and could be invoked by the sovereign to broaden his claim to group loyalties. While the palladium Rabehaza represented the Zanakambony of Betsizaraina and was instrumental in Andriantsimitovinaminandriana's accession to power in the late seventeenth century, it was, nevertheless, revered in the nineteenth century and was included in most lists of royal palladia. The royal pantheon preserved its past status and lent legitimacy to nineteenth-century monarchs. Ranavalona I, though using palladia such as Rabehaza, usually called upon Kelimalaza, Fantaka, Mahavaly, and Manjakatsiroa to unite her kingdom. The first three had nearly universal appeal owing to their antiquity while the last, Manjakatsiroa, was closely, if not exclusively, associated with Andrianampoinimerina, through whom Ranavalona I claimed rights to the throne. Shifting political conditions and the desire to appeal to different groups at different times determined the names of royal palladia invoked on any given occasion. Appeals to unity of course would include as many names as possible. Discrepancies in lists of royal palladia collected in the nineteenth century indicate that the royal pantheon aptly responded to momentary political exigencies (Vig, c. 1875:I in 1971:pars. 82–96; Manuscrits Merina, 1864–70:I in 1970:I

57–59; *TA*, 1908:441, 550; *Firaketana*, 1957: 62–63; Jones, 1823:LMS–J, I/7 49–51; Raombana, 1853–54:60; Sibree, 21 Nov 1870:LMS–LR, IX/2/C; Ranavalona I, 9 Mar 1835; Renel, 1915:146–149; Ellis, 1838:I 395–96, 402, II 353; L. Dahle, 1877: II 130–131).[6]

The incorporation of deme (kingroup) palladia into the royal pantheon drew disparate groups together and expressed group solidarity through ritual. The royal pantheon transcended local loyalties. It codified the cooperative relationships between groups required for large-scale irrigation projects and also provided a means of royal control. Loyalty ran from the individual *ody* owner to its "mother," a group *sampy* and in turn to the royal *sampy* of the pantheon. The system promoted social coherence by tying individuals to ever larger groups.

Many authors have confused *ody* (personal protector, "talisman") and *sampy* (group protector, "palladium") in a way which obscured their function. Abinal, Renel, Edmonds, and Otto Dahl derive *sampy* from *asampy* which means "astride" or "suspended." This derivation would refer to the form of the amulet rather than its function.[7] There is some support for this view from *TA* which uses the word "asampy" in describing how amulets are worn (*TA*, 1908:130). An interpretation which is based on form, however, neglects the significance of *sampy* and is, moreover, inconsistent with common usage. If the term means suspended, why would it be applied universally to *sampy* of the royal pantheon which are always attached to a staff rather than suspended (Bojer and Hilsenberg, 1822–23, in 1965:313–14)? Moreover, while all royal or deme protectors usually appear in traditional literature as *sampy*, personal amulets, which are always suspended, are never called *sampy*. Clearly then the term does not refer to the amulet's form. In light of the

---

6. Imanjakatsiroa is more properly associated with Andrianampoinimerina's wife, Rambolamasoandro, from whom descended Ranavalona's principal rival for the throne. See Vig (c.1875 in 1971:Boky III, pars. 3–7) and Alain Délivré (1974: 237–42). It is an indication of the extent of political expediency involved that Ranavalona would call upon Imanjakatsiroa once on the throne. By so doing she would be appealing for the loyalty of the factions which backed her rival.

While specific appeals to the royal palladia name only a few *sampy*, lists of royal *sampy* supplied to Europeans by Malagasy informants tend to be much longer, including between twelve and fifteen names, because length suggested antiquity and awesomeness. Henige (1974:97–103) has described a similar situation for Maori king lists.

7. Abinal (1885:264–65) and Renel (1915:213, n. 1), claim that *sampy* means "Califourchon." Edmonds (1896:421, n. 3) concurs. O.C. Dahl comments in Vig (1969:167, n. 74) that *sampy* was originally something which hangs astride like the legs of a rider. *TA*, p. 130. Bojer and Hilsenberg (1822–1823) in *BM*, XV (1965), pp. 313–14.

preceding discussion of *sampy*, the term may instead be seen as a description of function.[8]

Sampy aptly describes the protector's purpose as the focus of group loyalty whether the center of that focus be the sovereign or the deme elder. That it also coincides in part with a description of the amulet's form increases the likelihood of widespread adoption of the term when describing the item to Europeans.[9]

Palladia and the Royal Cult. In the nineteenth century, the *ody-sampy* complex tied individuals to larger groups, and at the highest level of social organization, the royal pantheon united demes. Loyalty flowed towards the sovereign. Though Radama I doubted the efficacy of the royal pantheon, the system remained in force. Bojer and Hilsenberg (1965:313–14) in 1822 mention a "national divinity" but Duhautcilly (1825:fol. 11) was the first to describe it in terms of a royal cult:[10]

> ... ils ont pour le roi et la nation le préservatif géneral auquel ils rendent une espèce de culte. Ce préservatif se compose de quelques racines d'un certain arbre et de chaines d'argent le tout enveloppé dans du drap rouge et continuellement gardé dans l'enceinte du palais du Roi par le prêtre habillé en soie couleur puce; c'est pour les Hovas une espèce de Divinité; autrefois ce préservatif suivait toujours le roi à la guerre. Rhadama le fit encore porter à sa suite dans la fameuse guerre de 1820; mais depuis qu'il a une armée permanante, réguliére et disciplinée il dise que c'est le meilleur préservatif. . . .

The system of unity emerged from historical circumstances. Before assuming a position in the pantheon as a royal palladium and acquiring

---

8. The word seems to derive from the Malagasy *samy*, "together," "united." A group protector then, which represents group solidarity would reflect this function in its name. Birkéli has observed that West Coast groups which have migrated into the interior long ago, designate clan names with the prefix, *sami, sampi,*or *sambi*. He notes resemblance the Malagasy *samy*, but also to the arabic *jami*, "united," and East African *jama*, "family," or Kongo *naambi*, "clan." See Birkéli (1936:44,59). Ruud (1960:188) notes that *sampy* is the common property of a family. See also Vig (1908, 1969:158–59) in his introduction, p. 13 and Otto Dahl. The equivalent of *ody* in Betsileo is *aody*, and in Sakalava, *aoly*.

9. The possibility of applying either *ody* or *sampy* to royal palladia led many Europeans to observe that there was little difference between the two. See Vig (30 Dec 1887, 1888:256), and Renel (1915:79, 265, 146–49).

10. He calls the divinity "Quely-malasa" (Kelimalaza). Bojer and Hilsenberg in 1822-23 refer to "ramahawulu" (Ramahavaly) as an *ody* consisting of a sack of roots wrapped in red cloth with a silver chain attached.

special power to protect the nation, protectors were ordinary group palladia, or even personal talismen with powers limited to a small territory, in the case of group palladia, or to specific problems of an individual such as finding a wife, in the case of personal talismen. The *Tantara ny Andriana* notes that in ancient times all palladia were equally powerful until chosen by a sovereign for national duties (*TA*, 1908:177, Renel, 1915:215-16; L. Dahle, 1877:II 138-39).[11] Elevation to national status depended on the political circumstances which brought a group into alliance with royalty. Understanding a group palladium's involvement in the royal pantheon provides a view of the character of Imerina's national cohesiveness and of the process which created royalty.

It is extremely difficult to study royal palladia of the distant past due to the highly mythic nature of traditions concerning the origins of religious institutions, though several general observations can be made. First, from the time of Ralambo onwards, royal palladia won territories for the monarch and assured national prosperity by making known the proper time for planting rice (Renel, 1915:52; *Firaketana*, 1957: 66–67). Second, royal palladia enhanced a monarch's status in Merina society. Andriamifidy's traditions report, for example, that the red coral bead (*voahangy*), a principal component of protectors and a symbol of leadership, was used initially by Ralambo to distinguish royalty from the populace (Andriamifidy, 1908:45-46). Later the palladia acted completely at the behest of the sovereign so that when Matsatso disobeyed Andriamasinavalona, it was excluded from the royal pantheon and its group reduced in status (*TA*, 1908:178). In the remote past then, group palladia included in the pantheon represented political relationships and relative status between monarch and group.

A more complete picture emerges for the nineteenth century. As in the earlier period the royal pantheon promoted national unity by fixing group loyalty on the king. The Vig manuscript thus reports that Kelimalaza, in addition to having the power to increase fertility, protect rice, and heal disease, made kings kind to their subjects and made subjects loyal to their kings (Vig, c. 1875 in 1971:14, 16).[12] All sources emphasize the royal palladium's ability to expand the kingdom and preserve order. Specifically, a royal palladium would protect the king's army and safeguard the people from attacks by bandits. The emphasis on

---

11. Andrainaivoravelona reported that before the advent of "royal idols" there were only personal amulets. See Clark (1885:81).

12. p. 16: "Ho tian'Andriana, ho-tiam-bahoaka."

preserving order and efficient administration was a reaction to the social turmoil of the mid-nineteenth century when most of the traditional Malagasy sources were collected.[13]

In the 1830s when Merina saw missionaries and Christianity as the principal cause of unrest, they attributed to the royal palladium, Mahavaly, the power to "smell out" Europeans and their converts. Ranavalona observed that her kingdom's viability depended on loyalty to the ways of Malagasy, not European, ancestors and so she insisted that her subjects call for aid upon Kelimalaza, not Jesus (Ellis, 1838: II 418–21; Ranavalona I, 20 Feb 1835). As the crisis of order grew, the royal pantheon and the guardians of its palladia assumed a paramount position in traditionalist attempts to reduce social discord.

Palladium Rituals and Sacred Kingship. Both group and national ritual using palladia had similar objectives. In the nineteenth century, palladia served as symbols of unity in rituals which sought to preserve traditional social order in the face of unprecedented foreign influences. Most of the oral literature collected during the period of upheaval in the mid-nineteenth century abounds with lengthy descriptions of palladia rituals as well as exhortations to continue in the ancestors' ways.

Kelimalaza was the palladium of the Ambohimanambola as well as the principal component of the royal pantheon. The Vig manuscript provides an excellent description of a palladium ritual in the tumultuous times of Ranavalona I when Andriantsavo headed the Ambohimanambola (Vig, c.1875 in 1971:72, pars. 163–64).[14]

> Then Andriantsavo returned carrying water in a white horn (*tandrompotsy*) in which was the ginger of God; with his hand he sprinkled the people present and said: "May you be blessed by the water of this white horn with which I sprinkled you, for this is not ordinary water but the water of the divine Kelimalaza, so you will be blessed by Kelimalaza." And when the water was sprayed upon the people, he returned to Kelimalaza and dressed him in a *lambamena*, arranging it so the ends hung around his shoulders

---

13. A typical statement of royal *sampy* powers occurs in the Merina Manuscripts, Boky 7, 1865, (1970:57–58). For Kelimalaza: "nentiny namory ny fanjakany (ny Andriana), nataony hampahery azy raha miady izy; ary haharesy ny fahavalo miady aminy . . . ary ho entiny mitana ny fanjakana efa azony." (Rakelimalaza allowed the sovereign to bring his government together; it made him (the king) strong in battle and conquered the bandits in his kingdom and consolidated his rule over lands already his own.") See also Jones, et al., (1 Apr 26–Sept 1823:LMS–J, I/7, 51–52); Johns (14 Nov 1829:LMS–LR, III/4/B); Griffiths and Baker (2 Dec 1831:LMS– LR, IV/1/C).

14. My translation from Malagasy.

just the way people usually wear it; and then Kelimalaza was taken outside and shown to the people. Then he was carried on a long staff and two people preceded him.

A central element in palladium ritual is the sprinkling of water upon those of lower status, and this element assumes paramount importance in rituals of the royal pantheon in times of crisis. Each palladium possessed a "white horn" (*tandrompotsy*) filled with sacred water. In order to assuage widespread public discontent in 1854, Ranavalona I had a zebu killed in honor of Kelimalaza. The ceremony, however, was preceded by a gathering of all "courtesans" at the hut of yet another royal talisman where the sovereign had the crowd sprinkled with water in order to purge them of sorcery (Raombana, 8 Jan 1854 in 1930:19). Sibree described a similar ceremony performed by Queen Rasoherina in 1864. The royal rite paralleled deme rites (Sibree, 1900:493):

> Holding in her hand the horn (N.B. *tandrompotsy*) filled with warm water, and attended by the high officers, the Queen passed through the people, sprinkling them on either hand, and then the soldiers and officers of the guard in the veranda.

Kelimalaza's white horn of sacred water, often mixed with ginger (*sakamalao*), protected the sovereign and his subjects from sorcery, banditry, and the ravages of war. The "white horn" resided alongside the palladium itself in the sacred northeast corner of its guardian's hut and was brought out for use in various rites including blessings on the birth of a royal child and on the sovereign himself during the national bath festival (*fandroana*).[15]

Palladium rites combined with water sprinkling mark a relatively recent phase in the evolution of the royal pantheon as an instrument to connect social unity with the well-being of the sovereign. Though water sprinkling and palladium rites emerged in the remote past, they existed as separate rituals. Traditional sources observe that only in the times of Andrianampoinimerina and later did the two ritual systems combine.

---

15. Griffiths, Journal (18 Jan–19 Jul) entry of 19 June, LMS–J, I/4 for earliest description of the white horn and sprinkling; Griffiths and Baker (2 Dec 1831: LMS–LR, IV/1/C) and Ellis (1838:II, 464–65) for military success; *TA* 1908:307); Callet (8 Sept 1875 in 1877: 180–81); and Lars Vig (1908, 1969:159) for white horn and water sprinkling in various benedictions. The method of consulting Kelimalaza described in *TA* (1908:175) similarly emphasizes the role of the white horn filled with water which is sprinkled upon the people. See also, A. Grandidier, *Carnets de Voyage*, MS. Cahier 25 (1848–1856), Musée de l'Homme, pp. 1827–32.

The merging of these rites is best explained by the extraordinary symbolic efficacy of water in Merina ritual and the support it might add to royal dominance in political alliances with groups expressed in the royal pantheon system. Renel has long since observed the pervasive role of water in a variety of Merina rites (Renel, 1915: 113–17). Bloch's recent study of circumcision suggests that the water sprayed on a child's head by an elder represents the "continuity of the generations" making the child a part of the group's "stream of life" which leads from dead ancestors through elders to the young. Sprinkled water then is a transmission line of group membership (M. Bloch, personal communication, 1975). By incorporating a similar rite into the royal pantheon ritual, the sovereign interceded symbolically in the "stream of life" between ancestors and the living. Thus, it was through him that groups obtained and conserved membership in a wider social grouping ordained by the hoariest of ancestors. In this way the kings transformed political alliances into relationships approximating kinship (*fihavanana*).[16]

The evolution of a royal cult began with a pantheon representing political arrangements between groups and sovereigns. Such an alliance was expressed in ritual by the inclusion of a group palladium into the royal pantheon. Oral literature examined above repeatedly reports this form of ritual for the earliest sovereigns from Ralambo and Andrianjaka to Andriamasinavalona. For the same period, water sprinkling played an important role in royal ritual though it was in no way connected to the royal pantheon. Subsequently, however, the purely political and consensual nature of pantheon ritual gave way to rites that expressed a superior-inferior relationship between group and sovereign when water sprinkling and pantheon ritual combined, placing the king directly in line between ancestors and demes. This transformation of ritual combining water sprinkling with pantheon ritual appears in oral literature during the reign of Andrianampoinimerina in the late eighteenth century and reflected the increased sacralization of kingship, a development which coincided with the growing secular power provided by a professional standing army. While the pantheon ritual system had previously promoted unity between groups and sovereigns based on consensual political arrangements, its coordination with the water sprinkling ceremony tied national unity to the elevation of sacred kingship.

---

16. Kinship terms may denote positive moral value rather than genealogical relationships. Thus a political ally may be considered kin. See Bloch (1971).

Hasina *Ceremony and the Royal Pantheon.* The presentation of *hasina*, as well, was grafted onto royal pantheon ritual and the combined ceremonies defined a group's status relative to other groups and to royalty itself. Whereas pantheon ritual in the remote past represented a contract of mutual dependence between group and sovereign, the *hasina* ceremony, just as water sprinkling, changed the ritual into an expression of relations between superior and inferior.

Maurice Bloch suggests two meanings for the word *hasina*, to be distinguished by applying mark I or mark II. The first, *hasina* mark I, is the possession of "innate religious superiority," or as Richardson put it in 1888, "an intrinsic or supernatural virtue which renders a thing good and efficacious." The second, *hasina* mark II, is the homage rendered by inferiors to superiors. In practice, *hasina* mark II is offered in the form of gifts such as an uncut silver coin (*vola tsy vaky*) or parts of prized cattle. In the *hasina* ceremony, *hasina* mark II is given by inferiors to superiors in exchange for *hasina* mark I in the form of blessings of fertility and efficacy. The transaction often takes place between groups of unequal status and the opposing flows, *hasina* mark II upwards and *hasina* mark I downwards, form a hierarchy in which all groups are ranked in order of status with royalty at the apex. (Bloch: 1977).

While offerings to superiors, and royalty in particular, is an institution dating to the distant and forgotten past, *hasina* rites merged with rituals of the royal pantheon only from the reign of Andrianampoinimerina onwards. Traditional literature notes that from the very inception of the palladium system, a palladium's guardians required gifts (*hasina* mark II) in exchange for the palladium's protection (*hasina* mark I) (*Firaketana*, 1957:71–72; Vig, c.1875:Boky I; *TA*, 1908:175; Manuscrits Merina Boky 7 c.1865 in 1970:57; K. Jeffreys, 1827:147; Freeman and Johns, 1840:64).[17]

Before the creation of a royal pantheon, or in later years, if a group palladium was not a member of the royal pantheon, the *hasina* transaction occurred between the group's palladium guardians (the superiors) and inferior groups or individuals. As group palladia were included in the royal pantheon, however, an additional transaction arose in which *hasina* mark II offerings went first to the king at the apex of the hierarchy and then to the group's palladium's guardians. Just as the king interposed between dead ancestors and the living through his manipulation

---

17. Even where *sampy* were not involved as in the case of holy stones (*vatomasina*) some sort of offering (*sorona* or *faditra*) must be made to receive well-being.

of the water sprinkling ceremony, Andrianampoinimerina placed himself between group palladium guardians dispensing *hasina* mark I and supplicants offering *hasina* mark II. The Vig manuscript observes that the populace presented *hasina* mark II in the form of the unbroken coin (*vola tsy vaky*) to Andrianampoinimerina during the royal bath festival (*fandroana*) as well as cattle (*volavita, omby malaza*) on yet other occasions in exchange for his blessings of *hasina* mark II in an offering to the guardians of his wife's deme palladium, Imanjakatsiroa, also a member of the royal pantheon. In return, the king received blessings (*hasina* mark I) which could then be passed on to the population at large. In effect, the guardians of Imanjakatsiroa received their due offerings of *hasina* mark II, but only through the auspices of the king.[18] Thus the *hasina* hierarchy combined with royal pantheon ritual to bolster the sacral nature of the king's authority.

By the third decade of the nineteenth century, the new Queen, Ranavalona I, attempted to counteract European influence not only by expelling missionaries and persecuting converts, but also by reestablishing rituals of a royal cult which had been created in the late eighteenth century by Andrianampoinimerina which had lapsed subsequently during the pro-European reign of Radama I in the 1820s. During the "nativist" reaction presided over by Ranavalona I, the guardians of Kelimalaza rose again to prominence and emphasized repeatedly that the Queen's authority rested on the sovereign's dominant role in *hasina* and pantheon ceremony, insisting that as in the times long past, the sovereign should offer the unbroken silver coin and ginger to Kelimalaza in order to strengthen the kingdom.[19] The impending threat of social disintegration after the death of Radama I and the rise of traditional zeal in the late 1820s assured that Ranavalona I's investiture ceremony in June 1829 would consist of an almost baroque amalgam of ritual intended to emphasize the sacred character of her reign. Attention centered upon the royal pantheon. At the tomb of Andriamasinavalona, Ranavalona

18. Vig (c.1875 in 1971:188 par. 18): "dia miantso sy nanasina azy (Andrianampoinimerina)"; and p. 214, par. 59: "Manalotra ny hasina ho anao aho (Andrianampoinimerina). See also ibid., p. 212. Rambolamasoandro, Andrianampoinimerina's wife at Ambohimanga, was the principal guardian of Imanjakatsiroa and is reputed to have come from Ambarasoa, a Sakalava town (ibid., p. 188, par. 16).

19. Manuscrits Merina, Boky 7 (1865 in 1970:57): "... dia manasina vola tsy vaky sy sakamalao and'Rakelimalaza izy (andriana)."

Sampy guardians threatened by the new European religion saw Ranavalona's reign as an opportunity to regain their exalted status. Their zeal is openly expressed in the Merina Manuscripts which Grandidier elicited from them in the mid-1860s when it was becoming increasingly clear that their cause was lost.

offered *hasina* in the form of scarlet flags to the guardians of Fantaka and Imanjakatsiroa saying "my ancestors have given you to me, therefore support me." The royal palladia were brought out and displayed to the population. They were fastened to a long staff with other symbols of royal authority including scarlet cloth, a coral stone (*arana*), a green diamond-shaped stone (*andriantsiriry*), and a six link silver chain. After the royal presentation of *hasina* mark II to the palladia, in return for *hasina* mark I assuring her royal power, each group presented *hasina* mark II to the sovereign in exchange for *hasina* mark I blessings (Colonial Office Memorandum, Mar 1830:LMS–LR, III/3/B; Ellis, 1838:II 422, 424–425).

The preceding discussion shows a gradual merging of ritual elements into a royal cult. In the remote past, water sprinkling, *hasina* ceremony, and the palladium system expressed group corporateness and relative status. As the power of royalty grew, sovereigns appropriated an increasingly dominant role in these rituals and combined them into a royal cult which sanctioned political rule over groups by emphasizing innate sacredness of kingship. Whereas, in the days of Ralambo, membership in the pantheon represented a relatively consensual relationship, such membership by the time of Andrianampoinimerina reflected an unequal relationship, religious superiority clearly belonging to the sovereign who alone could transmit well-being from ancient ancestors to his subjects. The emphasis upon royal sacredness lapsed under Radama I, who depended more on a European-trained army to exert his authority, but in the chaos which followed his reign, the sacred aspects of kingship again became significant in Ranavalona I's attempts to hold the monarchy together.

Political Equality and Ritual Inferiority. On the group level, palladia represented group unity so that several towns composing a group's ancestral lands (*tanin'drazana*) would possess a common palladium. Though no group was exclusively charged with priestly duties it generally fell to elders to manage palladium ritual. The palladium, Rabehaza, united six villages, and responsibility for its maintenance rotated among the elders of each village.[20]

More often a single family was charged with sacerdotal duties. Thus, though the Ramahavaly palladium had a following which crossed group divisions, its guardians were chosen from descendants of

---

20. Terms such as "family," and "elders" are admittedly vague but the sources do not allow more precision.

Riamangidy. Similarly the guardians of Tsimahalahy belonged to the same family (Renel 1915:152; Rainivelo, 1875:112; Ellis, 1838:I 401; Freeman and Johns, 1840: 54–55).

The most well-known group palladium, Kelimalaza, was the principal component of the royal pantheon as well and represented the deme of Ambohimanambola, which trace their ancestry to Ravololonandriana, allegedly the daughter of Ralambo and the sister of Andriantompokoindrindra (Vig, c.1875 Boky I in 1971:80 par. 186).[21] The Ambohimanambola represented by their palladium guardians have played a significant role in royal politics and received a special place in the status hierarchy of demes represented in political rights as well as ritual duties. At the height of the nativist reaction under Ranavalona I, Ambohimanambola received from 200 to 300 bullocks a year from the Queen as well as sheep, fowl, and hard currency. Financial support was only a part of what was due. The Ambohimanambola were an almost autonomous group with few legal responsibilities to the sovereign other than bestowing Kelimalaza's blessings upon the king. They had the right to judge and condemn criminals without interference from the sovereign (*"ketsa mahafehy tena"*) and could not be prosecuted for crimes committed (*"tsy maty manota"*). In addition Ambohimanambola was exempt from corvée labor and army service (*"tsy atao miaramila"*) as well as various state taxes (*isampangady, landin'ny manjaka, variraiventy*) and the *vodivona* offering to the king which they were entitled to receive from other groups. They were considered by the king as kin (*"havako, hoy ny Mpanjaka"*), as the "one third of Imerina" (*fahatelon'Imerina*) and finally as nobles who were sufficient unto themselves (*Andriana mahavita tena*). These rights were granted before Andrianampoinimerina and subsequently reenforced. Ranavalona I exempted the Ambohimanambola from mission school attendance (Vig, c. 1875 Boky I in 1971: pars. 61–64; *Firaketana*, 1939:354, 1957:73–74; Gautier, 1897:106; L. Dahle, 1877:II 131–32; Johns, 30 May 1833:LMS–LR, IV/4/B; Cousins, 24 Sept 1869:LMS–LR, VIII/ 6/C; Griffiths and Jones, Dec 1829: LMS–LR, II/2/C).

Political autonomy for groups, it seems, was not reflected in pantheon ritual. The picture which emerges from a description of Ambohimanambola political rights presents a striking contrast between their inferior status manifested in royal pantheon ritual and their actual power in the political sphere. While their palladium, Kelimalaza, operated in ritual at the behest of the sovereign in a *hasina* transaction which

---

21. Rasamimanana's relation of traditions concerning Andriantompokoindrindra makes no mention of Ravololonandriana.

emphasized subservience to royalty, in legal practice Ambohimanambola assumed a more equal status. This discrepancy derived from historical movements discussed above. Ambohimanambola's juridical independence carried over from the remote past when inclusion in the royal pantheon represented a consensual relationship. Their ritual inferiority resulted from comparatively recent attempts by sovereigns from Andrianampoinimerina to emphasize royal sacredness through pantheon ritual. To some extent the ritual itself recognizes the real political power of Ambohimanambola in rites which have the king presenting *hasina* to them. But insofar as the entire ceremony came to center upon the king and was led by him, royal legitimacy depended more and more on expanding rites, such as water sprinkling and *hasina* which emphasized the innate religious superiority of the king. Dependence on this religious sanction held monarchy together despite the actual equality of political power of so-called "subservient" demes. When traditional sacredness itself was questioned by Christianity and eventually eclipsed by it after 1868, the last prop of monarchy fell and disunity followed.

Priestcraft and the Tarnished Crown: The Pantheon's Decline. The decline in the belief in traditional sanctions is best illustrated in the uncertain fate of palladia guardians throughout the nineteenth century.

With the establishment of the London Missionary Society's station in Tananarive in 1818 and Radama's encouragement of mission schools in the following decade, Christianity first presented an alternative to traditional belief. Though Radama I continued the rituals ordained by ancestors, he placed as much faith in European technology, in the form of a modern army, to maintain his authority. The apparent success of European influence led to widespread anxiety among the traditional religious elite and when Radama I died in July 1828 they rose in support of a monarch who would stem the Christian advance. Ranavalona I came to power.

> Now the idol Kelimalaza and the divination sikidy are entered into Court, which Radama has chased away for some years past, and they now direct and govern all things as they did twenty years ago. Every superstition is renewed ... (Jones, 10 Oct 1828:LMS–LR, II/4/D).

Radama I had paid the salaries of mission school teachers and the payment could have been construed by palladium guardians as a misdirected form of *hasina* offering. Moreover, he required that each deme send a number of students to mission schools. In 1829, however, Ranavalona I abolished teachers' stipends and exempted Ambohimanambola, the deme represented by the Kelimalaza palladium, from mandatory school attendance (Griffiths and Jones, Dec 1829:LMS–LR, II/2/C). Traditionally, various taboos (*fady*) associated with Kelimalaza emphasized the sacredness of the palladium, and the principal interdiction was against pigs. By established custom, no pigs were allowed east of the Ambifotsy River or within about 30 miles of the capital (*TA*, 1908:185; *Firaketana*, 1957:69–70; Van Gennep, 1904:122–23; Griffiths, 18 Jan–19 Jul 1822: LMS–J, I/4 entry of 26 May; Jones, et al., 1 Aug 1822–10 Apr 1823: LMS-J, I/5a).

By late 1822, however, Radama I had allowed the interdiction (*fady*) against pigs to lapse to the point where only Ambohimanambola and Ambohimanga, the two principal sites of Kelimalaza, maintained the traditional interdiction. But when Ranavalona I came to the throne, she consented to the demands of palladium guardians and proclaimed in 1830 that pigs would be excluded from all Imerina "according to the custom prevailing in the days of Radama's father," Andrianampoinimerina (Jeffreys, 15 Jan–19 May 1823:LMS–J, I/6 entry of 21 Feb.; Jones, et al., 1 Apr–26 Sept 1823:LMS–J, I/7 pp. 17, 49–51; Freeman, 17 May 1830:LMS–LR, III/3/B).

In the early 1830s a court struggle ensued between Christian and palladium partisans. Palladium guardians from various groups represented in the royal pantheon brought their grievances to Rainiharo who implored the Queen to recognize that it was through the pantheon system alone that sovereigns could rule effectively. He was opposed at court by Andriamihiaja who argued that European learning and techniques would assure the throne's authority (Griffiths and Baker, 2 Dec 1831: LMS–LR, IV/1/C; Freeman and Johns, 1840:88). Traditional forces won the day and from the mid-1830s to Ranavalona's fall from power after 1857, Christianity in all of its forms was purged and ancient ritual, particularly the rites of the royal pantheon, were restored as described earlier.[22]

The traditional restoration under Ranavalona I was, however, by no means a complete triumph for belief in the palladium system and an utter defeat of the Christian ideal, despite the exaggerated accounts of

---

22. Johns (26 Sept 1838:LMS–LR, V/2/C); Baker (9 Nov 1835: LMS–LR, V/2/C); Johns (21 Jul 1837:LMS–LR, V/3/A); Jones (20 Jul 1840: LMS–LR, V/3/C); Manuscrits Merina, (1869–1870:Vol. II, cahier 11a); Rainandriamampandry, (1887?:III); The Missionary literature on the return to traditional forms presents the movement as a triumph of darkness. The best examples are: Freeman and Johns (1840); Ellis, (1838, Chapt. 18); Andriamifidy (1889); Gautier (1897:105); Pr. Rabary (1930); and Pr. Rajoelisolo (1957). A recent scholarly corrective to the traditional missionary view of Ranavalona's reign was presented by S. Ayache in *BM* (1963).

European missionaries. The two ideals coexisted, the palladia backed by guardians and royal policy and Christianity by large numbers of displaced converts who worshipped secretly. But the years of Ranavalona I's reign marked the last phase of the pantheon's efficacy. When Radama II replaced Ranavalona, Christianity emerged stronger than ever and led to a period of acute uncertainty for palladium guardians who tried in vain to persuade the young monarch to forbid Christianity (A. Davidson, 4 May 1863: LMS–LR, VI/3/D).[23] A "possession epidemic" led by disenchanted palladium guardians swept Imerina three months before the dethronement of Radama Ii and warned of imminent destruction unless the ancestors' ways were strictly adhered to (Ellis, 16 May 1863:LMS–LR, VII).[24] Rasoherina assumed power in 1863 and the palladium system seemed headed for destruction as the new Queen espoused increasingly pro-Christian ideas. At her ascension to the throne, Ranavalone II, in public addresses, no longer called on the royal pantheon as a sanction of her reign. When she was officially crowned in 1868, references to palladia were absent, and during the national bath ritual (*fandroana*) of 1869 all palladium rites previously associated with the bath had been eliminated. In February 1869 Ranavalona II was baptized (Ranavalona II, Jul 1868; Andriambelo, 3 May 1869:LMS–LR, VIII/6/a).

At the same time palladium ritual disappeared from the royal court, palladium guardians lost their special political rights. The Ambohimanambola, the deme of Kelimalaza, were deprived of autonomous jurisdiction (*tsy maty manota*) and forced now to contribute as all other demes to military and other government service. All outward signs of their special status, including the right to be greeted as nobles and to carry red umbrellas, were abolished (Cousins, 24 Sept 1859:LMS–LR, VIII/6/C). To be sure, palladium guardians continued to press their cause at Court, but to no avail. On September 8, 1869, Ranavalona II had Kelimalaza burned and on the following day, Ramahavaly, Manjakatsiroa, Fantaka, Rabehaza, and Ranoro were destroyed.[25] The burnings were supervised by a crack division of the royal army which now served as the principal

23. For political developments at the court between 1856 and 1863 see G. S. Chapus and G. Mondain (1953); A. Boudou (1943); and R. Delvel (1974).
   Caldwell reports that during Radama II's coronation, the "king paid no attention" to the guardians "neither did he affront them" though they pressed up "so close to the platform that they invaded the place of, and got mixed up with, the band of Les Enfants de la Ressource, directed by the Jesuit Missionaries. . . ." See S. P. Oliver (1862:87).
24. Raison-Jourde (1976), based primarily on French sources portrays the "epidemic" as a provincial reaction against Merina rule. Attention to English sources will show, however, that the insurrection permeated the highest echelons of the Merina court itself.
25. Cousins (24 Sep. 1869:LMS–LR, VIII/6/C) and Vig (c.1875–1889?: Boky VIII) for the burning of Ranoro, and Vig (c.1875–1889? in 1971: 82, 84) for Kelimalaza. See

source of the sovereign's authority, a development which Radama I foresaw 45 years earlier when he recognized the potential power of European technique.

In the years that followed, Christianity became a dominant faith, even among the Ambohimanambola, whose first pastor, Rakotomainty, was a former guardian of the palladium, Kelimalaza (Vig, c. 1875–1889? in 1971:86–90). In the political sphere a new system based on European legal and administrative practices arose under the stewardship of Prime Minister Rainilaiarivony.[26] Most Merina, however, continued to believe in the *ody-sampy* complex and expressed their dissatisfaction with official neglect of ancient custom in a number of "possession epidemics," the most famous of which, led by the palladium guardians of Ravololona, occurred as late as 1895 just as French occupation of Madagascar seemed imminent.[27]

The evolution of the *ody-sampy* complex in Imerina comprises four phases. In the first, occurring in the remote past when demes existed autonomously, *ody* protected individuals and palladia (*sampy*) provided for the general well-being of each group. The second phase coincided with the rise of lowland agriculture and large-scale irrigation which required cooperation between groups and promoted a central authority under the first kings from Andriamanelo to Andriatsitakatrandriana. The royal pantheon emerged as a structure of consensus between group and sovereign expressed in ritual by the inclusion of a group's palladium in the royal pantheon. Increased sacralization of the royal pantheon marks the third phase, which took place towards the end of the eighteenth century under Andrianampoinimerina. Though demes retained a great deal of legal autonomy, pantheon ritual stressed inequality between king and deme by emphasizing the innate religious superiority of royalty. In the final phase, Christianity replaced belief in the pantheon as a sanction of royal authority, and European administrative techniques superceded royal ritual.

---

also *TA* (1908:234–36); *Firaketana*, (1957: 75–78); Rabary (1930:124–29); Rainivelo (1875, 2nd ed.: 107–10); Ranavalona II, (1939:xxii); G. S. Chapus (1953:82–86).

26. See Chapus (1953). A collection of documents representative of his administrative innovations may be found in G. Julien (1908).

27. For continued belief in *sampy* see Cameron (20 Feb 1873:LMS–LR, X/4/C) and Woodward (20 Oct 1878:SPG–LR, D.48). For the possession epidemic of 1863, see Ellis (16 May 1863:LMS–LR, VI/3); of 1877, see Wills (25 Apr 1877:LMS–LR, XIV/2/0); of 1887, see L. Vig (1888:276–77); and for 1895–96, see Rev. M. Rasamuel (1948–52). I am currently preparing a study on the relationship between the continued belief in the protector system and the rise of popular protest movements in late nineteenth-century Imerina.

10

La société malgache vers 1880

HÉLÈNE RATRIMOHARINOSY

Le XIXe, sans doute plus que toute autre période de l'histoire malgache, est riche d'événements en relation avec le monde. En effet, comme beaucoup de pays de régions tropicales, l'île n'échappait pas au souffle d'expansion européenne.

L'impact occidental était ressenti différemment par les dirigeants successifs de l'île; mais quelle que soit leur attitude cette entrée brutale des Occidentaux est à l'origine de bien des changements. Nous ne nous attarderons pas sur les faits eux-mêmes, bien qu'ils présentent un intérêt certain, mais plutôt sur leurs répercussions sur la société malgache. En effet, ont-ils bouleversé l'ordre établi ou au contraire ont-ils mis en évidence les réalités Malgaches? Les sources dont nous disposons nous permettent de répondre que les bouleversements ont révélé certains traits caractéristiques malgaches.

Nos observations ont été, en effet, en grande partie tirées du *Journal de Rainilaiarivony*, un des témoignages écrits de l'époque qui mérite une attention particulière, lorsque nous savons que la tradition orale était encore le moyen de transmission des idées, le plus couramment en usage. Une fois au poste de Premier Ministre en Juillet 1864, Rainilaiarivony se soucia de faire consigner par écrit ce qui méritait de l'être. C'est ainsi que nous trouvons côte à côte des événements concernant le Gouvernement de la Reine et des aspects de sa vie familiale pas trop teintée de caractère officiel.

N'ayant donc pas le caractère intime comme le laisserait supposer le nom que nous lui prêtons, le *Journal de Rainilaiarivony* nous épargne un nombre de détails relatifs aussi bien au pays qu'à la vie quotidienne des Malgaches. Par chance, cette lacune est partiellement comblée par les écrits des étrangers, lesquels avec leur optique d'étrangers nous rapportent d'intéressantes indications, aussi bien sur l'espace géographique que la population.

L'espace malgache. Dans l'ensemble, le contexte géographique est à peu près le même que celui dont nous sommes témoins au XXe, à quelques exceptions près. Le pays présentait donc un aspect dénudé qu'accentuait une vie volontairement déprédative, malgré l'effort de protection de la forêt naturelle de la part de Rainilaiarivony.

C'est dans ce cadre qui vivait une société stratifiée, dont il nous manque encore bien des éléments.

Une société stratifiée.

LA VIE DE TOUS LES JOURS ET COUTUMES LOCALES. La description de la vie de tous les jours de la population malgache durant la seconde moitié du XIXe siècle serait comparable à une mosaïque dont nous ne disposons que de quelques éléments mis en relief en partie par l'effort d'expansion *merina*. En effet, la vie des Malgaches de l'époque était partagée entre les occupations domestiques, les corvées et les guerres entre ethnies au Sud, chez les Bara, les corvées ne semblent pas perturber leur vie de tous les jours: C'est plutôt le tempéramment guerrier partagé entre les razzias et les vols de zébus, synonyme de sport amoureux, qui les éloignent des travaux des champs quasi laissés aux soins des femmes et des enfants. Mais quelle que soit l'application des perturber leur vie de tous les jours: C'est plutôt le tempérament guerrier partagé entre les razzias et les vols de zébus, synonyme de sport répétée des hommes pour l'un ou l'autre motif.

Les deux motifs d'absence des hommes que nous évoquions sont parmi les plus fréquents et réduisaient sensiblement les mains valides pour les travaux des champs. C'est sans doute une circonstance à l'origine des nombreuses coutumes d'entr'aide soit sur le plan du travail, soit sur le plan des relations humaines. Concernant le premier domaine nous pouvons nous attarder sur deux cas souvent évoqués par le *Journal du Premier Ministre*, à savoir le *valin-tanana* et la convention des forgerons. Le *valin-tanana* veut dire littéralement rendre la main, action de "rendre service pour service." Il se pratiquait très couramment pour les travaux des champs, sans que personne n'ait eu l'idée de le remettre en cause. Cette coutume ancrée profondément dans la vie de tous les jours du Malgache ne connut des altérations qu'avec la vulgarisation de la monnaie et surtout la colonisation. Le seul problème introduit par cette coutume était que la personne aidée devait assurer les repas des personnes travaillant pour elle.[1]

---

1. Avec un sou vers 1880 on pouvait acheter environ 1 kg de riz pour une personne, ration d'une journée, ainsi que les accompagnements.

La convention des forgerons existerait depuis Ranavalona I, selon une évocation rapide de Rainisoa, un membre du Gouvernement de Rainilaiarivony, au cours d'une réunion gouvernementale. L'entr'aide existant dans certains domaines semblait donc atténuer le sentiment d'isolement. C'est sans doute dans le même esprit que des coutumes d'entr'aide sur le plan purement moral ont-elles été instaurées. Il s'agit du *fati-dra* ou *vaki-ra*, serment du sang. Très répandue dans l'île, cette coutume revêt des formes d'expressions diverses, mais elles reste inchangée dans son principe qui consiste à se jurer confiance et aide pour toute la vie à travers toute adversité. Elle devait se pratiquer dans toutes les classes sociales: par exemple L. Huard dans la "Guerre illustrée" rapporte une intéressante description du "*fati-dra*" qui aurait rendu frères du sang le roi Radama II et Lambert. La cérémonie, que l'on pourrait attribuer aux ethnies du centre, consistait en une

> légère incision au creux de l'estomac; celui qui est chargé de présider la cérémonie, humecte deux petits morceaux de gingembre du sang qui s'échappe de ces légères blessures et chacun des contractants mange le morceau de gingembre teint du sang de l'autre. Le président mélange ensuite dans un vase spécial: de l'eau douce, du riz, de l'eau salée, de l'argent, de la poudre et ces divers ingrédients sont appelés "les témoins du serment." Il trempe les pointes de deux sagaies dans ce mélange et les frappent, avec l'arme qui a servi à faire les deux blessures, il prononce, des imprécations terribles que l'on peut résumer en une phrase: les parents seront dévorés par les chiens en cas de manquement. Après que les contractants aient prononcé chacun à leur tout le serment, ils lancent les sagaies qu'on leur a remises, dans la direction des 4 points cardinaux. Cette opération a pour but de repousser les mauvais génies, toujours prêts selon la croyance madécasse, à s'opposer aux bonnes intentions. Pendant ce temps le maître de la cérémonie a préparé un breuvage d'une composition toute spéciale, il en fait boire les deux nouveaux frères de sang, en adjurant toutes les puissances du ciel et des enfers, de le changer en poison pour celui qui n'aurait pas fait le serment de bonne foi et en toute sincérité.

La description que rapporte Dean Cowan, qui a parcouru les Pays Bara et Tanala, est beaucoup plus simple: la cérémonie consiste à retirer un peu de sang au-dessus du niveau du coeur. Ce sang est mélangé à un petit morceau de volaille ou à un morceau de foie de boeuf, que chaque contractant mange.

L'entr'aide et le serment du sang sont pratiqués couramment parmi la population qui semble soucieuse de vouloir briser des barrières sociales face à des problèmes de tout ordre, tandis que la Reine et son

Gouvernement se préoccupent de préserver officiellement le maintien de chaque classe sociale. En effet, le mariage entre catégories différentes ne se faisait pas sans l'accord du Gouvernement de la Reine. Deux cas peuvent être relevés dans le *Journal de Rainilaiarivony:* en Novembre 1884, par exemple, Ravaotsirofo perd ses droits d'Andriamasinavalona en épousant un *hova;* Ravao bénéficie au contraire des droits d'Andrianamboninolona en épousant Razafimahefa, mais du vivant de son époux, seulement, et sur décision de la Reine, fondée sur une appréciation du Premier Ministre, et de quelques membres du Gouvernement à savoir Rasoamanana, Ramoralambo, et le *mpitandrina,* "l'équivalent du pasteur" Andrianaivoravelona.

Cette discrimination est compensée en partie par la politique de la sauvegarde de l'unité familiale. En effet les cas de divorce sont aussi fréquents dans les grandes villes que dans les campagnes. Les affectations des hommes en provinces sont une des causes le plus couramment évoquées, mettant ainsi en cause le système administratif du Gouvernement. Le Premier Ministre n'ignore pas cette situation, tout en étant conscient du rôle de la famille dans la société qu'il veut réformer. Aussi harcèle-t-il les responsables de la Justice de faire le nécessaire pour limiter les séparations. Cette politique de protection familiale semble prolonger une coutume en l'honneur des enfants. En effet, la naissance d'un enfant, surtout lorsqu'il est du sexe masculin, peut entraîner le changement de nom du père, et plus rarement de la mère: par exemple nous relevons dans le *Journal de Rainilaiarivony,* en Octobre 1884, un de ses fils nommé Ramariavelo devient Rainiharovony à la naissance de son fils qu'il a dénommé Raharovony. Ce changement peut se produire aussi dans le cas d'une adoption soit d'un des membres de la famille, soit d'une personne étrangère qui peut être d'origine esclave. Le nouveau nom de l'adulte est précédé selon le cas, de *Raini* "père de" ou de *Reni,* "mère d'un tel." Ce système qui avait sans doute ses intérêts dans l'usage courant complique sérieusement la compréhension des textes de l'époque car les scribes utilisent indifféremment les deux patronymes pour désigner la même personne.

La vie courante est aussi entrecoupée par les rites funéraires: au moment de la mort, et du retournement des restes mortels. Cette coutume semble être la même pour le peuple et les souverains, avec cette différence que la mort d'une Reine est annoncée par des coups de canons. Elle est aussitôt suivie du rite de la coiffure des femmes. Un étranger présent sur une place publique à l'annonce de la mort de Ranavalona II en Juillet 1883, a été frappé d'étonnement à la vue des femmes, lesquelles, spontanément et dans un mouvement d'ensemble comme commandées par une baguette magique "s'assoient par terre pour défaire leurs nattes." Les hommes se raseraient; et ces signes extérieurs sont ponctués par un arrêt des activités dont la durée est fonction des circonstances; par exemple, le deuil de Ranavalona II a été abrégé en raison de la crise de 1883–1885. A leur mort les souverains sont appelés *masina* "saint, efficace." Un conte populaire d'origine betsileo explique cela par le fait qu'au moment de l'exposition du corps d'un de leurs souverains, un grand coup de vent emporta le corps dans le ciel qui s'entrouvrit pour l'accueillir.

La population prend part au deuil royal non seulement par des signes extérieurs, mais matériellement aussi en participant à la fabrication du *lakam-bola* "pirogue d'argent," le cercueil royal, en *manatidranomaso* "apportant leurs larmes" représentées en réalité par une somme d'argent.

En contrepartie, à la mort de l'un des serviteurs de la Reine ou de l'un des fonctionnaires, le Gouvernement participe aux frais dont le montant est fonction des services rendus par le défunt de son vivant.

Le retournement des morts est sévèrement contrôlé, surtout lorsqu'il s'agit des restes mortels décédés de la variole.[2]

Les *Makoa* habitant la région de Majunga[3] pratiquent cette cérémonie chaque mois *adijady* pour les restes mortels de leurs chefs qu'ils promènent dans la ville avant de les remettre dans le tombeau royal. Cette coutume est l'occasion d'énormes dépenses de fonds et d'énergie, car les Makoa dansent souvent toute la nuit jusqu'au matin. Ces longues veillées mouvementées les épuisent et les paralysent pendant un certain temps alors qu'ils sont recherchés pour leur résistance physique pour le portage ou le service militaire. Aussi en 1881, le Gouverneur de Majunga, Ramasy, 14 Hrs[4] essaie de les raisonner avec succès, car ces pratiques renouvelées les ruinent et finissent par les pousser à voler.

L'imagination populaire enrichit ces coutumes, par la variété de ses créations. N'a-t-elle pas fait circuler une rumeur annonçant le retour de Radama II? Et ceci aurait été à l'origine des troubles dans certaines tribus de la côte. Isolées les unes des autres, les différentes couches de population semblent entretenir une vie interne propre qu'il n'est pas toujours aisé de faire revivre faute de témoignages écrits suffisants de la part des malgaches eux-mêmes. Le pays a en effet comme mode de

---

2. Les contrôles exercés par les autorités représentant la Reine à savoir les Gouverneurs ou Komandy et certains courriers les *tsimandoa*.
3. Les Makoa étaient particulièrement nombreux dans le Nord-Ouest de l'Ile.
4. Honneur = grade honorifique au temps de la royauté malgache.

transmission des faits du passé, la tradition orale, dont quelques échos nous sont parvenus à travers la mémoire des générations successives, complétées à l'occasion par les écrits d'étrangers de passage et les rapports des autorités malgaches. Il ressort de ces observations que l'ensemble de la population, tout en admettant les différences entre les classes sociales, vit selon deux grands rythmes: celui de la vie familiale et celui des pratiques ancestrales.

Ces classes sociales quelles sont-elles? Telles qu'elles apparaissent dans le *Journal de Rainilaiarivony*, nous observons par exemple: *Les esclaves*.

A l'intérieur de chaque ethnie existe une certaine hiérarchie. A la base se trouvent les esclaves au service des *Borizano*, qui sont à leur tour hiérarchisés. La catégorie des esclaves a des origines diversifiées: la traite, la guerre ou encore les procès interminables. La traite s'est pratiquée ouvertement jusque vers 1877, date à laquelle elle est abolie publiquement sous l'influence européenne, celle des Anglais en particulier, par suite de leur rôle influent dans l'île. Un grand nombre d'esclaves vient des côtes orientales d'Afrique, du Mozambique, nom par lequel les Malgaches continuent à les appeler, c'est-à-dire "Masombika." Des trafiquants arabes installés dans les *seranana*, littéralement "devant quoi on fait passer rapidement," "ports," en assurent le monopole. Ces Arabes épousent le plus souvent les princesses des *seranana* pour stabiliser leur situation et se retranchent derrière un rempart d'interdits que franchissent difficilement ceux qui sont étrangers au groupe. C'est ainsi que le missionnaire anglais Cowan, en voyage d'exploration dans le Nord-Ouest en 1881, fut mal reçu dans une des localités de la baie de Marambitsy.

Ces Arabes, particulièrement nombreux sur la côte ouest, font venir des côtes africaines des boutres surchargés de cette marchandise humaine; 2 000 Africains par an auraient ainsi été introduits á Madagascar, selon une estimation officielle à partir de 1877, car la traite continue néanmoins clandestinement en dehors des *seranana* contrôlés par les autorités malgaches; elle est secrètement encouragée par le Gouvernement de Tananarive, dont les membres sont parmi les propriétaires.

Les esclaves sont également des prisonniers faits parmi les ethnies révoltées contre l'autorité *merina*. Ces mouvements étaient fréquents durant la première moitié du XIXe.

Un autre fait est propre à fournir des esclaves en permanence: les procès. Les "juges" ou ceux qui remplissent cette fonction en provinces, par exemple, les *manamboninahitra*, "officiers," semblent faire traîner à dessein certains procès jusqu'à la ruine d'un parti. Le malheureux plaideur se voit ainsi contraint de mettre les membres de sa famille au service de son vainqueur. Et comme les sujets de querelles sont multiples, cette source d'esclaves est pratiquement intarissable.

Dans l'un ou l'autre cas, l'état d'esclave est héréditaire, mais avec la possibilité de rachat moyennant une très forte somme allant jusqu'à 48 piastres[5] pour un homme adulte. Ils deviennent alors les *tafontranon'Andriana,* "toit de la demeure royale." C'est une expression imagée qui traduit que l'esclave accède au rang du sujet libre. Nous avons quelques exemples dans le *Dossier Laborde* où un des courriers à son service s'acharne au travail pour affranchir sa personne et son fils. Il en est de même de la libération de huit femmes et d'un homme au service de Radofine, la femme de Laborde.

En 1881, le Contre-Amiral anglais Gore Jones, envoyé spécial de la Reine Victoria, en fait un des buts de son voyage et que le Gouvernement de Rainilaiarivony s'est bien gardé de divulguer. Quelles en sont les raisons? Une phrase discrète relevée dans le *Journal de Rainilaiarivony* est révélatrice. En effet au cours d'une discussion au sein du Gouvernement, Rainilaiarivony exprime sa détermination de garder les esclaves. Cette attitude du Premier Ministre est confirmée par la correspondance des étrangers. En effet une des lettres d'un missionnaire de la London Missionary Society datée du 26 Août 1885 rapporte les mésaventures d'un certain Ramiandrisoa qui prit l'initiataive de libérer ses deux esclaves le jour de Noël 1884. Ramiandrisoa subit un interrogatoire; le Premier Ministre y assiste et lui dit "Your head was turned you did it I suppose ... I tell you, that such a thing is an attempt to upset the people, to deluge the country with blows, and even to injure religion ... "

Le comportement de Rainilaiarivony s'explique en partie dans la mesure où il est conscient des brusques bouleversements économiques que provoquerait l'application d'une telle mesure, car l'esclave joue le rôle de la "machine agricole" et du "transport d'armes" de l'époque. Appliquer à la lettre la libération de l'esclave signifierait paralysie de l'économie, et carence de moyens de transport, car la notion d'usage d'outil mécanique n'est qu'à ses débuts; elle s'introduit progressivement dans la conception malgache par le biais de l'enseignement apporté par les étrangers.

Rainilaiarivony serait une des premiers victimes de la libération des esclaves car d'après une lettre de Campan, neveu de J. Laborde, à Grandidier, 2 000 esclaves seraient au service du Premier Ministre. Ce chiffre paraît excessif, mais cependant possible puisqu'il arrive à

---

5. Vers 1870–1880 on pouvait acheter un zébu avec 15 piastres soit 75 F.

approvisioner les marchés de Tananarive en cas de pénurie de riz. Les esclaves du Premier Ministre et de sa famille bénéficient d'une situation privilégiée, dont certains en abusent, constate Campan, qui le signale à Grandidier en ces termes:

> les esclaves du Premier Ministre et de sa famille commettent depuis quelques temps des vols très audacieux. Les pères ont été volés à Namehena, un village à une dizaine de kilométres au nord de Tananarive, auprès du bazar de Sabotsy. Un des esclaves du Premier Ministre convaincu du crime est resté impuni, est parti pour Tamatave, a encore volé à Tamatave, en remontant a incendié Beforona dit-on, et est encore aujourd'hui accusé d'un nouveau délit commis la nuit chez Monsieur Brune Martin de Bourbon, français résidant à la Capitale. Cette affaire nous occupe depuis 4 jours.

La situation de l'esclave malgache n'est pas tout à fait comparable à celle de l'esclave de l'antiquité ou des Etats-Unis: il vit dans l'intimité de la famille mais ne partage pas les avantages matériels de son maître. Le Docteur Fox[6] appelé au chevet de l'un d'eux à Tananarive décrit les conditions misérables d'hébergement que nous résumons: une case en terre de 12 pieds sur 8 et 7 de haut, dans le mur est amenagée une petite porte ainsi qu'un trou en guise de fenêtre. Deux pièces d'inégales dimensions sont séparées par un cloison de *zozoro,* "genre de papyrus". Le confort est réduit á sa plus simple expression, c'est-à-dire que le malade est étendu sur un lit étroit garni de quelque chose qui rappelle une paillasse. La présence insolite d'une chaise apportée sans doute à l'intention du docteur, contraste avec l'entassement des 12 à 15 personnes et de la volaille, au milieu de la fumée de cuisine.

D'une manière générale, l'esclave malgache souffre surtout de la pauvreté de ses conditions matérielles.

UN CAS PARTICULIER: LES SOLDATS. Si les esclaves vivent dans un dénuement complet, leur sort semble meilleur que celui du soldat. En faisant abstraction de la condition du *manamboninahitra* "officier," nettement privilégiée, comme son homologue civil, qui peut prendre à son service nombre de *deka "aide-de-camp,"* la vie du simple soldat nous est aussi mal connue que redoutée de la population. "Aussitôt recruté, aussitôt parti en campagne sans instruction militaire" telle est la formule de Radama I, et que le responsable de l'armée Rainilambo rappelle au cours d'une réunion de tous les membres du Gouvernement en Avril 1883. Ainsi ce principe a été donc repris par Rainilaiarivony aussitôt au

---

6. Le Docteur Fox est le responsable du centre médical d'Analakely á partir de 1881.

poste de Premier Ministre en Juillet 1864 jusqu'en 1879; le soldat est recruté à vie parmi les Merina essentiellement, car le recrutement des autres ethnies est aussi difficile à réaliser que l'expansion *merina*. A partir de 1879, sans doute dans la perspective des Réformes, de légères modifications sont apportées, c'est-à-dire tout homme valide doit assurer un service obligatoire de 5 ans, prolongeable jusqu'à ce qu'il donne complète satisfaction dans le domaine de la connaissance militaire et de la conduite. Tout en restant en famille, le soldat de 1880 est périodiquement militaire. Mais en même temps, il est disponible pour tout travail imposé par le Gouvernement. Comme il doit en plus subvenir aux besoins de sa famille les conséquences d'une telle pratique sont néfastes sur le moral et la vie économique du pays, malgré les efforts répétés du Gouvernement pour suspendre les exercices militaires pendant les travaux des champs. La population ne voit à travers le service militaire qu'une forme de *fanompoana*, "corvée," très désagréable qu'elle cherche á éviter. En effet, beaucoup de jeunes préfèrent quitter l'Imerina et aller vivre en provinces pour y échapper.

Au moment de la réforme, le Capitaine Dawson, dans son livre intitulé "Madagascar its capabilities and resources," publié en 1895, évalue à 40 000 le nombre des nouvelles recrues.

LES BORIZANO. Le terme *Borizano* est semble-t-il, la déformation du mot français "bourgeois," ce que justifierait certaine orthographe du mot "borozoany" relevé dans le *Journal de Rainilaiarivony*, et la "F.F.M.A. in Madagascar—1867–1880." Que désignait-il dans la société malgache des années 1880?

Après le dépouillement des sources étrangères et malgaches dont nous disposons, notre attention a été attirée par l'usage du mot *borizano:* presque absent des écrits des étrangers, il est employé en permanence dans les documents malgaches. D'où vient ce contraste et que représente le mot *borizano* dans le contexte malgache de la fin du XIXe?

Dans la pensée européenne, le mot répond à la définition d'une classe sociale aux caractères bien établis. Ne retrouvant pas ces particularités parmi les Malgaches, les Européens s'abstiennent d'utiliser le mot. Mais leur silence est rompu par les sources malgaches, dont le *Journal de Rainilaiarivony* en particulier. En effet, le mot y est employé d'une manière continue, et semble vouloir exprimer une réalité. Nous avons essayé de le cerner avec l'aide des suggestions de nos sources.

Nous avons remarqué que le Journal distingue nettement les soldats des *Borizano;* il peut représenter donc les civils. Les Quakers ont constaté la même chose en faisant le bilan de leurs activités entre 1867 et

1880 dans la "F.F.M.A., in Madagascar." Maise les Quakers ne s'attardent pas à donner les caractéristiques susceptibles de nous intéresser.

A quelle catégorie de civils ce mot s'applique-t-il donc? Dans le *Journal*, Rainilaiarivony s'adresse souvent aux *Borizano Ray amandreny*, particulièrement dans des circonstances difficiles, comme l'emprunt lancé en 1885. Les *Borizano* peuvent donc faire partie du Gouvernement, et disposent d'une certaine autorité financière. Ce détail exclut les esclaves de la dénomination *borizano*. Les habitants de provinces ne bénéficient pas non plus de cette appelation; le *Journal* les désigne par le nom de leurs ethnies respectives.

A la lumière de ces quelques indications, nous pouvons dire que le mot *Borizano* est un terme général qui dans la bouche du Premier Ministre désigne à la fois les *Hova*[7] et les *Andriana*. Les premiers sont définis par Malzac comme des "castes libres qui ne sont pas nobles," les seconds sont le nobles. Les deux classes sont l'une et l'autre puissantes et presque rivales. Rainilaiarivony essaie de se les concilier constamment, jusque dans le langage. Il faudrait donc comprendre le mot *Borizano* dans la bouche du Premier Ministre comme une désignation collective et des *Hova* et des *Andriana* qui siègent à son gouvernement. Cette politique de langage toutefois, est loin de faire disparaître l'existence réelle des deux classes sociales des *Hova* d'une part et des *Andriana* d'autre part. Mais fait curieux, les missionnaires semblent adopter le même concept lorsqu'ils nous les décrivent. Sans doute est-ce le fait qu'ils ont nombre de points communs: par exemple, presque tous vivent dans l'aisance, en même temps ils sont sollicités par peu d'activités, en dehors des hautes fonctions administratives que leur offre le Gouvernement.

Un rapport de William Johnson, un quaker, définit comme suit le genre de vie des jeunes *borizano:* "They have all their needs attended to by slaves, their beds made, clothes washed, food cooked and even cut up for them, so there is nothing much to do but eat food and sit about talking scandal. Those who go to school form habits of steady work and become interested in many possible occupations."

Par rapport à l'ensemble de la population, les *borizano* ne constituent qu'une minorité, mais une minorité influente.

---

7. Hova: Toute une littérature décrit les origines du mot, ainsi que la place et le rôle des Malgaches désignés sous ce terme. Dans l'ensemble il s'agit d'une classe sociale venant après les Andriana au temps de la Royauté. Son rôle dans ce cadre est loin d'être négligeable surtout dans le domaine économique; c'est sans doute pour cette raison que Rainilaiarivony essaya de se les concilier.

AU SOMMET LA REINE. Le nom de la Reine est inséparable du Gouvernement et de l'administration de Madagascar, bien que son autorité soit contestée par quelques chefs de la côte. Le régime est une royauté qui comporte deux institutions complémentaires organisées l'une, autour de la Reine, l'autre en province.

En effet, la Reine, Le Premier Ministre et le parti fort issu du district d'Avaradrano forment le centre, le coeur du Gouvernement. Dans quelle mesure les trois membres se répartissent-ils la responsabilité? Au prime abord, la Reine semble être seule au gouvernail. En effet, tous les actes du Gouvernement portent son double titre *Ranavalomanjaka Mpanjakan'i Madagasikara*, "Ranavalona Reine, régne sur Madagascar." Ce titre traduit-il une réalité?

Elle prend des décisions rendues publiques par l'intermédiaire de ses porte-paroles autorisés: les Officiers du Palais et le Premier Ministre, lesquels se chargent de les communiquer à la population. Ces décisions intéressent aussi bien le Gouvernement que les particuliers. En effet, elle accorde parfois la grâce aux prisonniers civils soit à l'occasion d'un évènement: l'inauguration du temple du *Rova* en Avril 1881 par exemple; soit d'une manière tout à fait circonstancielle comme pour cet esclave porteur de fusil devenu meurtrier involontaire de son maître, un Officier de Ranavalona III.

Qu'elles soient gouvernementales ou particulières les décisions prises sont-elles un signe d'autorité absolue telle qu'elle se présentait sous Ranavalona I?

D'après le *Journal de Rainilaiarivony*, il semble que la situation se présente autrement. Maintes fois Rainilaiarivony parle de la Reine en ces termes: "Tsy taizan'irery izy fa taizan'ny Ambanilanitra," littéralement cette formule peut se traduire par "elle n'est pas élevée par une seule personne, mais par tous les sujets," expression imagée qui veut exprimer:

1) – la dépendance réciproque de la Reine et de la population
2) – la responsabilité partagée.

En effet, dans les rares occasions où la Reine assiste aux réunions gouvernementales, celles du 13 Mai 1882 et du 1er Juillet 1882 par exemple, qui réunissent quelques officiers 15 Hr, 14 Hr et Rainitavy 13 Hr, un *mainty* "un noir," "un esclave," pour discuter des relations avec la France, la Reine ne prend pas du tout la parole. Lorsqu'elle rompt le silence ses paroles ne sont que des suggestions qu'elle soumet à l'examen des membres du Gouvernement invités à les discuter et à les modifier si c'est nécessaire. Une exception cependant en 1880, à l'occasion des Réformes où son souhait "de n'avoir que des gens lettrés parmi les membres du Gouvernement" prend une forme impérative. Ses décisions et ses *kabary* sont en effet, l'oeuvre d'un des corps administratifs dénommés par des appelations générales, collectives de *ambanilanitra*, littéralement: "sous le ciel," tous les sujets libres et esclaves, ou des *ray amandreny*, "parents;" ces désignations demeurent même après les Réformes de 1880 créant des ministères à l'image de ceux de l'Europe. Lorsqu'elle n'assiste pas à un débat, c'est le Premier Ministre qui va la consulter sur les propositions à l'étude. Elle les repousse rarement. Le Premier Ministre prête à cette consultation une solennité qui contribue à grandir le prestige de la Reine. La Reine ne gouverne donc pas elle règne, et son titre donne à sa personne un caractère sacré hérité du souvenir de Ranavalona I et que ses représentants entretiennent avec diplomatie.

Les deux Reines et la famille royale. Le *Journal de Rainilaiarivony* parle de Ranavalona ou de Ranavalomanjaka à l'occasion des grandes cérémonies. Cependant il convient de noter que deux Reines se sont succédées pendant le dernier quart du XIXe: Ranavalona II et Ranavalona III. Cette absence de distinction aussi bien dans le langage parlé que dans le langage écrit s'explique par le fait que les natifs ne prennent pas la peine d'exprimer, même dans leurs écrits, l'évidence même.

Ranavalona II, de son nom Ramoma avant son accession au trône, régne de 1868 au vendredi 13 Juillet 1883. Sa conversion en même temps que celle du Premier Ministre en Février 1869 marque le point de départ d'un grand nombre de changements dans le pays.

Si nous n'avons que peu d'indications biographiques sur les jeunes années de Ranavalona II, des renseignements plus fournis nous sont parvenus concernant Razafindrahety, la future Reine Ranavalona III. Née à Amparibe, un des quartiers de Tananarive, le 22 Novembre 1861; elle est une descendante directe d'Andrianampoinimerina, une arrière-petite-fille d'une soeur préférée du dit roi appelée Rahety.

Elle accède au trône sur une décision surprise de Rainilaiarivony qui écarte au dernier moment la princesse Razaimananoro pourtant prévue longtemps à l'avance, mais désavantagée par sa corpulence, semble-t-il.

Nous faisons connaissance avec les membres de la famille royale et ceux du Premier Ministre, par les événements qui marquent leur vie.

En effet, le *Journal de Rainilaiarivony* nous apprend que les mariages princiers sont une affaire d'État. Une demande en mariage est examinée à divers niveaux: par la cour, et par ny *ambanilanitra*, "tous les sujets," En fait, la décision revient au Premier Ministre. La consultation des dignitaires de la cour, c'est-á-dire, les *manamboninahitra*, "les officiers," et les Officiers du Palais, qui s'ensuit n'est que pure formalité et a surtout pour but de fixer la date de l'union marquée par la cérémonie traditionnelle de la présentation du *vodiondry*, "la culotte du mouton" ou encore du *"hajam-bola"* "dignité de l'argent" qui est en réalité une somme d'argent s'élevant à 21 piastres donnée à la famille de la mariée représentée par ny *ambanilanitra*. En retour, en guise de provisions alimentaires, ny *ambanilanitra* donne 7 piastres aux représentants de la famille du futur comprenant sept hommes et deux femmes qui ont apporté, *lamba*, "tissus en général" ou "châle," et des vêtements à la princesse. Une joute oratoire courrament dénommée *"kabary,"* la forme publique de la demande en mariage précède l'échange des cadeaux. Cette cérémonie consacre l'union, mais depuis l'adoption officielle du protestanitsme comme religion d'État, elle est complétée par la bénédiction au temple et la forme vestimentaire qui distingue une jeune mariée de l'assistance.

Nous devons ces descriptions au mariage des princesses Rasendranoro et Rapelasinoro; la première mariée à Andrianaly un des premiers médecins formés en Europe; notons que ce choix de l'époux d'une princesse marque la volonté de réforme du Premier Ministre.

Le *Journal* s'attarde aussi bien sur ces événements heureux que sur les mésententes conjugales et les deuils à la Cour. La même princesse Rasendranoro ne connaîtra qu'un court temps de bonheur, car son mari le Dr. Andrianaly s'adonnant à l'alcool, abrégea leur vie commune.

Quant aux deuils ils sont l'occasion d'énormes dépenses partagées avec la population. L'un de ces deuils permet de faire la connaissance d'une personne qui selon le *Journal* a joué un rôle notable dans le Gouvernement: il s'agit d'une des douze femmes d'Andrianampoinimerina, appelée Rafotsirabodo Roambinifolovavy. Sa participation active à la pacification de l'Imerina avec Andrianampoinimerina, lui valut l'honneur d'être considérée comme un homme et de faire partie du conseil d'Andrianampoinimerina, qui la surnomma *Ikelihendry*, "la petite sage;" sous Radama I elle prit part également à la soumission de la région d'*Ikirioka*. Radama I l'a faite *Maroseranana*, "qui a beaucoup de ports," tandis que Ranavalona I l'a élevée au rang d'*Andriambaventy*, "chef noble ou grand juge," et l'a autorisée à faire partie des treize secrétaires conseillers de la Reine, l'équivalent des 8 ministères de 1881 créés par Rainilaiarivony. Les Reines successives continuent à la consulter pour le bon déroulement des affaires du Gouvernement. Cette considération de longue date explique le privilège qui lui est accordé de vivre à Tananarive au lieu de passer ses vieux jours à la campagne. A l'exception de cette vieille dame respectée par tous et par de nombreuses générations, les autres membres de la famille royale sont relégués au second plan et semblent ne bénéficier que du prestige de leurs titres.

LES GARDES DE LA REINE. La sécurité de la Reine est assurée par les *mpiambina*, "gardes." Comment ces gardes sont-ils recrutés? Choisis dans l'armée ils sont au nombre de 1 000 à 1 500 en Décembre 1880. Comme le service militaire s'adresse à tous depuis la réforme militaire de 1879, princes et nobles entrés volontairement dans l'armée peuvent se trouver dans le groupe désigné pour assurer la sécurité de la Reine. Ils risquent alors la déchéance de leur rang social: aussi pour les en préserver, la Reine leur délivre-t-elle une lettre de recommandation nominale. Les princes Raobera et Rakotomanga 6 Hr, Andrianary, un noble Andriamasinavalona, volontaires de Alakarabo[8] I, sont ainsi prémunis en Mai 1882. Les gardes ont pour mission de veiller sur la personne et sur les biens de la Reine non seulement dans le *Rova*, "enceinte du Palais," mais aussi à l'extérieur, aux quatre coins de la ville. Au *Rova*, nous relevons des emplacements aux noms évocateurs confiés uniquement aux *Fotsy*, "Blancs." Est-ce une expression de méfiance ou pure discrimination? Toujours est-il que des gardes se trouvent aussi bien à l'intérieur qu'à l'extérieur. A l'intérieur du *Rova:* les postes[9] de garde sont:

> *Ambavahadin'kidoka;*
> *Antranovola,* "Palais d'argent;"
> *Antsinanan'tranomenakely,* "à l'est de la petite maison rouge;"
> *Ampiabenambola,* "là où on garde l'argent"
> *Fonja,* "dépôt d'armes;"
> à l'extérieur, ce sont *Fidasiana,* le nom de la Cour d'honneur du Palais;
> *Anjoron'drova atsimo atsinana,* "coin sud-est du *Rova*;"

---

8. Alakarabo: le huitième mois malgache. Ranavalona II étant née en mois Alakarabo 1868, ce mois a été choisi comme période de recrutement des soldats. A partir de cette date les recrues sont dénommées Alakarabo I, Alakarabo II, selon les périodes d'enrôlement. Cette appelation restera courante durant le gouvernement de Rainilaiarivony.

9. L'emplacement exact de ces postes de garde n'existe pas dans les Archives du Rova. Des sources étrangères risqueraient de les avoir.

Ambanilampihazo, "sous l'estrade en bois;"
Ambodivononoka, "au pied de l'arbre Nonoka;"
Anjorondrova avaratra atsinana, "au coin nord-est du *Rova*."

A Tananarive même ils doivent effectuer des rondes dans les quartiers périphériques jusqu'à Anjanahary vers le Nord; à Isotry vers l'Ouest, à Soanierana vers le Sud; et vers l'Est, en contre bas de la colline du Rova. Ces limites extrêmes sont actuellement les zones d'extension de la ville de Tananarive.[10] La responsabilité de la sécurité assurée en partie par les *Antily*[11] est renforcée par la présence des gardes de la Reine. D'après les instructions du Premier Ministre en Août 1882, la relève des gardes a lieu toutes les semaines dans la partie nord du Rova; en réalité ce règlement n'est appliqué que pendant la première semaine qui suit cette organisation, c'est-à-dire, la première quinzaine de Septembre 1882. Par la suite, ce règlement souffre de changements dont les causes nous échappent.

Les gardes sont rémunérées et reçoivent habituellement 2 *voamena* (un voamena est la 1/24 partie de la piastre). La Reine propose de le remplacer par une quantité de riz équivalente, c'est-à-dire *faheniny*, "1/6 de la mesure" en cas de pénurie de riz. Le *Journal* ne précise pas pour quelle durée sont ces deux *voamena*.

Avec les gardes, sont inséparables du nom de la Reine ses messagers. Ils sont choisis parmi les *Masombika*, "Moçambique," encore dénommés *Zazamanga*, "enfants bleus," réputés pour leur fidélité à toute épreuve. Ils portent différents noms selon les caractères de leurs missions.

Des *Manamboninahitra*, gradés, peuvent jouer le rôle de messagers de la Reine.

Les *Kelilohalika*, "ceux qui ont les genoux fins," semblent se charger de la transmission des relations entre le Gouvernement de Tananarive et les provinces. Ils semblent les plus rapides et peuvent relier Tananarive et Tamatave en quelques jours.[12]

---

10. Voir plan général de Tananarive (p. 23).
11. Les Sakaizambohitra "amis du village" sont une catégorie du personnel gouvernemental crée par Ranavalona II, chargés en partie du maintien de l'ordre dans les six subdivisions de l'Imerina. Ils prennent le nom de *Antily* ou *Antilimbohitra*, "celui qui est en vigie" avec la publication des "Dimy venty sy telonjato," le code des 305 articles, en Mars 1881.
12. Les *Kelilohalika:* une catégorie des courriers de la Reine qui seraient les plus rapides, car ils devaient aller vite, sinon courir, pour porter les messages. Cette fonction affinait leurs genoux, delà leur nom. Ils mettaient 8 jours environ, en relais, pour relier Tananarive Majunga par exemple.

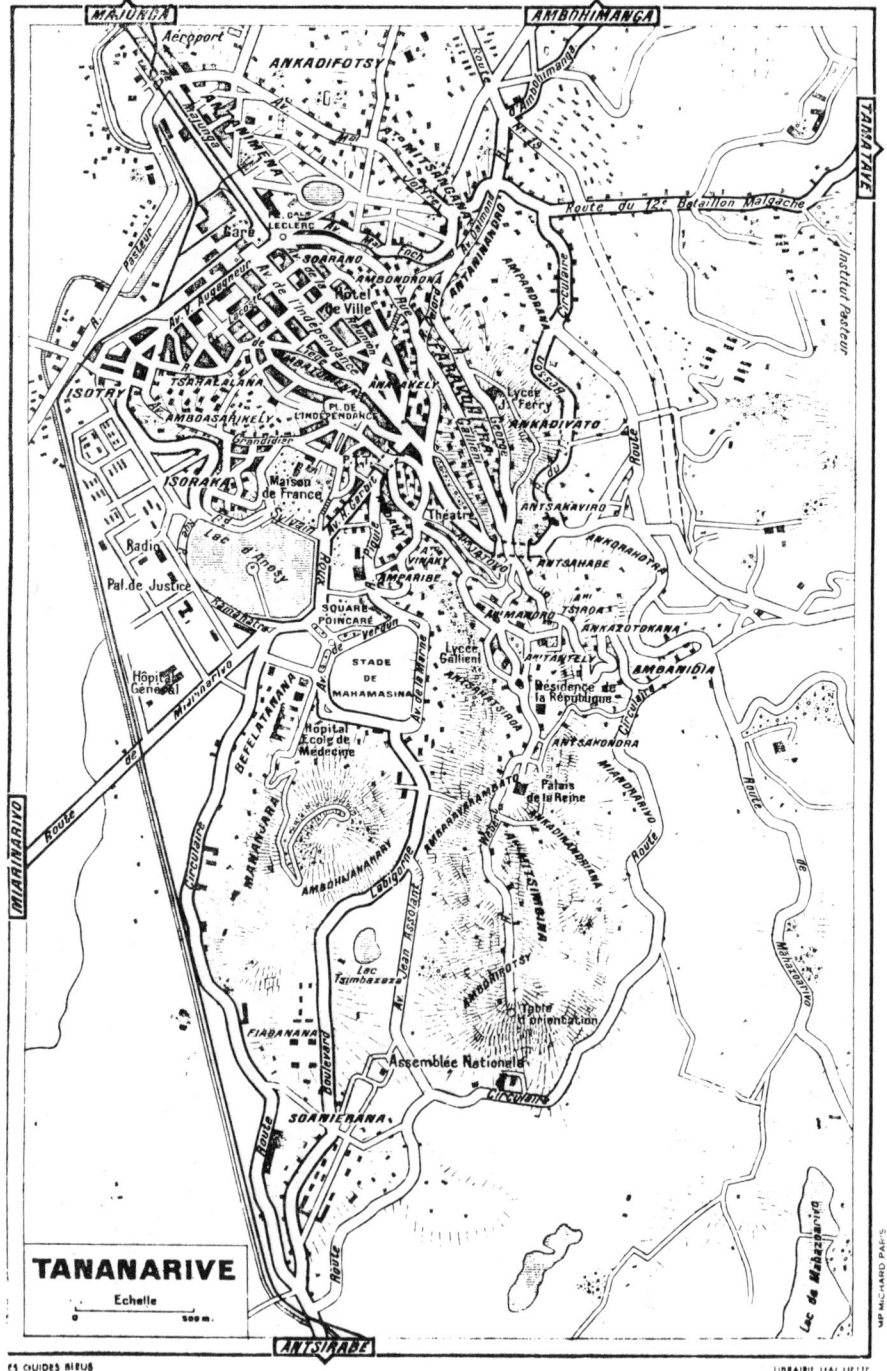

Le rôle des *Tsimando* serait tout autre si l'on tenait compte des diverses orthographes du terme, de:

Tsimando, "celui qui n'est pas mouillé;"
à *tsimandao*, "celui qui ne quitte pas;"
en passant par *tsimandoa*, "celui qui ne crache ou ne vomit pas;"
et *tsimandona*, "celui qui ne bouscule pas."

Mais dans l'un ou l'autre cas, leur rôle est d'être messager de la Reine avant tout; dans certaines circonstances ils sont chargés d'exécuter des sentences de mort. Cette fonction macabre qu'ils accomplissent avec une rare violence, leur a valu sans doute la légende de terreur qui s'est greffée à leur nom. En plus de l'entourage direct de la Reine, des hauts dignitaires et des personnes assurant sa sécurité, la Cour est servie par une multitude de domestiques dont nous faisons connaissance à l'occasion du Fandroana de Novembre 1884. A cette fête la Reine donne du tissu aux *mpitandefona*, "ceux qui portent des sagaies;" *mpantsaka* "chercheuses d'eau;" *marakely*, "soldats de parade á la Cour."

LE RAVITAILLEMENT À LA COUR. La Cour constitue un lourd appareil à la charge de la Reine. Les problèmes matériels et vestimentaires peu compliqués sont résolus généralement par les articles importés d'Europe, tandis que les provisions alimentaires sont assurées en partie par la Reine. En effet, tout en étant reconnue comme propriétaire de la terre de Madagascar, la Reine possède ses rizières propres travaillées sans doute par les corvéables. Aucun indication précise à ce sujet n'est donnée par le *Journal de Rainilaiarivony* qui rapporte "*vita ny ketsa ny Mpanjaka*" "le riz de la Reine est repiqué." Nous savons, d'après la tradition orale et les lieux dits à la consonnance évocatrice que quelques unes de ces rizières[13] se trouvent en contrebas de la colline du Rova, au lieu-dit d'*Antanimbarin-Andriana*, situé vers le nord-ouest du "Champs de Mars" d'Imahamasina. Actuellement ces rizières sont aséchées au profit de locaux scolaires et des manifestations publiques. Mais la plus grande partie de la provision de riz est fournie régulièrement par le district d'Avaradrano, un des six districts de l'Imerina et occasionnellement par des individus isolés qui veulent faire partager leurs joies à la Reine.

---

13. *Antanimbarin-Andriana*, les rizières royales étaient à peu près limitées par les quartiers actuels énumérés ci-dessous:

    Amparibe; Ouest-Mahamasina; Nord Befelatanana et Est du Lac Anosy. Le contour exact nous échappe encore dans l'état actuel de nos connaissances.

Lorsque la Reine est en déplacement, le ravitaillement est assuré par les habitants du lieu. Certaines populations sont spécialisées quant à leurs provisions: les *mainty anativolo* "les noirs qui viennent des forêts de bambous" de Mahandrihono par exemple, doivent fournir régulièrement 120 nattes. C'est une forme de corvée qui remonte à la Reine Rasoherina. Ils sont rappelés à l'ordre par Rainilaiarivony lorsque ce chiffre n'est pas atteint. D'autres districts de la forêt dont les noms ne sont pas mentionnés doivent fournir des bois ronds.

LE PROTOCOLE À LA COUR. La Cour de Tananarive est fréquemment visitée par des personnalités étrangères. A cette occasion, elle a établi une formule d'accueil qui semble dater de la deuxième moitié du XIXe. Le protocole d'accueil est souple dans ses applications, car il peut subir des modifications selon le degré de sympathie dont fait preuve le visiteur, ou encore suivant les circonstances, l'âge du visiteur par exemple. En quoi consiste alors cette étiquette? Dans l'ensemble elle reflète l'influence européenne. Le visiteur est salué par des coups de canon à son arrivée et à son départ, 9 coups au minimum tirés successivement des lieux dits et quartiers de Tananarive c'est-à-dire: Andrainarivo, Ampasanimalo, Faliarivo, Ambavahadimitafo, Andohan' Andohalo et 21 au maximum auxquels eut droit en 1881 par exemple, le Contre-Amiral Gore Jones, envoyé spécial de la Reine Victoria. Ces tirs s'adressent également à la Reine Ranavalona comme formule de salutations, où les 7 premières signifient: *Sarasara tompoko e:* formule de salutation réservée au souverain, les 7 suivants: *tsara va tompoko*, "portez-vous bien" et les 7 derniers: *Tarantitra Andriana* "longue vie à la Reine."

Dès l'annonce de l'arrivée de la personnalité à Tamatave, le port de débarquement habituel en raison de sa proximité avec Tananarive, la Cour est déjà informée sur le comportement de son hôte. Tout au long du sentier qui la mène de Tamatave à la Capitale, la personnalité est contactée par les envoyés de la Reine à chaque étape. Au terme de cet accueil préliminaire, c'est-á-dire aux portes de Tananarive, le Gouvernement a eu lieu de faire la connaissance du tempérament de son hôte; ce sondage lui permet d'orienter le déroulement de l'accueil et en retour, de l'informer de l'étiquette à la Cour de Tananarive. L'étiquette commence aux portes de Tananarive où soldats et *manamboninahitra* "Officiers civils" dont le nombre varie également selon l'importance diplomatique de la personnalité, font la haie d'honneur. Des musiciens exécutent les hymnes. Sauf erreur de la part du scribe qui note en Avril 1881 à l'occasion de l'accueil du Consul Meyer, qu'après les hymnes de

Ranavalona et du Premier Ministre, les musiciens jouent le "Save the Queen." Confusion de titre ou confusion réelle? Sans doute la première hypothèse est-elle à retenir, car Meyer qui a déjà marchandé sur l'ordre d'exécution des hymnes, n'aurait pas manqué de protester. Egalement compris dans le déroulement du protocole d'accueil, il y a les très longs repas où se succèdent les toasts; détails caractéristiques: la champagne est en l'honneur de Ranavalona, la liqueur, au Premier Ministre, et le "sherry" à Ravoninahitriniarivo. Les hôtes sont largement pourvus de provisions comestibles comprenant aussi bien des oeufs que des boeufs gras, et des produits étrangers tels que biscuits, limonades et sardines.

La société malgache que nous venons de décrire dans ses grandes lignes, est proche encore de la société traditionelle. A travers elle, nous pouvons à la fois remonter assez loin dans le temps pour un essai de détermination et de ses origines et de sa mise en place dans l'île, et en même temps détecter une tentative d'évolution.

Bibliographie

Cowan, Dean
   1881 *The Bara Land.*
Dahle, L.
   1908 *Anganon'ny Ntaolo.*
Dictionnaire encyclopédique FIRAKETANA de A à L.
Dossier Laborde, Musée de l'Homme, Paris.
The Friend, vol. XXII, XXIII.
The Friend, New Series, vol. XXIII.
Foucart, G.
   1894 *Le commerce et la colonisation.*
Huard, L.
   n.d. *La Guerre illustrée.*
Journal de Rainilaiarivony, pp. 2 à 17, Archives Nationales Malgaches.
Ratrimoharinosy-Andriantsalama, Hélène
   1972 *La Société Malgache et la crise de 1883–1885 á travers le Journal de Rainilaiarivony.*

PART II

Varieties of Kinship and Social Organization

11

Hierarchy and Equality in Merina Kinship[1]

MAURICE BLOCH

I. Kinship is a way of viewing relationships between people in terms of the links established by sex and parenthood so that the social ties which are represented in this way appear as natural, inevitable and unchangeable to those who operate them; this gives them great moral and emotional strength. The relationships characterised by kinship are of two kinds: on the one hand they are relationships by means of which production and reproduction are organised, and on the other they are relationships which organise the transfer of surplus from one category of person to another. However, because both these types of relationships are signified by the same signs they are inextricably mixed up together and both types of relationship appear as equally necessary and natural: necessary because they involve production and reproduction and natural because they are signified by kinship.

In this paper I analyse the Merina kinship system as a system of signs and then try to see how it has been used in certain limited historical circumstances. Of course, this division between signification and function is arbitary since both modify each continually in the process of history, but it will serve to simplify the presentation. I shall also take the opportunity to revise some of the interpretations I have put forward in earlier work, although it is not my intention to add to the detailed information which we have now amassed.

Social systems of representation must always be able to signify and symbolise relations of equality and of hierarchy. This is done differently in different systems. Some systems seem to lay great stress on either one or the other of these two principles but never exclusively, as Dumont's

---

1. I would like to thank J. Parry and J. Razafindratovo for comments on an earlier draft.

work and some of the criticisms made of it show. Many systems use kinship to symbolise both hierarchy and equality, though in some cases kinship is used mainly to symbolise one or the other, leaving to other nonkinship systems the other principle. In some kinship systems hierarchy and equality are both represented but are sharply segregated. For example among the Tallensi, filiation is used as a symbol of hierarchy while alliance and siblingship are used as symbols of equality. In other systems the principles may be differently allocated; thus among the Kachin, made famous by Leach, marriage is a symbol of hierarchy.

There are however several systems in the world where hierarchy and equality are so thoroughly mixed that what appears as one at one moment, reappears at the next moment as the other, without the antinomy between the two being reduced. The kinship system of the Merina is one such and it is characterised by the intensity with which it stresses both hierarchy and equality at the same time in a bewildering kaleidoscope.

We can begin by isolating the hierarchical elements from the egalitarian ones before seeing how they interact in Merina social practice. The most salient hierarchical element in Merina kinship is the relationship between parents and children, especially fathers and sons. It involves obedience and respect, manifested in part by the observation of elaborate linguistic and kinesic rules and regulations. Its most stressed manifestation is the obligation to give the back side of an animal, the *vody*, especially the back side of a chicken, the *vody akoho*, to one's father or anyone in *loco parentis*, whenever an animal is killed. This obligation is continually coming to the fore, both in discourse and in the fact that in the villages where I worked it was strictly observed. It is what demonstrates being a son for the Merina. The obligation is counter balanced by the notion that a father blesses his son *Tsodrano* thereby giving him fertility and wealth. The combination of obedience to fathers and blessings of children is a central idea of Merina kinship. This is so even though the very act is something of a joke for many people; this does not diminish its significance but merely adds a subtle twist typical of Merina social discourse.

The second major hierarchical principle in Merina kinship is the seniority which separates older from younger siblings. It is manifest in the terms *zoky* and *zandry* which respectively mean older sibling and younger sibling and which can be used either as descriptive terms or in certain contexts for address. These are clearly hierarchical terms. The distinction between younger and older sibling is also marked terminologically, for the parental generation to ego where a distinction is made between siblings older or younger than a parent of ego by adding a suffix on the terms for "father" or "mother." The descriptive term *ray* for father is thus modified by the suffix *-toa* to form *raitoa* for a male older sibling of my father or mother as the case may be. The same suffix may be added for the same reason to the word *reny* (mother). This also applies to the equivalent terms of address for parents *dada* and *neny*. The same transformation is also possible for the same terms by adding the suffix *-fara* to designate siblings younger than ego's parents. Even further terms can be created by the suffix *-nievo* for siblings intermediate between *-fara* and *-toa*. In other words hierarchical principles are clearly present in the terminology both for ego's own generation and the ego + 1 generation. These terms accompany other usages. Seniors are given more respect than juniors and this manifests itself in politeness forms of both a linguistic and kinesic kind. This is most marked for ego's own generation in the way an elder sibling always precedes a junior when walking along a path. Similarly when a burden has to be carried, it is the younger siblings who will take it.

We have noted so far two clear hierarchical principles in Merina kinship: seniority between generations and seniority within generations. The third element of hierarchy in Merina kinship is to be found in affinal relationship and is normally less stressed than the two others. This is due to its highly problematic implications which I shall discuss below and which cannot be considered by most Merina without a *frisson*. This third principle is based on the notion that wife takers are superior to wife givers. Usually this is played down but the overt manifestation of the principle is to be found in the practices and in some cases the rules of hypergamy which govern marriages between higher ranking demes such as, for example, the Andrianaboninolona may be wife givers to the superior Andrianamtompokoindrindra, but not the other way round.

Hypergamy is therefore the third hierarchical principle in Merina kinship after inter- and intrageneration seniority, but as we shall see all these are almost exactly matched by their opposite principles of equality to which I turn below.

Before we leave the theme of hierarchy in Merina kinship a general point is worth noting and that is that all the notions of hierarchy are anchored in the relationships which exist inside the domestic group. These hierarchy rules are unchallenged and principles of equality are totally excluded. It is when we turn to principles governing relations between domestic groups or local families who are nonetheless kin that equality comes in and, consequently, ambiguity.

As dominant as the notion of intergenerational hierarchy symbolised by the *vody akoho* is the egalitarian notion of *havana* and the derived term *fihavana* which may be glossed roughly as consanguinity but which has complex further associations linked with the ideas of community, solidarity, sociability and so on. All *havana* are equal; by definition they all share the same substance equally since they are thought of as being consubstantial. So much has been written about this concept that I cannot attempt to review it but we should note that this notion has always been used to illustrate corporate equality in political rhetoric. There is, however, a paradox to the notion of *havana*. If its prime meaning is kinship among equals, kinsmen are such because they are linked together by relations of filiation and siblingship both of which are, as we saw above, hierarchical. How then can hierarchical relations produce egalitarian ones? The answer to the problem is found in keeping the contexts where the two notions occur strictly segrated. One of the peculiarities of Merina kinship is that on the one hand blood ties in general are extraordinarily valued and that on the other hand there is a lack of stress, indeed a positive avoidance, in tracing complex genealogical links. The reason for this is that in general contexts tracing specific kinship lines would inevitably involve parental and sibling relationships which brings in elements of hierarchy which are unacceptable when the general egalitarian notion of being kinsmen is to the fore. This inconsistency is particularly clear in the *famadihana*, a ceremony which is focused on dead forebears and during which we would therefore expect to find a great stress on genealogies in the manner of similar rituals in Africa, but where on the contrary these are ignored and replaced instead by a general emphasis on unity through the kinship of living and dead as one group, *iray fianakaviana*, in one tomb, *iray fasana*; all sharing equally in this mystical unity symbolised by a building; the tomb and its location in a *tanindrazana*. This oneness is emphasized without going into further genealogical detail. Kinship as a system of links through filiation and sex is dissolved into the non-specific, non-hierarchical symbol of a *shared* tomb, a *shared* ancestral location. The notion of an undifferentiated kinship community is pushed to its extreme in the way the bones of different members of ascending generations become intermixed in the tomb and are finally buried all *together* in one shroud as the final result of continual rearrangement through burials and *famadihanas*.

The same principle of avoidance of detailing links is also found in the way relations to remote ancestors are dealt with. Families and demes often have named founders, but, with exceptions which I discuss below, what characterises the relation of the Merina to these ancestors is that the specific links of descent from these people are not normally referred to. Indeed the characteristic feature of the way Merina trace common descent is, not by stating who their ancestors are but rather by referring to the locality of their tombs thus degenealogising kinship altogether. In this way the general notion of *havana* and tombs offers an egalitarian alternative to the hierarchical aspect of specific genealogies and the depersonalising process, which I have stressed here and elsewhere as a key element of the *famadihana*, can be seen as the conquest of equality over hierarchy.

The same combination of two elements is also revealed if we look again at the terminology referring to siblings. We saw the hierarchical elements in such distinctions as between *raitoa/raifara*, etc., but it should be noted that these features are totally absent for other generations than the two discussed (ego and ego + 1), such as the grandparental or child generation. It is as though for these other generations, and even more remote ones, the generalized *havana* element with its egalitarian notions takes over against the hierarchical relations which have, as their locus, the domestic group. However, even for ego's own generation and the immediately ascending ones, hierarchical distinctions can be and are often avoided. It is possible and quite common to leave out the suffix *fara* or *toa* in certain contexts where such divisions of rank are inappropriate. Even more revealing is the sibling terminology for ego's generation. There we have an alternative terminology to the hierarchical *zoky/zandry*: *anadahy* "brother" female ego speaking, *rahalahy* "brother" male ego speaking, *anabavy* "sister" male ego speaking, *rahavavy* "sister" female ego speaking, are very common and have no implications of hierarchy. This terminology offers an alternative at the crucial generation of ego to the *zoky/zandry* opposition and this alternative reflects well the problem of siblingship between adults among the Merina. This is a relationship which is both governed by principles of hierarchy and equality and the conflict between the two principles is a continual source of friction. This is reflected, for example, in the inheritance rules which are particularly unclear since one version favours the eldest son and another stresses division in equal shares between all children. I think we can say that this ambiguity has always existed in spite of the anachronistic attempts of various legal codes to resolve it one way or the other, and shows the typical co-presence of hierarchy and equality.

The terminology of Merina kinship can also be used in another way which negates both the hierarchy of different generations and of differential age among siblings. This is done by the use of such Malagasy verbs as *Mianaka* which means: us being parents and children, and is used equally by the parents and the children. Similar verbs exist which can be glossed as: us being brothers, us being brothers and sisters, us being sisters. In this way, too, the use of the Malagasy language can produce an egalitarian phrasing of these relationships.

It is also worth noting that this ambiguity in the way siblings are treated reflects an essential aspect of the development cycle. Siblings are both members of the same domestic group where, therefore, we would expect principles of hierarchy to dominate, and potential heads of different but related domestic groups after they are grown up. As such they become members of the deme and *havana* and are, therefore, in a primarily equal relationship. All their lives siblings are a bit of both and so it is not surprising that the intensity of the contradiction between hierarchy and equality should be particularly acute here.

The third element of hierarchy I noted above was the implication of the notion of hypergamy which haunts affinal relations and is crystallised in rules for higher demes. This too has its egalitarian counterweight which is found in the notion of *lova tsy mifindra* "inheritance not going away." This is the name given to marriages between close kin. As the term implies, these marriages are contracted in order to keep inherited rice land within the group of closely related kin, or at least within the deme. The central notion is that of regrouping the ancestral inheritance from the founders of the deme or even more closely related ascendants. These types of marriages and indeed the notion of deme endogamy in general implies equality since what is stressed is *equal* co-descent from the ancestors and *common* right to the land of the ancestors. It implies maintaining the group as a whole by redistributing within it what becomes, at one level, corporate property. Above all, such a notion of marriage is incompatible with any notion of hypergamy, since this would stop the essential reversible character of such a marriage system where, in theory, everybody within the group is intermarrying with all the other families so as to continually redistribute the shared inheritance.

Lova tsy mifindra marriage is egalitarian because it is based on the notion of marriage within a group of similar people who have the same ancestors, the same residual access to the same ancestral land. It is therefore in contradiction to the notion of hierarchy between wife takers and wife givers discussed above. This contradiction is acted out, as I have shown elsewhere (Bloch, 1978) in the ritual of marriage which represents the opposite of the hierarchical implications of hypergamous marriage in making the groom act as a *quasi* son, and, therefore, as a categorical inferior, to the head of his *bride's* family by giving him the backside of an animal, in this case the *vody ondry*, the backside of a sheep. In this way the ritual, which acts out the inferiority of the wife takers, balances out the much more real inferiority of the wife givers in the non-ritual context. By over-emphatically reversing hypergamy, equality is achieved, though precariously. Marriage, however, remains all the same a problem in the Merina system in relation to the unity of the deme. At one level it reunites the undifferentiated and, therefore, egalitarian deme by regrouping the inheritance, *lova tsy mifindra*, at another it subtly introduces the element of hierarchy with the residual inequality of wife givers and wife takers. Another way of dealing with this contradiction, which I consider typical of the middle ranking demes, and which I have discussed in several places, (e.g. Bloch, 1975), is simply to ignore affinity as much as possible by stressing co-descent from the ancestors amongst affines, something which can always be done in a system such as this where affines are also kinsmen as a result of endogamy. By excluding reference to affinity, other than for very close affines, alliance is temporarily exorcised and forgotten and the hierarchical implications of marriage ignored.

II. Merina kinship can thus be characterised by its mixture of two principles which are both quite elaborately developed in spite of being totally contradictory: hierarchy and equality. Every affirmation of one is countered by an affirmation of the other in the very same area, whether this be marriage or siblingship. This contradiction, however, is only potential. I started this paper by stressing that kinship is a system of signs used for organisation and mystification and so in different situations it is called on to perform different tasks. This ambiguity of Merina kinship makes it particularly suitable for handling an important aspect of Merina society: differential rank. Although all Merina by and large share the same system of signs, especially as regards kinship, the traditionally unequal nature of the society meant that different social practices are necessary for different groups. The first contrast I want to look at here is the difference which exists between most demes and the few very high demes which were close to the monarch.

Consequently relationships among the living members of these demes outside the domestic group are expressed in terms of being *havana* and there is a clear unwillingness to trace specific links. This is especially so when these links are of siblingship between adults of a certain social standing since to do so would inevitably raise questions of seniority. This group and corporate ideology also extends to a complementary devaluation of the individual household symbolised by women (Bloch, 1975: 210) and their associated symbols such as heat, in part because references to individual households stresses specific lines of filiation and, therefore, hierarchy. The stress on the equality and corporateness of the group is also associated with the relative pooling of children, manifested by encouraging them to eat and sleep in any house of members of the deme. This discouragement of individual household ties also takes the form of the complex systems of fostering which characterises Merina and certain other Malagasy kinship systems.

Equally significant in this respect of ignoring hierarchy in lower demes is the accompanying emphasis on *lova tsy mifindra* marriage and the Merina marriage ritual of giving the *vody ondry*, with its denial of hierarchy.

In other words for the lower demes the egalitarian aspects come so much to the fore that they almost totally overshadow the hierarchical principles, except in the immediate family where the principles of seniority, whether of generation or of birth order, are prominent. This obliteration of hierarchy is linked with the primarily corporate traditionally agricultural orientation of such demes. During the course of the nineteenth century when agricultural labor came more and more from slaves this egalitarianism remained but became focused on a developing concept of common property. Similarly in the twentieth century equality in terms of kinship remains prominent for these demes because the undifferentiated unity of the deme becomes a reserved area separated from growing but fragile inequalities of class and thus offers a refuge in times of insecurity.

This situation contrasted with that to be found in the organisation of the "political" demes of the Merina Kingdom such as the Andrianamtompokoindrindra, the Andrianamasinavalona and the Zanakandriana. There the aim was to trace descent as closely as possible to a single source of power, the Monarch. Consequently for these people the communal aspect of keeping the deme together equal and undivided, and the regrouping together of the ancestral land is of less importance. Among these demes what seems to have mattered most was not unity but precedence. It is, therefore, not surprising that in contradiction to what we found for "agricultural" demes we here have a stress on specific genealogies, especially on the part of those who can demonstrate seniority by tracing descent. Thus the more generally found tendency of avoiding reference to specified genealogical links because of their hierarchical and divisive implications is not found and detailed genealogies are stressed precisely because genealogies do have these implications. This, however, is done without altering any categorical Merina kinship principle, it is done simply by emphasising a certain aspect and de-emphasising another. The implications of doing this are, however, quite fundamental and radical and produce a language which can be used for a fundamentally different system of organisation. By stressing genealogies people become divided in descendants of senior and junior lines and so the corporate anonymous unity of the deme is replaced by a fine grading of rank through differential seniority. Senior lines are continually distinguishing themselves by reference to genealogies and sloughing off more junior branches in a way familiar from India. Consequently the demes at the top of the hierarchy are repeatedly splitting as ever more senior groups ever closer to the Monarch separate themselves from more junior lines. It is an inevitable result of the stressing of genealogies in these demes that lateral kinship changes character simultaneously since relatives cannot any more be visualized under the general blanket of *havana* but will be distinguished and treated differentially according to the precise genealogical link which exists between two individuals.

Equally revealing is the change in the notion of *lova tsy mifindra* for these political demes. For these demes in-marriage becomes, not anymore a device for maintaining an undifferentiated unit, but rather it becomes an attempt to seal hierarchies by establishing a regular system of hypergamy internal to the deme with the higher groups taking women but not giving them. Marriage which among lower demes reinforces equality reinforces hierarchy for the higher ones, but again this is brought about without different principles being used, only by the use of a different emphasis of elements which are always present. This change in the social significance of marriage has several implications. This first is that the ceremony of the *vody ondry* with its systematic humiliation of the family of the groom becomes inappropriate since it stresses equality of status between the parties. For these higher demes then it is replaced by typically arrogant behaviour on the part of the wife takers who, by contrast to those of lower demes, do not enter the house of the parents of the bride to give her father the *vody ondry*, but call her out without ceremony and take her away without giving this symbol of filiation to the father of the bride at all.

The second implication of this transformation of alliance is that the typically bilateral character of Merina kinship becomes modified for these higher demes into something very much like a patrilineal system. This is because in the hypergamous cases the nature of marriage changes completely as is shown by the radically different ritual. In isogamous marriages an alliance between two parties is elaboratly forged so that in a sense the family of the bride takes the groom just as that of the groom takes the bride (Bloch, 1978). In these cases of hypergamy what happens is simply that the groom *takes* a bride but not vice versa; the children are therefore only members of the family of the groom since a condition for the alliance has been that the lower group *gives up* the future mother altogether. We thus have what appears as a straightforward patrilineal system by a modification of emphasis of the same principles which produced a bilateral system for lower demes. Similarly, the stress on genealogy among the higher demes implies the distinguishing of junior and senior sibling reckoning discussed above. Among these groups the principle of primogeniture, which we saw was neutralised among the lower demes by stressing the equality of siblings, comes to the fore straightforwardly for the higher demes, and kinship becomes a matter of differential nearness in terms of patrilineal primogenetical reckoning to the most senior line of all: that of the monarch.

Again, with an imperceptible shift in the use of kinship principles, a very different system of organisation is created. It is interesting that a further shift in the same direction finally produces something resembling matrilineal succession in the case of the monarch, in that royal succession is, in theory, from mother's brother to sister's son. This is because the monarch and his immediate family are so high that they do not really marry anybody. The high demes as we saw above only have half a marriage, the taking of the bride by the groom's family, but not the taking of the groom by the bride's family. The monarch and his sisters are so totally incommensurate with anybody else that they cannot have even half an alliance with others. Their marriages are purely consensual affairs, not alliances, and therefore the children of women impregnated by a male are not his descendants according to the principles of Merina kinship. Similarly, the children produced by a female monarch and by the king's sisters have no ties with the pater. These children are simply descendants of their mothers. With such a system, and in the case of a male monarch, the nearest descendants to a male king are his sister's children. This type of succession superficially appears matrilineal, but is in fact the product of the same general principles of Merina kinship, strongly interpreted in one direction by the filter of high rank.

Different politicoeconomic contexts enable the same kinship system to be used to produce radically different systems of social organisation which may take the appearance of what is traditionally understood by patrilineal, matrilineal or bilateral systems. These systems of social organisation, concerned as they are with domination and allocation of the means of production, are all "naturalized" by being operated by kinship, a system which because of its nature, has emotional and biological "evidence"—an evidence which is undisturbed by the fact that kinship is different for those of high and low rank since it can still *appear*, at another level, the "same" because of the ability of the Merina system to create either hierarchical or egalitarian representation of the same relationships.

In this light I think it is possible to reconcile my view (Bloch, 1971) of the Merina system, which has always been that it was essentially and typically bilateral, with that of such writers as Condominas (1960) who seem to have stressed certain patrilineal aspects. The point is that while I worked with middle-ranking demes, Condominas worked and obtained his information from the very highest ranking demes, where the principle of hierarchy and its resultant "patriliny" was evident.

It is interesting to note the historical effect of having such different systems operated by the same principles. The main feature of this is the extreme fluidity of the system which can change without people's being aware of the change precisely because no concepts need to be modified. For example, this contrast between the highest political demes and the others has diminished since the colonial period because, from that time on, closeness to the sovereign and ruling lines has become little more than anachronistic snobbery while at the same time the higher demes have been faced with the need to stress solidarity and unity in the new circumstances of the twentieth century; as a result their marriages often now conform to the egalitarian *lova tsy mifindra* pattern and consequently descent and inheritance have become more bilateral and genealogies are less prominent. Here again the ambiguity of Merina kinship has enabled this change to take place almost invisibly and the system to appear much more continuous than it really is.

III. In the preceding section I suggested how the double implication of the Merina kinship system is used differently for the different socioeconomic conditions of different demes in different circumstances. In this section I want to suggest how further uses of that Merina kinship system for wider political tasks also play on this dual symbolic potential. It is because of the almost total dominance of kinship as the symbolic system by which *all* social relationships are referred that more general political symbolism can be discussed in this same framework. This task, however, would require an extended study of Merina political rhetoric and so little more than indicative remarks can be made here.

The contexts where the hierarchical elements of the kinship system are most used is, as one would expect, in the organisation of the Merina state in its theatrical and ritual aspects. Perhaps the most striking such use is the place of parental symbolism in the relation between king and subject, a symbolism which is also found in the relationship between subject and representative of the king or local lord. This manifests itself first and foremost in the obligation on the part of the subject of giving the backside of an animal to his lord, in this case usually an ox. This is the public mark of political allegiance which parallels exactly the father-son relationship marked by giving the backside of a chicken. This is further reflected in the relation of *tsodrano*, or blessing, which exists between senior and juniors. The king, like a father, is continually blessing his subjects by spraying water on them. This is so in a specially marked way for the *fandroana* ritual, the royal bath, where the king blesses his subjects by spraying them with water which is triply holy, from contact with his body, from coming from a lake where the Vazimba monarchs were buried, and from containing earth from the tomb of the king's predecessors. The parent-child aspect that exists and governs royal symbolism pervades every aspect of it in such a complete way that it would be impossible to follow it through here. Similarly the notion of the ranking order of siblings was used as part of the organisation of the Merina kingdom. This is especially marked in the symbolism by which demes are ranked against each other in the representation of the kingdom at the court. There the behaviour stressing precedence, e.g. ranking in the order of speaking, is that of *zoky* and *zandry*, terms which are actually used between demes to refer to each other. This is further emphasised in that the founders of various demes are often described as being in the relation of older to younger sibling and this is often given as a rationalisation of their different rank. The Merina kingdom, as we know it in the *Tantaran 'ny Andriana* and similar documents, is therefore, primarily built on the model of the domestic family with its extensive use of hierarchy, of precedence, of submission. The opposite rhetoric of *havana*, of marriage amongst equals, is naturally played down. However, if it is played down that is not to say that it is absent. Precisely because of the way hierarchy can be transformed into equality in the Merina kinship system the rhetoric of hierarchy can slip into one of equality almost imperceptibly. I intend some time to follow this through the data we have available, but the obvious place where the *havana*-equality theme can be expected to reappear is in the speeches under Queen Ranavalona when the kingdom was seen as embattled against foreign intruding forces against which the corporate nature of the Merina, and to a certain extent the Malagasy, was being defined and stressed (roughly the period 1830–1860). Therefore the non-divisive notions of equality in Ranavalona's speeches appeal to the notion of *havana* again and again.

In this light it is not surprising that the privileged area for egalitarian rhetoric should also be the nationalist movements of the twentieth century where the notions *havana, fokon'olona* and *tanindrazana* (with all the ambiguity this last term implies) came to the fore. This is nowhere more so than in the socialist rhetoric of the present government. Here too, however, the analysis of such discourse will reveal the ease with which it is easy to slide from the rhetoric of equality and solidarity to that of respect, obedience, and rank without the terms being obviously altered. This is because these are based on the notions of Merina kinship which as we saw always contains both sides of the opposition.

One general point inevitably emerges from all this and that is that the form of the terminological system is a misleading guide as to the nature of the social system it operates. We can see the same system being at one moment referred to in egalitarian terms and at another being referred to in hierarchical terms. The use of terms is, therefore, to be seen as part of the social process, not as a description of it.

One can go even further in the argument showing the lack of correlation between terminology and social process and show that this fundamental ambiguity of the Merina system means that while the hierarchic mode can be easily changed to stress corporateness, the egalitarian mode can also be used to reinforce inequality. The hierarchical mode, stressing parent-child and elder brother-younger brother relationships was, as we saw, particularly appropriate to stress the hierarchical aspect of the state but since it refers to domestic relationships it can also imply corporateness and unity of an internally differentiated whole and this aspect is also sometimes present in the royal rhetoric of Merina monarchs. On the other hand the egalitarian mode can be used to emphasise fundamental inequality. If we turn again to the stress on the undifferentiated common character of members of middle ranking demes, this may well serve to hide actual fundamental inequalities in terms of wealth and power between these members of the deme, inequalities which can operate all the better because of the rhetoric of equality. Similarly the stress on the equality and corporateness of the deme may be a way of putting out of mind those who are not kinsmen and therefore part of this tight consubstantial group: the slaves. Indeed it can be said that it is precisely the stress on the equality and the in-marriage of the free which defines the slaves as non-members of the deme for all eternity Bloch, 1979).

The principles of Merina kinship as those of other systems, cannot in any way be directly related to the nature of social organisation but the ambiguity of these principles enables us to show this particularly clearly.

Bibliography

Bloch, M.
  1971 *Placing the Dead.* London and New York: Seminar Press.
  1975 "Property and the end of affinity." In *Marxist Analyses and Social Anthropology,* ed. M. Bloch. London: Malaby Press.
  1977 "The disconnection between rank and power as a process." *Annales Européenes de Sociologie,* Vol. XVIII, 18, 107–148.
  1978 "Marriage amongst equals: an analysis of the marriage ceremony of the Merina of Madagascar." *Man.*13: 21–33.
  1979 "Slavery and Mode of Production in Madagascar: Two Case Studies." In *Asian and African Systems of Slavery.* J. L. Watson (ed.). Berkeley: University of California Press.
Condominas, G.
  1960 *Fojon 'Olona et Collectivités Rurales.* Paris.
Délivré, A.
  1974 *Interprétation d'une tradition orale.* Paris: Klinsiek.
Raharijaona, S. and Vérin, P.
  1964 "Le système de parenté Merina." *Annales de l'Université de Madagascar,* Série lettres et Sciences humaines, No. 2.
Rasamimanana, J. and Razafindrazaka, L.
  1909 *Ny Andrianamtompokoindrindra.* (Privately published).
Rasamoelina, D.
  n.d. *Les Andriadranando.* (Unpublished thesis).
Razafindratovo, J.
  1969 *Etude du village d'Ilafy.* (Unpublished thesis).
Vogel, C. C.
  1975 *Les Quatres Mères d'Ambohibo.* (Unpublished thesis).

12

Ilafy: terre et parenté

JANINE RAZAFINDRATOVO-RAMAMONJISOA

Le cadre spatial de cette étude, et qu'il nous a fallu construire, consiste dans l'ensemble des terres historiquement mises en valeur par des gens qui habitent dans le village d'*Ilafy*, qu'ils en soient ou non originaires (cas des gardiens, des locataires de maisons), appropriées par des gens qui sont ou non originaires du village (ex. terres de propriétaires de *Sabotsy* travaillées par des métayers d'ici). En d'autres termes, il s'agit des terres mises en valeur par les habitants du *Fokontany*.

Ce cadre est fluctuant: la limite de ces terres est celle des villages voisins, et nous avons pu, actuellement, déceler deux tendances contradictoires: l'une, à l'extension, de par la contraction de rapports de clientèle nouveaux des résidents-métayers avec des propriétaires des *Fokontany* voisins, de par l'achat aussi de terre voisines; l'autre, au rétrécissement, de par les ventes à des étrangers ayant contracté des alliances dans le ou les *Fokontany* voisins (l'on n'achète pas de terres dans un village où l'on est totalement étranger), de par le délaissement de la mise en valeur qui résulte des changements perpétuels de propriétaires et de métayers; dans ces cas en effet, la terre—il s'agit ici de rizières—redevient *tany vao;* si elle est abandonnée ne serait-ce qu'une année, sa productivité baisse et en reprendre la mise en valeur requiert un effort supérieur, et en travail et en engrais.

Malgré l'accroissement démographique étonnant du village (près de 1560 habitants) nous pouvons affirmer que c'est cette deuxième tendance qui domine si les limites du terroir sont appréhendées sur la période de temps qui va de la veille de la colonisation à nos jours: la raison en réside dans la forme d'appropriation des terres. L'appropriation privée, imposée au moment de la colonisation, a figé l'extension des surfaces cultivées (à l'intérieur des surfaces historiquement attribuées à tels ou tels groupes sociaux), éliminant de la mise en valeur effective et de toute possibilité d'amélioration des cultures ceux qui n'étaient pas dotés de terres. Les terres capitales sont les rizières: tout ce qui avait pu être transformé en rizières l'avait été au moment de la colonisation; la détérioration des canaux d'irrigation (cf. *vaky rano* et surtout le fait que les terres appartiennent à des propriétaires absentéistes) a rendu terres sèches un bon nombre de terres à riz. Les terres de berge sont toutes cultivées. Les *tanety* prennent de plus en plus d'importance dans l'agriculture, avec la disparition progressive de l'élevage et la hausse du prix du riz, mais l'on peut dire que la majorité des *tanety* ne portent pas de cultures de manière suivie.

L'étude a été périodisée en deux époques principales:

- celle de la veille de la colonisation, à travers les traditions d'hommes libres et les traditions d'esclaves, à travers les titres de propriété mis en avant pour justifier de l'inscription au cadastre et à l'immatriculation
- celle de la colonisation qui, dans le domaine qui nous occupe ici, se prolonge jusqu'à maintenant, à travers l'étude de l'appropriation juridique et celle, sur le terrain, des travailleurs de telle ou telle terre. Les superficies exactes, donnant la structure agraire actuelle, n'ont pas encore été traitées et nous ne pouvons malheureusement pas les présenter ici.

La veille de la colonisation. Le village était terre *menabe* et l'ensemble du *vohitra* et des terres qui en dépendaient, fôret *tanety* de pâturages et de cultures, *dobo*, consistaient en une unité de *fanompoana* selon le processus de main-mise sur les groupes sociaux inauguré, dit-on au village, par *Andriamasinavalona* qui y installa trois familles *hova*. Les habitants résidaient principalement à l'intérieur des *hady*, soit sur le *vohitra* lui-même soit sur ses pentes; ces *hady* à certains endroits sont proches des rizières. Le contrôle des terres proches des eaux du *Mamba* était achevé.

Toutes les terres éminentes appartenaient au souverain, c'est-à-dire que celui-ci était *tompon'ny tany sy ny fanjakana* (propriétaire éminent: cf. Boiteau-Condominas). Ceci doit être compris dans le sens que, le souverain ayant conquis les habitants et leur territoire, la domination politique lui donnait un droit sur ses conquêtes (vies-terres). Les anciens occupants, tout comme ceux à qui le souverain avait octroyé des terres, mettaient le territoire en valeur et cette mise en valeur justifiait leur appropriation-possession. La reconnaissance de l'occupation des terres du roi se manifeste par le surtravail en travail (*fanompoana* épisodiques et permanents), en produit (*isam-pangady, vody hena*, etc.) et en argent (*hasina-sikajy isandrainzaja*, etc.) extorqué aux occupants. Etaient réservés au souverain:

- une rizière de trois hectares, *tanimbary ny andriana* travaillées collectivement par toute la population, toutes affaires cessantes. Les travailleurs étaient nourris les jours de travail. Une partie du produit revenait au "*tandapa*" qui était au nom du roi responsable du *vohitra*, une autre partie aux *lehibe-be* ses adjoints (chefs des groupes de parenté) et tout le reste allait à *Antananarivo*.
- la forêt, *alam-panjakana*, qui entoure le rova, au sommet du *vohitra*, objet de nombreux interdits et gardée jalousement contre les amateurs de bois et surtout les amateurs de charmes. Les *aviavy* surtout étaient protégés, (il y avait un corps de *mpiandry aviavy*), mais d'autant plus convoités que, dit-on, leur tronc était gratté pour obtenir des médicaments quasi-miraculeux. D'une façon générale, la forêt contenait les plantes médicinales les plus efficaces (les herbes courantes étaient dans les champs, *any an-tsaha*), et les bois servaient à la construction des maisons royales.

Certaines familles étaient préposées à la lessive (*sasa-lamban'andriana*) de certains dignitaires d'Antananarivo et recevaient de ceux-ci, "un peu ou beaucoup d'argent." Le linge était lavé à l'actuel barrage de *Manahy*. Les boeufs qui naissaient *volavita*, une fois recensés, revenaient au roi en échange d'une somme d'argent.

Le village entreposait les matières premières des fabriques de salpêtre du groupe *Tsimiamboholahy* dont la collecte revenait aux femmes non mariées.

L'agriculture constituait l'activité économique principale des villageois, mais il y avait aussi des artisans, des commerçants.

La disposition différentielle de la terre pouvait résulter de l'héritage et de l'application des principes qui régissent celui-ci, du nombre d'héritiers, des alliances contractées, des achats et des nouvelles mises en valeur. Un certain ordre doit cependant être distingué ici, si l'on veut saisir la dynamique réelle de la concentration foncière et de son pendant, le relatif appauvrissement de certains agriculteurs.

Le rôle déterminant dans le processus d'accumulation des terres a été tenu par le travail, familial, mais surtout "servile." Il est difficile de savoir réellement si les groupes de parenté installés par *Andriamasinavalona* ont usé de travail surtout familial ou surtout "servile." La traite (voir P. Vérin, Filliot), manifestation du mercantilisme européen sous la forme de l'échange inégal, qui détermina dans une grande mesure la configuration politique des peuples malgaches (dislocation au cours de processus d'unification, unification avec l'appui technique de mercenaires européens) a orienté aussi la production en *Imerina*.

- dans une première phase, l'économie *merina* fournit des esclaves à la traite faite par les autres, ceci jusqu'à *Andrianampoinimerina*: il s'agissait de coupables de crimes sociaux, de captifs internes à l'*Imerina*
- dans une deuxième phase, l'*Imerina* prend le contrôle interne de la traite en s'ouvrant des routes vers la mer, c'est-à-dire en soumettant les pays intermédiaires, et elle le fait grâce à un armement et à une organisation militaire supérieurs, à partir de *Radama Rainy*. Elle fournit le marché de la traite en esclaves, mais principalement en sujets des autres entités politiques, réservant sa force de travail pour sa production agricole et artisanale. Elle rencontre là les visées divergentes des Français et des Anglais qui se trouvent à un stade de développement différent du capitalisme.

C'est cette deuxième phase qui voit l'établissement et le développement du travail "servile." Les traditions *mainty* rapportent que la majeure partie des *mpanompo* proviennent des guerres du *Betsileo* et du *Sud-Est*, et furent achetés après avoir transité par plusieurs relais en *Imerina*. Les descendants de ces *mpanompo* ont conservé certaines coutumes appartenant au vieux fond malgache qui ont disparu chez les *hova* plus christianisés.

Les *Tantaran'ny andriana* rapportent comment les "compagnons d'armes" d'*Andrianampoinimerina*[1] (ceux qui se battirent pour lui serait l'expression plus juste) furent dotés de privilèges (*trafon-kena omena ny mahery-lohombitany*-tantara) et comment ils se sont appropriés de nombreux esclaves (achats sur le butin amassé). Ces compagnons d'armes bien lotis, distingués pour leur bravoure et pour leur sagesse de stratèges et de politiques étaient des *loholona*, des chefs de groupes de parenté et leurs terres comme leur pouvoir se transmettaient de père en fils, plus exactement d'aîné en aîné, éliminant dès cette époque les cadets, les filles.

---

1. Selon des villageois, à Antanamanjàka, village attenant à Ilafy, existe une tombe (*fasana*) où sont enterrés 74 *miaramila mpanefy Tsimiamboholahy* d'*Andrianampoinimerina*. *Antanamanjàka* et *Antsampandrano*, selon certaines généalogies, constituent les dernières étapes, après *Ambohitseheno* près d'*Ambatomena*, de la quasi-marche des Tsimiamboholahy vers Ilafy.

L'appropriation effective de la terre repose sur la mise en valeur (*solam-pangady*) qui dépend elle-même du nombre de travailleurs des unités de production, travailleurs au sein de la famille et *andevo*. Les familles nombreuses étaient souhaitées. La possibilité d'avoir des esclaves reposait sur la possibilité d'en acheter et ce fut essentiellement le fait des aînés à cette époque, ultérieurement de ceux qui s'adonnèrent au commerce jouxtant les sphères du pouvoir.

Un autre moyen d'accès à une subsistance enviable est d'ordre religieux: *les mpanandron'andriana*, les gardiens de *sampy* locaux (tous n'ont pas été détruits sous Ranavalona II), consultés fréquemment, se voyaient de par leur technicité attribuer des produits: riz, viande, et de l'argent.

A la veille de la colonisation, les "grands propriétaires" sont ceux qui occupent des charges royales, qui possèdent de nombreux esclaves, font du commerce et qui pratiquent l'endogamie interne à la famille, interne au village, interne au foko *tsimiamboholahy* avec des partenaires de territoires voisins.

L'unité de production familiale consiste en un *ray mpianakaviana*, sa femme, leurs enfants, communs ou non, mariés ou non selon les cas et parents eux-mêmes ou non, les parents pauvres enfants ou femmes seuls. La plupart sont agriculteurs (un peu éleveurs), mais certains sont commerçants (ici, à Antananarivo, dans les postes *merina*), pasteurs instituteurs. Ils disposent d'un travail servile important et se font gloire de nourrir leurs "*ankizy*" largement. Ceux-ci résident dans des habitations attenantes aux maisons des maîtres, ils sont nourris, vêtus, évangélisés, on leur apprend à lire. Ils travaillent à la maison comme dans les champs, voyagent avec leurs maîtres. Les étables et les cases à volaille sont à proximité des maisons. Les champs consistent en rizières, en terres à *jany mainty* (manioc, *saonjo*, *vomanga*, etc.), à légumes (*tsaramaso*, *voanjobory*...), en vergers (bananes, cannes à sucre...) en *tanety* pour les pâturages des boeufs sur les terres non cultivées. Des terres sont spécialisées dans la culture du mûrier pour l'élevage du ver à soie. Les *landy* bruts étaient mis à travailler et à tisser, moyennent salaire, dans des famille du village, les *lamba* une fois exécutés, revenaient chez le propriétaire de la matière première et étaient achetés par *Andafiavaratra* et *Manjakamiadana* qui en gardaient une partie et en commercialisaient l'autre, à l'étranger nous a-t-on dit. Les travaux d'intérêt commun sont réalisés à l'échelle du village, sous la direction du pouvoir local.

Les familles moins aisées sont celles qui, cadettes, héritant moins, à l'écart des charges héréditaires, possèdent moins d'esclaves; elles pratiquent les mêmes activités mais à une échelle réduite.

Les terres mises en valeur se transmettent, nous l'avons vu, de façon sélective, puisque les aînés sont plus avantagés que les fils cadets et que les filles le sont moins que les fils. Tel est du moins le principe affirmé comme gouvernant le partage de la succession entre enfants; en fait il semble certain que dans les familles moins pourvues, fils et filles héritent et aînés comme cadets, les frères deviennent métayers de leurs soeurs au mariage de celles-ci hors du village. Il faut donc tempérer le primat de l'accès patrilinéaire aux biens par l'examen des politiques foncières réellement appliquées par les classes aisées.

Les alliances préférées étaient tout d'abord celles avec des parents proches, entre cousins patrilatéraux (*ny sasany aza omena ka ny ato an-trano indray no tsy hahazo*, c'est-à-dire, on donne bien aux autres et on ne donnerait pas à ceux qui sont chez nous-mêmes), opération qui amenait la concentration maximale des terres. En second lieu celles avec des familles de villages attenants, qui sont les plus nombreuses. En principe toutes les alliances se réalisent entre égaux. En fait, les *hova* ne s'allient jamais à des *andevo* mais parfois á des *andriana* — (femmes *hova*, hommes *andriana*) — ces derniers perdent alors leur statut d'*andriana*, ce qui permet, pour cette époque, d'affirmer une certaine mobilité sociale où les individus sont aussi définis à partir de critères économiques et non seulement parentaux, mais à l'intérieur de la hiérarchie historique.

Les terres achetées ou mises en valeur lors de la vie commune du couple (à l'exclusion donc de l'héritage respectif des partenaires conjugaux) obéissent au *Kitay telo-andálana:* à la séparation du couple, ou à sa disparition, les enfants héritent des 2/3 des biens acquis, part de leur père et du 1/3, part de leur mère.

L'achat va de pair avec l'usure et la mise en gage car l'on ne vendait ses terres que si l'on y était contraint: la contrainte réside dans des besoins monétaires familiaux (décès mais surtout prodigalité), et commerciaux.

Côté *andevo*, les mariages se pratiquaient rarement (quoique certaines familles *hova* aient veillé à "civiliser" en les mariant leurs esclaves) alors que la production d'enfants était tolérée, voire encouragée (*akondronay no mamoha*) car elle contribuait à accroître la capacité productive des propriétaires sans coût nouveau. Les géniteurs sont soit des *hova* "qui s'amusaient" soit des *Mainty* résidant dans le village même: cette endogamie sans l'être va déterminer dans la période ultérieure le principe d'alliances *mainty*, tournant celles-ci résolument vers l'extérieur. Ici la terre et la parenté de type *hova* sont absents; le lieu le plus fort unit la mère et ses enfants; les frères de la mère sont les protecteurs des enfants.

A partir de la colonisation. La colonisation constitue un bouleversement profond. Elle marque la fin de l'extension des terres cultivées à l'intérieur du *fokontany*, l'émergence d'un type différent de rapports entre villageois. Ceux qui ont les bras n'ont pas de terres à cultiver, ceux qui ont des terres n'ont pas assez de bras. La terre acquiert un prix et son acquisition passe par l'entrée dans le circuit salarié, l'argent domine la production (achat de terres, instruments, engrais en la quasi-disparition de l'élevage, etc.). La campagne *merina* nourrit les villes avoisinantes, ici la capitale, et en partie fournit la force de travail du secteur tertiaire (fonctionnaires, intermédiaires, etc.).

Un nombre étonnant d'originaires n'ont d'attaches ici que par leurs tombeaux. La majorité des *hova* est partie, la majorité des *mainty* est restée et s'est accrue de façon considérable.

Parmi les *hova*, seuls les gros et moyens propriétaires sont restés dans le village; en fait certains d'entre eux ont dû opérer une reconversion partielle de leurs activités: faire du commerce, devenir bouchers, employés, médecins, c'est-à-dire, en l'élimination du travail servile trouver de quoi salarier des agriculteurs. Ceux qui sont restés simples agriculteurs n'ont cessé de s'appauvrir. L'étude du village révèle deux directions parallèles:

- un processus d'acquisition de la terre par:
  - endogamie entre propriétaires fonciers (*Hova Zazahova*)
  - limitation du nombre d'héritiers; cette pratique contredit le principe de la nécessité d'une famille nombreuse dans l'agriculture mais obéit à la fixation des limites cultivables par la propriété privée
  - alliance avec le pouvoir colonial et néocolonial
    - ceux qui ont accédé à la citoyenneté française ou ont servi comme militaires dans l'armée française ont pu se faire immatriculer d'immenses surfaces (les citoyens français surtout) sous prétexte qu'ils descendaient de ceux qui mettaient celles-ci en valeur au moment de l'arrivée des français. Or, d'une part, cette mise en valeur avait été faite par des familles et non par des individus et les cadets et les soeurs ont été grugés; d'autre part les limites des terres réquisitionnées ont largement débordé sur celles des voisins non français —les tribunaux tranchèrent dans les sens des citoyens.

Les relations intra-familiales comme intra-villageoises sont restées marquées par ces évènements déterminants.

- par entrée dans l'appareil d'état à l'échelon subalterne; sans être citoyens, les *mpiadidy*, les chefs de village ont pu ainsi bénéficier de terres.
- par entrée dans la clientèle des citoyens français qui ont requis la terre pour le couple de leurs protégés.
- par entrée de citoyens français dans la clientèle d'originaires français (ex: acquisition de la rizière royale).
- achat, ce qui suppose la possession de revenus monétaires extra-agricoles: ceci fut le fait, mais à une époque ultérieure et jusqu'à maintenant, des fonctionnaires retraités, des membres des professions libérales, des gens qui ont fait relativement fortune dans les concessions de produits d'exportation hors d'*Imerina*. L'achat de terres s'accompagne de l'amélioration de l'habitat ancestral.

La propriété *mainty* relève de ce type, et repose sur le salariat, la location de charrettes à boeufs.

La plus grosse fortune du village a utilisé tous ces moyens de concentration foncière à la fois mais en 4 générations a quasiment tout perdu.

– un processus d'appauvrissement
- l'entrée dans le salariat et donc l'obligation d'acheter de quoi vivre (produits qui ont passé par de nombreux intermédiaires) n'a que dans quelques cas permis l'acquisition d'un surplus transformable en terres. Dans l'intérêt de la scolarité des enfants, ce surplus, quand il a existé, a été investi en maisons d'habitation à Antananarivo.
- les terres héritées se sont avérées trop petites au fur et à mesure de l'extension des groupes de descendants. La plupart des rizières n'ont pas moins d'une trentaine de propriétaires. Si l'un des héritiers peut se permettre l'appropriation individuelle des terres familiales ou d'une partie de celles-ci, il est encouragé; les familles sont plus réticentes au partage des maisons ancestrales.

La mise en valeur des terres s'est réalisée de différentes façons:

- dans une première période les anciens esclaves ont continué à travailler les terres de leurs anciens maîtres, avec eux, selon les formes de travail anciennes: familiales, *valin-tanana*
- avec le départ des propriétaires le système de l'*ampahany* (métayage), 2/3-1/3, actuellement 3/4-1/4, s'est généralisé et domine la production actuelle.

Nous avons décrit ailleurs (Razafindratovo 1965, 1970) en détail les conditions de ce métayage, en insistant sur leur instabilité, les relations de dépendance personnelles qui le caractérisent; une seconde enquête nous a démontré en plus le niveau de rendement bien faible de ce système de mise en valeur.

Les *hova* du village sont métayers de parents et à la fois et surtout propriétaires de petites exploitations.

Les *mainty* ne sont que rarement propriétaires: une petite couche de propriétaires fonciers *mainty* s'est constituée, à force de travail et de subordination dans le métayage et face aux administrations et mène les revendications des paysans sans terres avec comme rêve l'accession à tous à la petite propriété parcellaire; la majorité des *mainty* du village ne possède que sa maison de terre et sa petite cour, résultat de morcellement successifs.

Pour les *mainty*, le contrôle des terres métayées s'est avéré crucial; ce contrôle s'effectue dans la concurrence et influe sur le choix des conjoints lors des alliances.

Un homme ne se marie que s'il est assuré de pouvoir faire vivre sa future famille, indépendamment de ses parents. La plupart des jeunes gens d'âge mariable ne peuvent se marier car ils n'ont ni terres ni emploi. L'obtention de terres en métayage qui seront cultivées avec l'aide de la famille étendue permet d'autoriser l'alliance, de préférence avec un conjoint doté d'un emploi ou de terres métayées.

Ce choix se porte de préférence sur les conjoints potentiels assez distants géographiquement, d'avec qui l'on s'assure ne pas avoir de relations de consanguinités. Le mariage avec quelqu'un du village est précédé d'une investigation minutieuse et discrète de paternité.

La peur de l'inceste explique ceci: le mariage institutionnalisé par le *vody ondry*, l'inscription au registre d'état civil et la religion chrétienne, sont récents et l'on préfère éviter d'épouser un parent. Il ne s'agit pas ici d'une phobie explicable en termes métaphysiques ou d'une adhésion à un prétendu modèle d'alliances mais de la crainte que ne se reproduisent des cas réels.

Schéma 1. *Exemple type de répétition d'alliances*

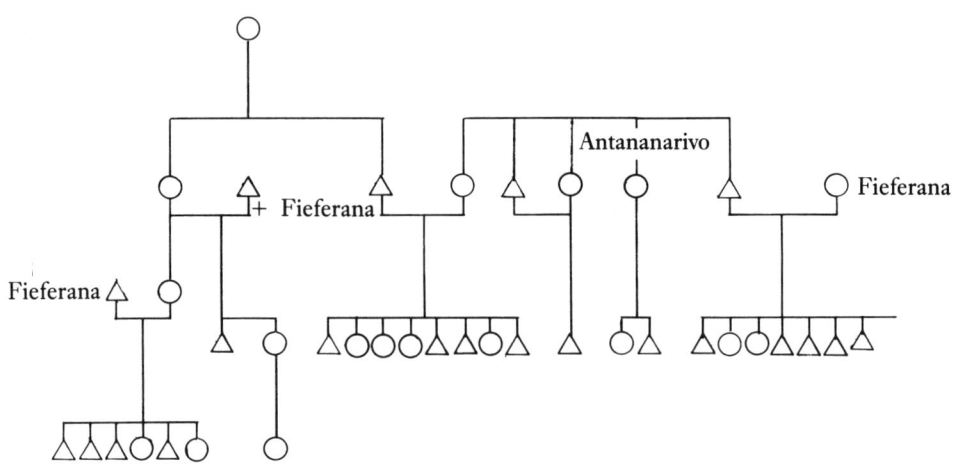

Cette nécessité de fuir des alliances dans le village entraîne l'atomisation du travail puisqu'il signifie mise en valeur de parcelles dispersées.

Une alliance une fois contractée est ensuite reproduite et de véritables réseaux de parenté lient ainsi les *mainty* du village avec d'autres *mainty* de villages de l'*Imerina*.

La majorité des *mainty* sont apparentés: dans la plupart des cas la parenté se réalise par l'alliance de deux groupes de parenté du village avec un même groupe de descendants d'un autre village.

La résidence est ambilocale, le couple réside dans le village qui lui offre les meilleures possibilités de métayage. Le village, receveur la plupart du temps, connaît un accroissement démographique peu proportionné avec les possibilités qu'il peut offrir et qui diminue d'autant les surfaces métayées par chaque famille. L'avantage, cependant, de cette concentration de parents et d'alliés, consiste dans la possibilité d'un gigantesque systeme de *valin-tanana*.

Dans le cas de l'emploi, il y a une véritable lutte dans les emplois subalternes de la fonction publique et du secteur nationalisé comme privé pour tâcher d'implanter des parents à soi.

Qu'il s'agisse de terres possédées ou non les formes de travail dominantes sont le travail familial et le *valin-tanana* entre voisins et alliés. Le salariat n'apparaît qu'exceptionnellement quand les superficies possédées dépassent les possibilités de travail familial (car il faut rendre le *valin-tanana*) et que l'on peut financièrement l'assurer; sinon les terres restent incultes.

Nous devons pour finir signaler une forme de mise en valeur "patriarcho-féodalo-coloniale" qu'il serait intéressant d'étudier dans d'autres endroits et qui montre comment dans une situation de transition, plusieurs systèmes peuvent être utilisés: les terres sont cultivées par les anciens esclaves et par des corvéables du travail forcé colonial; en plus du travail agricole il y a les travaux proprement dits de la compagnie de commerce; les travailleurs reçoivent un salaire équivalent à la moitié de celui donné par l'état colonial, l'autre moitié revient à l'employeur. En échange les travailleurs sont certains de ne pas être déplacés hors d'*Imerina*. Les parents et alliés de l'employeur assurent dans diverses villes du pays des postes de gérance commerciale. La formule a disparu avec la faillite de la compagnie qui correspond au moment où les grandes compagnies d'import-export, solidement implanté dans l'île, se défont du commerce malgache à grande échelle.

Notre propos, limité, a été de réaffirmer l'instrumentalité opérationnelle de la parenté vis-à-vis de l'appropriation et de la disposition des terres et de définir les modalités de cette appropriation et de cet accès, continuant ainsi notre travail antérieur.

Ce que nous voulons souligner c'est que ces stratégies d'accès aux moyens de production principaux, ces types d'organisation de la force de travail, renvoient à des rapports de production qui interdisent toute vision fonctionnaliste.

Le problème qui se pose est de déterminer, sans négliger le poids de l'histoire, si les catégories que nous continuons d'employer, les *hova*, les *mainty* demeurent pertinentes, alors que le cadre général de leurs rapports a changé et que leurs rapports en tant que catégories historiques se définissent d'abord à partir des rapports qui caractérisent les acteurs sociaux dans le processus de transition du capitalisme à la construction de socialisme.

Dans la structure de classes actuelles qui se réfère non plus au village ni au royaume, mais à la nation prise dans le cadre de la division internationale du travail, on ne peut plus, à notre avis, continuer à catégoriser les groupes sociaux d'autrefois, les construire selon des critères qui ne sont plus déterminants. Au niveau du village, tous les *hova* possèdent de la terre, alors que la majorité des *mainty* n'en possède pas. La plupart des *hova* possédant des tombeaux ici n'ont plus de terres. La petite propriété existe chez les *Mainty* comme elle domine chez les *hova*. Les plus grands propriétaires fonciers ne possèdent pas 5 ha. *Hova* et *Mainty* subissent la domination du capital au niveau de la vente de leur force de travail, de la vente de leurs produits et de l'achat de biens de consommation. La définition des rapports réels entre villageois passe donc par la définition de la contradiction fondamentale et des contradictions principales au niveau de la nation.

Annexe. Quelques données sur la parenté *Mainty*

- Les données portent sur les "quartiers" d'*Ilafy*, d'*Anjakariasina*, et d'*Ankadivory*, sans parler donc de *Manahy* et d'*Anjakariasina*.
- La majorité des familles *mainty* s'est constituée à partir de quelques ascendants traçables, il y a au maximum 5 générations (géniteurs ayant 20 ans vers 1884), ascendants couples d'habitants du village et femmes seules.
- Le réseau de parenté le plus important relie entre elles 225 personnes vivantes résidant au village et appartenant à 6 *fianakaviana* différents.
- Les *fianakaviana* varient considérablement en volume, selon le type d'ascendants; les femmes seules ont généralement une postérité directe moindre.
- Ces six *fianakaviana* sont reliés en chaîne les uns aux autres par des alliances réciproques (appelées ici endogamiques, au niveau du village) et communes (alliances avec des *fianakaviana* extérieurs communs).
- Il y a 63 fondateurs de famille soit 51 couples (30 hommes et 21 femmes dans les groupes étudiés) et 12 femmes seules.
- Les femmes seules représentent 12 cas sur 33 femmes, soit 36, 36% des femmes.
- Les couples "endogamiques" représentent 15 unions, soit 29, 4% des mariages réalisés.
- Les couples "exogamiques" représentent 36 unions, soit 70, 6% des couples. Sur ces 36 couples, 63, 9% sont virilocaux et 36, 1% sont uxorilocaux.
- Sur 51 couples formés il y a 6 séparations sans remariage.
- L'endogamie interne au *fianakaviana* n'existe pas.

Récapitulatif

Couples fondateurs de familles

	Endogames		Exogames		Total	
	Nb	%	Nb	%	Nb	%
H	7	23, 3 %	23	76 %	30	100
F	8	24, 24 %	13	39, 39 %	21	100
Total	15	29, 4 %	36	70, 6 %	51	100

Femmes seules fondateurs de famille

Mariées		Femmes seules		Total	
Nb	%	Nb	%	Nb	%
21	63, 63	12	36, 36	33	100

Fondateurs de famille

	Nb	%
Couples	51	80
Femmes seules	12	20
Total	63	100

Exogamie et origine du conjoint

	villages voisins	Imerina	autres provinces	inconnu	Total
H	17	3	3		33
F	8	2	2	1	13
Total	25	5	5	1	36
% par rapport aux 51 couples	49	9, 8	9, 8	1, 9	70, 6

Endogamie, exogamie et situation conjugale

situation conjugale	Endogamie		villages voisins		Imerina		Exogamie autres provinces		inconnu		Total
	H	F	H	F	H	F	H	F	H	F	
couples actuels	5	3	16	2	2	1	3	1			33
couples divorcés	2	1	2	1							6
couples décédés		2	1	2							5
veuves		1		2		1		1			1
femmes décédées laissant un veuf			1								1
Total	7	8	17	8	3	2	3	2	–	1	51

Bibliographie

Boiteau, P.
    1958   Contribution à l'histoire de la nation malgache. Editions Sociales, Paris.
Condominas, G.
    1960   Fokon'olona et collectivités rurales en Imerina. Berger Levrault, Paris.
Filliot, J.M.
    1970   La traite des esclaves vers les Mascareignes au 18e siècle. 3e cycle—ronéotypé.
Razafindratovo, J.
    1965   Etude du village d'Ilafy. ORSTOM—ronéotypé.
    1970   Hiérarchies et alliances. 3e cycle—ronéotypé.
Vérin P.
    1972   Les échelles anciennes du commerce, sur les côtes Nord de Madagascar.

13

Quelques traits de l'organisation sociale des Betsileo du Manandriana

Narivelo Rajaonarimanana

Avant-propos. Dans le présent article, je me propose de décrire les concepts Betsileo du Manandriana relatifs à l'organisation sociale dans leur dimension historique. Plus exactement, je tente de dégager les catégories et les groupements de parenté nommés de l'organisation sociale en mettant en évidence leur caractéristiques structurales et leurs propriétés fonctionnelles.

Trop souvent les exposés des ethnologues sont bien construits et très brillants mais malheureusement ils doivent être crus sur parole car les données ethnographiques qui ont servi de base à leur étude ne sont pas publiées. Pour que le lecteur puisse vérifier la vérité des faits et reprendre l'analyse pour son propre compte, j'ai tenu à présenter, à la suite de mon exposé, un échantillon de documents généalogiques sur un groupe résidant dans le village d'Avaratanana (Sous-préfecture d'Ambatofinandrahana).[1]

Introduction. La région du Manandriana est située sur les Hautes Terres de Madagascar à environ 300 Km au Sud-Sud Ouest de Tananarive, à environ 40 Km d'Ambositra. A l'Ouest elle est limitée par

---

1. Ce travail se fonde sur une recherche menée de 1972 á 1977, et essentiellement auto-financée, sur l'anthropologie et l'histoire des Betsileo du Manandriana (cf. Rajaonarimanana, 1976, 1978a, 1978b, 1979). Je voudrais cependant remercier chaleureusement J. A. Rakotoarisoa (Directeur du Musée d'Art et d'Archéologie) et J. P. Domenichini (Directeur du Centre d'Art et d'Archéologie) pour toute l'aide qu'ils m'ont apportée en maintes occasions.

le col d'Itremo qui sépare les populations sakalava de l'Ouest des cultivateurs betsileo des Hautes Terres; au Nord-Est par la rivière Mania qui la sépare du Vakinankaratra et à l'Est par l'Ivato, affluent de la rive gauche de la Mania qui l'isole du bassin d'Ambositra. Au Sud, elle est limitée par la rivière Manandriana, affluent de la Matsiatra, qui la sépare de la région montagneuse d'Ambohimahasoa. Administrativement, elle correspond aux cantons d'Ambovombe-Centre, d'Ambohimahazo, de Vohimena et d'Ambatomarina relevant de la sous-préfecture d'Ambositra et aux cantons de Fenoarivo, d'Ambatofinandrahana et d'une grande partie du canton de Soavina de la sous-préfecture d'Ambatofinandrahana.

La population betsileo de cette région, évaluée à 42 600 personnes en 1975, vivait autrefois par petits groupes dans des villages fortifiés. A partir du début du XXe siècle, cet habitat fortifié allait se disperser en hameaux (*vala*) autour des vallons rizicoles. Le hameau *vala* est entouré d'une haie de protection ou quelquefois des arbustes épineux, généralement de forme circulaire, qui porte le nom de *fahitsa* "enclos."

Elle est interrompue de côté est par une porte dite *lozo-manara* "lit. entrée froide". Elle est fermée par des traverses de bois engagées dans des poteaux. Cette clôture délimite deux parties nettement distinguées par les habitants:

- l'espace intérieur constitue l'enceinte résidentielle et porte le nom de *tokotany*. C'est là qu'on construit les deux éléments principale l'habitat: la maison, *trano*, avec ses dépendances et l'enclos à boeufs, *vala*, qui a d'ailleurs donné son nom à l'ensemble du hameau.
- l'espace extérieur, réservé aux cultures sèches et qui aboutit aux rizières, porte le nom de *tamboho*.

Du point de vue de la parenté, le *vala* constitue donc un groupement de maisonnées car il est généralement formé de la maison des parents, *trano fototsa* "lit. maison d'origine", à laquelle sont associées celles d'un ou de plusieurs de leurs enfants mâles mariés.

La culture irriguée du riz est la principale préoccupation du paysan betsileo. Elle accapare la plus grande partie de son temps et fournit en même temps la base fondamentale de son alimentation. Le riz a également une valeur symbolique: il est utilisé comme offrandes lors des grandes cérémonies *lanonana*, "fêtes" qui ponctuent la vie du groupe. L'élevage des boeufs est également pratiqué par les Betsileo. Il est associé à la riziculture car les boeufs (*Bos indicus* ou Zébu) sont utilisés pour piétiner la rizière et produire du fumier. Comme dans les autres régions malgaches, le boeuf jouit aussi d'un prestige exceptionnel et joue un rôle important dans la vie socio-politique de la région. En effet, le boeuf est considéré comme le symbole de la richesse et du pouvoir: ainsi, la richesse d'un individu ou d'un groupe s'évalue et se conserve en boeufs. En outre, le boeuf joue un rôle très considérable: à chaque moment cérémonial du groupe, les boeufs sont utilisés dans les sacrifices.

Quelques traits de l'organisation sociale. L'organisation sociale betsileo de cette région est caractérisée par un principe d'indifférenciation prédominant avec cependant une forte idéologie agnatique.

Si l'on en croit les traditions orales rapportées par nos informateurs, il apparaît qu'á l'origine les roturiers betsileo étaient divisés en cinq groupes de descendance dénommés *akitsanjy,* chacun occupant un quartier bien précis de la zone de résidence royale (Vohimalaza et Fihasinana). Chaque groupe portait un nom indiquant soit son fondateur soit son origine géographique. Ces cinq groupes originels, désignés sous le terme générique de *zanaky ny dimireny* "enfants des cinq mères" étaient les suivants:

- Les *Sambohery,* du nom de son fondateur Rasambohery.
- Les *Taivato* "ceux des pierres," groupe venant du pays tanala.
- Les *Kalatsara,* du nom de sa fondatrice Rakalatsarafeo "la fille à la belle voix."
- Les *Anakalaza* "les enfants qu'on célèbre," venant d'Ianakalaza en Imady.
- Les *Zafindraravola* "les petits-enfants de Raravola."

Chaque groupe était dirigé par un *ondevohova,* lit. "esclave-prince," c'est-à-dire par l'homme le plus vieux du groupe qui le représente auprès du roi.

Le développement démographique a provoqué la dispersion géographique de chaque *akitsanjy,* puis l'éclatement de chacun en plusieurs sous-groupes de parenté nommés encore *akitsanjy* ou *afo* "feu, foyer" ou *fahitsa* "clôture de l'enceinte résidentielle." Ces derniers se présentent à la fois comme des groupes de descendance et de résidence. Ainsi le groupe *Kalatsara* se subdivise actuellement en huit sous-groupes:

- les *Havatsiorilaza* "parents qui ne sont pas à la cour d'honneur
- les *Mandimbihenätsa*, du nom de son fondateur Ramandimbihenätsa; on les appelle aussi *Zanakotatsimo* "enfants des gens du Sud."
- les *Tsimanakamamy* "ceux qui ne possèdent pas la douceur"
- les *Zafindrafahita* "petits-enfants de Rafahitsa."
- les *Ananana* "ceux qu'on possède."
- les *Samimilanja* "chacun supporte."
- les *Maromangaika Vohimanombo* "les nombreux qui crient de Vohimanombo."
- les *Lazandraikotsivery* "l'honneur de mon père n'est pas perdu."

Aujourd'hui, les membres de ces groupes habitent le *fokontany*[2] de Vohimanombo-Ambondrona, c'est-à-dire des hameaux issus des anciens villages fortifiés de Vohimanombo et d'Ambondrona. Une préminence est accordée au groupe qui s'était installé le premier sur le territoire: il est le *zokibeny*, "aîné absolu" et les autres sont *zandriny*, "cadets" et le dernier *faralahiny*, "benjamin." Dans notre exemple l'aîné est le groupe *havatsiorilaza* et le benjamin le groupe *lazandraikotsivery*. Généralement, un noyau de résidents formés par des germains du groupe aîné garde le territoire traditionnel dit *anaran-drae* "nom du père."

Nous voyons que la notion *d'akitsanjy* a quelque peu évolué au cours du temps. Un *akitsanjy* est un ensemble d'individus, hommes et femmes, descendants d'un ancêtre commun et localisé, à l'origine, dans un territoire bien déterminé. Actuellement, la notion *d'akitsanjty* est liée à l'idée de groupements résidentiels, c'est-à-dire des lignées locales dont certains membres ont choisi de s'établir ailleurs. Les critères d'existence de ce groupe de filiation centré sur un ancêtre sont:

- le nom commun appelé *anaran'akitsanjy*.
- la propriété commune de certains biens appelés *anaran-drae*, lit. "nom du père," c'est-à-dire des biens immeubles (maison, champs, rizières) par opposition aux *lova* "héritage" qui sont des biens meubles (boeufs, argent). Cette expression montre une fois de plus l'importance de la succession patrilinéaire dans la société betsileo.

---

2. Territoire du *fokonolona* "communauté villageoise." Actuellement dans cette région, le critère de la parenté est déterminant pour délimiter les frontières d'un *fokontany*.

- la possession d'une marque d'oreille (fofo) commune. Ce critère est déterminant pour prouver une appartenance commune. Parfois le nom du groupe est même designé par le terme *anaran-tsofiña*, lit. "nom des oreilles," c'est-à-dire le nom des oreilles des boeufs.
- l'existence d'un interdit *fady* qui a été transmis par l'ancêtre fondateur et que tous les membres doivent respecter.
- l'existence d'une tradition historique (*tantaran-drazana*) conservée dans les *bokim-pianakaviana* "livre de famille" ou transmise oralement et de génération en génération par l'aîné du groupe.
- l'existence d'un tombeau unique construit par l'ancêtre fondateur (*hady fototsa* "fosse d'origine") qui marque l'unité symbolique du groupe. Actuellement, ce tombeau originel s'est segmenté à la suite d'une émigration ou d'un conflit entre les familles qui composent le groupe.

Sur le plan économique, il n'y a pas de coopération entre les membres du groupe à cause de la dispersion géographique. Par contre, leur solidarité se manifeste surtout sur le plan rituel, occasion primordiale pour évoquer les ancêtres et ainsi affirmer la cohésion du groupe. Ces grands moments de la vie de *l'akitsanjy* qui doivent d'ailleurs se passer dans le *trano fototsa* "maison d'origine" donc dans le territoire *anaran-drae*, sont:

- le *falifaly zazalahy*, lit. "réjouissance-garçon," c'est-à-dire la circoncision.
- le *tonga fetsa*, lit. "atteindre-limite," c'est-à-dire la fête des dix enfants.
- le *fanambadiana* "mariage."
- les cérémonies funéraires qui forment d'ailleurs un cycle:
  - *fandevenana* "funérailles, enterrement."
  - *toets'ambiroa* "dépôt de l'âme du défunt."
  - *fiefana* "achèvement définitif des funérailles."
  - *ati-damba* "apport de nouveaux linceuls."

Avant et après chaque cérémonie, les *tompon'anaran-drae*, lit. "propriétaires du nom du père," se réunissent. Les tâches sont réparties entre trois catégories de parents et d'alliés, les *zana-*

dehilahy "enfants des hommes," les *zana-behivavy* "enfants de femmes" et les *vinanto* "gendres."³

Tout ceci nous permet de conclure que l'*akitsanjy* betsileo est un groupe organique.

Résumons brièvement ce qui précède: l'*akitsanjy* est un groupe "nominal," doué d'une solidarité interne, solide et régulière, sur le plan rituel. Il comprend tous les descendants de l'ancêtre fondateur, qu'ils établissent leur filiation par les hommes ou par les femmes. Il s'agit donc d'un groupe de filiation indifférenciée non limitatif, selon la terminologie de Robin Fox (1972, 153). Les principaux critères d'existence de ce groupe sont:

- un nom commun *anaran'akitsanjy* "nom de l'*akitsanjy*."
- des marques d'oreilles communes *fofo*.
- la propriété commune de certains biens appelés *anaran-drae* "nom du père." C'est le territoire traditionnel de l'ancêtre fondateur sur lequel est bâtie la *traño fototsa* "maison d'origine."
- des tabous communs *fadin-drazana*
- des monuments funéraires et commémoratifs communs *fasana* "tombeau" et ou *vatolahy* "pierre levée."

A l'intérieur de ce groupe, les *zana-dehilahy* "enfants des hommes" qui assurent la perpétuation et la continuité des groupements résidentiels patrilocaux, sont nettement distingués des *zana-behivavy* "enfants de femmes."

D'autres termes sont encore utilisés par les Betsileo pour designer des catégories de parenté ou des ensembles de parents. A côté du groupe de descendance *akitsanjy*, il existe encore une autre catégorie de parenté qui sert de cadre de référence pour un individu betsileo. Il s'agit du *taro-bahy* qui est constitué des mots suivants: *taroka* "notion de tirer, de se ramifier" et *vahy* "liane." Ce terme désigne donc l'ensemble des descendants immediats d'une même personne, déjà morte ou encore vivante et dont le nom suit d'ailleurs le terme *taro-bahin-dRanona*

---

3. Les *zana-dehilahy* sont les fils des hommes, qui du fait de la patrilocalité, résident dans l'*anaran-drae* de leur père. Ce sont eux qui perpétuent le groupement résidentiel local et qui assurent donc l'intégrité du patrimoine *anaran-drae*. Les *zana-behivavy*, qu'il ne faut pas confondre avec les *zanak'ampela*, expression métaphorique pour désigner les descendants des anciens esclaves, sont les fils de femmes qui généralement appartiennent au groupe résidentiel de leur père. Bien que fils de femme les *zaza lova* "enfant héritage" et les *rano miherina* "l'eau qui retourne" résident dans le groupe de leur grand-père maternel. (Ces deux dernières notions seront définies plus loin.)

"groupe de descendance d'un tel." En définitive, un *taro bahy*[4] peut être considéré comme une branche généalogique d'un *akitsanjy*. L'homme qui est à l'origine du groupe est à la fois le *rangahy*, lit. terme de référence respectueux pour désigner un homme âgé, chef, et le prêtre des rites familiaux (*mpisaotsa*). Notons cependant qu'il peut être quelquefois une femme; dans ce cas, elle sera encore appelée *rangahy*.[5]

La solidarité entre les membres du *taro-bahy* est très forte, tant sur le plan des activités économiques que sur le plan des activités réligieuses.

Les deux catégories précédentes—*akitsanjy* et *taro-bahy* étaient définies à partir d'un ancêtre commun. Or il existe encore un groupe qui se définit par rapport à un individu, le sujet parlant. Il s'agit du groupe *tamy*. Ce terme désigne l'ensemble des parents éloignés de Ego, c'est-á-dire toute espèce de parent en ligne indifférenciées, par alliance, par fraternité de sang (*velirano, fati-dra*), par adoption et quelquefois des amis (*sakaiza*). Par rapport aux parents éloignés *tamy*, lit. "venir, faire entrer," les parents considérés comme proches sont désignés par le terme *havana*. C'est l'ensemble des parents considérés comme proches qui sont désignés par le terme *havana*. C'est l'ensemble des parents qu'on peut situer généalogiquement, c'est-à-dire "qu'on peut suivre de très près l'histoire et la généalogie" (*vao azo zohina akaiky ny tantara sy ny tetiharana*).

Au niveau du *tamy*, les informateurs distinguent deux catégories de parents: les *lafin-drae* "du côté du père, parents par les hommes" d'une part et les *lafin-drene* "du côté de la mère, parents par les femmes" d'autre part.

Au point de vue des mariages, il y a évidemment exogamie au niveau des groupes de descendance *akitsanjy* et *taro-bahy* et de la parentèle proche et éloignée (*havana* et *tamy*). D'une façon générale, le mariage est interdit entre deux individus de générations différentes et dont la proximité généalogique peut être prouvée: l'union entre deux personnes de la classe des parents et de la classe des enfants est considérée comme incestueuse. En cas d'inceste (*mivady mihavana* "union entre parents"), le couple doit subir le rite du *miditsa am-*

---

4. Il ne faut pas confondre cette notion relative à la parenté, á la descendance avec un autre concept qui porte le même nom et qui désignait pendant la période coloniale et néo-coloniale (1896–1972) une unité administrative minimale correspondant à peu près au "village" c'est-à-dire á un groupe de voisinage dont un membre a été désigné comme *sefo taro-bahy* "chef du *taro-bahy*" (responsable et garant du groupe devant l'administration).

5. Il assure l'unité du groupe et détient une autorité morale sur sa descendance.

pon'aombe "entrer dans le coeur du boeuf." Ce rite a pour but de rétablir l'ordre perturbé et d'éviter les sanctions de Dieu et des ancêtres.⁶

Il existe cependant des cas de mariage préférentiel. Le mariage entre les enfants de deux frères (*zanaky ny mirahalahy*) ou les enfants d'un frère et d'une soeur (*zanaky ny mianadahy*) est très recommandé. Ce sont des *anjara vady* "conjoint (e) prédestiné (e)." Il faut cependant noter que cette forme de mariage n'est pas obligatoire. Cette union endogamique a pour but de préserver le patrimoine (*tsy very mokoko* "dont les croûtes de riz ne sont pas perdues"). La formule suivante résume bien cette idée: *An-drano tsa mivoaka, ny anaran-drae tsa hovay* "on ne sort pas de la maison, le patrimoine ne change pas."

Au cas où un homme ne prend pas en mariage son *anjara vady*, il peut réclamer un ou deux enfants de cette dernière étant donné qu'ils sont considérés comme des *zaza lova* "enfant-héritage."

Schématiquement, on peut le résumer dans le tableau:

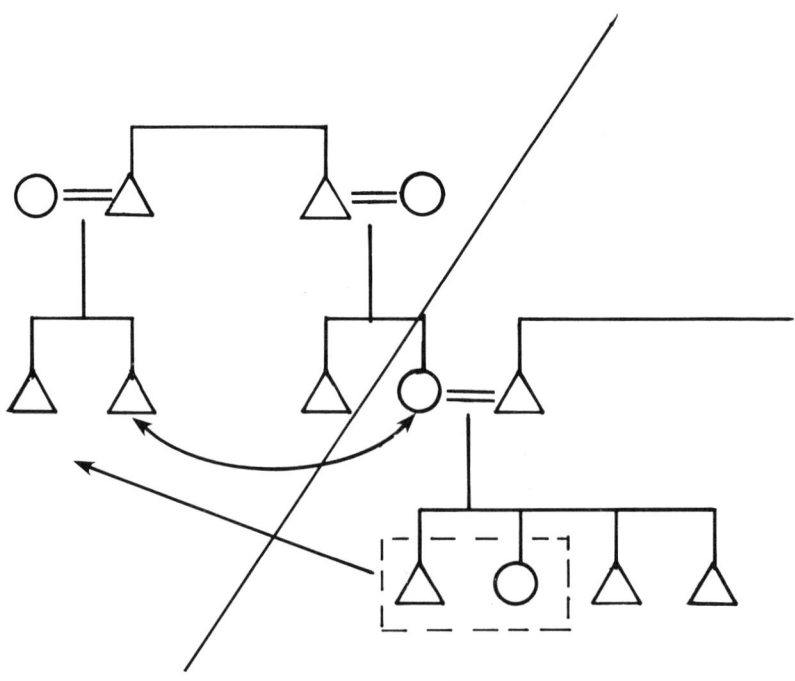

6. Voici le discours prononcé à cette occasion:
   Tsa mba misy koa ny fady, tsa mba voam-pady koa, tsisy tahany, tsisy hianjady fa efa niditsa am-pon'ny biby, ampon'aombe. Dia ny zazalahy ro ho any amin'ny vehivavy, omen'Andriamanitra; miteraha dimby, fara fa tsy misy koa ny fady, tsy voam-pady.
   "Il n'y a plus d'interdit, l'interdit a été levé, il n'y aura pas de sanction car vous avez déjà été dans le coeur d'une bête, dans le coeur d'un boeuf. Que la femme enfante un garçon, que Dieu vous donne de la progéniture car il n'y a plus d'interdit; il a été levé."

Par rapport aux *anjara vady*, il existe ce qu'on appelle des *vady fady* "conjoint (e) interdit (e)." Ce sont les enfants de deux soeurs (*zanaky ny mirahavavy*): ils ne peuvent pas se marier. En cas de transgression, ils doivent procéder au rite du *miditsa am-ponaombe* "entrer dans le coeur d'un boeuf." Le mode de résidence adopté au mariage par les conjoints est patrilocale. La femme vient résider dans la famille de son mari. En effet, pour les Betsileo, le mariage a pour but non seulement de sceller une alliance entre deux groupes de descendance mais surtout d'accroître la prospérité du groupe du mari, sa puissance numérique et sa richesse de vie par une postérité nombreuse.[7]

Ainsi, au cours de la demande en mariage, le représentant de la famille du futur mari précise l'objet de leur visite: "demander une chercheuse d'eau, une pileuse de paddy, une chercheuse de bois morts" (*mangataka mpantsaka rano, mpanoto vary, mpila hetae*...). De plus, la capacité de reproduction de la femme est très importante: en effet, le lien conjugal n'est véritablement validé qu'après la naissance du premier enfant.

Les différents rites liés au mariage s'échelonnent comme suit:

1. Présentation de l'*ala fady* "levée d'interdit" (une somme symbolique 100fmg = 2FF) par le jeune homme aux parents de sa future épouse. Ce rite permet à celle-ci de s'installer chez son futur mari.
2. Une année après, lorsque la femme présente des signes positifs de grossesse, la famille du garçon officialise la demande en mariage (*hata-bady*). C'est au cours de cette cérémonie que se passe l'échange de discours (*fitandrovam-bady*) entre les deux familles. La famille du garçon procède au *mañorina voamena* "déposer des pièces d'argent" c'est-à-dire qu'elle offre une somme d'argent (2500 à 5000fmg = 50 à 100FF) et un litre d'alcool (*toaka gasy*) aux parents de la fille. Ceux-ci, de leur côté, donnent à leur fille tout ce qu'elle aura besoin dans son ménage (*tsihy* "nattes," *harona* "paniers," *vilia* "assiettes," etc.).
3. Lorsque la jeune épouse est près d'accoucher, ses parents viennent la prendre pour qu'elle accouche chez eux (*hiandry troka* "attendre le ventre").
4. Un mois après la naissance de l'enfant a lieu la cérémonie du

---

7. Il existe des rites spéciaux pour célébrer cette postérité nombreuse. Il s'agit du *tonga fetsa*, lit. "atteindre une limite," c'est-à-dire la fête des dix enfants et du *taolan-kena valo*, lit. "huit os," c'est-à-dire la fête des huit garçons successifs.

manainga mpifana, lit. "ramener la jeune mère." C'est à ce moment là seulement que la prestation matrimoniale (*fehe*) est offerte. Elle est composée de paniers de riz (*vary an-kibana*), une somme d'argent en guise d'assortiment du riz (*laoka*) et un ou plusieurs boeufs. Les parents de la jeune femme offrent un repas collectif aux hôtes. Puis la cérémonie se termine par un don de boeufs pour le nouveau-né fait par les parents de la femme. Les parents de l'homme offre une somme d'argent dite *oron-tsihy lava* "rouleau de nattes longues" à celui qui va conduire les boeufs.

En résumé, nous voyons que cette cérémonie finale scelle l'union définitive, c'est-à-dire qu'elle exprime à la fois le transfert des forces de travail de la femme dans le groupe de son mari et le transfert de l'enfant du groupe de la femme au groupe du mari.

D'une façon générale l'enfant appartient au groupe de descendance de son père. Dans certains cas, lorsque la fille est unique ou qu'elle n'a pas de frères, ses parents posent comme préalable du mariage le retour des deux premiers enfants nés de l'union dans le groupe d'origine de la mère. Ces enfants portent le nom de *rano miheriña* "l'eau qui retourne (à la source)." Schématiquement, on a:

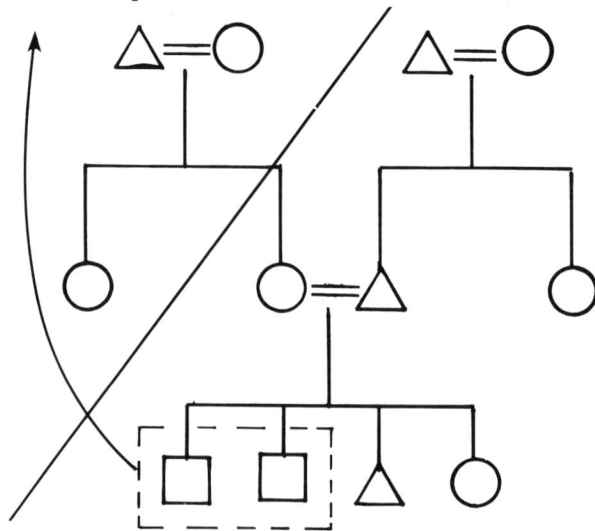

Les généalogies que nous avons recueillies soulignent l'importance de ce principe. Il a pour fonction, tout comme le systeme du *zaza lova* d'ailleurs, d'assurer la perpétuation et la continuation du groupement résidentiel local des parents de la femme.[8]

8. Pour des cas analogues, dans le domaine polynésien, voir P. Ottino, (1973, 435–436).

Pour terminer, notons que le mariage crée une relation de solidarité réciproque, sur le plan économique et rituel, entre les *rafozana* "beaux-parents" et les *vinantolahy* "gendres." Pour celui-ci, l'aide porte le nom de *mandrafozana* "aider ses beaux-parents" pour le gendre, pour les beaux-parents par contre, l'aide s'appelle *maminantolahy* "aider son gendre" (pour le beau-père).

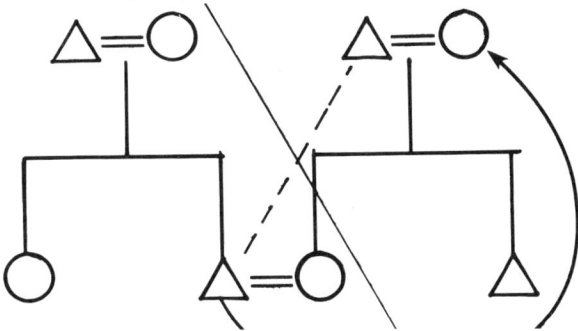

Présentation.[9] Ce texte manuscrit nous a été remis, au mois de Septembre 1977, par notre ami Tsimihanta de Farihilava (canton d'Ambato-marina) que nous remercions vivement ici. Il s'agit d'une copie d'un manuscrit familial détenu par son grand-père Ranoarimanga Bernard.

Ce texte renferme plusieurs informations d'ordre historique et ethnographique très intéressantes:

- Une généalogie du groupe appelé *Zanabola* depuis la date d'émigration de l'ancêtre fondateur Raotoaminarivo jusqu'à nos jours (soit sept générations jusqu'à Ranoarimanga Bernard, *impito mandova* "septième héritier"). A partir de cette généalogie, on peut découvrir quelques traits de l'organisation sociale (étude d'anthroponymie, transmission et changement de nom,[10] stratégie matrimoniale, adoption, etc.)
- La liste des interdits ancestraux, des marques d'oreilles et des différentes prescriptions médicales propres au groupe (liste de plusieurs plantes médicinales)[11]
- Enfin une note importante sur les droits sur la terre et les obligations des résidents vis-à-vis des non-résidents (enfants de femme).

9. Dans ce qui suit, nous avons gardé l'orthographe originale du manuscrit sauf pour la nasale vélaire notée *gn* que nous avons remplacée par *ñ*.

10. Cf. notre article *Fiefana* "achèvement des funérailles" et *ati-damba* "don de linceuls." Rites funéraires et commémoratifs chez les Betsileo du Manandriana, in *Rites de la mort*, Paris, Ed. de la Sycomore, 1979.

11. Toutes ces plantes n'ont pu être identifiées pour le moment.

Histoire des ancêtres de qui on hérite les terres de Soñosoa appelée Avaratanana.

I. Raotoaminarivo s'était marié avec Razazamaroanabavy. C'était lui que le roi désigna pour défricher les terres à Soñosoa; avant il habitait au pied de Vohidrakitsa dans le village appelé Anjomabe.

II. Ces époux engendrèrent un fils unique nommé Ratanimarina.

Ratanimarina s'était marié avec Ranendraotombarivo. Ces époux avaient sept enfants dont six garçons et une fille. Leurs noms sont les suivants:

1. Randriatsikasaina; 2. Randriamasimpirivoana; 3. Rainizaza; 4. Randrianjandraralafanana; 5. Ramarovahiny; 6. Randriandambo; 7. Raotovita.

III. Rainizaza: il s'est marié avec Rapizafy qui engendra Randriampila et Randriampila s'était marié avec Ravola qui engendra quatre enfants:

1. Ramahenina; 2. Ralehiza; 3. Ratsiatahoka; 4. Rakalafiefa (un fils Ramahenina) de qui on tenait les terres d'Avaratanana fut désigné par le roi pour accomplir le service militaire. Sa femme était Rasoatafika qui changea de nom en Rainizandramparalaza. Mais son frère Ralehilaza s'était marié avec une femme de la région d'Ambero, du village d'Iharañila dans l'actuel canton d'Ambohimahazo.

Quand Ramahenina revenait du service militaire, et quelques années après son retour, la désignation du service militaire s'appliqua aussi aux autres villages en particulier Amparihibe. Mais les gens d'Amparihibe avaient offert un boeuf au noble responsable du recrutement, et ils étaient exemptés du service militaire; et la désignation revint alors à Avaratanana. On avait cherché Ralehiza à Ambero en lui disant que la désignation du service militaire était revenu à Avaratanana. Il répondit en ces termes:

> "Servez si vous voulez servir, et si vous ne voulez pas servir, cédez aux autres les terres pour qu'ils puissent le faire, car nous, nous sommes rassasiés et heureux ici à Ambero."

Le nom des ancêtres de Raotominarivo était Zanabola, depuis Vohidrakitsa au sud

Et Ramahenina était marié avec Rasoatafika qui changeait de nom en Raonizandraparalaza; ils avaient sept enfants dont voici les noms:

1. Madama Ravolazafy

2. Rasoambola qui changea de nom en Ravelotsaotra
3. Rapohy qui changea de nom en Reninoro
4. Ramosa qui changea de nom en Renivola
5. Rakala qui changea de nom en Raoto (homme)
6. Rasoamavo qui changea de nom en Ravola
7. Razanaka qui changea de nom en Randrianjandrafehy.

Et quand Ralehiza refusa de faire le service militaire et n'obéissait pas aux ancêtres, c'était Razanaka, celui qui changea de nom en Randriajandrafehy, qui fut alors désigné comme représentant d'Avaratanana. Et les enfants de Ramatoa Volazafy sont:
1. Rasambolehilahy
2. Rasamboampela
3. Rainja.

1) Et les enfants de Rasoambola qui changea de nom en Ravelotsaotra sont:
2) Rasabo qui changea de nom en Ratsandrasambo et Rasoakazomanga. Rapohy, qui changea de nom en Reninoro, engendra Razaza qui changea de nom en Ravola
3) Laquelle engendra Rasamosy qui changea de nom en Ratsara ,
4) Laquelle engendra Ramalikely qui changea de nom en Raongizandrafehy
5) Laquelle engendra Ranoro
6) Ramena changea de nom en Razanadrafara
7) Rahaova changea de nom en Ra-Antoine
8) Ravelombiasa en Razoany

Ramosa qui prenait le nom de Renivola engendrait
1) Razanaka
2) Rasambovelo
3) Ralaivelo (fille)
4) Ravolanandro
5) Rakajy

Rasoamavo qui avait pris le nom de Ravola engendrait:
1) Rahaovo
2) Ramora lequel changea de nom en Rabenoa
3) Rasoavelo
4) Ravelokely qui changea de nom en Ravonoro
   - Rakala qui avait changé de nom en Raoto était stérile et elle adopta Rahaova fils de sa soeur et de Ravelombiasa qui prendra le nom de Razoany Baptiste.
   - Razanaka, qui allait prendre le nom de Randrianjandrafehy, engendrait

1) Ramora
   Ramampihenika qui prit le nom de Ranoarimanga Bernard Rasambolehilahy engendrait:
1) Ranjoma
2) Ralaivao

Rasamboampela n'avait pas d'enfant
Rainja engendrait Rakotozafy et Razafimandimby
Rasabo qui avait changé de nom en Ratsandrasambo engendra Ravelotsambo
Ranjoma-Rambako avait pris le nom de Rasivony. Rapohy engendra Razaza.
Razaza engendra Razakalahy et Rasoatafara (garçon)
Rakajy qui changea de nom en Raozy (sexe féminin) — Rahaova (sexe féminin)
– Ramama qui changea de nom en Ra-Florentine
– Rasoanama qui changea de nom en Ra-Victorine
– Rasambo qui changea de nom en Ra-Marcelline
  • Les enfants de Rasamosy, devenu Ratsara, sont:
– Ravelolehibe (F)
– Ravelokamisy (F)
– Ramaria (F)
– Razanakalehibe (G)
– Randevolahy
  • Ramalikely qui changea de nom en Raonizandrafehy, engendrait Rahaova–Rasoambola–Ramonja–Rasana.
  • Ranoro engendra Rasoamavo (F) Ranama (G) Ramakakaly (G) Razaza (G)
  • Ramena qui avait pris le nom de Razanadrafara engendra Ranoarijaona–Ravelomanantsoa
    Ramboa changea de nom de Ravola; Razery–Ravaonoro.
  • Rahaova avait pris le nom de Rantoanina et engendra Ranjaka (F) Rambozaka (F) Ravelonoro (G)
  • Ravelombiasa avait pris le nom de Razoany et engendra Razafy (F).
  • Ramora engendra Razanaka–phaël lequel avait pris le nom de Raotozanabola–Razafimonjy.
  • Ramampiherika avait changé de nom en Ranoarimanga Bernard et engendra:
1) Rasoandrainy changea de nom en Ra-Séraphine, et Ramampiherika et sa femme Rafaravavy Martine adoptérent Ramboatsivahiny et Razafitiana Razanabololona et Rasoandrainy furent adoptés légalement devant

l'autorité administrative avec une délivrance d'acte d'état civil prouvant que tous les quatre seront leurs héritiers.

Ce Ramboatsivahiny est l'enfant de Rasoandrainy Séraphine. Et Razafitiana Razanabololona est l'enfant de Rafaravavy Martine. Et Rasoanandrainy est l'enfant du frère de Ramartine Ramahafaly. Les lieux où résident les enfants de Ramahenina et de Rasoatafika alias Raonizandraparalaza sont les suivants: Ramatoa Ravolazafy: Avaratanana
• Rasoambola prit le nom de Ravelotsaotra: elle s'était mariée dans la région d'Ambatofaranana dans le village d'Ambahimbato.
• Rapohy changea de nom en Reninoro; elle s'était mariée avec Razanadrasamy à Androy ou Ambalambony, c'était là qu'elle avait mis au monde Razaza laquelle a pris le nom de Ravola.
b) Après elle s'était mariée avec Ratsimamo du village de Mandrihilana à Ambatofaranana; c'était là qu'elle a enfanté ses trois enfants, sa fille Ramosa qui a changé de nom en Ranivola s'était aussi mariée à Ambatofaranana dans le village d'Ambalanosy; elle avait cinq enfants;
Garçons: 1) Razanaka—Rasambovelo
Filles: 2) Ralaivelo—Ravolanandro—Rakajy
Enfants de Rapohy: 1) Ralaimena qui avait pris le nom de Razanadrafara.
Rasamosy alias Ratsara
Ramalikely alias Raonizandrafehy.
• Après Ratsimamo elle ne s'était plus remariée, elle avait engendré Rahaova qui va prendre le nom de Ratoanina, et Ravelombiasa qui changea de nom en Ravelombiasa qui avait pris le nom de Razoany Baptiste, elle l'avait mis au monde à Avaratanana.

Après elle s'était mariée avec Randrianjafy à Ambatofaranana au village d'Ambalanotsy et avait engendré ce Ranorofaravavy.
• Les enfants de Ravolazafy sont: Rasambo (homme) Rainja—Rasamboampela
• Les enfants de Rasoambola qui changea de nom en Ravelotsaotra sont: (garçons) Rasambo qui changea de nom en Ratsandrasambo, (filles) Rasoakazomanga—Rasoamavo qui avait pris le nom de Ravola et qui était mariée avec Ramora de Bedihy, du village d'Ampatsakana. Ils avaient quatre enfants: Rahaova—Ramora qui avait pris le nom de Ra-Benoît
• Rasoavelo —Ravelokely qui avait pris le nom de Ravaonoro. Et RaRakala qui avait pris le nom de Raoto n'avait pas d'enfants. Elle avait adopté Rahaova qui prenait le nom de Ratoanina et Ravelombiasa en Razoany Baptiste. Ces deux hommes sont les enfants de sa soeur Rapohy. Et Rasanaka qui changea de nom en Randrianjandrafehy

engendra Ramora et Ramampiherika lequel a pris le nom de Ranoarimanga Bernard.

C'est de tous ces gens que nous venons d'énumérer les noms qu'on tient les terres d'Avaratanana.

Les interdits ancestraux sont:
1) L'élevage des boeufs dont la robe est à dominante rouge
2) L'élevage de chien noir—chien aux joux couverts de petite croûte.

Voici les marques d'oreille des boeufs d'Avaratanana: L'oreille gauche est coupée en *vaky loha sihoana*. L'oreille droite est marqué par un *latsakarana* dont le sommet n'est pas coupé.

Pour la fumigation des enfants, on emploie:
1) Tanterakala
2) Sesesoy
3) Voatsitaka-jaza
4) Hazotohoka lahy saha (femelle)
5) Hazotohoka vavy saha (pour les garçons)

fandrikibodisy (haveotsa) pour le dessous du récipient servant à la fumigation vodigebona au nombre de six (kirodrotsa)—Mandrindrano—voahangindrano—voananakova—voatangon-dolo, chaque plante est ramassée chacune au nombre de six pour la fumigation. La cueillette se fait le mardi ou samedi. Les jours et les mois néfastes sont: le jeudi, le dimanche, *l'asotry* (novembre) et le *faosa* (février). Les quelques plantes vertes pour la fumigation des malades sont: les feuilles de fopohambohitra—feuilles de Tsihovoa—tsikondrahoraho—Arindrano ou parakilahy—Sitranafovoa ou safimpangady ou voakarepoka—kialombazimba—Alaimiainga.

Pour la fumigation des gens atteints de maladie subite, on met sur le feu une marmite vide. En commençant par le milieu de la face sud, on frotte avec un panier tous les murs de la maison; après on met dans la marmite vide le contenu de panier, ce qui va servir de fumigation au malade; après la séance, on verse de l'eau dans la marmite mais le patient reste dans la même position; on se sert de cette eau pour masser le malade de la tête aux pieds.

Fumigation pour les gens pris par l'eau:
Tavolorano (ou molaliambondrano)—Hazondrano—Voampindrano—Hazo bobodrano (séchées) Dingadingan-drano—Traka raiki-bilany—Voaseva Ahitsoritra qu'on tresse pour épouser la forme d'un coussinet—savon noir.

Le harongana est employé seul, et il n'a pas besoin d'autres plantes.

Remèdes (Traitements) pour les gens blessés par des boeufs

Sorabatana — Betady — Tsilafoatsaomby — Fompotra suspendues aux arbres (à faire griller) — Ambilazona.
Le jour où l'on fait boire l'infusion: vendredi *hifiny* ou mardi *tsidiny*. Après l'ingestion de ces remèdes, on insufle du gingembre au nez du consultant on leur fait humer des grains de riz.
On prépare le médicament avec l'eau de la rivière ayant traversé de *tangonambona*.
Voici les principales raisons de notre résidence à Avaratanana: Quand Randriandranjafehy père de Ramora et de Raherika Bernard fut envoyé militaire, son aîné Rakala qui a pris le nom de Raoto lui avait donné une rizière. C'est ce qu'on faisait avant la colonisation ceux qui ne partaient pas pour le service militaire faisaient don de quelque chose à ceux qui partaient. On avait vendu cette rizière à Ramilanja d'Andronakely à 20 francs (vente définitive). Mais plus tard, il restituait la rizière au propriétaire, voilà ce qu'on lui eut dit: Donnez-lui cinquante francs et la terre nous sera retournée. Cette rizière se situe vers le bas à Avaratanana (vers la partie les plus basses des rizières d'Avaratanana). Plus tard Ramavo faisait don à Rasoandrainy Séraphine les deux tiers de la rizière sur la partie basse (vers le bas), le tiers de la partie élevée revenait à Rafaravavy Marine, elle pouvait en disposer car elle l'avait payée avec son propre argent tandis que les deux tiers restants de la partie haute ne peut pas être touchée, seules les enfants de Rasoandrainy Séraphine qui résident à Avaratanana peuvent cultiver la rizière.
Et la terre attribuée aux femmes par les parents est celle que Ramahavelo, fils de Ralaivao, cultive actuellement. Voici les noms de ces cinq femmes:
1) Madame Ravolazafy
2) Rasoambola qui a pris le nom de Ravelotsaotra
3) Rapohy a pris le nom de Reninoro
4) Ramosa a pris le nom de Renivola
5) Rasoamavo a pris le nom de Ravola
On ne peut pas sous louer la terre, ceux qui s'en occupent doivent résider à Avaratanana. Et si l'un des descendants de ces cinq soeurs se trouvent dans le malheur, celui qui cultive la rizière doit s'occuper de lui.

Bibliographie

Dubois, le P. Henri-Marie
    1938 *Monographie des Betsileo*, Paris, Institut d'Ethnologie, 1510 p.

Gueunier, Noël Jacques
   1977 *Les Monuments Funéraires et commémoratifs de bois sculptés betsileo*. Tuléar, Publications du Centre Universitaire Régional, Série recherche No I, 395 p.

Rajaonarimanana, Narivelo R. G.
   1976 "Notes sur le site d'Antsorodalana", *Taloha 7*, Université de Madagascar, pp. 5–18.
   1978a "Les ancêtres et la vie," *Ambario No 1–2*, Académie Malgache, pp. 137–138.
   1978b *Ny akalo vy fito* "Les Sept pilons de fer." *Traditions orales du Manandriana*. Tananarive, Musée d'Art et d'Archéologie, Travaux et Documents, 453 p.

Trachez, le P. Vincent
   1929 "Superstitions païennes au pays betsileo," *Chine-Ceylon-Madagascar*, mars
   –30 1929, pp. 340–348; Juin 1929, pp. 408–424; Sept-Oct. 1929, pp. 482–496; Déc. 1929, pp. 566–576; Mai 1930, pp. 147–161; Août 1930, pp. 272–282.

14

Faliarivo and the Model of Malagasy Kinship[1]

AIDAN SOUTHALL

Faliarivo is one of the most spectacular villages in Madagascar, perched on a rocky eminence, surrounded on all sides by deep valleys and thickly forested ridges, its only access from the west passing over a precipitous rock outcrop on which any intruder can be clearly seen from the village, silhouetted against the sky (Coulaud, 1973:112–13). Its inhabitants claim that it is the oldest Zafimaniry village, which is not strictly correct as Coulaud's careful examination of oral tradition and early records shows (1973: 107-20). However, it is perhaps the largest, and has the greatest continuity, as it was the only village of the Zafimaniry to survive the 1947 uprising without being burnt, thanks to the intervention of the Protestant missionary from Ambositra. The geography and economy of Faliarivo and of Antetezandrotra, the village of the descendants of the former slaves of Faliarivo, are well described by Coulaud (1973: 205-20).

Zafimaniry kinship is cognatic, with a strong endogamous tendency, like that of the Betsileo and Merina. They claim to have come from northeastern Betsileo, near the present Fandriana. The first remembered ancestor is Rasohilahy, who died near there (cf. Couland, 1973: 107). His son Raindravolamahatombo came to the village of Ambohitsara, near Imerina-Imady. His tomb is said to be there at Ambolonborona near Ambatoninady. His two sons Ralaimahatombo and Rahotozahondri-amananivonjafy came here in the forest and lived at Ambohinamboarina in the present canton of Ambohimitombo. Ralaimahatombo stayed there, while Rahoto (for short) came to Faliarivo, first living to the south at

---

1. I wish to thank the Wenner-Gren Foundation for Anthropological Research and the Rockefeller Foundation for supporting the field investigation on which this article is based.

Andranolasy—the "camping place", and beginning to build Faliarivo from there. He had four sons: Ravelo, Rainivelona, Rainimbita and Razafy, who are thought of as the ancestors of all Faliarivo, each associated with one quarter of the village, though these are not clearcut. In fact, seventy-three of the eighty-five adult men and thirty-five of the adult women, in a village of eighty-one houses, do trace their descent to these four as far as can be determined.[2] The founder had daughters, too, but they are less remembered than the sons, because many of them were married out. Correspondingly, of ninety-two adult women, mainly wives, but a few daughters and sisters who have returned as divorced or widowed, forty-six or exactly half were from other villages, whereas of the eighty-five adult males only six were from other villages.

There is thus an equal tendency to marry wives from inside and outside the village, whereas more than nine out of ten of the adult males are from within the village. However, it is not possible to estimate the number of males of the village who have left to marry outside it. Those away in labor migration were not counted for this purpose, but in so far as they were known counted as residents.

In a cognatic system with endogamous tendencies descent can be reckoned in many different lines for the same individual. Descent through women is important, but, as indicated, descent within the village is far more through men than women. There is a danger that the investigator may overemphasize lines of descent through males because they cluster and are easier to remember, and because the investigator is usually a man interviewing a man. Certainly the village males emphasize men rather than women as significant points in the genealogical charter. In a system where cousin marriage is valued, advantageous and frequent, many lines linked by such marriages will pass through other villages, often over several generations, and tend to be forgotten by most people, whereas the constantly criss-crossing lines within the village are more likely to be remembered. It could be argued that linking lines of descent which are forgotten are of no significance. Those which pass through other villages may well be remembered by their own immediate descendants but by hardly anyone else. Indeed, even within the village,

---

2. Coulaud's plan (1973: 144-45 planche 25) shows seventy houses standing, with another three in ruins and four in course of construction. In 1973 there were eighty-one standing, of which two were temporarily empty, four were in various stages of rebuilding and one was completely dismantled awaiting rebuilding. The houses new since 1970 were further down the slope from the summit, on subsidiary terraces, and one was half a mile away in the valley.

genealogical knowledge is very uneven and tends to be left to those who are accredited as experts.

The skewing of genealogical memory towards male ancestors, aided by the fact of far more women than men leaving the village at marriage, (but sometimes returning later), obviously means that fewer links through women and to women are remembered than through and to men. As to the four founder brothers, descent lines could be just as well attributed to their wives as to themselves, in the case of Ravelo's wife Ratsara, Razafy's wife Raonizandriamanana and Rainivelona's wife Reniavolamahatombo, but Rainimbita's wife is not remembered. Consequently, while seventy-three lines of descent from living men and thirty-two lines of descent from living women can be traced to the four founding brothers, only fifty-eight lines of descent from men and twenty-three from women can be traced to the three wives of these men who are remembered. However, the four brothers and their three remembered wives are not the only village ancestors. When all remembered lines to all remembered ancestors are included, village men have eighty-one lines to male and thirty-eight lines to female ancestors, while village women have seventy-eight lines to male and forty-seven lines to female ancestors. It thus seems fair to state that while female ancestors are significant, male ancestors are numerically twice as important.

The tendency to endogamy within the village obviously involves cousin marriage. But while cousin marriage within the village has the most immediate impact on village solidarity, the tendency for half the daughters of the village to be married outside it provides the possibility of cousin marriage outside the village to consolidate the interests of diverging lines, and, as it were, bring them back. The recognition of claims on daughters' children by their grandparents reinforces this. Doubtless the immediate families concerned are well aware of such cousin marriages involving spouses from other neighboring villages, since their moral and material interests are involved, but such marriages are less well remembered by the village as a whole than those which occur within it.

While cousin marriages are and evidently always have been frequent and significant, they are nonetheless a minority of all unions. It may be that in the past, when villages were even more isolated, they formed a higher percentage of the whole, but this is very hard to prove. It is clear that contemporary conditions permit marriages far afield between non-cousins which would have been unlikely in the past. However, cousin marriages create an intense, core network of kinship ties within the village which provides a base for village solidarity and leadership.

Malagasy kinship terms are well adapted to an emphasis on cousin marriage. They specifically pick out individuals descended from pairs or multiples of siblings of the same or of both sexes:

Children of a brother and sister:	*Zanaky'ny mpianadahy*
Grandchildren of a brother and sister:	*Zafin'ny mpianadahy*
Great grandchildren of a brother and sister:	*Zafiafin'ny mpianadahy*
Children of two brothers:	*Zanaky'ny mpirahalahy*
Grandchildren of two brothers:	*Zafin'ny mpirahalahy*
Greatgrandchildren of two brothers:	*Zafiafin'ny mpirahalahy*
Children of two sisters:	*Zanaky'ny mpirahavavy*
Grandchildren of two sisters:	*Zafin'ny mpirahavavy*
Greatgrandchildren of two sisters:	*Zafiafin'ny mpirahavavy*

Children of a brother and sister are called by the same term as brother and sister. So are grandchildren or greatgrandchildren, as far back and forward as it is reckoned. In fact they say, with perfect symmetry "brother and sister (classificatory), children of brother and sister-marry," or more accurately but clumsily, classificatory siblings of opposite sex, children (descendants) of full or classificatory siblings of opposite sex, – marry.

Thus, terminologically, second and third cousins, who may marry, are equated with full brother and sister, who may not. There is the same extension for children of two brothers, and children of two sisters. The two types of cross cousin are not distinguished from one another, since both are "children of a brother and sister," (although they would use different forms to address or refer to one another since kin terms are differentiated according to the sex of the speaker), but, as noted, the two types of parallel cousin (one forbidden and one permissible) are terminologically distinguished from one another as is obviously necessary.

The mental model of the relationship between men and women in marriage, procreation and kinship is distinctive, profound and mysterious. It is the complementary opposite to that of strongly exogamous systems, like many lineage based societies, where marriage is essentially seen as forging a bond between distinct, opposed and even hostile groups, or sociocultural and genetic essences. In most of Madagascar marriage is ideally perceived as a link forged within, not without; with one's own essence, not with a foreign essence; and hence the closer the better. Yet incest is still taboo (*fady*) so the ideal marriage is a compromise, uniting those who are close enough to be of the same essence, despite their opposite sex, but not close enough to be dangerously incestuous.

Marriage with FBD, MBD, or FZD is thus attractive, but dangerous, while MZD marriage is incestuous, and strongly taboo. The best compromise is marriage with second cousins conforming to the first three categories. Repeated endogamy produces a dense network of multiple ties in which relationship can often be traced between two individuals by several different routes. Thus, marriage to a MMZSD is at first sight forbidden, because the couple are descended from two sisters—which is the way matrilateral parallel cousin marriage is perceived—but since they descend from the two sisters by persons of different sex, (their mother and father, respectively), the marriage is not absolutely taboo. It can be rendered safe by appropriate ritual. The strength of feeling about incest is also affected by questions of residence. If a couple who wish to marry are descended from two different women, both of whom were residing in, or had come from, the same village, there is fear that the union might be incestuous if all the relationships cannot be traced. In such cases a ritual is performed to break and remove any incestuous kinship link that might exist between the two. This ritual seems to be performed rather frequently and, in effect, takes the place of a marriage ceremony. Indeed, it makes a great deal of logical sense in this system that the essential rite of marriage should be the breaking of any lurking incestuous kinship between the two parties.

I attended such a ritual in the village of Vohitrandriana, across the valley from Faliarivo. Some bluish wood and a silver bangle were put in a bowl of water containing the ashes of a burnt banana stem[3] and the blood of a bull which had been slaughtered for the occasion. The couple were anointed with this mixture from head to foot by quick gestures of the officiant. It is this that breaks the incestuous relationship and drives away the taboo. Then a chain (ideally of silver) and the stomach of the bull were wound together into a circle and put over the heads of the two, as they sat facing one another, and so over their shoulders and down on to the floor around them. Their foreheads were then knocked together six times. The representative of the bride's side said "you have insisted on getting married against our will, we could not stop you, so this is now the best we can do." The catechist who was present actually told me that this rite of putting the chain and stomach round them *is marriage*. The couple had been cohabiting in this house already. Presumably any

3. I am indebted to David Hurvitz for reporting the statement "we are like a head of bananas"—indicating the same essence.

misfortune or illness would precipitate the feeling that the rite must be performed. In this case their kinship relationship seemed remote, but uncertain.

The skeletal diagram (1) shows a series of cousin marriages over several generations. Number 35 was my best informant. When I first called on the village chief and enquired about oral traditions it was number 35 who was summoned and recommended. He was also the catechist in charge of the Protestant congregation in the village. Number 2 is the village founder. Only two of his sons (6 and 9) and two of his daughters (10 and 11) are shown. The three sisters (5, 7, and 8) were from another village. In the third generation 16 married his MBD. In the fourth generation 25 married his MMZSD (24), a prohibited marriage on the face of it. But she was also his FMBSD, and his MFBSD, so the marriage was regarded as possible. Number 30 married his MMBDD. In the next generation 32 successively married her MFMMBSSS (23) and another MFMMBSSS (27), bearing children by both of them who proceeded to contract further cousin marriages. Her son 40 married his FFZSD (41) who is also linked to him through various routes in the fourth and fifth ascending generations, such as FFFBSDD. Her daughter 34 married our chief informant (35) to whom she is FMMZSSD, a seemingly prohibited relationship, but she is also his FMFFZDSDD, his FFMFZDSDD and his MFFFZDSDD. Number 37 married his MBD (36) who was also his MMMZSDD, MFMZSDD, MFMBSDD, and MFFBSDD, of which two lines are forbidden, but are justified and overcome by the other alternative interpretations. Number 39 married his FFZSD (38) who is also his FFMBDSD, and 43 married his MMZSD (42), who is also his FMMZSSD, both bad relationships, but beside this she is his MMFBSDD and his FMMBDSD. By the seventh generation alternative, multiple ways of reckoning cousin relationships become numerous and complicated. Although 46 married his direct MBD (45), she is also his FFFZSSD, his MFMMZSSDD and his MMFMZSSDD, both the latter being bad connections, though so remote, and 44 married his FFBDD (47) but she is also his FFMMZSDDD, his FFFMBSDDD, and his FFMBSSD of which remote links only one contains the forbidding MZ link.

For the Malagasy, as for most human societies, perhaps for the human condition as a whole, life is not a question of following clearcut principles, but of balancing contradictory principles from which there is no escape. Any significant degree of marriage within the village inevitably produces a situation in which *any* marriage within the village is likely to be a cousin marriage. In this context the ban on marriage between

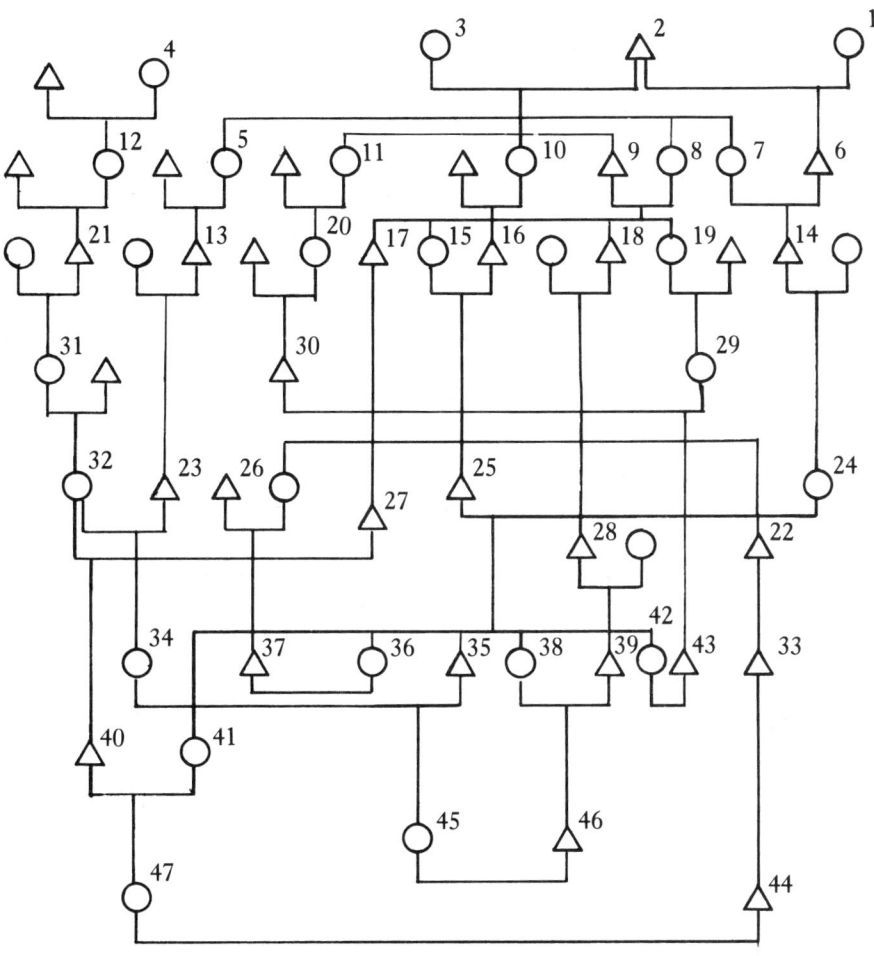

descendants of two sisters is obviously very interesting. It is the only brake preventing the village becoming a completely isolated endogamous system, which could also thus become a single, isolated, interbreeding gene pool with long-run genetic implications. The taboo relates closely to the very profound and somewhat mysterious belief of the Malagasy in the deep and almost indestructible bond and identification of children with their mothers, which, curiously enough, does not lead to any matrilineal tendencies. Generally speaking, Malagasy do not think or act in lineal terms. The belief about women as mothers is matched by the complementary belief in the tenuity of the bond between children and their fathers, which is so hard to fix and stabilize that specific rituals are cumulatively devoted to this end (Lavondès, 1967: 57–67).

The consequent concentration of incest feelings on the descendants of sisters adds a little incentive to men to look for wives outside the village to avoid this danger, and even to women to seek marriage outside the village if they feel so restricted.

There is no strong rule of virilocality and for marriages within the village it is not very important, although there are sentiments of attraction for ancestral physical house structures, which are inherited. Spouses are free to take advantage of choosing from whatever opportunities and benefits offer themselves on either side. Consistently, inheritance rights are also in principle equal and the heritage should be divided among sons and daughters in individually equal parts. The traditional Faliarivo heritage was not of great material value. There were no valuable individual rights in agricultural land. The numbers of cattle were small, and while vital for ritual they were strangely disvalued materially, in many ways feared and neglected. Houses, granaries and their building sites were therefore the most important heritable items apart from domestic equipment and small personal possessions. The result was that daughters did share in collective rights to village real estate, but on the other hand, those who leave the village forfeit these rights, or at least they dwindle unless reactivated. This again applies in principle to men as well as women, but in practice it is women far more than men who leave the village, so in practice it is women's rights which dwindle most. Nonetheless, women who marry out, and their descendants, still retain some right to visit, stay in and be entertained in their ancestral village house. Of course, any family accumulates rights of varying strengths to several such ancestral houses, often including some in different villages. Cousin marriage is recognized as a mechanism for reactivating such dwindling rights, when women (most usually, but also sometimes men) come back after several generations to marry and live in the village from which some ancestor (usually also a woman but sometimes a man) went out to marry elsewhere.

The taboo on marriage between descendants of sisters, the marrying of about half the women outside their natal village, the consequent frequency of virilocality in practice, the dwindling of inheritance rights and the dwindling force of the taboo when sisters are divided between different villages, are all interrelated factors in a functionally integrated syndrome.

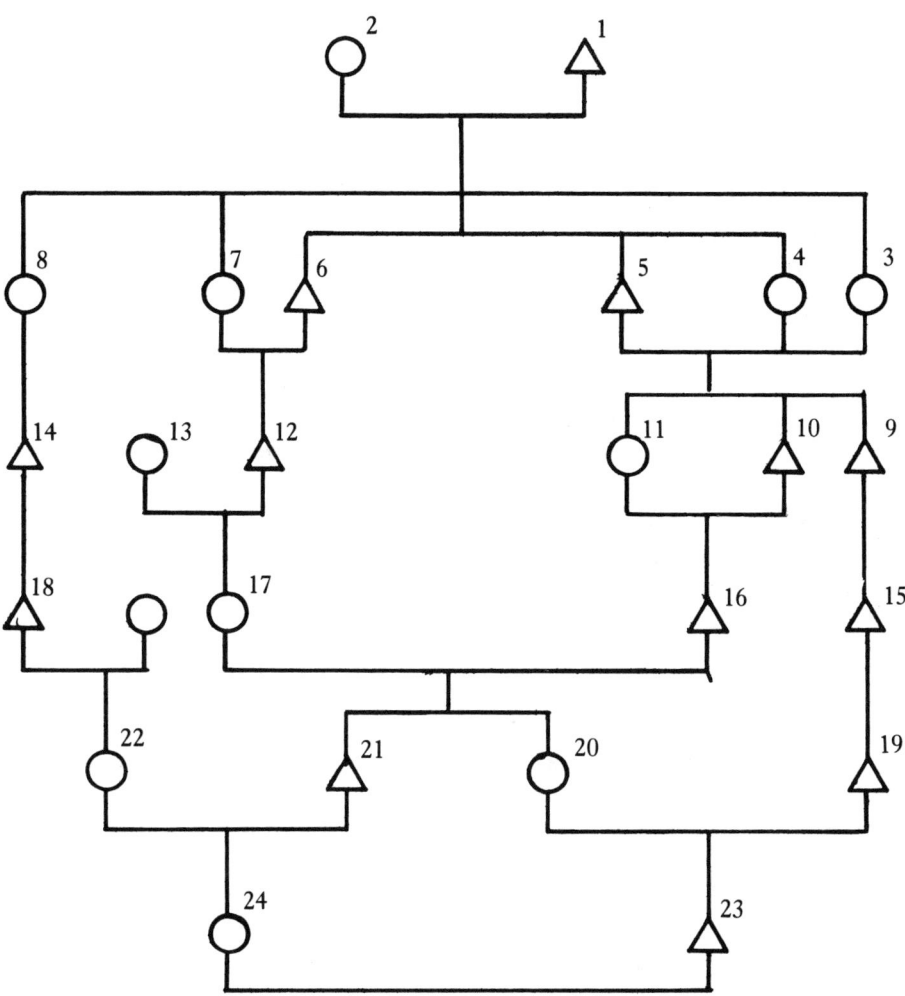

Of forty-seven traceable and more or less contemporary cousin marriages, the primary link was through husband's father's sister (however many generations removed) in seventeen instances, through mother's brother in nine, father's brother in eighteen and mother's sister in three. Eleven of these unions were between first cousins, eighteen between second cousins, (expectably the most numerous), nine between third cousins, seven between fourth and two between fifth cousins. Of the first cousin unions, four were FBD, three FZD, three MBD and one MZD.

These conventional anthropological ways of describing and analyzing cousin marriages and relationships do not conform with the Zafimaniry approach, as might be guessed from the terms they use.

The above relationships in the abbreviated diagram (fig. 2) were expounded as follows by 21, the village genealogist and my main informant. The married couple 23 and 24 are, (in the extended Zafimaniry sense), siblings of opposite sex (*mpianadahy*). They are "children of brothers" with reference to 19 and 21, because the latter are descended from the brothers 5 and 6. (They are obviously also "children of brother and sister" in relation to 20 and 21. That they are also "children of sisters" in relation to 20 and 22, who are descended from the sisters 3 and 8, or equally from the sisters 7 and 8, was naturally not stressed). They are "grandchildren of brother and sister" (*Zafin'ny mpianadahy*), in relation to 17 and 15 (but also in relation to 16 and 17). They are "greatgrandchildren of brothers" in relation to 9 and 12 (*Zafiafin'ny mpirahalahy*), as they are also to 12 and 10, or 9 and 14. Besides, they are *Zafiafin'ny mpianadahy* greatgrandchildren of brother and sister to 11 and 12. They are *Zafimpen'ny mpirahalahy* "greatgreatgrandchildren of brothers" to 5 and 6 and *Zafimpen'ny mpianadahy* "greatgreatgrandchildren of brothers and sister" to 5 and 6 together with 4. In recognition of the long line of symmetrical common descent they are called *taranaky ny mpirahalahy* and *taranaky ny mpirahavavy*, "common descendants of brothers, and of sisters", in relation to the pair of brothers 5 and 6, married to the pair of sisters 3 and 7. It is a grand case of *lova tsy mifindra* (not splitting the inheritance), for 23 and 24 hold in common (along with a number of others) all these successive heritages. So strategically placed are they that 21 suggested that if no son of his stays in the village, his son–in–law 23 will even inherit his role of village historian. The first village historian was Rainivelona (6), the son of the founder, followed by his son Randrianjafy (12). The latter was followed by Randevo (16) his cousin– once–removed by four different routes, who married his daughter Raony (17), to be followed by his son (21). In a community markedly lacking in formal authority positions, there is a convergence of descent lines, and of the collective property shares accompanying them, upon the succession of respected individuals regarded as repositories and guardians of village lore, custom and history.

The process of exploring genealogical linkages between prospective spouses, to guard against dangers of incest and to establish that if some routes are technically incestuous, others can be found which are desirable, especially when one of the spouses is descended from a daughter of the village who went to marry outside, is called *REMBY*, meaning to chase or search insistently, particularly for booty (Abinal and Malzac, 1963: 523).

Relationships are far more complicated than so far represented, because divorce and remarriage have been omitted, apart from one sample instance included in the diagram. Many women as well as men pass through as many as four successive unions. Each one may tie the kinship network to a different village for generations. A further complication is the frequent changing of names, or use of multiple names, teknonymy and nicknames, and the reluctance to mention the names of the dead.

The solidly built traditional wooden houses, formerly with their doors and window shutters and decorated gables (Coulaud, 1973: 144–145, planches 28–31), became morally and emotionally charged symbols of continuity and solidarity in the collective inheritance. Thus they supplement the symbolic continuity of tombs. The founder Rahoto I left his house to his descendants and all those who live in the village have a right to occupy it, in order to enjoy the blessing of the ancestral feasts (Saotra). So there is a certain amount of moving to allow different families to occupy these ancestral homes in turn. Rahoto's house stands appropriately at the ritually superior northeast corner of the village plaza. His two sons Ravelo and Rainivelona (5 and 6 in the diagram) also left houses to their descendants. Randevo and Raony (16 and 17) were so strategic in reconcentrating divergent descent lines that they are seen as having inherited Rahoto's house and land and indeed the village as a whole. They so reinforced the kinship links between the descendants of Rahoto's two sons Ravelo and Rainivelona as to make possible more frequent marriage, without the need for incest breaking (*alafady*), between the descendants of the two sisters, Ratsara (3) and Reniavolamahatombo (7), to whom the two brothers were married.

Randevo's father, Randrianjanaka (husband of no. 11 in the diagram), although a grandson of Rahoto I, was born in another village and would not have had the right to a share in the collective inheritance if he had not married back into the village and lived there. As it was, he passed on to his son Randevo (16) rights in his mother's village as well. As we have seen, in the two generations after Randevo and Raony there are many married cousin couples with rights to occupy these various ancestral homes. Houses and granaries are so highly valued that they can even be dismantled and moved to another site for reconstruction, but the important ancestral homes seem to have considerable continuity of site, although they may have been repaired, dismantled and rebuilt. The blessing of taking chief responsibility for holding an ancestral feast, as occupant of an ancestral home, is matched by the blessing of being able to participate in such feasts, not only in your own village of residence, but in several others through which your diverging and converging lines of ancestry may pass. I have not dealt with comparable instances of diverging and converging among the descendants of Rahoto I's other sons.

The social system of the Zafimaniry of Faliarivo has some distinctive emphases, but in many ways displays a combination of elements and tendencies all of which are quite widespread in Madagascar. It is quite consistent with what might be expected if the Betsileo system were deprived of kingship and rice cultivation, had escaped Merina conquest and been set in isolated forest communities. According to Raminosoa (1971) Rasohilahy was a representative of the Betsileo king, sent from Sandrandahy (a village halfway between Ambositra and Fandriana) with a following of Betsileo families and slaves, to look for new lands; he recognized the Tanala king and stayed, his following splitting into petty kingdoms. Against this, (for which no evidence is given), it must be stated that there never were any Zafimaniry petty kingdoms and the "Tanala king" was a Merina creation (Southall, 1975). But there are some echoes of Betsileo kingship in the Faliarivo tradition.

It is said that when Rahoto I's mother–in–law died, her body was left to putrefy, according to Betsileo royal custom, in order to extract the juices, which were buried at the foot of the commemorative megaliths on the east side of the village. The same was done for Rahoto I and his wife, but not for his son Razafy and his wife, because it was the work of slaves and by that time they were already freed. It had also been done for Renibe Rafotsy and one day her juice miraculously flowed on the great rock where the monoliths stand, and the dogs came to lick it. The elders rushed up and addressed her thus: "Remove yourself a little, for people will be passing over you and the dogs are licking your juice."

Faliarivo was a community of two castes, slave (andevo) and free (andriana) until the colonial period. The slaves lived in a separate settlement very close to the village. After the French conquest they were eventually settled in an entirely new village down in the valley at Antetezandrotra. They became Roman Catholics and took to the carving of religious figures on a large scale for sale to the church. Faliarivo became Protestant and took to the carving of chairs. Antetezandrotra developed successful irrigated rice fields beside their valley village, whereas Faliarivo on its rocky peak has failed to do so.

The Zafimaniry sometimes actually say that they are Betsileo, whereas they categorically deny that they are Tanala. They do not even recognize the existence of such a people, and refer to the people to the east of them as Antaiva.[4] By moving into the forest they lost kingship and

4. That is to say, relatively speaking, people of the lowlands (Coulaud,1973: 107).

irrigated rice cultivation, becoming more endogamous and egalitarian. These changes must be attributed primarily to ecological influences. They now appear somewhat more egalitarian than they formerly were, because of the loss of their slaves and the general impoverishment of their economy and culture.

This said, their system seems to support the general argument made earlier (Southall, 1971: 145–46) that Malagasy kinship systems are variations on a single theme, varying locally according to ecological influences (such as the emphasis on irrigated rice, or cattle keeping, forest dwelling, fishing), or according to the external impact of Islamic, African, Indian or other immigrants and their trading relationships.

With the extra knowledge and understanding now gained from the papers and discussions of colleagues, I feel that this can best be summed up, not by any new variation on the old themes of cognatic or agnatic descent, but rather right outside them in the different dimension of *cumulative kinship*, as outlined in my concluding contribution.

While agreeing with the main lines of Kottak's interpretation of sociological differences through ecological, economic, political and other influences, I feel it is misleading to state that all (or any) Malagasy peoples have "patrilineally biased descent groups" (1971: 134). If descent is a rule whereby "groups exclude and recruit" (Southall, 1971: 142) then most Malagasy peoples do not have descent, since they do not have bounded kin groups. The phenomenon in question is better dealt with as a process of cumulative patrifiliation. Nor is it plausible that agnation is stressed most where density is highest in relation to agricultural land (explaining the glaring exception of the Merina by invoking alternative explanations). For it seems that both agnatic and cognatic systems may be accentuated by high density, both offering beneficial mechanisms of adaptation to density problems, as has been demonstrated with data from New Guinea and elsewhere.[5] High density does not turn the Kalinga, Ifugao, Lozi, Amhara, or Javanese to agnation, but rather the opposite. This is not to deny the strength of the ecological and demographic influence of density on social organization, for it is manifest in either case, but in opposite ways. While the forms of kinship and descent vary quite widely in Madagascar, many of the underlying beliefs which motivate them are pervasive, and apparently perduring, if not ubiquitous throughout the island, though varying in reaction to particular environmental and historical factors.

5. Kelly, Raymond C. (1968/9) "Demographic Pressure and Descent, Group Structure in the New Guinea Highlands," *Oceania* 30, 36–63.

Bibliography

Abinal and Malzac, RR.PP.
   1963 *Dictionnaire Malgache-Français*. Paris. Éditions Maritimes et d'Outre-Mer. 17, Rue Jacob.

Coulaud, Daniel
   1973 *Les Zafimaniry: Un groupe ethnique de Madagascar à la poursuite de la forêt*. Imprimerie Fanontam-Boky Malagasy, 6, Rue Bompard, Tananarive.

Kottak, C. P.
   1971 Cultural Adaptation, "Kinship and Descent in Madagascar," *Southwestern Journal of Anthropology*, 129.

Lavondès, Henri
   1967 *Bekoropoka: Quelques aspects de la vie familiale et sociale d'un village Malgache*. E.P.H.E., VIe section, Cahiers de l'Homme, Nouvelle Série, vi. Mouton. Paris.

Raminosoa, Noro
   1971 "Système Éducatif de la femme et sa fonction dans la societé Zafimaniry." *Bulletin de Madagascar*, 307, Dec., 922–51.

Southall, Aidan
   1971 "Ideology and Group Composition in Madagascar." *American Anthropologist*, 73, 144–64.
   1975 "Ecology and Social Change in Madagascar: Linton's Hypothesis on the Tanala and Betsileo." *American Anthropologist*, 77, 3, 603–09.

15

Kinship Modeling: Adaptation, Fosterage, and Fictive Kinship among the Betsileo

CONRAD PHILLIP KOTTAK

Scheffler (1970: 370) has written that "in some cases the rights and duties of kinsmen comprise virtually the entirety of a society's jural system, and individuals who do not presume themselves to be kinsmen must indulge in the fiction that they are kinsmen, if they are to sustain normatively regulated social relationships." The Betsileo of South Central Madagascar[1] have been regulated by state organization for more than 200 years, so that their jural system is *not* limited to kin-based rights and obligations. However, "the modeling of social relationships after those which are thought to be natural or proper to kinsmen or to specific kinds of kinsmen" (Scheffler, 1970: 370–71) continues as a prominent feature of Betsileo social organization. Even public proclamations by Betsileo rulers enshrined in oral history show that they found it effective occasionally to claim (fictive) kinship with their citizenry.

It is well known that kinship ties are created through marital alliances, as the affinal links of one generation are transformed into the consanguineal ties of the next. This is certainly one way in which Betsileo establish interpersonal and intergroup networks. However, several types of kinship modeling operate along with marriage, descent and recognition of consanguineal kinship as principles of Betsileo social organization. Roughly ordered by importance, they include fosterage, stipulated descent, ritual kinship, adoption, and phratry organization. These alternative forms of kinship modeling, which vary from region to region and in the context of socioeconomic stratification, must, however,

---

1. Kottak (1980) is a full ethnography of the Betsileo.

always be interpreted within a larger framework that encompasses marriage, descent, and kinship generally.

The homeland of the Betsileo, whose contemporary population nears one million people, spans perhaps 40,000 square kilometers of central Madagascar's southern highlands. Environmental and economic contrasts between the better watered, traditionally more populous and more agricultural eastern part of the Betsileo homeland and the more arid, more sparsely populated, more pastorally oriented south and west are historic material conditions that underlie much of the sociocultural variation encountered among the contemporary Betsileo—including the practices and beliefs examined in this paper. Although all Betsileo are recent offshoots of a common population and culture, state level administration and socioeconomic stratification had emerged in the agricultural east by the eighteenth century, but never fully developed in the west and south (Cf. Kottak, 1980). However, the Betsileo were conquered by their northern neighbors—the Merina—early in the nineteenth century. Since then they have been ruled by foreign states—first Merina, subsequently (after 1896) France.

I will use three Betsileo villages—Ivato, Ambalabe, and Tanambao[2] (the last two are neighboring villages in the canton of Mahazony)—to illustrate variation in the kinship modeling of Betsileo social organization. The Mahazony villages, on the one hand, and Ivato, on the other, sample the contrast between the drier, traditionally more *pastoral*, less populous south (and, by extension, west) and the more *agricultural* east. These three villages also sample contrasts in socioeconomic *stratification* among the Betsileo, with Tanambao (a "junior commoner"[3] village) near the bottom of the hierarchy of wealth, prestige, and power; Ambalabe intermediate; and Ivato (a "senior commoner" village) near the top. Of the three villages, Ivato's historical political importance has been greatest. Today its senior commoner core, reflecting differential and privileged access to rice land and other strategic resources, is more fortunate than most Betsileo. The people of Tanambao, most recently settled and poorest of the three, represent the opposite end of the socioeconomic continuum among Betsileo villages. They suffer a land and labor shortage and must struggle to feed and house themselves. Now

---

2. All village and personal names are fictitious.
3. Kottak (1980) includes a discussion of the Betsileo stratification system; the emic system, which represents ranking as a graded hierarchy, stresses the contrast between *andriana* or *hova* ("noble") and *olompotsy* (commoner). The main etic distinctions in the Betsileo stratification system, however, are those that separate junior and senior commoners, and descendants of free people from those of slaves.

as in the past, economically, politically, and in most cases socially as well, Ambalabe is intermediate. Many aspects of contemporary life in these three villages, including their use of kinship modeling, reflect these contrasts.

Résumé of Betsileo Social Organization. Since kinship modeling is part of a system that also includes kinship, descent, and marriage, the main features of these components of Betsileo social organization must be summarized. Demonstration of descent—and descent groups generally —appear to be much more significant for the Betsileo than for their Bara and Merina neighbors. Betsileo *local* descent groups recall the agnatically based *tariky* that Huntington (1974) found among the Bara, but the Betsileo group is definitely less patrilineal in native theory and perhaps also in statistical fact. A Betsileo man's primary descent group is that which assigns and regulates the estate that he and his wife inhabit and cultivate, and this is the father's group about 80 percent of the time.[4]

Except for descendants of slaves, who belong to no descent groups, Betsileo also enjoy secondary membership in tomb-centered descent groups whose recruitment principles are totally ambilineal in theory, although most people buried in a Betsileo tomb are actually deceased residents of the village in or near which the tomb is located. Betsileo maintain membership in several tomb groups—places where their various ancestors are buried—by participating in funerary ceremonies and contributing to tomb upkeep. Tombs, as the likely burial places of members of the local descent group on whose estate they stand, and as ceremonial foci for other people, thus symbolize the primary descent group of some people and the secondary descent groups of others.

Tombs were constructed by, and are the burial sites of, specific ancestors, who themselves claimed membership in geographically dispersed (supralocal— named descent groups (*foko* or *karazana*). Because both quasi-partilineal local groups and ceremony-based ambilineal descent groups with dispersed memberships focus on particular tombs that include specific ancestors who claimed membership in supralocal descent groups, *both kinds* of Betsileo descent groups are grafted onto the genealogies of these territorially spread out supralocal descent groups. Note here another area of contrast between Betsileo, Bara, and Merina. Huntington (1974: 186 et seq.) describes the cognate—but structurally different—Bara unit, the *raza*, as a large, supralocal, named, endoga-

---

4. But see Kottak (1971) for determinants of significant intervillage variation in patrifiliation.

mous, cognatic kin group with a descent ideology. Unlike Betsileo local groups, those of the Bara are not constituent genealogical segments of the *raza*, which exists independently. Bloch (1971) translates the cognate Merina kin group (*karazana*) as "deme." In traditional Imerina the deme was localized, endogamous, and cognatic. Demes were subdivided into small cognatic kin groups called *fianakaviana*. (This term is used for extended families or minimal descent groups among the Betsileo.) Merina *fianakaviana* were also normally endogamous, with the favored marriage between second cousins (Bloch, 1971: 50–4).

Betsileo trace descent farther back than most other Malagasy, and they remember remote kin ties between founders of different estates. Although they lack the exact segmentary structure of classic African descent systems, Betsileo descent groups do follow a clearer genealogical branching model than those of, say, Merina and Bara. The deeper demonstrated genealogies of the Betsileo reflect decades of permanent cultivation of the same descent group estates, familiarity with oral historical and genealogical accounts that are constantly retold in Betsileo villages, and regular handling of recognizable mortal remains of deceased ancestors in tomb-centered ceremonies. Nobles and senior commoners also employ genealogy to link themselves and their kin to historic agents of state organization.

Endogamy is much more characteristic of both Bara and Merina than Betsileo, and this helps explain some of the differences noted above. Huntington (1974: 191) reports that 75 percent of all residents of the Bara village he studied had been married to a first or second cousin. As in traditional Imerina, where local kin group endogamy kept marriages "pure" and kept ancestral lands from passing to non-relatives (Bloch, 1971: 54, 175), the resultant merging of kin and affinal ties among the Bara obliterates distinctions between agnatic and uterine ancestors, creates multiple relationships with descendants, and erodes any semblance of a unilineal skeleton. Not so among the Betsileo. Upper-rank people (senior commoners and nobles) particularly might combine descent group endogamy with village exogamy to cement regional alliances already based on common descent, or they might form marital alliances with branches of other descent groups localized in still other villages.

If Betsileo are more exogamous—with reference both to villages and descent groups—than their nearest neighbors, a probable effect is to expand regional alliances and interpersonal kin networks. Despite statistical patriliny in local descent group affiliation, Betsileo kinship calculation is notably bilateral. When asked to identify their relatives (*havana*), Betsileo named matrilateral and patrilateral kin with a remarkably similar frequency. Betsileo thus reckon kin connections with several groups and individuals, and each Betsileo stands at the center of a personal network composed largely of members of his or her bilateral kindred—people who are classified as *havana*.

Kinship and Fictive Kinship. In addition to its emphasis on multiple descent group affiliation and bilateral kinship calculation, Betsileo social organization allows people to extend and reinforce their personal networks through fosterage and adoption—examined below—and through a relationship that, following the convention developed in the analysis of ritual godparenthood and co-parenthood, principally in the New World, may be called ritual or fictive kinship (Cf. Mintz and Wolf, 1950). All of these relationships, although available to all Betsileo as part of their cultural heritage, vary in the context of region, history, stratification, and none can be understood apart from the descent and kinship systems. Thus, to understand fictive kinship, consanguineal kinship must first be examined.

I used an interview schedule in the villages of Ivato, Ambalabe, and Tanambao to ascertain the meaning of the term *havana* ("kin") and the nature and extent of Betsileo kindreds. After eliciting from each respondent all the villages in which he or she claimed to have *havana*, I asked the names of the respondent's ancestors—if any—from each village, the names of their *havana* living there now, the *havanas*' descent group affiliation, and their specific genealogical relationship to the respondent. There were clear differences between the three villages in the *extent* of kinship calculation. Informants in the senior commoner village—Ivato—calculated extra-village kinship far more extensively than villagers in Ambalabe or Tanambao. The average Ivatan named 8.8 kin relationships, compared to 2.7 and 3.4 in Ambalabe and Tanambao respectively. Note, however, that informants in both the senior commoner village and the junior commoner village mentioned more kin relationships than those in the intermediate village. Thus there is no simple linear relationship between rank and extent of kindred. Why not?

As senior commoners, Ivatans can trace kin connections to a variety of villages of historical significance in their region. Because Ivato has historically been a regional center, its residents have inherited a wide and ready-made network of relations with the outside world. These historic facts showed up in Ivatans' responses. Furthermore, I will show below that precisely because Ivatans *already have* such wide personal networks based on kinship and marriage, they make less use of fictive kinship than junior commoners, whose kin-based networks are narrower. Later I will also show that senior commoners participate in the fosterage system with this extended network of prior kin-based rights and obligations in mind—so as to maximize their already favored access to strategic resources.

But how do we explain the fact that the narrowest extra-village kindreds occur in Ambalabe, the socioeconomically intermediate village? Largest of the three villages, with 217 people, Ambalabe includes five local descent groups, of which three are of senior, and two of junior, commoner rank. In addition to common residence on the northern side of Ambalabe as a basis for social solidarity, the three senior commoner descent groups are also linked by kinship modeling—their historic association and co-residence (in Ambalabe and previously in other villages) as members of the same *phratry*. They have lived, worked, and helped administer their region as quasi-kin for more than a century. Senior commoners of the Betsileo south and west use phratry organization to mimic the descent-based solidarity of senior commoners in the longer settled agricultural east, where the higher ranking villages—like Ivato— often contain a single, rather than multiple, local descent groups. Because of both internal, phratry-based alliance and Ambalabe's large size, it is the least regionally oriented of the three villages. It lacks both Ivato's web of regional political ties and recently settled Tanambao's need to form new alliances. More than the other two villages, Ambalabe remains a self-contained economic, social, and ceremonial unit.

If Ivato *already has* regional ties, and Ambalabe has *little need* for them, Tanambao—poorest and most recently settled—needs, and seeks, regional links in several ways. In the discussion of ritual kinship below, we will see evidence of Tanambao's much greater tendency to create individual kinship-modeled relationships with outsiders. We have seen already that respondents in Tanambao mentioned more extra-village kin than those in Ambalabe because they have more need to maintain external kin ties than the latter.

Ritual Kinship. Ritual kin relationships among the Betsileo are primarily *individual* relationships. Ritual kinship provides one of the few means available in Betsileo social organization of *creating* and sanctifying close personal relationships between individuals, without implying that their establishment entails major sharing of rights and obligations on the part of the groups of which the contracting individuals are members.[5]

5. Hammel (1968: 70–71) contrasts the individual contract nature of godparenthood and co-parenthood in "its classic Mediterranean form" and as it is generally practiced in

Unrelated individuals can be converted ritually into kin—*vaki-ra*, the Betsileo term, or *fatidra*, the more generally used Malagasy term that Betsileo occasionally employ. The expression *vaki-ra* refers to spilling of blood; in the ritual that establishes kinship between two hitherto unrelated people, each makes a small incision in his or her chest. Each partner then drinks the blood, mixed with water and other ingredients, of the other. Thereafter, they are *vaki-ra*—friends, allies, and kin. The ritual usually establishes a close personal relationship involving mutual rights and obligations comparable to those, say, of a man and his wife's father or brother or two genealogically close members of the same named descent group residing in different settlements. Since *vaki-ra* usually reside in different settlements, mutual labor, which is recruited locally, is not generally an aspect of this relationship. Obligations do involve hospitality and ceremonial participation and contributions.

The ritual of *vaki-ra* can create several kinds of kinship-modeled relationships. Two men, two women, or a man and a woman may create a *vaki-ra* relationship—as (rarely) parent and child, older and younger siblings, or simply as siblings. The phrasing of kinship depends to an extent on the age of the partners and the reason for the creation of the relationship. A man who lacks sons, for example, may acquire one or more through adoption, to be discussed below, or through the *vaki-ra* ritual. A person without siblings of the same sex of his or her *vaki-ra* may initiate the relationship to acquire a brother or sister.

In contrast to marriage, which customarily allies descent groups, *vaki-ra* is a more individual relationship. One does not inherit one's parents' fictive kin. One customarily offers a steer to be slaughtered at the funeral of his or her fictive relative. The children of the deceased will then be expected to reciprocate by offering a steer at the funeral of their parent's fictive relative. Prior to Merina rule, however, such individual relationships did have political implications for groups, in that rulers used their ritual kinship as a basis for military alliance.

Ritual kinship has served and continues to serve several functions among the Betsileo. If one assumes that, for various reasons, people attempt to create and/or maintain a comfortable number of close personal relationships with others, as the Betsileo seem to do, one can understand why *ritual kinship is more common among Betsileo whose kindreds*

---

the New World (Cf. Mintz and Wolf, 1950) with the group contract nature of ritual godparenthood (*kumstvo*) in rural Jugoslavia. Blood siblingship among the Betsileo, and in Madagascar generally, is mainly an individual contract. However, joking relationships between descent groups in certain parts of Madagascar may offer parallels to the Jugoslavian case.

are narrowest at the outset. Consider now the frequency of ritual kinship relationships in the three villages I studied intensively. In a sample of 50 adults, only five contemporary Ivatans, all of them males, have ritual kin. Only two of them have more than one. One has two and the other six. Significantly, both are only part-time residents of Ivato. One teaches in a Catholic primary school north of Fianarantsoa, the Betsileo capital. The other sojourns frequently in pastoral areas west of Fianarantsoa where he buys cattle to sell in Betsileo market towns. Both illustrate a common context for the creation of fictive kinship. Malagasy often acquire their *vaki-ra* away from home. In so doing, they acquire rights to hospitality and entrance to social worlds in areas where they have no kin or affines. (Stipulation of membership in the same geographically dispersed named [clan-like] descent group is another form of kinship modeling that has been employed similarly by Betsileo travelers and merchants.)

For people who spend most of their lives in Ivato, however, there is no compelling need for ritual kin. Ivato traditionally has been a social and political center; the local descent branch that forms the village core is part of a large, dispersed and prestigeful descent group (Tranovondro) throughout the Betsileo east and south. Several nearby villages and hamlets are inhabited by junior branches of the Tranovondro and by descendants of slaves of Ivatan ancestors. Intermarriages with other prominent descent groups and villages have established many alliances. As noted, any Tranovondro of Ivato is automatically plugged into a ready made and extensive social network and has little need to augment social relationships through the *vaki-ra* ritual.

Ritual kinship is only slightly more important in Ambalabe. In a sample of 18 asked about their ritual kin, nine had none at all, seven had only one, and only two had two each. However, in the junior commoner village of Tanambao, ritual kinship is considerably more important. In a sample of seventeen queried about their ritual kin, only five had none at all, six had one, three had two, two had three, and one had four, for a total of twenty-two ritual kin relationships, twice Ambalabe's eleven.

In the reasons they gave for having entered into ritual kin relationships, my informants indicated or suggested many of the functions that ritual kinship has served historically. Many relationships had been formed while informants were residing away from their village, usually for economic reasons—plantation work on the east coast or cattle dealing in the west or south (pursuits that are most common among land poor people). In a few cases my informants had been invited to participate in the ritual by non-Betsileo who "wanted to have relatives in the highlands," suggesting the historically important role of ritual kinship in trade and travel. Betsileo recall that their ancestors who pursued commerce in Bara and Tanala country needed *vaki-ra* there for protection. They assert that having ritual kin among different Bara groups was the surest passport in times when Bara raids into Betsileo country were common.[6] In other cases, friendships established with other Betsileo during military service or other sojourns outside of Betsileo country led to ritual kinship.

Two cases in Ivato illustrate, however, that even senior commoners may employ ritual kinship for another purpose—to resolve conflict. Thus, after discovering an Ivatan's adultery with the wife of a man from a nearby village, their elders managed to calm the dispute by forcing the two men to go through the *vaki-ra* ritual. The adulterer declared himself younger brother of the husband—an admission of his guilt. The elders forced another Ivatan and a man from a neighboring village to become blood brothers to bring an end to their longstanding enmity.

Ritual kinship is part and parcel of a system of social organizational principles that structures Betsileo society historically and today. The people of Tanambao rely more on ritual kinship than senior Betsileo because other kinds of social links to their neighbors and to their region are weak. To demonstrate this fully I must return briefly to the interview schedule results concerning the nature and extent of the Betsileo kindred. Most (92 percent) of the kin (*havana*) relationships named fell into three categories: relationship calculated to a parent or other lineal (179 responses), to a collateral residing in his or her native village (163), or to a kinswoman who married into the village mentioned (115). Whereas the modal kin relationship (42 percent) in Ivato was calculated to an *ancestral* village, identification of *collaterals* provided the mode both in Ambalabe (55 percent) and Tanambao (65 percent).

Betsileo junior commoners, composing half of Ambalabe's and all of Tanambao's population, were therefore similar to Bloch's (1971: 50) Merina emigrants in conceiving of kinship with reference to their contemporary collaterals rather than their ancestors. Bloch reports that Merina migrants are still guided by the customs and beliefs of the past, according to which kin—and only kin—should live and work together. Today, however, outside old Imerina, they often find themselves sharing

6. Note below that Merina migrants use a form of fictive kinship called *havana mpifankatia*, rather than blood siblingship, in the recently colonized area studied by Bloch (1971: 98 et seq., 206–07). The obligations associated with the *fatidra* relationship are considered too strong for neighbors, and Merina have used them mainly to facilitate trade and travel in hostile territory. Huntington (1974) and Gardenier (1976) report blood siblingship among Bara and Sakalava, and indeed it is widespread in Madagascar.

community life with non-relatives. To cope with this situation they transpose ancestral culture onto current reality through kinship modeling—classifying non-relatives in the community as havana *mpifankatia*, "kin because they are loved" (Bloch, 1971: 98 et seq., 206–7). Similarly, Betsileo junior commoners—in the south and west often migrants, too—use (marriage and) ritual kinship to create personal ties in their region. Lacking the genealogical depth and established intergroup ties of senior commoners, both Merina colonists and Betsileo junior commoners call on fictive kinship to establish new social relationships modeled on a familiar kinship basis. In both cases, too, collaterality and stipulated kin ties overshadow ancestry and genealogical demonstration in their systems of kinship and descent.

We have seen that senior commoners, in contrast, limit their use of ritual kinship to trade, travel, and conflict resolution. The Tranovondro of Ivato have no need to increase already populous social networks through ritual kinship. In fact, they are actually discouraged from acquiring fictive kin: it is taboo for a non-Tranovondro to drink Tranovondro blood. Because of this, in those few cases in which Ivatans have entered *vaki-ra* relationships, the ritual substituted rum for blood—symbolically attenuating the relationship. In the one case in which an Ivatan's blood had been drunk by his *vaki-ra*, the latter got sick. It is tempting to speculate that the taboo was created to discourage others from trying to affiliate with Ivato through ritual kinship. It seems probable that without the "easy out" provided by the taboo, attempts to establish special relationships with residents of a prestigeful and relatively wealthy village and an important regional center would have been frequent.

Regardless of the inception of the Ivatan taboo, when data from the three villages are compared, one sees that there is a definite inverse relationship between seniority of village and initiation of fictive kin relationships. Respondents were asked, for each relationship, to indicate who had initiated the relationship—the respondent or his or her fictive relative (Table 1). Only one Ivatan had initiated a *vaki-ra* relationship. Four members of the Ambalabe sample had initiated ritual kinship, whereas seven had been drawn into the relationship. In contrast, ten people in Tanambao had initiated relationships, while nine other relationships had been initiated by their *vaki-ra*. Thus ritual kinship, like the adoption and fosterage patterns that I now examine, reveals a definite and explicable relationship between differential access to resources and the manner in which Betsileo use the social organizational principles their culture provides.

Table 1. *Seniority and Initiation of Ritual Kinship in Three Betsileo Villages*

	Respondent Initiated Relationship	Alter Initiated Relationship	Elders Initiated Relationship	Other or No Data	Totals
Ivato	0	2	2	1	5
Ambalabe	4	7	0	0	11
Tanambao	10	9	1	1	21
Totals	14	18	3	2	37

$\theta = .25$ (computed for first two columns only); rank is inversely associated with initiation of relationship.

Adoption. Land transfers—a group concern—do not result from ritual kinship—an individual matter. They can, however, follow formal adoption—making adoptions both unusual and potentially disruptive, because they contradict basic social structural rules. As in industrial states, Betsileo adoption is an official relationship whereby an adult, usually childless, may acquire legally recognized children and heirs. A Betsileo may appropriately adopt another member of his or her local descent group or a new spouse's out-of-wedlock child. However, adoption of inappropriate kin and of non-relatives also occurs—creating several problems.

During Merina and French colonial times Ivato's most influential leaders were all adopted as adults by childless people from other villages. Their adopters desired to create alliances with Ivato, to gain the support and assistance of some of the most important men in the region. In so doing, adopters could absorb some of the prestige of their adoptive sons and could enjoy access to the labor of their slaves and other dependents, profiting in life by choosing to alienate their shares of their descent group estates to their adoptive sons and their descendants. Adoption of an outsider, however, is viewed by Betsileo as a profoundly selfish act. Violating several Betsileo norms, adopters flout a collectivist ethos by asserting their independence of their own community and relatives. Simultaneously, they make an *individual* matter out of inheritance and land—which traditionally and appropriately are *group* concerns. Not surprisingly, lands tranferred through adoption have led to extended litigation.

Today, as in the past, official adoption creates benefits for some and problems for others. Consider the case of Henri, a 67 year-old Ivatan, who is the eldest descendant—and thus the main current heir—of

Blacksfather, a man who died in 1919 and had but one child, Henri's mother. Henri, who himself is childless, and two of his sisters' sons represent the only heirs now residing in Ivato to Blacksfather's estate of 4.1 hectares in rice fields. The status of none of Blacksfather's descendants is particularly comfortable in Ivato, although Henri, as elder, bears the brunt of the informal ostracism leveled against non-agnates. To an extent, Henri has created his own local reputation—as a witch—by removing himself from village social life in a variety of ways. Violating convention, he sold one of his rice fields to a non-Tranovondro, using the cash in his cattle merchant business. More than twenty years of his life have been spent in western Betsileo and Bara country, where, again in violation of Ivatan practice, he acquired six fictive relatives. These are among the strangers whom he often attracts as guests to Ivato.

Wishing to be remembered as an important ancestor, Henri has further incurred the displeasure of fellow Ivatans by legally adopting eleven people, ten males and one female. Five of the eleven are considered appropriate adoptees; they claim affiliation with Ivato through their mothers—Henri's sisters. The other six are socially inappropriate: two are his patrilateral kin, two are relatives of his dead wife, and the final two are non-relatives—men who worked for Henri during one of his sojourns outside of Betsileo country. In addition to those whom he has officially adopted, Henri has raised other children in his home; he may eventually make some of them official adoptees.

Household Composition and Fosterage. Although legal adoption remains fairly unusual, fosterage is the most common form of kinship modeling used by the Betsileo. Use of the term "kinship modeling" to describe Betsileo fosterage (or adoption) requires a brief justification, since Betsileo are almost always fostered by their relatives. However, in such cases the pre-existing kinship bond is *re-modeled* by analogy to the rights and obligations that characterize the parent-child relationship. Unlike the previous sections, in which data from three villages were compared, I focus here mainly on data from Ivato, where I did a detailed study of child transfers. We shall see again, however, that Betsileo fosterage practices, like other principles of social organization, vary in the context of socioeconomic stratification. Furthermore, along with strategically arranged marriages, the custom of raising relatives' children is an important component in an exchange system that links Betsileo villages into a common social network.[7]

7. Shore (1976: 164) adds children to Lévi-Strauss's list of food, goods, services, and women, who or which can be systematically exchanged between groups with the effect of creating or maintaining solidarity.

Table 2. Distribution of Household Types in Ivato, Ambalabe, and Tanambao, 1966–67

Household Type	Ivato		Ambalabe		Tanambao		Total	
	Number	Percent	Number	Percent	Number	Percent	Number	Percent
Nuclear	14	45.2*	15	36.6	9	45.0	38	41.3
Expanded	13	41.9	20	48.8	3	15.0	36	39.1
Single Person or Couple	4	13.0	6	14.6	8	40.0	18	19.6
Total	31	100.0	41	100.0	20	100.0	92	100.0

*Modal category underlined for each village.

Betsileo custom prescribes that the first child of any union be born in the mother's village. Although today most Betsileo children are born in maternity wards in canton seats, the mother and child still convalesce in the mother's native village. This custom cements the marriage, the status of husband and wife as parents (thereafter, both parents are called teknonymously), and the alliance between their families. Furthermore, the child's rights as a member of the mother's descent group are established; a man with no sons would stipulate that his daughter's first son would reside as an adult in his village rather than follow the statistical norm of patrilocal residence.[8] Subsequent children were often born in the mother's village, but no rigid rule operated.

Betsileo enculturation does not proceed principally within the confines of the nuclear family, but within a network of bilateral kin representing descent groups and villages of husband and wife and their parents. Table 2 describes some of the variation in household composition at a given time (1966–67) for Ivato and the two villages in the south. Although both in Ivato and Tanambao the nuclear family provides the modal category of household composition, in none of the three villages does nuclear family organization characterize as many as half the households.

In the total, combining the three villages, the expanded household, the modal category in Ambalabe—which includes affinal, collateral, and/or lineal relatives of the household head other than members of his family of procreation—is encountered almost as often as the nuclear family household. Furthermore, because expanded households typically include more people than nuclear family households, more Betsileo live in expanded households than in the other types combined (244 to 230 in

---

8. See Bloch (1971: 193–94) for similar Merina customs.

the combined population of 474 of Ivato, Ambalabe and Tanambao).

Much of the departure of Betsileo households from nuclear family organization reflects the traditional system of fosterage.[9] More so in the past than at present, the fosterage system was ritually regulated. Like most Malagasy, Betsileo employ techniques of divination based on astrological calculation. Some days of the week are considered more propitious than others. The destiny of every child was formerly set at birth, not only by the day—which was often incorporated as part of the child's name—but also by the combination of the day, time of day, month of birth and conjunction of zodiac signs. For various reasons parents enlisted astrological experts to calculate whether the destiny (*vintana*) of a given child was compatible with their own, or whether it posed a danger. Often parents consulted diviners following a child's long illness, and people whose previous children had died consulted astrologers as a matter of course when a new birth took place. If astrological comparison showed that the newborn's destiny was incompatible with that of either parent, it was necessary for the diviner to examine destinies of grandparents, aunts, uncles, and other relatives until someone could be found whose destiny was compatible and who would agree to raise the child.[10] Often those who were willing as well as astrologically acceptable were childless, older, or wealthier relatives who could afford to take over the child's support.

Astrological calculation, discouraged by Christian missions and by the French, continues today, but in attenuated fashion. Fosterage, however, remains common, which suggests that the astrological computation was never indispensable to the system. Other, more informal, considerations can dictate where Betsileo children grow up. For example, couples with too many dependents often farm several of them out to their relatives or

9. Senior commoners also feed and lodge domestic workers and field hands, usually descendants of slaves.

10. For related practices among Bara and Sakalava see Huntington (1974: 153–55) and Gardenier (1976: 40–46). This horoscope system appears to have operated more flexibly among the Betsileo than among Bara and Sakalava. This is probably related to a more positive historical Betsileo attitude toward population growth, when compared to their less populous, more pastoral neighbors to the south and west. Gardenier reports for the Sakalava that some destinies were too potent (dangerous to the child's kin) to be corrected even by ritual experts, and infanticide was practiced in these cases. My Betsileo informants stressed *incompatibility* of destinies between child and parents—and danger to the child. This contrasts both with Bara (Huntington, 1974: 153–55) and Sakalava (Gardenier, 1976: 43–46). The Betsileo system, favoring fosterage, supported population growth and redistribution; in other parts of Madagascar infanticide may have limited population growth.

kin whose children have grown up and live elsewhere. In 1967, thirty-seven children born to parents residing in Ivato were living outside their parents' households; twenty-two of them were being fostered, and fifteen others were studying, usually residing simultaneously in homes of kin in canton and subprefecture seats.

Because of Ivato's senior commoner status, its reputation and wealth relative to other Betsileo villages, one might expect Ivatans to *accept* foster children more often than to export them. However, almost exactly balancing, rather than exceeding, the thirty-seven Ivatan children who presently reside away from their parents' home as students or as foster children are thirty-six children from outside who now live in Ivatan households. Some of them have come to study at the Catholic primary school; others are simply being raised by relatives. These thirty-six children represent 21 percent of the present population of Ivato.

Since the ability to maintain dependents reflects wealth, and since wealth (control of productive rice fields and associated resources) generally increases with age, several consequences involved in explaining fosterage and household composition follow. Household size and number of non-nuclear family household members should both vary directly with age and wealth. Expanded family households are defined by their inclusion of residents other than the head's family of procreation; expanded household organization should therefore be correlated with wealth. Table 3 demonstrates the predicted relationship between household organization, wealth (rice area controlled by household), and age.

The relatives fostered most frequently by Ivatans were agnates—brothers' daughters and sons of male household heads or of their wives. In none of these cases were outsiders using their fosterage by Ivatans to

Table 3. Relationship Between Land Control, Age, and Household Type in Ivato

Household Type	Number	Percent	Rice Field Area Mean hectares	Total Area	Percent All Area	Average Age of Household Head
Nuclear	14	45.2	.95	13.3	38.9	37.5
Expanded	13	41.9	1.4	18.1	52.9	53.5
Couple or One Male	2	6.5	1.4	2.8	8.2	51.5
Matrifocal	2	6.5	0	0	0	59.5
Total	31	100.1	1.1	34.2	100.0	46.5

$\eta^2 = .19$ for association of household types and rice field area.

gain access to its estate. Native agnates *already had* rights to the local estate, whereas wives' nephews *had no legitmate claim* to such rights. Although in the past daughters' sons were occasionally raised in Ivato, no living Ivatan has fostered his or her daughter's son. Since most contemporary Ivatans have real sons (only one of the twenty-three mothers in Ivato has no sons), their fostering histories suggest that Ivatans have tried to anticipate potential conflict between agnates and non-agnates *by excluding daughters' sons from their fosterage.* Of the sixty-six foster children raised now or ever by living Ivatans, only six—all sisters' sons—represent non-agnates who might conceivably try, as adults, to claim estate rights in their uterine descent group.

Ivatan children currently residing outside their parental households and Ivatans' fostering of other children have been discussed above. Yet to be considered are adult Ivatans who have been raised by people other than their parents. For this analysis I obtained two non-overlapping samples. The first consists of fifty-two contemporary adult *residents* of Ivato—peasant men who are native sons and their non-native wives. This is virtually the entire adult population of the village. The second sample (less complete and non-random) is limited to thirty-two native men and women who now reside outside of Ivato. Most of the women live in their husband's village, but their fosterage histories—contrasted with those of Ivato's wives—illustrate differences between the experiences of Ivato's native women and those from other Betsileo villages. Furthermore, whereas the men in the first sample are all peasants, most of those in the second sample are government employees or otherwise successful native sons, in villagers' estimation.

Analysis of these two samples of adult Ivatans shows that senior commoners have used social organizational mechanisms that are potentially available to all Betsileo in order to preserve their favored access to wealth, prestige, and power. The first sample (Table 4) includes twenty-seven native male residents and twenty-five non-native wives. Note that whereas only three of the wives had been fostered, more than twice as many (nineteen) men had been fostered as had been raised by their parents. On the basis of this sample, it would appear that fosterage is a typical experience of boyhood, of negligible significance for girls. This is not entirely true.

The second sample (Table 5), which includes only native Ivatans, shows greater female participation. In fact, a slightly higher percentage of native women (62 percent) had been fostered than the native men (58 percent) in this sample.

Table 4. *Fosterage of Adults Now Residing in Ivato*

	Men		Women		Total	
	Number	Percent	Number	Percent	Number	Percent
Never Fostered	8	29.6	22	88	30	57.7
Fostered at least once	19	70.4	3	12	22	42.3
Total	27	100.0	25	100.0	52	100.0

	N	Mean	Mode	Median	Range
Number Times Fostered	52	.5	0	0	0–2
Age Fosterage Began	20	5.7 years	1	4.5	0–15
Age Fosterage Ended	20	16.1 years	25	16.5	3–25
Number Children Fostered	21	1.7	0	1.0	0–7

Table 5. *Fosterage of Native, Non-resident Adult Ivatans*

	Men		Women		Total	
	Number	Percent	Number	Percent	Number	Percent
Never Raised	10	41.7	3	37.5	13	40.6
Fostered at least once	14	58.3	5	62.5	19	59.4
Total	24	100.0	8	100.0	32	100.0

The fosterage histories of Ivato's native women, who are included in the second sample but not the first, show that Ivatans use daughters as well as sons to strengthen kin ties through fosterage. In particular, Ivato's senior commoners have used fosterage of both boys and girls to strengthen links with their children's mother's village. Thus, compared to the first sample, where thirteen children had been fostered by paternal and seven by maternal relatives, the figures are reversed in the second sample, where there were eleven maternal and only six paternal fosterers. Remember that the second sample includes both native Ivatan women now residing virilocally and native men who have "made it" in government, business, or professional life outside the village. It is this sample, therefore, that includes children of the seniormost Ivatans in the last generation, people who could afford to educate their children and eventually to propel them to successful positions in the extra village economy. Although these nonpeasants have not needed to activate the rights in their maternal estates to which their fosterage histories especially entitle them, they have not relinquished them. They expect special hospitality when they vacation in their mother's village and gifts of milled rice when these relatives visit them in the city. Dormant now, their prerogatives could be activated—given a change in fortune or a special need by their children.[11]

Thus, over the generations, senior commoners have insured that their sons', or more often grandsons', uterine rights will be preserved not only by making sure that Betsileo custom is followed scrupulously in having their child or grandchild born in the maternal village, but by carrying the custom one step further and allowing the child to be raised by its mother's people.[12] Ivatan Tranovondro are continuing today with a pattern established in the past—ten Ivatan children are currently being raised in their mother's village.

More artfully than junior commoners, Ivatans exploit the opportunities that Betsileo social organization provides them. Although they are perfectly willing to have their sons raised in maternal villages, we have seen that Ivatans discourage non-agnates from seeking foster homes in Ivato. Yet no one can fault Ivatans for poor participation in the fosterage system. After all, everyone can see that they import as many children as they export. Ivatan's advantageous use of the fosterage system rests on skillful choices about *which* kin links are to be reinforced through fosterage. As noted, not one of the sixty-six children raised by any adult Ivatan has been a daughter's son, and only six have been sisters' sons who might conceivably argue one day for primary membership as an Ivatan Tranovondro. And even these cases are exceptional instances in which the foster parent had few or no real children. As in their disdain for fictive kin relationships, Tranovondro of Ivato in their fosterage practices manage to protect themselves from outsiders' socially appropriate claims.

Betsileo Child Transfers: Comparison, Summation, and Context. I have demonstrated differences between Betsileo of different rank in their use of the fosterage system, as in their use of other forms of kinship modeling. In general, however, Betsileo child transfers contrast with those of other Malayo-Polynesian societies, where adoption and foster-

11. When Merina women reside virilocally, they leave their estate rights in trust with their brothers. There are similarities between the Betsileo non-peasant's treatment of maternal land rights and the Merina situation described by Bloch (1971: 54–55).

12. Bloch (1971: 96) mentions, but provides little data on the "extensive" Merina fosterage system. He does report that children are commonly fostered by their matrilateral kin (1971: 193).

age are also important components of social organization. For example, Carroll's (1970: 7) observation about the distinction between adoption and fosterage in eastern Oceania does *not* apply to the Betsileo: "In most of the societies examined in this volume, the natives clearly distinguish, terminologically and conceptually, between 'fosterage' (temporarily taking care of others' children as an obligation of kinship) and 'adoption' (permanently assuming the major responsibilities of natural parents)." Instead of this, Betsileo distinguish between what I shall translate as "adoption," "fosterage," and "just visiting." Adoption is the relatively rare legal relationship, entailing inheritance rights, discussed above. Fosterage is the extremely common practice whereby children are raised by relatives other than their parents—usually aunts, uncles, or grandparents. The average fosterage period begins at age 6 and ends at age 16.[13] Although boys are fostered more commonly than girls, most boys eventually return to their father's village, where they live the remainder of their lives.

The reasons Betsileo offer for fosterage are varied. Among them are these: 1) old people need children to run errands and for companionship, and they seek out foster children; 2) a child's destiny is incompatible with or dangerous to its parent(s), and they seek a relative to foster it; 3) following custom, a first child is raised in its mother's village; 4) poor households with numerous children seek better off relatives to raise them; 5) special affection develops between a child and a non-parental relative; both persuade the parents to permit fosterage; 6) children are placed in foster homes to guarantee their inheritance from, say, a mother's father or brother, or a father's mother's brother; 7) children are fostered to maintain a close personal relationship between their real and foster parents, usually sisters in this case.

The seventh reason deserves a bit more discussion, since it bears on one of the main features of Malagasy kinship generally, and Betsileo kinship in particular: kin links through females. Throughout Madagascar (Cf. Bloch, 1971: 52; Huntington, 1978: 17–21; Southall, 1971: 150; and the essays by Rajaonarimanana and Southall in this volume), sexual relations between children of sisters are deemed incestuous—

---

13. Fosterage may have lasted longer and carried more obligations to the child in the past, and thus graded into adoption. Ottino (1970: 109) reports for Rangiroa that adopted children used to share inheritance rights with natural children. French law had changed this, however, so that the adopted child, to inherit, had to be mentioned in a will. My Betsileo informants stated that prior to French conquest, wealthy and childless Betsileo sometimes made death-bed bequests to children they had raised. The extent of Merina regulations of Betsileo fosterage, adoption, and inheritance remains unclear.

although such relations between cross-cousins and brothers' children are sometimes accepted. Furthermore, the kin relationships between sisters and between mother and daughter are considered especially close— providing perhaps the essence of kinship (Cf. Huntington, 1974: 79).

These ideas are expressed in and are reinforced by the traditional fosterage system, and provide a potent link—missing otherwise—in regional social integration. Thus, since boys are fostered more often than girls, sisters usually grow up together and with their natural parents, thus reproducing strong affect between sisters, mothers, and daughters. Sisters eventually marry and reside virilocally—usually in different villages. Thereafter, a woman may foster her sister's child, or they may exchange children for fosterage. Frequent visiting keeps their relationship close and emphasizes their children's close kin tie, thus reproducing the incest prohibition. Note that such arrangements convert the dyadic ties between the sisters' native village and each husband's village into a triadic tie—forging another link in Betsileo regional social organization.

Betsileo distinguish fosterage, for any of these reasons, from "just looking after" a child who temporarily lives in a relative's house—for example, while attending school. Thus for Ivato, twenty-two of the thirty-seven native children residing outside the village were truly being fostered, while the others were simply living with relatives while attending school.

The difference between "just visiting" and true fosterage involves the contrast of balanced versus generalized reciprocity. Parents of school children regularly send uncooked rice and cash—if they can afford it—and pay the child's tuition. Although foster parents also receive rice from the child's natural parents, this is always a matter of kinship courtesy—not an economic obligation. What the Betsileo label "just taking care of" or "just visiting" is therefore similar to what Carroll calls "fosterage" in other Malayo-Polynesian societies. However, the Betsileo practice that I translate as "fosterage" grades into what Carroll calls "adoption" in Oceania, but still displays important differences.

Conclusion. Although kinship modeling is encountered the world over, and is particularly well-developed in the child transfer systems of Malayo-Polynesian societies, two aspects of Betsileo kinship modeling stand out: 1) varied *use* of culturally available forms of kinship and fictive kinship, depending on region and rank; and 2) the *extent* of

Betsileo kinship modeling—the existence in one society of so many different ways of dealing with non-relatives as kin, or of drawing distant kin closer together. Brady's (1976: 281) observation that Oceanic adoption is a multifunctional institution that can be applied easily to diverse situations may be generalized to the forms of Betsileo kinship modeling that have been examined here. All of the functions that Brady attributes to Oceanic adoption can be served by one or more forms of kinship modeling among the Betsileo. Thus, internal group solidarity can be strengthened or maintained by fostering children in non-parental households in their native village, or by the fictive kinship support that phratry organization gives to descent groups associated by long-time co-residence. Kinship modeling is also a way of "supporting existing alliances between individuals and groups or developing new ones." (Brady, 1976: 277). A child's birth and fosterage in its mother's village, for example, reinforces an alliance based on marriage, and mutual fosterage by sisters who have married men from different villages expands dyadic intergroup ties to triads. Ritual kinship, like marriage, provides still another way of creating solidary interpersonal relationships.[14]

Native theory and anthropological analysis concur that Betsileo kinship modeling has varied forms, meanings, uses, and effects, which emerge in the concrete contexts that have been identified in this paper. Finally, although the Betsileo custom of child transfer may be just one more manifestation of the protocultural legacy that Madagascar shares with Oceania, the extent and richness of Betsileo kinship modeling require a different explanation—one that might be generalized not to Malayo-Polynesian cultures but to any kin-based society experiencing rapid social change. In the Betsileo case specifically, use of ritual kinship and phratry organization has permitted them to maintain the kinship form of their ancestral, pre-state social organization despite emigration, the flux of history, and the rise of stratification and the state. And widespread fosterage, in tandem with broad bilateral kinship calculation and multiple descent group affiliation, has allowed Betsileo to strengthen kin ties beyond the nuclear family. Thus, both fictive kinship and fosterage stand out as current attempts to employ ancestral cultural norms and values to impose order on—and preserve familar meaning within—a social system in transition. A florescence of kinship modeling, then, seems a likely concomitant of social change in traditional, kin-based cultures. And this is its larger significance.

14. McKinley (1973) discusses other social functions of child transfers and compares them to *compadrazgo*.

Bibliography

Bloch, Maurice
    1971 *Placing the Dead*. London: Seminar Press.

Brady, Ivan
    1976 "Adaptive Engineering: An Overview of Adoption in Oceania." In *Transactions in Kinship: Adoption and Fosterage in Oceania*. Ivan Brady, ed. Pp. 271–93. Honolulu: University of Hawaii Press.

Carroll, Vern
    1970 "Introduction: What Does 'Adoption' Mean? In *Adoption in Eastern Oceania*. Vern Carroll, ed. Pp. 3–17. Honolulu: University of Hawaii Press.

Gardenier, William
    1976 *Witchcraft and Sorcery in a Pastoral Society: The Central Sakalava of West Madagascar*. Ann Arbor: University Microfilms International.

Hammel, Eugene A.
    1968 *Alternative Social Structures and Ritual Relations in the Balkans*. Englewood Cliffs, N.J.: Prentice-Hall.

Huntington, William Richard
    1974 *Religion and Social Organization of the Bara People of Madagascar*. Ann Arbor: University Microfilms International.
    1978 "Bara Endogamy and Incest Prohibition." *Bijdragen Tot de Taal-, Land-, en Volkenkunde* 134: 30–62.

Kottak, Conrad Phillip
    1971 "Social Groups and Kinship Calculation among the Southern Betsileo." *American Anthropologist* 73: 178–93.
    1977 "The Process of State Formation in Madagascar." *American Ethnologist* 4: 136–55.
    1980 *The Past in the Present: History, Ecology, and Cultural Variation in Highland Madagascar*. Ann Arbor: University of Michigan Press.

McKinley, Robert
    1973 "Review of *Adoption in Eastern Oceania*, edited by Vern Carroll." *Journal of Asian Studies* 32: 734–37.

Mintz, Sidney W. and Wolf, Eric R.
    1950 "An Analysis of Ritual Co-Parenthood (*Compadrazgo*)." *Southwestern Journal of Anthropology* 6: 341–68.

Ottino, Paul
    1970 "Adoption on Rangiroa Atoll, Tuamotu Archipelago." In *Adoption in Eastern Oceania*. Vern Carroll, ed. Pp. 88–118. Honolulu: University of Hawaii Press.

Scheffler, H.W.
    1970 "Kinship and Adoption in the Northern New Hebrides." In *Adoption in Eastern Oceania*. Vern Carroll, ed. Pp. 369–89. Honolulu: University of Hawaii Press.

Shore, Bradd
    1976 "Adoption, Alliance, and Political Mobility in Samoa." In *Transactions in Kinship: Adoption and Fosterage in Ocenia*. Ivan Brady, ed. Pp. 164–99. Honolulu: University of Hawaii Press.

Southall, Aidan
    1971 "Ideology and Group Composition in Madagascar." *American Anthropologist* 73: 144–64.

16

The Transformation of the Bara Rural Economy

RICHARD HUNTINGTON

Introduction. Many of the articles in this collection focus on the past, on the way the variety of Malagasy cultural forms developed as a result of groups' adaptations to the range of situations offered by such a large island over many centuries. My concern is with the present, with the current adaptations of individuals to a rapidly changing political and economic environment. Sometimes the present is as elusive as an ancient past. No sooner has one thoughtfully studied and analyzed it than it is gone, drifted into the recent past only to be replaced by a new and unknown configuration. Therefore, any attempt to study the present must resort to the analytical ruse of coupling the facts of the recent past with an attempt to divine a fast approaching future. Social science has never had much success at actually forecasting future events, but we can move modestly and imitate the wise and crafty diviner, the *mpisikidy* who simply draws attention to certain future signs which place known recent and current events in a more meaningful perspective.

Quite simply, I wish to describe the current Bara economic adaptation, how Bara families make a living from one year to the next by growing rice, managing cattle, producing specialty items, and interacting with the external market economy.[1] As with many of Africa's pastoral peoples, the key to the Bara economic adaptation is diversity and flexibility. They practice a mixed economy in which temporary losses in one sector can be offset by stability in another. Also, such an economy relates to a certain (for want of better words) "egalitarianism" and

1. Research was conducted in 1970–1971, 1973, 1974. This work was supported by the Shell Foundation and by Duke University.

"individualism" that permeates the Bara social and economic ethos. The diversified mixed economy is aimed at providing family security, not at the maximal production of great wealth. Therefore, an individual who has one bad harvest or a large loss of cattle can relatively quickly regain, through hard work and certain exchange mechanisms, the former level of family security. There are differences in wealth among the Bara, but these differences are not immutable. Furthermore, these differences are somewhat limited by the fact that the blessings and afflictions of nature (murrains, droughts, and rains) strike without regard for social position. Such differences in gross wealth which do exist are not as important in the eyes of the Bara as is the pressing question of providing the basic security for the family. It is this secure minimum, plus some margin for a few social and material luxuries, that is important to people. The diversification of Bara economic activities and the flexibility accorded by certain traditional and recent exchange mechanisms assure this basic level of security for every family.

Between 1972 and 1974, the prosperity of rural Bara producers increased markedly. The amounts received from merchants for the sale of cattle and rice increased more rapidly than the amounts that had to be paid for those few manufactured goods necessary to the current Bara lifestyle. During this same period the onerous head tax on cattle was abolished by the new government, a tremendous boon to a people whose major economic investment is in their herds. The increased urban demand for basic foodstuffs and the removal of the tax burden from the poorest of Madagascar's citizens combined to create by 1974 a mini-boom of prosperity in Bara villages. This prosperity took several forms of expenditure. There was an immediate increase in the purchase of radios (the prices of which had been drastically reduced by a government radio import and subsidy scheme). When I first went to a Bara village in the Menarahaka Valley in 1970, there was but one radio and it rarely worked for want of batteries. In 1974, there were over twenty radios in the same village, all well supplied with fresh batteries. There were other signs of prosperity, such as a marked increase in rum consumption and an increased utilization of modern medical facilities in the town of Ihosy. More and more people traveled the taxi-brousse to Ihosy for shopping. Also, out in the village, the first little shop was opened by an enterprising Betsileo lady. The signs of prosperity were numerous and varied. This rural Bara boom contrasted sharply with the situation at that time in Tananarive where the general populace was having difficulties with shortages and increased costs of many of life's basic commodities and services.

But amidst this rural prosperity, the sociological *mpisikidy* discerns some signs and configurations that are less favorable. Changes in the price structures for cattle and rice, while bringing prosperity in the short run, have also eliminated some of the important mechanisms through which temporarily unsuccessful farmer/herders begin recouping their losses and rebuilding their assets. As we shall see, the new price structures are potentially an advantage to the most successful individuals while depriving the unlucky of their means of catching up. 1973 and 1974 were good years. Harvests were abundant and bovine epidemics minimal so that the entire Bara population of the Menarahaka Valley shared in the prosperity. But it may be that in the near future when nature, with its characteristic vagary, deals up a less auspicious year, some people will suffer more than others. Perhaps such chance natural misfortunes will be systematically turned into permanent poverty by a new and more "efficient" economic order. This is a picture conjured up by a sociologically pessimistic *mpisikidy*. To assess this view, we must examine the seemingly more benign current and recent situation.

Settlement Pattern and Population. The Bara village I am concerned with is called Anosibe and it is situated near the Menarahaka River on what is called the Ranotsara Plain in Eastern Bara land. This well watered fertile region was, throughout the early nineteenth century, the spawning ground for the numerous attempts of the royal Zafimanely clan to extend its hegemony over the drier and more sparsely populated lands to the west of Ihosy.

According to accounts recorded shortly before and after the turn of this century, the Zafimanely, who eventually ruled all of the major Bara political units, came from the southeast of the Bara region (Bastard, 1904; Boin, 1897; Cowan, 1881; Dubois de la Villerabel, 1900; Elle, 1905; LeBarbier, 1916; Richardson, 1877). During the eighteenth century they settled on the banks of the Ianaivo River in the Ranotsara Plain. According to Zafimanely traditions, they arrived from a place called Ranotsara (good water) and brought with them a calabash of this "good water" which was ritually poured into the Ianaivo. The new village was then named Ranotsara-Avaratra (north). In this fertile Ranotsara Plain, Andriamanely (after whom the group is named) consolidated his position in much the same way his contemporary, Andrianampoinimerina, was then consolidating his position near Tananarive. In the years following Andriamanely's death, the Zafimanely expanded to the north and west subjugating the inhabitants of these areas.

A Bara village, and for that matter most of the vast expanse of Bara territory, is dotted with small hamlets whose core consists of close male agnates. The members of these patrilineal and patrilocal corporate groups share rights over the hamlet, herd, ricefields, and tomb. They manage as group enterprises important social affairs such as marriage, circumcision, curing, and funerary celebrations. The pattern of dispersal of these hamlets is one important aspect of Bara residence that relates directly to practical ecological and economic factors. The village of Anosibe consists of fourteen hamlets spread out over several kilometers. Five of the hamlets are grouped together at the center in what is called *tana-be*. Three hamlets are spread out over several kilometers to the south.

This general settlement pattern is largely determined by the ecology of the area. The rice fields are spread out in a line about four kilometers to the west of the hamlets. The Menarahaka River, with many of the gardens along the banks, is a kilometer to the east. Important economic activities must be performed both in the rice fields and at the river bank. Both of these areas are flooded during the rainy season (January–February), and the area by the rice fields is without adequate water in the dry season (August–November). It is essential then, that hamlets be constructed along the high ground west of the river (in the direction of the rice fields), and not too far from a constant water supply. The spreading out of hamlets relates to herding activities, since those living in a relatively isolated hamlet can conveniently keep watch on the herd while performing tasks in the hamlet. The direction of this dispersal is limited to the north–south line since hamlets built too far east or west would be flooded in the rains or (in the west) without water in the dry seasons.

The total area of this village, including its rice fields, grazing land, gardens, and forest areas, is approximately 40 km^2. Here reside about 300 people, half of whom are children. The people of Anosibe maintain a total herd of about 1,500 head of cattle. During one year, there were almost fifty mature cattle killed and consumed in relation to various rituals. Additionally, approximately 100 cattle were sold during this period to cattle merchants from Ihosy and Ranotsara. Almost 100 tons of rice were harvested and consumed during the course of a year. Additionally a small but important amount of rice is sold to merchants. The overall picture is one of a certain security and bountifulness in comparison to many African pastoral societies.

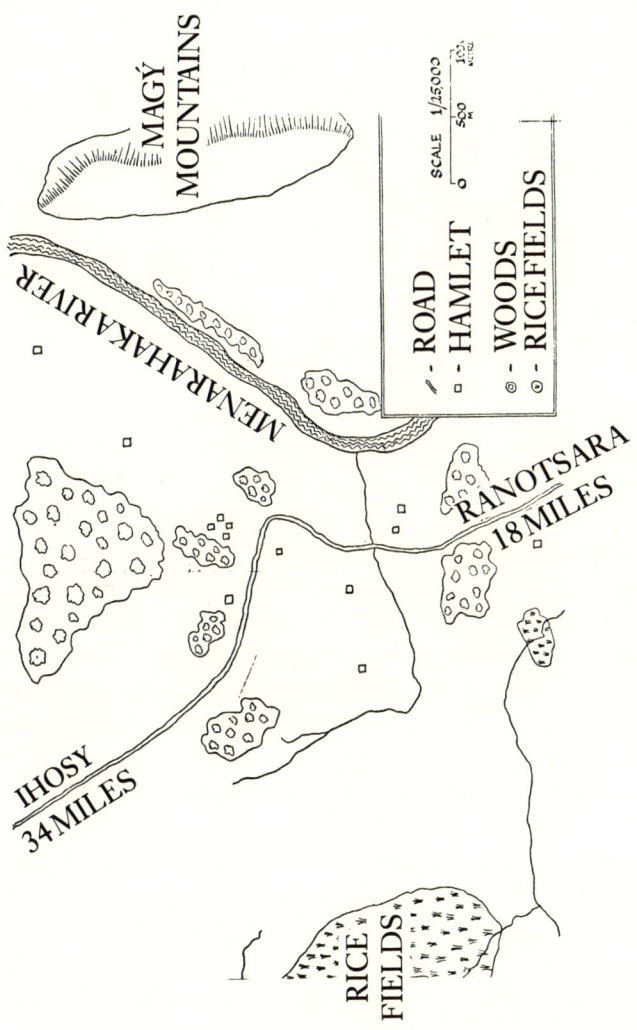

Each square kilometer hypothetically supports seven people (adults and children) and thirty-five head of cattle. These seven people consume roughly 280 kg of beef annually (but little milk), two tons of rice, plus chickens, eggs, fish, beans, manioc, sweet potatoes, greens, and wild and domestic fruits. The people of this typical square kilometer realized approximately 50,000 fmg (1970, 250 fmg = U.S. $1.00) through the sale of two cows and a small amount of rice. In 1970, about 7,000 fmg would have gone to pay the since abolished cattle and personal taxes, and the remaining 43,000 fmg would have purchased clothes, tools, and minor luxuries for our seven people.

Averages are misleading. Table 1 shows the human and bovine population according to hamlets, which are for all practical purposes the effective economic corporate groups. Although the average cattle to person ratio is slightly over 5 to 1, we can see that almost 30 percent of the village population belong to the four poorest hamlets in which the cattle to person ratio is below 2.4 to 1. At the other end of the scale, 26 percent of the people belong to the four richest hamlets among which there are between 9.0 and 13.3 head of cattle for every man, woman and child. These differences are important because a group with ten head of cattle per person has more security and more economic maneuverability than an equally large group with less than two head of cattle per person. However, it is important to note, that after two years of research I was unable to correlate these differences in wealth with any outstanding social divisions. These wealth differences do not reflect slave versus free descent, recent settlers versus old timers, hamlets of mixed descent versus strongly agnatic hamlets. Nor do such differences correlate with factors such as the life cycle of individuals or of groups or the fertility of families. Even knowing these families quite well, I found it difficult to perceive any effects of these wealth differences on health, nutrition, shelter, or clothing. In most pastoral societies, being relatively cattle poor would be a barrier to the marriage of young men of the family, but, as we shall discuss, the Bara system of bridewealth presents no such problems to "poor" Bara.

Cattle Stewardship. Cattle herding at Anosibe is a time-consuming activity which must be shared between two or three males. Each day one of them must *miarak-andro*, "accompany the sun," as he takes the herd out on the savanna before sunrise and returns after dusk. All of the males (over about eight years old) of the family share equally in this task, alternating this day-long activity among themselves. To "follow the sun" is the proper activity of a man whether he is sixteen or sixty years of

Table 1. Human and Bovine Population Distribution by Hamlets

	Male Agnates	Female Agnates	Female Affines	Male Cognates	Male Affines	Total Adults	Children	Total People	Cattle	Cattle Per Person
1. Tana-be A	8	2	7	1	0	18	9	27	275	10.2
2. Tana-be B	4	1	2	0	0	7	6	13	160	12.3
3. Tana-be C	2	1	3	0	2	8	21	29	65	2.2
4. Tana-be D_1	3	2	4	1	1	11	13	24	85	3.5
5. Tana-be D_2	2	1	2	1	0	6	3	9	120	13.3
6. Tana-be E	4	0	3	0	0	7	8	15	cattle elsewhere	
7. Andranovory	3	2	2	2	0	9	6	15	80	5.3
8. Maroteza	5	2	6	3	1	17	10	27	150	5.5
9. Vatsingafilo	6	0	5	0	0	11	10	21	50	2.4
10. Ambondrombe	4	0	4	0	0	8	7	15	45	3.0
11. Ambodimanga	1	1	2	1	2	7	6	13	100	7.7
12. Mbararata	6	1	6	0	0	13	15	28	250	9.0
13. Imahabo A	5	1	4	0	1	11	11	22	80	3.6
14. Imahabo B	3	2	5	1	1	12	5	17	40	2.4
15. Analalava	2	2	4	2	1	11	10	21	40	1.9
Totals	58	18	59	12	9	156	140	296	1530	

age. During the dry season the task is even greater since the herd must often be divided, with one of the men taking special care with five or six of the thinnest cattle (*broky*). This tiny herd can be safely led to the grasses which grow close to hamlets and gardens. For most of the year the average man of Anosibe spends two to four days a week alone with his cattle. When the land is parched and the survival of the calves and yearlings is doubtful, herding is a constant and very demanding activity.

Cattle are the basis of economic security for the Bara, and herds are managed quite conservatively. The size of a herd increases by about 10 percent each year (after the dry season takes its annual toll of calves and yearlings and disease strikes the rest of the herd to varying degrees). There are many obligations to be covered through the giving, killing, or selling of cattle. There are funerals, marriages, circumcisions, and curings that require either the slaughter, sacrifice, or gift of cattle. In 1970 the government head tax on cattle (140 fmg/beast) had to be covered by the sale of one cow or ox. At the same time, another beast may be sold to obtain cash for purchasing a limited range of European goods which the Bara consider to be necessities: cloth, readymade shorts and shirts, and shovel blades, knives, axe heads, and cooking pots and utensils. In general the obligatory sale, slaughter, and giving of cattle just about equal the rate of natural increase.

Cattle provide security against crop failures and other misfortunes. Each Bara family produces enough rice for its own consumption, but often premature flooding or excess drought reduces the harvest below the necessary level. Then one must trade off cattle for rice. These exchanges generally take place between affinally linked families, with the needy family receiving ten sacks of rice for each yearling. One year a family may have to trade yearlings for rice and the next year be able to trade surplus rice for yearlings. Things even out in a sense, but even the temporary loss of yearlings is costly. These young cattle are of least worth in a trade or sale but have the greatest potential for rapid increase in value since the price of a cow doubles between its first and second year. In 1970 the Bara strategy was to maintain and increase the number of yearlings in the herd through the production of an adequate supply of rice and through intensified cattle tending during the dry season.

It is often suggested that pastoral peoples are "contemplative" and irrational in their management of their herds. Although it is true that Bara utilization of and attitudes toward their cattle go beyond a narrowly defined economic domain, Bara herd management is, nonetheless, carefully calculated. Fertile cows which are approaching the end of their reproductivity are generally chosen for sacrifice at rituals. The beef from such rituals is widely distributed and forms an important addition to Bara diet. For less important rituals such as incest atonement, unhealthy cows that are deemed not likely to survive the next dry season are often the chosen sacrificial victims. Religious factors play a crucial role, but such prescriptions usually pertain to the color and markings rather than to the size or health of the animal. At marriages a pregnant cow is sometimes offered for sacrifice. This is a prestigious and auspicious symbol, the cost of which is computed to be worthwhile. The number of mature bulls in the herd is kept to a minimum through the practice of castration. After several years these oxen bring over 25,000 fmg (1970) at sale in the market. This is approximately four times the price of an adult cow or bull. Through judicious husbandry, a herd will increase gradually over the years while simultaneously providing for a family's various social and economic activities and serving as security against periods of misfortune. Foolishly administered, even a large herd can be utterly dissipated within the short span of two years.

Affinal Relations and Social Control. Although cattle values permeate all aspects of Bara life, they are most strongly associated with marriage and affinal relations. Most systems of bridewealth involve complex reciprocal exchanges of cattle and other prestations. In the classic anthropological cases (Radcliffe-Brown, 1952 [1924]; Evans-Pritchard, 1946) a few cattle are eventually returned to the groom's family in a delayed counter-presentation. The Bara system provides an extreme example of this structural feature, in that the majority of the cattle exchanged pass ultimately from the woman's family to the herd of the husband.

For marriage, the man must provide one cow to the woman's father for sacrifice at the marriage ritual (twice that if close endogamy demands a double sacrifice; see Huntington, 1978). Several weeks after the ritual is performed the woman moves to the hamlet of the man and the marriage is consummated. The woman's father will visit shortly thereafter and request the gift of a live cow (*tongarondra*) to ratify the affinal relationship. It is this transfer of a heifer (a fertile cow which has not yet given birth) which establishes a lasting affinal relationship between the husband and his new father-in-law and brothers-in-law. This cow remains in the herd of the wife's father and brothers and is held in trust for the future children.

Although the husband has given only one small cow, the result is that control over a number of his cattle has passed to his wife's family. The cows multiply and after a decade as many as ten of the husband's sons' cows are controlled by the female linked relatives.

The woman's brother periodically returns some but never all of these cattle to his sister's sons. And so the original transfer of the *tongarondra* cow sets up a permanent giver/receiver relationship between the two families. The man has received a woman from his affines and the son receives cattle from his mother's family. Since women and cattle are the Bara's two most highly prized items, this debt can never really be repaid. In transferring the *tongarondra* cow to the wife's family the man increases his chance of gaining jural authority over his sons. But at the same time, the transfer of this cow provides for future de facto influence of the woman's brother over his sister's sons, influence that counters the authority of the boys' father. Whenever the woman's brother wishes to assert his influence, he may do so either by giving or withholding cattle from his sister's sons, depending on the circumstances.

This system of cattle exchange makes the whole question of cattle ownership quite complex. The oldest male of the household has control over the family herd and generally makes the decisions regarding the care of the cattle. However, his rights to many of the animals in the herd are limited to some degree, since many of the cattle have claims upon them from female linked relatives. One man's herd includes many cattle that he has in trust for various sisters' sons, cattle that his sons have received from their mother's brothers, cattle from his own mother's brother (or the offspring of such cattle), and cattle that he inherited from his father. The composition of every herd is a reflection of all the marriages of all the males and females of the family over the last two or three generations. Just as there are multiple marriage claims on every girl, there are multiple claims on every cow in the herd. The Bara used this ambiguity of cattle ownership to their advantage when reporting their bovine holdings for payment of the cattle head tax. All cattle were listed as belonging to a confusing array of maternal and affinal relatives.

This system of interlocking cattle liens functions to some extent as a mechanism for social control. In extreme situations, sisters could claim their sons' cattle from the herd of an irresponsible brother. For example, a young man named Boba took over the family herd of ninety cattle upon the mental and physical incapacitation of his father. During the first year he sold fifteen yearlings and spent the proceeds on women, rum, and foolish luxuries. His father's sisters became nervous about the safety of their children's cattle which were in Boba's herd, and so with the blessings of their remaining brothers, they took their shares to their husbands' villages for safe keeping. Boba continued to care for the herd in a reckless manner and his father's sisters claimed more cattle. In slightly over a year, his herd decreased in size from ninety to thirty-five. At that stage he went to visit his mother and she gave him ten cattle to take back to his village. However, shortly thereafter his half-brother and even his own 12-year-old son grew tired of his shenanigans and each took his share of the herd and joined with one of his father's brothers. Whereas he began with a herd of ninety cattle and two assistant herders, Boba was reduced to herding a handful of cattle by himself for twelve hours a day, every day. In such a situation it is difficult to perform necessary chores such as rice cultivation and hut repair or to participate in social events. It may have been his uncles' intention to bring him back into line, but Boba eventually chose to leave the village altogether.

Boba's case is extreme, but it illustrates the sorts of influence this system of interlocking cattle liens grants to kinsmen and kinswomen of certain categories. Marriage, the Bara say, is an exchange (*raha fanakalo ny fanabady*). The man trusts his affines with the fertility of some of his cattle, and they in turn trust him with the fertility of one of their women.

The size of a man's herd reflects, among other things, the degree to which he is able to maintain relationships of mutual trust and respect with his relatives. This Boba failed to do and the decreasing size of his herd registers his loss of moral stature in the community.

Local Group and Named Ancestry, Tariky and Raza. The branding and castration of cattle take place annually during the cold, dry season of *asotry* (May–June). The operation is performed in the cattlepen, *vala*, by the patriarch of the agnatic corporate group, *tariky*. All cows are branded with a named ear brand, *vakin'sofy*, belonging to an endogamous named ancestry, *raza*. Only at the time of castration are male cattle, having lost their maleness, branded with the *raza's* ear marking. The season of cattle branding and castration is the same as for the circumcision of young boys, and Bara sometimes comment on the analogy between the two operations. The circumcision of boys is an important step in establishing their membership in the tomb based agnatic lineage, *tariky*, and there is no similar operation or rite for girls. With cattle the situation is reversed. Female cattle are branded with membership in the endogamous, cognatic named ancestry, *raza*; and although they are held in trust by the agnatic lineage they are not otherwise identified with it. Furthermore, the clan membership of cattle is established matrilineally through the cow's mother, and the proper branding of a man's cattle is supernaturally sanctioned by his maternal ancestresses.

Not only does each *raza* possess its ear brands, but the reverse is equally true: the common ear brands define the limits of the *raza*. People with claims to the same ear brands consider themselves members of a single *raza*. *Raza* endogamy is not absolutely prescribed, and the Bara say of one who has married an outsider that he or she has collected for us a new *raza*. When members of separate *raza* repeatedly intermarry, then after a few generations they possess equally the same collection of ear brands indicating that they are all interrelated through women. A name develops for this group and they consider themselves all to belong to a single *raza* which includes all the bilateral kin, affines and potential affines of each of its members. The people of the area of Anosibe used to belong to a number of separate clans associated with different areas in the region of Ivohibe from whence they migrated several generations ago. These differences have since been abrogated through intermarriage so that today the patriarch can announce to the ancestors: "Manovo, Lalangỳ, Menatara, Andrasatria are all finished now, done. We are all TeVohibe now, one *raza* now."

Bara cattle play an important role in the complex and multi-tiered dialectic between male and female, agnates and affines, *tariky* and *raza* that forms the dense fabric of Bara social and moral life. But all of these rich symbolic and social associations do not prevent Bara individuals from exercising judicious, rational, and economic stewardship over their herds.

Rice. Although the Bara view cattle as the ultimate item of social and economic value, rice is of crucial importance in providing food and protecting the size of bovine holdings. An area in the rice fields is corporately held by the local agnatic lineage, *tariky*. Within this area an individual has his or her own paddy, one which was cleared and constructed by that person. There is no shortage of rice land in Anosibe for anyone who is a member of one of the established families. Outsiders are excluded with rare and usually temporary exceptions. When the owner of a paddy dies, the survivors usually take turns cultivating it, one each year. Every married couple and every single adult, male or female, has a rice paddy if he or she so desires.

Along with these rights to rice paddies goes a pattern of reciprocal labor obligations. Unmarried adults especially need help from others in the family. Brothers are obliged to provide some help for an unmarried sister or father's sister. Likewise, a single man expects aid from his sisters for transplanting. Children are obligated to contribute labor in the fields of their father; men owe labor to their affines; married women must help their paternal family as well as work in the fields they share with their husbands. All labor offered in this way must be rewarded by food or drink, a chicken dinner or a bit of rum, served out in the rice fields at the close of the day. This is so even when the labor offered is obligatory due to kinship relations. Labor is meticulously exchanged and shared, but each person remains the proprietor of the produce from his or her rice paddy. Should a man die between the time of planting and harvest, the harvesting is done by his brothers and the harvest is divided in thirds: one–third for the widow, one for the children, and one for the harvesters.

The rice is first sown in temporary paddies near the river to the east of the village when the rice fields to the west are still dry from the lack of rain. This area of initial paddies being near the Menarahaka River receives adequate water earlier than the final rice fields which are watered by a small stream and largely dependent on local rainfall. Once the rains have begun in earnest, this area is completely flooded for some weeks while the seedlings in the initial paddies are free from danger. The Bara prepare the initial paddies for sowing by stampeding the cattle through the shallow water creating a suspension of mud and water. This operation, besides being quite efficient, is an enjoyable communal event. The men drive the herd while the women and children follow behind, exuberantly scooping up the dazed and dying fish.

After the rains of January have ended and the threat of additional flooding has passed, the difficult job of transplanting begins. Transplanting is women's work, especially the backbreaking task of removing the seedlings from the initial paddy. The men help by transporting the heavy bundles of seedlings out to the western rice fields and by repairing these paddies from the damages of the floods. The ability of the women in transplanting is seen as the limiting factor in the production of rice at Anosibe. One can construct almost unlimited paddies, sow any amount of rice, and have almost any amount of rice harvested and threshed by offering food and rum in exchange for labor. But the time for transplanting is severely limited and only that rice which the women move before the middle of March will have time to ripen properly before the drought. Women also mobilize group labor for transplanting, but because they are all under the same time pressure this is a means of making an onerous task more enjoyable, not of increasing the amount of rice transplanted.

Compared to the rest of the year when most herding and agriculture are pursued on an individual basis, harvest time (June–July) is a riot of social intercourse. The cutting and threshing of rice is hard work, but most of it is accomplished through the harvesting parties that many of the families hold for the community at large. Harvesting is not under as severe a time constraint as other phases of rice production, so people are free to give up days of labor to join a well rewarded harvesting bee. Also, harvest time, in contrast to transplanting time, is a time of prosperity. One can well afford to reward a communal work party with all the rum, rice, and chicken they can consume before staggering home.

Some people plant what they call "early rice," *vary aloha*. This is planted in March and harvested in November. It is planted in the area near the river where there is generally some water even during the season of drought. Early rice is not very successful on a large scale. But a few people choose to plant it so that during the regular harvest season they can concentrate on rum distilling and on gardens of beans, sweet potatoes, and sugar cane.

The amount of harvest varies from one person to another, and such amounts are measured in terms of ox-cart loads. A single person, a childless widow or an unmarried young man, might well manage only a bit over a half ox-cart full. This is roughly 250 to 300 kg and sufficient for one. Others may harvest one and a half ox-carts full, two ox-carts or

Table 2. Seasons in Bara Region

Calendar			Rice	Early Rice	Rituals	Gardens
JAN						
	ASARA	Hot Rainy	Transplant			Plant sweet potatoes and beans
FEB						
MAR						
	LOVA	Warm Dry		Plant		
APR	KATSY					
MAY					Castrate bulls	Plant cane and
	ASTORY	Cold Dry	Harvest		Circumcise boys	harvest one year later. Harvest sweet potatoes and beans
JUNE						
JULY				Transplant	"Gathering" Re-burial	
AUG						
	AFAOSA	Very Hot and Dry				
SEP						
OCT						
NOV		Very Hot		Harvest	Bilo	Plant banana
	LOHA	New Leaves	Plant		Possession	and manioc.
DEC	TAO	Some Rain				Harvest after one year

more. Those few in the village who bring in four and five ox-carts full of harvested rice are seen as being extraordinarily successful.

Rice growing is a complex process. Paddies must be constructed, dikes and irrigation ditches must be maintained, rice has to be sown, protected from birds, transplanted over a long distance, cut, threshed, winnowed, transported back to the village, stored, pounded from its husk and winnowed again before it is finally boiled in water for daily consumption. In spite of their reputation as cattle people, the Bara devote considerable time, effort, interest, and knowledge to rice growing.

Gardens and Special Skills. At harvest time, rum is less expensive than usual due to the efforts of the village specialists in distilling and to the fact that the ingredients for rum ripen at the same time of year as the rice. The making of rum is a highly skilled and risky endeavor, which, because it is illegal, must be performed in semi-secrecy. Many batches of rum turn out terribly and only the most skilled distillers are consistently successful. Rum making is the one Bara activity that presents the tantalizing prospect of making a quick and generous cash profit. A skilled distiller will purchase one ox-cart full of sugar cane for 1000 fmg (1970) and sell the resultant rum (40 liters) for five times the amount of his investment. A number of people try their hand at making rum each year and fail, but the most competent distillers repeat this process several times during the harvest season reaping fabulous sums of cash equal to the annual wage of a laborer in Ihosy. The rum maker is a well-respected man. This high regard is based not only on the value of his product, but also on the fact that at the well-known secret location of his still on the river bank, he is a generous host who allows buyers and onlookers to test fully and sample carefully the newly made rum.

Although Bara economic life revolves largely around cattle herding and rice production, there are other important economic activities. The rum maker is only one of several kinds of semi-professional specialists. Four men in Anosibe own ox-carts which they hire out (in exchange for rice) to bring the rice from the fields to the village. Other men specialize in carpentry, making simple wooden doors and an occasional bed or bench. Carpentry demands considerable skill and the possession of some tools. Planks must be cut and planed from tree trunks before any other construction begins. The best carpenters construct ox-carts which are bartered for one ox or sold for an equivalent amount of cash (1970, 25,000 fmg). One of the rarest specialists is the ironsmith whose practice is largely based on the sale of spears. In all of the Ranotsara plain there are perhaps only three such smiths, who, since every Bara man needs at least one spear, are kept quite busy. Several women in the village own hand crank sewing machines upon which they turn out simple clothes for relatives or friends in exchange for small sums of money. Other people specialize in the preparation of simple medicines such as oil for the soft spot of babies' heads or teas to cure running noses. There are also accordianists who perform at major ceremonies and shamans who are experts in certain rituals. All of these specialists, however, spend a very small proportion of their time engaged in their particular activity. Like other people they are generally busy herding cattle and working in the rice fields.

Almost all the residents of Anosibe do some gardening in addition to rice production. There are fairly extensive gardens of manioc, sweet potatoes, ground nuts, and red beans planted in the slightly sandy soil on the high banks along the river. There are also numerous stands of banana plants dotted along the river bank. In the wetter depression behind the river bank, in the same area occupied by the initial rice paddies, are gardens of sugar cane. Nearer the hamlets, people make use of the fertility and protection provided by recently abandoned cattle kraals for planting such things as corn, green onions, exotic fruits and tomatoes. No one person has the time or inclination to participate in the whole range of gardening activities. Gardening is viewed as a part-time specialty such as carpentry. One person may take pride in his or her sugar cane; another may produce an impressive harvest of red beans. The essential business of Anosibe is cattle and rice, but additionally most individuals are hustling something. The important thing is that this extra activity be something flexible in its demands of time and labor so that it does not interfere with herding and rice growing. In addition, one must remember that Bara individuals are intermittently building and repairing their own houses and kraals, and daily hauling their own water and collecting their own firewood. Although the Bara do not have a reputation in Madagascar for being particularly industrious and competitive, anyone who knows well the life in a Bara village will attest that idleness is rare.

Changing Economic Relations with a Wider World. Although the economy of the Bara, as I have described it, is diversified, flexible, and largely self-sufficient, the Bara of Anosibe do not live on a political and economic island. By the beginning of the last quarter of the nineteenth century, Merina merchants were already active in the Bara region. Shortly thereafter the representatives of the London Missionary Society arrived. Cowan's and Richardson's accounts of their journeys into Bara land at this time portray a remarkable intertwining of mercantile, political, and religious interests. Just after the turn of this century the French conquered the Bara area (with some difficulty) and then provided direct and centralized administration until independence. For almost twenty years now the Bara of Anosibe have been part of a modern independent bureaucratic state. Nonetheless, European-derived attitudes and institutions have had a minimal influence on customs, perceptions and aspirations.

As one example, consider Christianity. Not one person at Anosibe is even nominally Christian or has ever attended a Christian worship service. In a country where it is often claimed that a large majority of its people are Christian, the Bara stand as a firm exception. There are Protestant and Catholic churches in Ranotsara, Ivohibe, and Ihosy, but they are filled with people of other ethnic groups. The Bara are simply not interested. The contrast between this Bara situation and the rapid and early conversion of the Betsileo is striking and would provide an interesting subject for further investigation.

As another example, consider education. There is a small government school seven kilometers north of Anosibe which has been in operation since shortly before independence. In 1970, seven Anosibe children attended the school on a very intermittent basis. In 1973, there were in fact no Anosibe children going to the school. School attendance is a matter of some sacrifice on the part of the families since such children are of age to share in cattle herding and other labor. Even though no one at Anosibe has attended school for more than one or two years, most males under the age of twenty-five can read and write at a rudimentary level. They can decipher a short letter and painstakingly write a note to a friend. They can read signs, labels, receipts and government notices. No one at Anosibe ever reads a book, comic or newspaper. Many more young men read and write than have ever attended school. They learn from one another in much the same way as they pick up the rudiments of divination or astrology. It is for learning these skills that the Bara men find writing most useful, as a memory aid for complicated astrological facts. This present interdependence of these skills is interesting in light of the historical connection between literacy and astrology as introduced by early Arab immigrants to Madagascar.

One of the important recent changes in Anosibe is in this area of education. In 1973, following government directives, a village council (*foko-tany*) was formed which collected a sum of money from all families and contracted for the construction of Anosibe's first schoolhouse. The government, as promised, provided a teacher, and by early 1975 there were fifty-four children enrolled in the school.

The road connecting Ranotsara with Ihosy passes by the hamlets of Anosibe, a fact which is largely coincidental. Two privately owned taxi-brousses provide almost daily service between Ihosy and Ranotsara, but they seldom need to pause at Anosibe. From time to time, in 1970, people in the village would give the driver money to bring them some small item needed from town. As often as not the driver would forget the items. Most members of the village would ride into Ihosy once or twice a year. One important aspect of the road is that it facilitates local travel between hamlets and villages since it is much easier to walk on than the narrow paths, especially at night, during the rains, and/or while intoxicated.

Without the road there would be no market in Anosibe. Until 1974, the Ihosy merchants would drive out in trucks and station wagons to all the accessible villages in the Ranotsara Plain to create weekly markets throughout the harvest season. They came to Anosibe for a few hours on

Thursday mornings before moving on to the next village. Each villager would sell a small amount of rice each week and use the money to buy cloth, clothes, and minute quantities of such luxuries as sugar and manufactured cigarettes. This market is a marginal institution for most members of the community, who, because of their success, are largely self-sufficient. Only a fraction of their produce is offered up for sale.

But for those whose harvest is small and for those temporary residents with no secure position, the market provides a means of survival. The merchants buy only rice that has been pounded in the mortar and winnowed. A number of people in need will buy a sack of rice from a friend or blood brother (*fatidra*). Or one will trade a yearling for a number of sacks of unpounded rice. They then pound the rice and sell it to the merchants for twice the price paid for rice still in its husk. This process is repeated for each weekly market, constantly doubling the labor, until by the end of the ten week harvest/market season such a person possesses almost enough rice for the coming year. This is a great boon for large families whose harvest has fallen short. There are many available arms for rice pounding. Also there are a number of outsiders from the densely populated southeast coast who come to the Ranotsara Plain for the harvest. They labor in the fields in exchange for rice which they pound (doubling its worth) and then sell to the merchants. With their earnings they buy Bara cattle which brings a considerably higher price when sold on the east coast.

The market situation began changing significantly in 1974 due to new and evolving government policies and to adjustments of the wider economic system to these policies. First, there was increased surveillance of the merchants' rice-buying practices. This provided villagers some assurance of a good and fair price for their rice and seems to have encouraged them to sell a slightly greater proportion of their harvest. Second, due to the increased urban demand for basic foodstuffs and a national shortage of rice (Madagascar had to begin importing rice) the price of rice rose significantly. Third, higher prices were now paid for unpounded rice, thus eliminating what had been an important Bara labor constraint on the selling of larger quantities of rice. One of the reasons most of the people in Anosibe sold little rice to the merchants was that the successful farmers had little free time during this busiest time of the year. Previously, families who had suffered some reverses were able to apply to rice pounding the time and labor that otherwise would have gone into harvesting; now, for the first time, the busy successful farmer as well as the temporarily desperate farmer is free to participate in the commercial marketing of rice. The result of these three factors was, in 1974, the marked increase in the cash prosperity of Anosibe.

In spite of this prosperity, this change in the price structure of rice may well turn out to have negative effects on the well being of Bara herder/farmers. This policy of buying unpounded rice removes from the Bara an opportunity to profit from one of the stages of processing rice for consumption. Those "needy" families who used to offset temporary harvest failure by pounding have now been replaced by the commercial mechanized rice hulling operations in Ihosy. The Bara economy may be more prosperous, but it has lost an important mechanism whereby the surplus harvest of the wealthier Bara was routed through the poorer families on its way to the commercial market. The market was once close to irrelevent to the average, successful and self-sufficient Bara farmer, and a fail-safe device for the poor, the marginal and the unlucky. The newer arrangement provides new opportunity for the wealthiest Bara farmers and threatens to relegate the poorest to the position of temporary wage laborers whose only opportunity to profit from the market mechanism has been removed.

A similar change has taken place in the price structure of cattle, due to similar causes and with similar implications. In 1970, as I have described, the selling price of a cow doubled between its first and second year (from about 3500 fmg to 7000 fmg). Thereafter the value of the cow increased more slowly. By 1974, largely because of the urban demand for beef, cattle merchants began paying higher and higher prices for younger cattle so that this price differential between yearlings and heifers almost disappeared. As with the changes in rice prices, this increased the prosperity of Bara herders, but it also replaced an important part of their labor by a more efficient commercial system of fattening up young beef for slaughter.

It used to be that a "poor" man could, through work and luck, produce a good rice harvest, convert the surplus to yearlings (through the traditional exchange described earlier), provide intensive herding of these yearlings through the post-harvest drought and then be on his way to establishing a new security of bovine holdings. By 1974, his options have changed. He can sell his unhulled surplus rice to the merchants for a good price. With the resultant cash he can invest in cattle, but in fewer cattle and only in mature cattle the value of which increases quite slowly.

Regarding cattle, one change of a different order deserves brief mention. In 1973, the government rescinded the hated head tax on cattle. This tax had always been used more as a means of social and political control than as a revenue device. It had entailed elaborate listings and registration of all animals. A certain amount of this control was lost with the abrogation of the tax. This, combined with the increased urban demands for beef, led to the development of a seemingly highly organized business of cattle stealing. For rural Bara herders this created a new risk and insecurity in their most important investment.

Contrary to the myth of the noble Bara cattle rustler, the Bara have long despised cattle thieves as a totally despicable breed of men. By the middle of 1974, cattle theft was rampant and most herders of Anosibe were moving their kraals back into the center of their hamlets and villages. As with the other economic changes pertaining to rice and cattle this rise in theft hurt the poorer more than the richer. Those with larger herds could afford to build a new and safer kraal more quickly and hire an extra attendant. Also a large herd is difficult to steal whereas a band of thieves can easily pick off a poorer man's entire investment. One of Anosibe's poorer members benefitted from this. In 1974, I met Boba in Ihosy all dressed up with a pocket full of money. He had left Anosibe and, to the intense shame of all, had joined a ring of cattle thieves.

Some of the policies that lead to the increased participation of the rural population in this market economy are made in the name of socialism. Such policies are rightly aimed at easing the burden of the urban poor (by assuring enough rice and beef) and increasing the wealth of the small rural producers while at the same time limiting the profiteering of the merchants. It is one of the ironies of modern government that while aiming to establish more economic equity at the national level, such policies may actually increase the gap between richer and poorer in rural villages. In time, this increased involvement with the external market economy may affect Bara society as it has many others throughout Africa. A fluid and egalitarian society may be transformed into a more rigid economic structure which benefits a developing rural elite at the expense of locking others into an increasingly insecure poverty.

As I stated in the beginning, the future is unknowable and even the present is elusive. It is now five years since I last visited Anosibe. During these years the rise in world petrol prices has played havoc with the economies of all nations, especially poorer nations. Perhaps these international economic events have shaken and twisted the economy of Anosibe in ways unforseen by the sociological *mpisikidy*. Or perhaps an inevitable pattern has been hastened. In any event, it may well be that the most important period of human adjustment for the Bara is now upon them.

Bibliography

Bastard, E. J.
   1904 "Memoires d'un roi Bara." *Revue de Madagascar.*
Boin, M.
   1897 "Les Baras et les Tanalas des districtes d'Ivohibe et de Ihosy." *Notes, Reconnaissances, et Explorations.*
Cowan
   1881 *The Bara Land.*
Dubois de la Villerabel
   1900 "La Tradition chez les Baras." *Notes, Reconnaissances, et Explorations.*
Elle, B.
   1905 "Note sur les tribus de la province de Farafangana." *Bulletin de l'Académie Malgache.*
Huntington, R.
   1978 "Bara Endogamy and Incest Prohibition," in *Bijdragen Tot de Taal-. . . .*
Le Barbier
   1916 "Notes sur le pays des Bara Imamono." *Bulletin de l'Académie Malgache.*
Richardson
   1877 *Lights and Shadows.*

17

Mahafaly as Misnomer

KARL EGGERT

> Dans le Sud-ouest, les Mahafaly (Ceux du pays faly, tabou) occupent au nombre de 80,000 le territoire entre la mer et les fleuves Onilahy et Menarandra (Decary 1951:12–13).
>
> MAHAFALY: Nom de la peuplade qui occupe le pays calcaire et sablonneux compris entre la Menarandra et l'Onilahy, dans la partie S.-O. de l'Ile.... leur nombre n'est que 90.573 au dernier recensement, dont 5.000 en dehors de leur territoire d'origine (Rajemisa-Raolison 1966:210)
>
> Les Mahafaly occupent dans le Sud-ouest de l'Ile, la région compris entre les fleuves Menarandra et Onilahy.... Au total, les Mahafaly seraient un peu moins de 100.000 personnes dont près de la moitié vivraient hors de leur aire d'origine, à Tuléar et au Mangoky notamment (Schomerus-Gernböck 1971:81).

Introduction. I arrived in the Mahafaly region of southwestern Madagascar in early 1970 already convinced most of the people living there were *Mahafaly*, one of the island's major human groups. Everything written either in passing or detail about the *Mahafaly* indicated they were. Yet, by the time I left the region in the middle of 1972, the people I knew there,[1] people who were classified as *Mahafaly* in the

---

1. All of the original ethnographic information in this chapter comes from individuals who live in that part of the Mahafaly region whose boundaries run roughly between the coastal village of Beheloke in the northwest, the market center of Ambatry in the northeast, the administrative town of Ejeda in the southeast, and the coastal village of Itampolo in the southwest. All these individuals are "confirmed traditionalists": they are subsistence-oriented farmer/herders who deliberately keep their contacts with the outside world to what is for them a tolerable minimum. None of them attends school, reads or writes the Malagasy language, speaks any language other than Malagasy, or belongs to a Christian church. When I refer to "the people of the Mahafaly Region," as

literature, had persuaded me that there simply were no *Mahafaly*. According to their scheme of things, the region's people did not form a single coherent group but divided and subdivided themselves instead into eight nominally, socially, economically, and politically autonomous groups. This paper discusses these eight diffferent group identities. The descriptions of the groups given follow as closely as possible what the people themselves told me; however, as an organizational device, I have divided these groups into social and cultural groups, two categories the people do not recognize. The paper's conclusion couples ethnographic and documentary information with personal speculation in a consideration of how the region's people came to be known in the literature as Mahafaly.

Social Groups. Social groups, as defined here, are conscious, corporate collectivities. Their members talk publicly about belonging to them and actually meet with one another in an organized fashion from time to time to carry out common projects.

Five of the people's eight all-inclusive groups seem to be social groups. Membership in four of them is through kinship; in the other, it is a matter of politics and geography. None of these five groups, as I hope will be clear, has as its name *Mahafaly* or as its membership all of the people commonly called *Mahafaly* in the literature.

Trano. The people's smallest kind of social group is the *trano*, or household. Each *trano* is publically identified with its oldest male and is called "his *trano*" by community members. Thus, if his name happens to be Eraza, the *trano* he heads is known to everyone as "Eraza's *trano*" (*trano'n Eraza*). The identification of a *trano* with its oldest male is a consequence of certain norms of residence, marriage, and affiliation which make him its organizational center. When a couple marries, it is the husband's *trano* into which the wife is expected to move. Should the couple have children, they become the legal wards of the husband, remaining in his *trano* so long as they are young, unmarried, and dependent. If husband and wife should divorce, their children stay in the husband's *trano* while the wife returns to her father's *trano*. Among a couple's grown, married children, males establish their own *trano*,

---

well as to their customary behavior, let it be understood, therefore, that I am really referring to these particular residents of the region and what they do. Furthermore, it should be kept in mind that what they customarily do may not be consistent at all times with what other people living in other parts of the region do.

usually near their father's, be it in the same village or neighborhood. Females move away from their father's *trano* and into the *trano* of their respective husbands.

The size and complexity of membership from one *trano* to another often varies. At each *trano*'s core is its male head and his unmarried children. Almost invariably he also has a wife or wives living with him. In addition to these individuals, a *trano* often includes other persons who have close ties of kinship with its male head. Examples are his widowed mother, his widowed or divorced sister, his dead brother's son or daughter, and his divorced daughter's unweaned son or daughter.

The group activities of *trano* members are concerned primarily with subsistence. Members produce all of their own food by cooperating to clear, plant, and harvest each other's individually-owned fields. They also tend all of their individually-owned cattle in a common herd. In addition to involving themselves in subsistence, *trano* members also operate as a social group in celebrating marriages, sponsoring curing ceremonies, and holding funerals.

Foko. A *foko* is a social group whose members are the direct descendants of a living man or woman as traced through all possible links of kinship.[2] Actually, each individual belongs simultaneously to a number of different *foko*. Everyone is, first of all, a member of as many separate *foko* as he or she has direct, living ascendants. Membership may be, for instance, in the *foko* of one's own mother, father, mother's mother, mother's father, father's mother, and father's father. Secondly, everyone who has procreated also stands at the head of his or her own *foko*. Members of it include persons such as one's own sons, daughters, sons' sons, sons' daughters, daughters' sons, and daughters' daughters.

The nominal identity of a *foko* comes from its head, the individual from whom its members are directly descended. It is called "his" or "her *foko*." Thus, the *foko* Eraza heads is known publically as "Eraza's *foko*" (*foko'n Eraza*).

Numerical membership varies from one *foko* to another as a result of the age and reproductive success of the individuals who head them, as well as that of all of their direct descendants. The largest *foko* are headed by older men or women who have had many children and whose children

2. The description of *foko* given here is different from descriptions of *foko* found in publications concerning other populations in southern and southwestern Madagascar. Faublée, 1954: 56–65, for instance, writes that *foko* among the Bara are patrilineages, while Ottino, 1965:45–46 and Lavondès, 1967:107–10, define *foko* among the Masikoro as personal kindreds.

have had many children. The smallest are generally headed by younger individuals with as yet few descendants. Of the *foko* I know, the largest has thirty-eight members. They comprise all of the direct descendants of a 70-year-old man. The smallest *foko* has only two members: a parent and single child.

The members of a *foko* meet and act as an organized, purposeful social group only when their head needs their support. They function, in other words, as a personal aid society.[3] If their head is ill, for example, they may meet to sing healing chants or attend a curing ceremony. If he or she is in debt, they may gather in order to take up a collection with which to pay off the obligation.

Tariha. A *Tariha*'s members are the descendants, both living and dead, of a common ancestor as traced through exclusively male links of kinship. This ancestor is usually, but not always, a male. He is also someone who has died recently enough in time so that the living members of the *tariha* can still remember his personal name and deeds. Their memory of him is so vivid, in fact, that they can recall their exact kinship ties to him and by extension to each other.

The *tariha*'s common ancestor is, however, only its genealogical focus; the oldest man in the group's uppermost, extant generation is its practical focus.[4] The *tariha* is known as "his *tariha*," and all of its members as "his children" (*anaka*). When his name is Eraza, the *tariha* is publically known as "Eraza's *tariha*" (*tariha'n Eraza*) and its members as "Eraza's children" (*anaka'n Eraza*). The most important duty of the *tariha*'s patriarch is as the group's *mpisoro*, the supervisor of the formal sacrifices (*soro*) the group's living members hold for its dead. His right to the title of *mpisoro* is because he stands generationally closest to the *tariha*'s dead members.

Tariha vary in size. The largest ones are those whose men have had numerous children; the smallest those whose men have not. Among the *tariha* for which I have precise information, the largest has eighty-six living members who span five different generations. The smallest has only one member.

---

3. This is true, of course, only when the members of a *foko* are old enough to be able to offer the *foko*'s head the kind of support needed. A *foko* having only immature members is simply a potential personal aid society.

4. The people reckon kinship generationally. The individuals in one's own generation are called either "brothers" (*rahalahy*) or "sisters" (*rahavavy*). Those in the first ascending generation are referred to as "fathers" (*ray*) or "mothers" (*reny*) and in the second as "grandparents" (*raza*). Those in the first and second descending generations are known respectively as "children" (*anaka*) and "grandchildren" (*afe*).

Each *tariha* also tends to be a spatial group, even though there is no explicit rule requiring members to live together. The fact that many members do live near one another, forming the core population of a village ward, an entire village, or a cluster of villages, is instead a side effect of two other social influences. On the one hand, the people's belief that fathers, sons, and brothers should live close to one another so they can cooperate in farming and herding results in grouping among *tariha* males since fathers, sons, and brothers all belong to the same *tariha*. On the other hand, a situation where *tariha* members can, and frequently do, marry one another[5] makes it possible for many *tariha* females to continue living near other *tariha* members in spite of a strict rule of post-marital residence that requires women to move out of their fathers' households (*traño*) and into their husbands'.

A *tariha's* members consciously operate as a social group in a number of ways. Most often, they meet to honor the group's dead with ritual sacrifices (*soro*), during which their behavior is orchestrated by the *tariha's* sacrificial supervisor (*mpisoro*). *Soro* are given whenever a group member is faced with illness, sterility, poverty, or any other kind of misfortune the group's dead members have the power to offset. *Tariha* members also meet to discuss and resolve difficult disputes among themselves, to support members in their disputes with outsiders, to attend rituals held in other communities, and to move all of their cattle as a single herd to distant sources of water during periods of severe drought.

Karazana. The kind of social group called a *karazana* is made up of two or more *tariha* whose members trace their origin back through strictly patrilineal ties of kinship to a common ancestor.

Since *karazana* seem to be developmentally nothing more than overgrown *tariha* that have segmented, they are generally larger than *tariha*. The largest *karazana* for which I have a complete list of members has 147 people,[6] while the largest *tariha*, mentioned earlier, has only 86. Also, the generation gap between a *karazana's* members and their common ancestor is larger than that separating a *tariha's* members from theirs'. *Karazana* members are so distant from their founder in time and thought that they cannot even recall their exact ties of kinship to him. Indeed, many of them do not even know exactly how they are related to

---

5. Any man and woman may marry as long as they are not related to each other as biological parent and child, biological sister and brother, or biological sisters' children. Membership in a social group has absolutely nothing to do with formal marriage rules.

6. Some *karazana* whose members live on the Mahafaly Coastal Plain are several thousand strong (Battistini, 1964: 2).

each other, being certain they are relatives only because they know that they, their fathers and their fathers' fathers share the same *karazana* name.

Each *karazana* has as its individual name a compound word which begins with the prefix *t-* ("people of") and is followed by two or three other elements which describe something about the group's original members or the area in which they first lived. The *Temarofaty karazana* is, for example, a *karazana* whose original members experienced a high number of deaths in their ranks (*Te-:* "*people*/-*maro*-*:* "many"/-*faty*: "dead persons"), while the *Tambohitse karazana* is one whose original members came from a mountainous area (*Ta-:* "people"/-*vohitse*: mountains").

Each *karazana* is a spatial group, but in a more definitive way than any of the *tariha* comprising it, because an "ancestral homeland," or *tanindraza*, is associated with it. This homeland is the place where the *karazana* has taken historical shape. It is also the location of the *karazana*'s ancestral altar (*hazomanga*), a pointed post approximately 2 meters high where all formal sacrifices (*soro*) to the *karazana*'s dead must be performed under the supervision of the *karazana*'s generational patriarch (*mpisoro*). Most *karazana* members prefer to live in their *tanindraza* because they are afraid to move away. If they did they would be dangerously distancing themselves from their *hazomanga*, the only place where they can communicate with their ancestors in times of great personal need.

Ancestral sacrifices (*soro*), the only occasions when *karazana* members meet and act together, are given infrequently. They occur only in situations of obvious groupwide importance. My records show the *karazana* to which I belonged as having had only two sacrifices at its *hazomanga* between February 1970 and June 1972. One took place when the poor harvest of the preceeding year motivated the group's living members to ask its dead for protection against drought and hunger during the coming year; the other was held when they sought help from the dead in curing a sick old man who had once temporarily acted as the *karazana*'s sacrificial supervisor (*mpisoro*).

Ziva. The largest kind of social group the region's people recognize is the *ziva*. However, they only occasionally mention their membership in *ziva*. Even less often do they purposefully meet with the other members of their *ziva* to perform group projects.

But *ziva*, according to older region residents, were not always so insignificant. Before the French established themselves in the Mahafaly

Region, *ziva* acted as important peace alliances formed by the members of several *karazana*. The attraction the members of their constituent *karazana* had for each other was political and geographical and not genealogical. Although constructed out of *karazana*, *ziva* were not themselves kinship groups. *Ziva* members became formal allies because they feared being attacked by outsiders and because their merged ancestral homelands (*tanindraza*) formed a contiguous area where farming, herding, and trading could be carried on securely and effectively.

Each *ziva*'s function as a peace alliance was usurped, however, by the French colonial government. When the French gained complete control of the Mahafaly region in the early twentieth century, they took it upon themselves to police its people's intragroup relations. From that time on, region residents created no new *ziva* and became basically disinterested in their old ones. All *ziva* began to fade in importance into what they are today: social groups whose members meet and act only during one another's funerals, when they supply labor for tomb construction and offer cattle for burial sacrifices.

Cultural Groups. Cultural groups exist in their members' thoughts and words but not in their deeds. Members are aware of and talk about their membership in them; however, they never purposefully meet, as members, to perform corporate projects.

Three of the people's eight all-inclusive groups seem to be cultural groups. In all three, the criteria for membership are residence and custom. Individuals must live in group areas and follow group customs if they wish to be group members. The membership of none of these three groups, however, matches in name or size the group the literature calls *Mahafaly*.

LOCAL CULTURAL GROUPS. The region's people have no class name for the groups I call local cultural groups. They refer to them only by their individual group names. Yet, in other ways, they treat these groups as though they belong to a single category. For one thing, they form all of the groups' individual names in the same way. Each local cultural group's name begins with *an-*, the common prefix signifying "place of." The rest of it consists of verbal elements describing the most impressive physical feature of the locality where group members live. For another thing, the people's principles of membership logically differentiate local cultural groups from other kinds of cultural groups. That is to say, membership in local cultural groups is mutually exclusive. Individuals cannot belong to more than one of them at a time. They can, on the other hand, simultaneously belong to a local cultural group and the two other kinds of cultural group to be discussed in a moment.

Access to membership in a local cultural group is partially through residence. Members must live in the group's locality. For most of them, this locality is also the place where they were born and raised. On occasion, though, some residents of a locality are immigrants who have lived there long enough to win acceptance from other residents as local cultural group members.

Localities are usually small. The largest ones in my records are all less than 50 square kilometers. Their smallness does not detract, however, from their uniqueness, for each locality, according to its residents, has a distinctive landscape. The most outstanding feature of this landscape supplies the locality with its individual name. As an example, a locality whose outstanding natural feature is a hot spring is known as the "place of the hot spring," or *Andranomay* (*An-*: "place of"/*-rano-*: "water"/ *-may*: "hot").

The name the members of a local cultural group take is derived from their locality's name. They call themselves the locality's "residents" (*tompontany*). Thus, the members of the local cultural group associated with *Andranomay* call themselves "residents of *Andranomay*" (*tompontany Andranomay*).

Membership in a local cultural group demands more of individuals than common residence. It also requires that they practice the group's distinctive customs (*fomba*). What these customs generally are is difficult to say because they often vary between local cultural groups. A distinctive custom for one group, for example, may be its members' pronunciation of a certain word. In another group, however, members' pronunciation of words may have nothing to do at all with their cultural distinctiveness.

The local cultural group whose members were my hosts for over two years illustrates the preceeding points. The 303 people in it are, first of all, the established residents, either by birth or immigration, of the same locality, a grassy plain surrounded by a dense thorn forest. The locality's outstanding natural feature, its bright red soil, is the source of its name, the "red land," or *Antanimena* (*An-*: "place of"/*-tani-*: "land"/*-mena*: "red"). The established residents of *Antanimena*, as members of its cultural group, call themselves *tompontany Antanimena*. They also practice what to them is a series of distinctive customs. One concerns their pronunciation of the second person singular pronoun *rié*, and whenever they pronounce it they are, in essence, identifying themselves as group members. Another distinctive custom involves their herding practices. Residents of *Antanimena* are sedentary herders. They keep their cattle in their locality throughout the year. In contrast, the members of most other local cultural groups practice transhumance. They move their cattle out of their localities to other pastures at the beginning of each year's rainy season. When the rains stop, they bring them back.

INTRAREGIONAL CULTURAL GROUPS. The region's people also have no class name for the groups I call intraregional cultural groups. They always refer to them by their individual names. However, certain similarities among these groups suggest that they form an implicit category. First of all, they are the largest cultural groups peculiar to the Mahafaly Region, and do not form segments of any larger, region-bound cultural group. They do, however, include within themselves numerous local cultural groups. Second of all, membership in them is mutually exclusive. Individuals cannot belong to more than one of them at a time. They can be members at the same time, however, of other kinds of cultural groups.

Intraregional cultural groups are associated with particular areas which differ from each other on relatively broad environmental grounds. The two areas covering the western two-thirds of the Mahafaly Region are, for example, as different from one another as night from day. The smallest one, the "ocean province, or *Andriake* (*An-*: "place of"/-*riake* "ocean"), corresponds to what westerners call the Mahafaly Coastal Plain. It is a long, narrow littoral of shifting and stationary sand dunes covered by scattered stands of brush and grass. The other western area, the "interior highland," or *Ankara* (*An-*: "place of"/-*kara*: "interior highland"), is labeled the Mahafaly Plateau on maps and in books. A flat, limestone tableland, it is blanketed by a xerophytic forest. The areas associated with intraregional cultural groups in the eastern one-third of the Mahafaly Region, are small but numerous.[7] All of them seem to have the same general surface appearance: low rolling hills of savannah comprise their landscapes. The major environmental differences between them appear to be hydrological: each area represents a discrete watershed, with its small streams forming a network which drains directly or indirectly into one of the region's three large rivers. The name of each area comes from its dominant settlement. One is named,

---

7. My knowledge of the intraregional cultural groups in the eastern one-third of the Mahafaly Region is limited. I cannot offer a finite list of them.

for instance, for the town of Betioky; others after the villages of Ambatry, Anjamena, and Sainta.

The established residents of an area provide the membership for its intraregional cultural group. As group members, they name themselves after their area. Thus, members of the intraregional cultural group based in *Andriake*, the ocean province, call themselves *Tandriake* (*T-*: "people"/*-an-*: "place of"/*-riake*: "ocean"). Individuals belonging to the cultural group from *Ankara*, the interior highland, are known as *Tankara* (*T-*: "people"/*-an-*: "place of"/*-kara*: "interior highland"). Members of cultural groups in the eastern one-third of the Mahafaly Region identify themselves as residents of the dominant settlements for which their areas are named, such as Betioky or Ambatry or Anjamena.

Members of intraregional cultural groups are also expected to follow their groups' distinctive customs. *Tandriake* must behave like *Tandriake*, *Tankara* like *Tankara*, and *tompontany* of Betioke like *tompontany* of Betioke. The kinds of customs serving as group markers vary considerably from group to group, although speech habits and subsistence techniques seem to supply many of them.

The *Tankara* provide an uncomplicated instance of members of an intraregional cultural group. The first side of their cultural identity comes from their common residence on *Ankara*, the Mahafaly Plateau. They are its established residents. Exactly how many *Tankara* there are is difficult to say, since they live in such small, isolated settlements. Ten thousand would probably be a liberal estimate; five thousand a conservative one. The other side of being a *Tankara* concerns performing "*tankara* customs" (*fomba'n tankara*). One of these involves hunting and collecting. *Tankara* are know for their skills in trapping wild pigs, snaring guinea hens, locating and tapping bee hives, and digging forest tubers. Another *tankara* custom is their fearful attitude toward the outside world. They rarely travel off the plateau, and when they do, they are petrified of being murdered by strangers. Their fear of being visited in their plateau settlements by outsiders is equally strong. Indeed, if they are forewarned of an impending visit, they will often disappear into the countryside until their unwanted "guests" have departed.

Gasy. Even though the Mahafaly Region's people, according to their own definitions, do not constitute a discrete cultural group, there is a single cultural group that includes them all as members. *Gasy* is its name. Members of this cultural group are the indigenous inhabitants of the dry savanna lands of southern and southwestern Madagascar, the people commonly classified in the literature as *Tandroy*, *Bara*, *Tanosy* (émigrées), *Vezo*, and *Masikoro*, as well as *Mahafaly*.

Residence in southern and southwestern Madagascar is, however, only one aspect of being a *Gasy*. One is also expected to follow specific *Gasy* customs. The emphasis the *Gasy* place on their cattle is an example. They say they are "alive" (*velo*) when they have cattle and "dead" (*maty*) when they do not. What they mean is possession of cattle is the key to their physical and spiritual survival. To avoid hunger during a famine, *Gasy* must have cattle to trade for food or sell for cash with which to buy food. At times of spiritual crises, they must have cattle to sacrifice in return for ancestral aid. Language is another area distinguishing *Gasy* from other people in Madagascar. *Gasy* speak, they say, in unique ways. They pronounce "l", for example, in positions where other people pronounce "d". Thus, the *Gasy* words for "taboo" and "wife" are respectively *faly* and *valy* and not *fady* and *vady*. Their vocabulary also contains words other people in Madagascar do not use. For *Gasy*, "persons" are *ndaty* and not *olona*, "the ocean" is *riake* and not *rano masina*, and to sleep is *miroro* and not *matory*.

Mahafaly as Misnomer. While the literature classifies the Mahafaly region's predominant population as Mahafaly, the region's contemporary residents neither call themselves Mahafaly nor claim to be members of an all-encompassing Mahafaly group. They describe themselves, instead, as many different people with membership in many different groups. There are indications that the same sort of terminological discrepancy may have existed in the past. While almost all writers who actually visited the Mahafaly Region during colonial or precolonial times classify its people as *Mahafaly*, a careful analysis of their accounts reveals little direct evidence that the region's people actually called themselves *Mahafaly* or organized themselves into a *Mahafaly* group (Eggert, 1979), but much indirect evidence that they saw themselves as belonging simultaneously to a number of different groups. With so little from the present or past supporting the idea of a *Mahafaly* group, and so much favoring a picture of a socially and culturally diverse regional population, one has to wonder how *Mahafaly* ever entered the literature as the people's official group identity. The answer I propose is largely speculative but does concern many things which the people with whom I lived told to me.

Perhaps the best place to begin is with the word *mahafaly*. Two morphemes, *maha-* and *-faly*, give it body. *Maha-* is a prefix with the restricted meaning "to have the ability to ____." When placed at the beginning of adjectives or nouns, *maha-* transforms them into verbs. *Faly* is the root for "taboo." Prefixing it with *maha-* changes its form to *mahafaly* and its meaning to "to have the ability to taboo." Contextually, *mahafaly* appears as a verb which refers to a person or object with the "ability to taboo." For example, a tree (*hazo*) having the power to taboo anyone who passes it is a "tabooing tree," a *hazo mahafaly*.

In a strict linguistic sense, therefore, *mahafaly* cannot be the name of a group of people because it cannot function as the name of anything at all. Members of a group cannot be the *Mahafaly*; they can only *mahafaly*. Yet the way region residents use *mahafaly* as a verb relates, I think, to its misuse in the literature as a group name. That is, the region's people believe their homeland, the territory between the Onilahy and Menarandra Rivers, has a distinctive "ability to taboo." It is a "tabooing land," a *tany mahafaly*, and that is exactly what they call it.[8]

Knowing this, the use of *mahafaly* by outsiders who have written about the Mahafaly Region now requires a closer look. In the texts of their publications, *mahafaly* plays a dual role. On the one hand, it is the name of the region's people. On the other, it is the name of the region itself. There is, for these authors then, both a *Mahafaly* land and a *Mahafaly* people.

> Il y a un de ces arbres dans les Mahafales...(Flacourt, 1913/original 1661/:206).

> ...au pays Mahafaly, dans le Sud-Ouest (A. and G. Grandidier, 1928:194).

> Le pays mahafaly a été touché... (Ralaimihoatra, 1969:65).

One writer, however, is an exception. Robert Drury, who may have known the people of southern and southwestern Madagascar better than any other outsider,[9] gives it a strictly geographical association. For him, the region between the Onilahy and Menarandra Rivers is a *mahafaly*

---

8. Significantly, they do not describe themselves as "tabooing people," or "*ndaty mahafaly*." There is reason to doubt they ever would, since human taboos, in their way of thinking, originate outside the human field. Taboos are imposed upon living persons by a variety of external agents, such as ancestors, deities, spirits, and animals.

9. Drury's journal (1969/original 1729), which describes his life during the 15 years he was castaway on Madagascar, has a history of controversy (Mavrocordato, 1966). Some argue Robert Drury is simply a pen name for Daniel Defoe and Drury's journal is really a piece of imaginative fiction based loosely on materials Defoe took from various ships' logs and travelers' accounts. My own tendency, however, is to accept Drury and his journal's authenticity. For one thing, English parish records prove Drury's existence as an individual. For another, many of the customs Drury describes, but which are detailed nowhere else in the literature on Madagascar, are still being practiced in the Mahafaly Region.

land but its inhabitants are not *mahafaly* people. (In addition to the three passages reproduced below see Drury, 1969/original 1729/:87, 88, and 193).

> Ry-Nanno told me that the whole country of Merfaughla lay between us, extending itself from the utmost part of Anterndroea...to the river which runs into St. Augustine Bay, which river is called Oneghayloghe (Drury, 165).

> The next day we marched to the borders of Merfaughla and encamped... (Drury, 197).

> We marched two or three days after further into Merfaughla...(Drury, 200).

Outside writers and region residents agree, then, on one point: they both recognize *mahafaly*'s geographical association. They disagree, however, about its group association: outside writers, except for Drury, classify the region's people as *Mahafaly*; region residents, along with Drury, do not. What this suggests to me, and here I am only guessing, is that the literary convention of classifying the region's people as *Mahafaly* may have originated in a simple misunderstanding. The first Europeans to write about the region may have mistaken the word its people used to describe their homeland for a name they used to describe themselves as a group. When outsiders learned, in other words, that the people living between the Onilahy and Menarandra Rivers were residents of *Mahafaly* land, they *may* have misassumed that the people were also the *Mahafaly*. That they could have easily made such a mistake is easy to imagine since few of them stayed in the Mahafaly Region for an extended time or spoke its people's language.

Although *mahafaly*, from the region's people's point of view, is a social and cultural misnomer, their classification as *Mahafaly* by outsiders, and especially by the French, has had a profound effect on them.[11] As powerless parties in a colonial dialogue, they quickly learned that

---

10. Alfred Grandidier is a case in point. His published statements about the Mahafaly people traditionally have been quoted as authoritative. Nevertheless, Grandidier spent only two weeks in the Mahafaly Region, and all but one day of that time was passed in its extreme northwestern corner (Vérin and Mantaux, 1971:9 and 20–22). In addition, he seems never to have mastered the standard version of Malagasy (Berg, 1977:18), let alone its southwestern dialects.

11. The ideas expressed in these two, final paragraphs were communicated to me by older residents of the region. Their lives had been coterminous with almost the entire colonial period. Consequently, they were able to talk at length, in detail, and with sophistication about their domination by outsiders and their responses to it.

the French had classified them as *Mahafaly* and expected them to behave as *Mahafaly*. Whenever they had to interact with French officials, or individuals they identified with them, they called themselves *Mahafaly* and behaved as they knew *Mahafaly* were supposed to behave.

Yet even though the region's people have continued to play their role as situational *Mahafaly* before intimidating audiences of outsiders for over half a century, they have never accepted it as anything more than a stage presence. When free of outsiders, they drop their masks and become once more who they believe themselves to really be: *Gasy* who belong to this or that intraregional cultural group, local cultural group, *ziva, karazana, tariha, foko, or traño*.

Bibliography

Battistine, René
    1964 *Géographie Humaine de la Plaine Côtiére Mahafaly*, Paris, Editions Cujas. 197 p.

Berg, Gerald
    1977 "The Myth of Racial Strife and Merina Kinglists." *History in Africa*, 4:1–30.

Decary, Raymond
    1951 *Moeurs et Coutumes des Malgaches*. Paris: Éditions Payot. 279p.

Drury, Robert
    1969 *Madagascar; Or, Robert Drury's Journal, During Fifteen Years' Captivity On That Island*. Reprint of 1890 edition published by T. Fisher Unwin, London. New York: Negro Universities Press. 398p.

Eggert, Karl
    1979 "Who are the Mahafaly? Social and Cultural Identifications and Misidentifications in Southwestern Madagascar." Paper prepared for the colloquium concerning "Histoire et civilisation(s) du sud et de l'ouest malgaches" sponsored by le Département d'Histoire de l'Établissement d'Enseignement Supérieur des Lettres. Toliary: April 9–15, 1979.

Faublée, Jacques
    1954 *La cohésion des sociétés bara*. Paris: Presses Universitaires de France. 158p.

Flacourt, E.
    1913 "Histoire de la grande île de Madagascar. Paris, Chez Pierre Bien-Gait, au Palais dans la **grande** Salle, au quatrième Pillier, à l'image S. Pierre." In *Collection des Ouvrages anciens concernant Madagascar* (publiée sous la direction de MM. A. Grandidier, de l'institut, Charles-Roux, H. Froidevaux et G. Grandidier). Tome VIII. Paris: Union Coloniale. 306p.

Grandidier, Alfred et Guillaume
    1928 "Histoire physique, naturelle et politique de Madagascar." *Ethnographie de Madagascar.* Tome IV (Agriculture, forêts, élevage, industrie et commerce, travaux publiques et moyens de transport, éducation, médecine). Paris: Hachette et Soc. édit. geog., mar. et col. édit. 540p.

Lavondès, Henri
    1967 *Bekoropoka: Quelques aspects de la vie familiale et sociale d'un village malgache*. Paris: Mouton & Co. 192p.

Mavrocordato, Alexandre
  1966 "L'étrange Journal de Robert Drury." *Bulletin de Madagascar*, 238: 191–214.
Ottino, Paul
  1963 *Les économies paysannes malgaches du Bas Mangoky.* Paris: Éditions Berger-Levrault. 375p.
Rajemisa-Raolison, Régis
  1966 *Dictionnaire historique et géographique de Madagascar.* Fianarantsoa: Librairie Ambozontany. 284p.
Ralaimihoatra, Édouard
  1969 *Histoire de Madagascar.* Tananarive: Hachette Madagascar. 324p.
Schomerus-Gernböck, Lotte
  1971 "Les Mahafaly, introduction à leur culture matérielle." Taloha 4-*Revue du Musée D'Art et D'Archeologie.* Tananarive: Université de Madagascar. pp. 81–86.
Vérin, Pierre et Christian G. Mantaux
  1971 Souvenirs de Voyages d'Alfred Grandidier 1865–1870 (d'après son manuscrit inédite de 1916)." *Documents Anciens su Madagascar*, VI. Tananarive: Publication de l'Association Malgache d'Archéologie. 52p.

18

Divination and Kinship Among the Sakalava of West Madagascar

WILLIAM J. G. GARDENIER

The purpose of this paper is threefold. First I should like to present some highlights of a recent analysis by computer of the system of divination in use by the Sakalava[1] of west Madagascar. Then I want to show how these results are related to and articulated with a number of aspects of Sakalava kinship. Finally, I want to propose additional studies of Malagasy divination along the lines exemplified here to complement other approaches to the general problem expressed in the theme of the Burg Wartenstein Symposium, Human Adjustment in Time and Space in Madagascar.

Analysis by Computer of Sakalava Divination. A Sakalava diviner consulted about someone's illness will lay out a number of seeds using a well-defined procedure, thereby constructing a pattern. In the subsequent reading of this pattern, which takes place according to unambiguous rules, some diagnostic features emerge. For instance, the reading may show that the disease is due to sorcery and that the evildoer is a male, a relative, someone who lives south of his victim, etc. Finally, the diagnostic features in question are matched by the client, not necessarily in consultation with the diviner, to his real life situation in an attempt to identify the cause of the disease even more precisely. In the example above where sorcery is divined, the client will try to fix the blame on a particular person who not only matches the information gained in the reading of the pattern but whom he also has additional reasons to suspect. (For a detailed description of the entire process see my article on

---

1. Unless otherwise noted the term Sakalava in this paper refers to the Central Sakalava of the town of Besalampy (16°45′S, 44°29′E) and surroundings.

Sakalava divination, Gardenier, 1979, and also the works by Decary, 1970, and Rabedimy, 1976).

The procedure just outlined involves a number of distinct steps: the construction of a pattern, the reading of the pattern, and the interpretation of the diagnostic features that emerge in the reading of the pattern. It is only during the last one of these steps that subjective factors such as the opinions or desires of the diviner, the client, or third parties are allowed to play a role. The other steps, together comprising the initial phase of divination, proceed objectively—that is, independently of subjective factors.[2] The objective nature of the initial phase of Sakalava divination facilitates the analysis of this phase by formal methods. The results of such an analysis are reported and discussed in this section.

The rules for the construction of a divination pattern allow a total of 65,536 (2^{16}) possible patterns. The particular pattern constructed and read in a given session is one of these. We have recently completed a computer program which, in broad outlines, first, generates, one by one, each of the 65,536 patterns, second, reads each pattern to determine the diagnostic features, using the same procedure a diviner employs in an actual consultation, and, third, keeps a count enabling us to say, at the end, that of the total number of patterns, x number were read in terms of sorcery, y in terms of witchcraft, and so on, while, for instance x_1 number of the sorcery cases involved male evildoers, x_2 involved relatives, etc. The program can be run assuming a male patient, a female patient, or divination on behalf of a child. The results presented in this paper refer to a male patient (the results for a woman or a child are not substantially different).

Before turning to a discussion of the data in Table 1 a few comments about the culturally recognized causes of disease listed there are needed. The Sakalava distinguish between two types of harmful magic. The first type, which they call *voriky*, involves substances imbued with evil forces. This type of magic corresponds to what Middleton and Winter define as sorcery—"evil magic against others"—which, they note, in Africa usually takes the form of "medicines." The second, *tolaky*, fits Middleton and Winter's definition of witchcraft—"a mystical and innate power, which can be used by its possessor to harm other people" (Middleton and Winter 1963: 3). In translating the two Sakalava notions of harmful magic I have followed Middleton and Winter's suggestions as indicated. "Dirt" refers to the contamination of food with

---

2. For a discussion of the distinction between objective and subjective factors in divination, see Park (1963).

Table 1. *Frequency of Various Causes of Disease as Determined by Computer Simulation Assuming a Male Patient*

Causes/Occurrence	% of a	% of b
Sorcery	21.1	41.1
Witchcraft	16.5	32.1
Dirt	0.8	1.5
Chief	2.6	5.1
Ancestors	0.7	1.4
Haky	9.6	18.7
Total of Determined Cause (b)	51.3	100.0**
Undetermined Cause	48.7	
Total (a)	100.0*	

*The total of 100.0% in the first column refers to all 65,536 patterns.

**Because of rounding-off errors the total in the second column comes to 99.9%; the correct figure should of course be as indicated.

dirt. The category is somewhat ambiguous because it may never be entirely clear whether carelessness or evil intentions were involved. The next two categories, "Chief" and "Ancestors," are self-explanatory. *Haky* is a term which I have left untranslated; it covers such ideas as spirit possession, god, feature of nature, and surprise. In actual consultations I have observed that if there is any reason to let it stand for spirit possession, the other possibilities are ignored. For instance, if a sick person is the medium of a spirit, the determination of *haky* in divination is taken to mean that the person's illness expresses the desire of the spirit to possess him. If there is no reason to let *haky* stand for spirit possession its determination in divination as the cause of disease seems of no great consequence. In that case there is little difference with an inconclusive divination categorized under "Undetermined Cause."

It can easily be shown that every time a diviner constructs a pattern there is an equal chance for any of the 65,536 patterns to emerge. This observation is important in understanding the real life significance of Table 1. The first column of Table 1 covers all 65,536 patterns. Consequently, at any one divination session, the chance for diagnosis in terms of sorcery is 21.1 percent, the chance for diagnosis in terms of witchcraft is 16.5 percent, and so on. The chance that divination will not yield a definite diagnosis is slightly less than one-half (48.7 percent). What happens then does not concern us here (Gardenier 1979).

An immediate striking fact about Table 1 is the importance of human agents as opposed to supernatural ones in causing disease. Of the successful diagnoses (column 2), 79.8 percent are accounted for by the actions of sorcerers, witches, contaminators of food, and the chief, while ancestors and *haky* account for the rest. As explained before, a number of determinations in terms of *haky* will be considered inconclusive. Thus, in actuality, the importance of natural agents, especially sorcerers and witches, as compared to supernatural ones, such as ancestors and other spirits, will be given even more striking than the 80 percent: 20 percent ratio indicated here.

In Table 2 additional information is presented about the first two entries of Table 1. Turning first to Table 2-a, we see that for every evildoer who is identified as a female there are more than five that are identified as males. During my stay in the field, however, I did not notice any bias in favor of male culprits; instead, I gained the impression that males and females were considered equally dangerous as potential practitioners of sorcery as well as witchcraft. My diviner-informant, commenting on the incidence of sorcery, even went a step further when he stated that females were more likely to engage in it than males. This is so, he felt, because it is easy for women to add evil concoctions to the food they prepare. I think that the discrepancy can be explained by the large category "Undetermined Sex." When in an actual consultation the diviner states that the sex of the evildoer cannot be determined, the client will nevertheless continue trying to pin the blame on a specific individual. In some cases all the pieces of information that become available during divination (see also below) may seem to fit an individual who happens to be a male, in other cases a female. If in the long run only chance factors are involved in this process, half of the cases subsumed under "Undetermined Sex" could be added to the category "Male," and half to the category "Female." Although this would not take away the male bias it would attenuate it considerably. Now, if in addition opinions of the type expressed by my informant operate on the category "Undetermined Sex," the male bias in divination could largely disappear. At that point, results obtained through divination would be in agreement with ideas and values existing in society. Thus, the large category "Undetermined Sex" serves as a buffer facilitating the articulation of the results obtained in divination with social reality, correcting, and if necessary, even reversing the seeming bias established by the a priori assignments in terms of sex.

Table 2-b concerns the relationship between evildoers and victims. How often are they relatives of each other and how often are they not related? Note that in this table the category of inconclusive results is

Table 2. Sex and Relationship of the Evildoer

a. Sex of a Sorcerer or a Witch

Evildoer/Sex of evildoer	Male %	Female %	Undetermined Sex %	Total %
Sorcerer	45.2	8.6	46.2	100.0*
Witch	47.6	8.3	44.1	100.0**

b. Relationship of a Sorcerer or a Witch to His Victim

Evildoer/Relationship to victim	Relative %	Non-relative %	Undetermined Relationship %	Total %
Sorcerer	31.5	53.5	15.0	100.0*
Witch	19.3	64.6	16.1	100.0**

*The total of 100.0% under "Sorcerer" refers to all patterns divined in terms of sorcery—Table 1 shows that these patterns constitute 21.1% of all possible patterns.

**The total of 100.0% under "Witch" refers to all patterns divined in terms of witchcraft—Table 1 shows that these patterns constitute 16.5% of all possible patterns.

considerably smaller than in Table 2-a. This means that in the question of relationship much less leeway exists to correct whatever bias is established by the a priori assignments. Another way of putting this is that here the a priori bias established through divination supports social ideas and values which agree with it, in the long run possibly correcting ideas and values which do not agree with it. Thus, a significant difference between Table 2-a and Table 2-b is that in the first divination and social reality interact in a balanced two way process, whereas in the second the arrow of influence which runs from divination to social reality tends to be stronger than the one that points in the other direction. In the case of relationship, therefore, the practice of divination not only supports and reinforces social ideas and values but may even have contributed to their formation.

What ideas and values are we talking about? Table 2-b shows that, as established through divination, first, non-relatives, and, second, among relatives allegedly practicing harmful magic there are significantly more sorcerers than witches. These facts agree with Sakalava ideas about these matters.

Sorcery and witchcraft are serious matters; in fact, they are matters of life and death only engaged in by strangers and distant relatives. Close relatives, on the other hand, would refrain from using sorcery or witchcraft so as not to cause harm.

To appreciate the second point above we need to take a closer look at Sakalava concepts of sorcery and witchcraft and how these concepts function in their society. Sakalava ideas about sorcery are quite explicit. It is thought, for example, that an evildoer puts dangerous substances into someone's food or leaves such substances in the latter's house. Sakalava concepts about witchcraft are less clear. Witchcraft involves mystical and innate powers but the emphasis is not as much on these as it is on the distance of operation. Sorcery presupposes proximity—the sorcerer has to be able to put something in one's food or beverage, or to leave something in one's house. All the witchcraft practitioner has to do is look, especially when his victim is eating or drinking a beverage. At the moment the food or liquid is passing through a person's throat a witchcraft practitioner, simply by looking, can transform it into a very dangerous, even lethal, substance.

This difference in distance of operation corresponds to the closeness of relationship between evildoer and victim. In sorcery the two parties involved are either related, or if not related, then at least on close enough terms that they occasionally meet. The two parties in witchcraft, on the other hand, may be complete strangers to one another and often are; the witch need only steal a glance in the direction of his victim while the latter is swallowing food or liquids.

When sorcery or witchcraft has been divined as the cause of someone's disease, the determination of the sex of the evildoer and his relationship to the victim (both to the extent possible) does not exhaust the possibilities to focus on in the identity of the sorcerer or witch. Other pieces of information also become available in the process of divination. Among these are the direction of the house of the evildoer and the day of the week the evil act took place (sometimes more than one day is indicated). In every divination it is unambiguously possible to conclude whether the evil "originates" from the north, east, south, or west. In the case of sorcery or witchcraft the cardinal direction in question is interpreted as the direction of the dwelling of the culprit observed from the residence of the victim. It is my strong impression that all four cardinal directions are involved with equal frequency. The same goes for the days of the week. Both of these statements seemed so obviously true that I felt it unnecessary to verify them formally by computer.

Other factors that become available in the process of divination—I call them secondary factors—do not lend themselves to a systematic treatment. Of course, a client may be interested to learn that the disease has something to do with a trip he took or with his attending a funeral or a second funeral (a feast at the cemetery approximately one year after someone's burial; see also further below), etc. But much of this information cannot be interpreted unambiguously. Thus, if through divination the client finds that travelling was involved he might conclude that he contracted the disease on the road, or at the place he was travelling to, such as a funeral or a second funeral; likewise, if a funeral or a second funeral was involved he might include his travel to or from the cemetery, etc. Because of these types of ambiguities I have seen the same set of secondary factors yield very different interpretations.

In this section we have seen how through divination disease in Sakalava society is attributed primarily to human agents, especially sorcerers and witches. Sorcerers and witches can be male or female and are more often non-relatives than relatives. Among relatives who engage in sorcery or witchcraft there are more sorcerers than witches. Approximately equal proportions of evildoers live in each of the four quadrants of the compass and it is equally likely for evil acts to take place on any day of the week. In the next section I want to explore some implications of these findings in the realm of kinship.

Sorcery, Witchcraft, and Kinship. Sakalava do not like to live in large communities. Their villages are quite small and widely dispersed. Typically, a village consists of up to ten houses, each one occupied by a man, his wife, and their young children. The inhabitants of a village are related through an ancestor from which they trace descent in the male line, except for the married women who come from similar descent groups in other villages. An occasional couple lives with the relatives of the wife.

Elsewhere I have argued that beliefs in sorcery and witchcraft serve to maintain this dispersed settlement pattern (Gardenier, 1978). But the preponderance of small widely dispersed villages and hamlets, in turn, reflects certain aspects of Sakalava kinship. In fact, all three factors, beliefs in sorcery and witchcraft, dispersed settlement, and kinship, are interrelated. It is on the relationship between the beliefs in question and Sakalava kinship that I want to focus here. In particular, I intend to argue that Sakalava beliefs in sorcery and witchcraft, and the practice of divination which activates these beliefs in the form it does, help keep effective kinship groups small.

By an effective kinship group I mean the group in which context most daily economic, social, and religious activities and functions are given form. Among the Sakalava this is the group of co-resident agnatic relatives with spouses. A number of these groups together may share a cemetery, while a number of such cemetery groups may constitute a category within which marriage is forbidden. But on the daily ongoing activities within an effective kinship group these more inclusive groups exert little or no influence.

The demarcation on the basis of daily ongoing activities and functions between effective kinship groups and more inclusive groups, is not reflected in kinship nomenclature. Terminologically the Sakalava make no distinction between members of effective kinship groups and other relatives. The only exception to this general rule applies to the parental generation where father's siblings and mother's siblings are denoted by different sets of terms. This establishes a de facto terminological distinction between members of the parental generation belonging to one or more effective kinship groups on the paternal side and one or more on the maternal side. Apart from this, however, no distinction is made and Hawaiian tendencies prevail. For example, the same terms Ego uses for his biological brother or sister are also used for first, second, or n^{th} degree cousins belonging to his own effective kinship group or to other effective kinship groups on his father's as well as on his mother's side of the family. Similar principles hold for the grandparental generation and generations beyond, and those of children, grandchildren, and so on.

To understand, against this background, the mechanisms responsible for keeping effective kinship groups small, we must examine divination in a wider context and also consider some subjective aspects. Suppose, for example, that sorcery has been divined as the cause of someone's illness. When the diviner in addition proclaims that the evildoer is a relative who lives south of the patient, the latter will not blame just anybody belonging to this category. Instead, the victim will tend to fix the blame on a distant relative whom he believes, moreover, to harbor ill feelings toward him. Such ill feelings may be based on suspicions of past wrongdoings or traced back to arguments and fights, sometimes directly between victim and evildoer, at other times perhaps also involving their respective circles of close relatives. Now, distant relatives tend to be members of effective kinship groups other than one's own. In addition, effective kinship groups of relatives are usually the result of fission processes in the past deriving from strong suspicions of the same sort we are dealing with at the moment. Thus, the person who learns that he is the victim of sorcery by a relative living to the south will often be able to narrow down the category of possible culprits to members of effective kinship groups of relatives living in villages to the south of his own. Information about the sex of the evildoer and the time the evil act took place, together with secondary factors which become available in divination, will then probably enable him to suspect a specific individual. Of course, a suspicion like this helps keep alive the old animosity which gave rise to the fission between the two effective kinship groups in the first place. Over time it is even possible that animosity between two groups, if continued to be reinforced by divination, starts leading a life of its own, independent of the situations which gave rise to it in the past.

Suppose the same patient goes to consult the diviner at some other time. Even if he is told again that he is the victim of sorcery by a relative, it is very unlikely that all the other information will point precisely to the same individual as before. For instance, it is likely that the evildoer now lives in another quadrant of the compass and consequently also belongs to yet another effective kinship group of relatives. In the long run, repeated divinations in terms of sorcery by relatives probably involves members of all effective kinship groups of relatives. These people, while they may call one brother, behave in an unbrotherly fashion—in fact, they behave like non-relatives. In this way, all effective kinship groups of relatives other than one's own come to be seen as forming a transition category between one's own effective kinship group of "true" relatives and all people who are definitely not related. On the one hand we and they know that we are all related—accordingly, we call each other by relationship terms; on the other hand we know that they cannot be trusted and that they often behave toward us the way we expect non-relatives to behave.

When, during another consultation, the patient learns that he is the victim of witchcraft by a relative he will again try to attach the blame to a distant relative belonging to an effective kinship group other than his own. But witchcraft is associated with non-relatives (in popular notions this association is much stronger than seems indicated in Table 2-b; see also Gardenier, 1979). Therefore, suspicions of witchcraft directed toward relatives of other effective kinship groups make the kinship character of these groups even more suspect than was the case with sorcery. The combined effect of repeated divinations in terms of sorcery and witchcraft by relative leaves no doubt: All effective kinship groups of relatives together constitute a category of people who call themselves our relatives but who behave like non-relatives toward us.

When divination points to sorcery by non-relatives the culprit could be truly a non-relative. But since close contact of the type required for sorcery is rare between non-relatives it may be necessary to search also among those distant relatives who to all intents and purposes can be regarded as non-relatives.

Divination in terms of witchcraft by non-relatives presents no interpretive problems. As before it could involve those distant relatives who behave like non-relatives but also the virtually limitless category of people who are truly not related. The question of motivation, moreover, plays no role. Witchcraft practitioners are thought of as complete strangers, people whose intentions and motivations are unknown and unknowable.

Suppose a patient is suffering from a prolonged illness. Repeated divinations will often point to sorcery or witchcraft, now by relatives, then by non-relatives, now by males, then by females, now by people living to the north, at other times by people living east, south, or west of the victim. Initially a strong effort will be made to interpret the findings as indicated above, i.e. in a way that does not involve members of one's own effective kinship group. Instead, a wide variety of relatives belonging to other effective kinship groups as well as non-relatives at one time or another will come under suspicion. In the process, the perceived danger, however intense, remains diffuse. At the same time, the diffuse nature of the danger beyond one's effective kinship group intensifies the reliance on the only people one can trust, that is, the members of one's own effective kinship group.

But when the patient increasingly turns to these trusted relatives, attempting to shield himself from the danger beyond his effective kinship group, he may nevertheless find that lapses recur which divination continues to attribute to sorcery and witchcraft by relatives and non-relatives. Who are these evildoers? Could some of them possibly be members of his own effective kinship group? This possibility will be entertained when one's effective kinship group is large including not only very close relatives like siblings, but also first and second cousins, etc.

One of the problems with suspecting members of one's own effective kinship group is that one cannot count on support from other members of the group. When people from other effective kinship groups were suspected the situation was different, as such suspicions followed established loyalty patterns. However, within one's own effective kinship group, while there may have been occasions in the past that members suspected each other of wrong doings, the randomizing[3] effect of the

---

3. Cf. Omar Khayyam Moore (1957).

divination process (the effect which, over a number of divinations, is responsible for pointing to about as many different individuals) is likely to have prevented the crystallization of definite alliances. As a result, a patient who suspects people from his own effective kinship group stands largely alone.

Repeated divinations which seem to point to individuals of one's own effective kinship group—in all likelihood different ones from one consultation to the next—may give the patient the impression that many of his close relatives are scheming to cause him harm. Under these circumstances, the only suitable course of action is to leave one's village. But where does one go? To attach oneself to another village of relatives or to a village of non-relatives would be to subject oneself to additional dangers of sorcery and witchcraft. Having just escaped from such dangers this is not an inviting prospect. The only alternative is to establish a new hamlet away from existing villages. This he may do together with his wife and children and perhaps one or a few close relatives such as siblings and/or parents.

In this way new effective kinship groups constantly come into being. Initially, while the new hamlet is still small, only including the original founders, it is conceived of as a safe place to live. However, when over time the village grows and the effective kinship group comes to include new generations the members of which are first and second (etc.) cousins of each other, the level of mutual distrust will likewise increase. At that point, as more and more people start blaming members of their own effective kinship group for their misfortunes, this group also splits up.

In sum, the fission process comes into operation when an effective kinship group becomes large—conversely, it is responsible for keeping these groups small. Beliefs in sorcery and witchcraft and the practice of divination are instrumental in this process.

The situation I have sketched fits in with a number of other aspects of Sakalava kinship, particularly the unimportance for commoners of their ancestors (contrasting with the general importance of royal ancestors; see contributions by Feeley-Harnik and Lombard; this volume) and the emphasis placed on children. Previous work in Madagascar would seem to indicate that Sakalava commoners are exceptional in de-emphasizing the importance of their ancestors. The contributions to the symposium by Eggert and Kottak, however, suggest that this de-emphasis of ancestors by commoners may also be characteristic of other pastoral groups and perhaps of some non-pastoral groups as well.

An indication of the unimportance of ancestors in the day-to-day life of Sakalava commoners can be gained from Table 1 where ancestors are seen to account for only 1.4 percent of all determined causes of disease. A typical example where disease is attributed to ancestors and which at the same time illustrates how the living view their deceased relatives, is the following. Approximately one year after someone's funeral his relatives are expected to organize a second funeral. This is a feast at the cemetery lasting a few days to a week, at which time many zebus are offered to the ancestors and the meat distributed to the participants, large quantities of wine are consumed and song and dance are the order of the day and, especially, the night. Very often the survivors forget to organize the event, in which case the ancestors may cause one of them to be sick. When it is found by divination that this is the cause of the disease, the family, reminded of its duty, stages the feast. At the conclusion of a second funeral the ancestors are told to be happy and to "stop being bothersome" (*ka mikota koa*; I have heard parents use the same phrase when admonishing unruly children at play to stop making a nuisance of themselves).

That the Sakalava are not very concerned about their ancestors is also reflected in their lack of interest in family history, which is virtually unknown. Information only extends to the level of grandfather and in some rare cases includes the latter's father. It would indeed be difficult to retain a historical perspective beyond the level of grandfather. The name of a dead person is taboo, so that ancestors have to be identified by relationship terms. But there are only two such terms available for lineal relatives in the ascending series: father and grandfather. This contrasts with five terms for the descending series of children, grandchildren, great-grandchildren, and so forth (cf. also Lombard: this volume). When I tried to be specific about an ancestor by using compound terms such as "father of grandfather" or "grandfather of father" my informants would often translate my attempt in descending terminology, saying, for example, "the person who would call me his great-grandchild." But even when it became clear (if it ever did) whom we were talking about, not much additional information could be obtained.

Interest in common ancestors is only to be expected in groups where some measure of mutual trust prevails, i.e., within effective kinship groups. Conversely, intense distrust between two relatives or groups of relatives is difficult to reconcile with a strong orientation of each towards the ancester they have in common. For these reasons, the only ancestors that can be important are those that belong to specific effective kinship groups and are not shared by other such groups. For each effective kinship group there are at most a few of these ancestors because the groups in question tend to be small. Thus, the de-emphasis of ancestors is congruent with the small size of effective kinship groups and the unimportance of groupings more inclusive than effective kinship groups.

While the Sakalava de-emphasize the importance of their ancestors, they place a great deal of emphasis on their children. It has been mentioned already that the Sakalava employ only two terms for lineal relatives in ascending generations but as many as five for such relatives in descending generations. The fact that many more terms exist in the descending series is related to the use of these terms. For instance, when an old and important member of an effective kinship group conducts a prayer for the well-being of the entire group, he says "Our father and grandfather, we, your children, grandchildren, great-grandchildren, great-great-grandchildren and great-great-great-grandchildren, are gathered at this place to ask you . . . ." Here the enumeration of the entire list of descendants connotes profuse offspring, a fact which is expected to please the ancestors the way it would please anybody else. It also allows one to be somewhat more specific about those ancestors (beyond father) which one can otherwise only address collectively. But notice that to be specific about these ancestors one points to their offspring; in effect, one says for example, "You, whose great-great-grandchild I am, ..."

The importance attached to children is also apparent from the practice of teknonymy and other naming customs. Most teknonymous names are of the form "Father of X" or "Mother of X." A man without children is often called "Father of the child" in anticipation of happier times. Similar considerations apply to usage of the term "Parent-in-law" to address one's son- or daughter-in-law. This term alludes to the couple's child which as a grandchild stands in a relationship of sexual joking to his grandparent of opposite sex. When a man calls his son- or daughter-in-law by the term for parent-in-law he is referring to this person's daughter, whom he jokingly considers his wife; the same holds for a woman with respect to her son- or daughter-in-law whose son she jokingly considers her husband.

However much desired, children may die. Sakalava culture denies the importance of death. This holds especially true for children. Customs surrounding the death of children deny the importance of the event and serve to obliterate the memory of it. Thus, when an infant dies before his first tooth has come out he cannot be mourned or interred at the cemetery. With an unmarked grave somewhere in the bush he may soon be forgotten by all except a few. In addition, the taboo on the use of the names of dead people is strictly adhered to, especially in the case of children. These two factors together facilitate the obliteration of memories about children that have died. By erasing any association between death and children, the world of the dead becomes the realm of people deceased at an older age (primarily ancestors in the strict sense of the word) and the association between children and the promise of life can remain strong.

The emphasis on children is congruent with the high level of mistrust between relatives not closely related on the one hand, and the total trust ideally associated with the purest of kin relations on the other. It could be interpreted as an attempt to create and maintain these purest of conditions in the face of evil which otherwise surrounds one. In this sense the de-emphasis of ancestors and the emphasis on children are part of the same phenomenon: the first reflects the fact that kin relations with a wide field of relatives are difficult to maintain. The second attempts to compensate for this by establishing such relations anew from scratch.

In this section I have tried to show that beliefs in sorcery and witchcraft serve to keep effective kinship groups small and that the beliefs in question and the small size of the effective kinship groups, in turn, fit in with the de-emphasis of ancestors and the emphasis on children also found among the Sakalava. In writing about Bali, Hildred and Clifford Geertz (1964)[4] have argued that teknonymy produces "genealogical amnesia" (cf. de-emphasis of ancestors) while generating "structure below" (cf. emphasis on children). While this is definitely also a contributing factor in our case, I have preferred to argue the same results taking Sakalava divination as a point of departure, and discussing teknonymy only to the degree it articulates with these results. The reason is clear and has been implied throughout the paper: the Sakalava system of divination not only reflects social conditions, but to the extent it is objective also helps give form and expression to these conditions.

Recommendations for Further Studies. In a previous paper I have argued that Sakalava beliefs in witchcraft and sorcery serve a useful function in that they help maintain a dispersed settlement pattern which, under the natural conditions of Sakalava country, facilitates the optimum utilization of grassland resources (Gardenier, 1978). It is encouraging that the results of the computer simulation discussed here allow one to be quite specific about the social processes involved in this ecological adjustment.

4. Geertz, H. and C. (1964).

The system of divination used by the Sakalava is, with modifications, also used by most other groups in Madagascar. But although the literature on these systems is voluminous, it tends to be lacking in one major respect—too little systematic attention has been paid to the decision processes a diviner employs in reaching his conclusions. A thorough understanding of these processes is a prerequisite for computer simulation. Fortunately, this shortcoming could easily be remedied. A researcher, well acquainted with the general principles of Malagasy divination could, in a relatively short period of time, gather the information in a number of selected cases. For each case, the rules governing the decision process could then be incorporated into a computer program, and tables, similar to the ones presented in the beginning of this paper, could be generated.

It is proposed that this be done for cattle herders living under ecological conditions different from those of the Central Sakalava, and for several groups of rice growers. In comparing the results the extent to which differences can be accounted for in ecological or other terms could then be ascertained. It is expected that this approach would contribute important insights to the general problem of human adjustment in time and space in Madagascar.

Bibliography

Gardenier, William J. G.
  1978 "Witchcraft, Sorcery and Cattle Herding among the Sakalava of West Madagascar." *World Review of Animal Production,* Vol. XIV, 57–61.
  1979 "Sakalava Divination." To appear in *Festschrift in Honor of Edward Norbeck.* Christine M. Drake, Ed. Houston, Texas: Rice University Studies.
Geertz, Hildred and Clifford
  1964 "Teknonymy in Bali: Parenthood, Age-grading and Genealogical Amnesia." *Journal of the Royal Anthropological Institute* 94: 94–108.
Middleton, John and E. H. Winter
  1963 Introduction. In: *Witchcraft and Sorcery in East Africa.* J. Middleton and E. H. Winter, Eds. London: Routledge & Kegan Paul.
Moore, Omar K.
  1957 "Divination—A New Perspective." *American Anthropologist,* 59, 69–74.
Park, George K.
  1963 "Divination and its Social Contexts." *Journal of the Royal Anthropological Institute* 93: 195–209.

19

L'Organisation sociale Sakalava du Nord: une récapitulation

J. F. Baré

Le développement récent des recherches en sciences sociales sur Madagascar me parait être un phénomène offrant beaucoup d'implications différentes, dont l'une des plus importantes me parait être de pouvoir poser des *questions justes.* L'un des plus heureux effets de l'utilisation de l'anthropologie sociale me semble notamment de pouvoir repérer, au lieu des divisions arbitraires et chargées d'ethnocentrisme de la vieille ethnographie, des systèmes sociaux et des modèles organisationnels. Dans cette optique il devient possible de cerner, sans qu'elles soient jamais totalement closes, des entités socio-culturelles qui, pour partager des conceptions et des pratiques communes, voire des modèles, n'en restent pas moins accessibles à toutes les communications venues des systèmes extérieurs. Il devient en outre légitime d'établir des comparaisons *contrôlées*, c'est à dire relatives à différents niveaux structuraux: politico-rituel, familial, résidentiel, territorial, etc.

C'est dans ce cadre qu'il me paraît utile de tenter ici de résumer les faits généraux relatifs à l'organisation sociale des Sakalava du Nord Ouest de Madagascar, selon une progression qui part des unités sociales de base, les groupes locaux, pour aller au plus général, les anciennes organisations monarchiques que je ne pourrai qu'évoquer. Dans le même temps, je souhaiterais attirer l'attention du lecteur sur une logique qui, partie des faits résidentiels m'a amené, dans le cours de différentes publications (notamment Baré 1973a and b, 1974, 1975, 1977) à me préoccuper des faits politiques et rituels traditionnels en les associant au développement historique récent du Nord Ouest pour, enfin, déboucher sur la question de l'histoire culturelle malgache et de la situation historique ancienne de la Grande Ile dans son contexte régional "naturel," celui du Sud Ouest de l'Océan Indien.

Les matériaux sur lesquels reposent les développements qui vont suivre ont été recueillis au cours de plusieurs séjours, entre 1970 et 1972, dans la zone comprenant la côte Est de Nosy Be jusqu'à Hellville et, sur le continent, le littoral Nord de la presqu'île d'Ampasindava et la région centrale de cette même presqu'île. Cette région est très diverse, tant du point de vue économique que de celui du peuplement.

Alors que l'île de Nosy Be a été exploitée intensivement très tôt, du fait du contrôle colonial ou pré-colonial établi dès les années 1840–1860, la presqu'île d'Ampasindava, très peu peuplée en comparaison, a été de plus en plus marginalisée par rapport aux pôles commerciaux de Nosy Be et du Sambirano; elle offrait en outre beaucoup moins de terres utilisables. Le peuplement, du fait de ces variables et de la situation géographique générale de cette zone à l'intérieur de Madagascar, est lui aussi, si l'on se limite aux dénominations revendiquées par les différents groupements présents, assez complexe: Sakalava, Comoriens, Comoriens Antimahory c'est-à-dire de Mayotte, devenus pourtant un clan sakalava, nombreux Tsimihety liés au contrôle temporaire des dynasties sakalava sur l'Androna et émigrés au milieu de XIXe siècle.

Cette diversité est elle-même liée à des faits historiques généraux qui depuis l'installation de Tsiomeko, dernière héritière du royaume Boeny en 1839–1840, ont imposé à cette région sa vocation de centre démographique et culturel, vocation elle-même amorcée auparavant par la présence de plusieurs comptoirs commerciaux établis par les Islamisés.

Il n'en reste pas moins que les modèles culturels dont on va tenter de rendre compte ici sont considérés comme sakalava, c'est-à-dire se rapportant en dernière analyse aux groupes liés historiquement aux dynasties Zafimbolamena; un segment apparu récemment de ces dynasties, les Bemihisatra du Nord, défini essentiellement comme descendant du roi Andriantsoly, est présent dans la plus grande partie des îles de Nosy Be et de Nosy Komba (Ambariovato) de même que dans l'ensemble de la presqu'île d'Ampasindava, jusqu'à la rivière Joja qui sépare sa zone d'influence de celle des princes Bemazava.

Pour comprendre ce qui suit, il est utile d'anticiper quelque peu sur les résultats de ce texte et donner de brèves règles générales sur l'organisation familiale des Sakalava:

Chaque Sakalava roturier doit en théorie recevoir son appartenance à un groupe familial de son père, qui lui-même devait se marier dans un groupe de descendance différent; la résidence est toujours en théorie patrivirilocale. Les femmes ne doivent transmettre ni l'appartenance à un groupe familial, ni de droits d'installation ni *a fortiori* de terres.

A propos d'un groupe local sakalava: destinées des femmes, destinées des hommes. Afin de fixer les idées, je crois bon de commencer par décrire et discuter brièvement les destinées de deux femmes, dont l'une, Vao, avait une soixantaine d'années en 1972 et l'autre, Horavaka, était morte depuis les années 1950. Ces deux femmes étaient issues d'un groupe de descendance (*tariky*) parmi les membres duquel j'avais habité, dans le village d'Ambatozavavy sur la côte Est de Nosy Be, dans les années 1969–1970.

Comme la plus grande partie de la moitié Est de l'île, Ambatozavavy était situé dans un périmètre foncier issu des "réserves indigènes" de la colonisation qui avait imposé ce cadre juridique dans les années 1930. Les cinq groupes de descendance, d'importance inégale, qui en constituaient les cinq cent habitants recensés par le canton, tiraient essentiellement leur subsistance de terres à café et à poivre d'une part, d'autre part de brûlis et de la location de rizières irriguées à un groupe aristocrate lié aux *ampanjaka* d'Ambanja, groupe situé à Antintorono. J'étais moi-même intégré à l'un de ces groupes de descendance: peu après mon arrivée une relation de parenté m'avait été octroyée; les hommes de la génération médiane m'appelaient *zandrilahy*, frère cadet, et cette relation métaphorique avait fini avec le temps par devenir usuelle. J'appelais ainsi *rañao* les femmes de ceux qui m'appelaient *zandrilahy*, et *angovavy* ma "tante paternelle," celle qui formait le centre de ce groupe de descendance, la plus âgée du groupe des frères et soeurs qui avaient résidé auparavant dans cette partie d'Ambatozavavy que l'on désignait globalement par le vocable d'*izô am-pasigny*, "ceux du côté du sable."

Destinée de Vao. Vao, tante paternelle, qu'on appelait "*ny angovavy*" était l'élément central des communications. Agée d'une soixantaine d'années, elle disait avoir résidé ici car sa mère, Tinavoko, morte d'après différentes approximations aux environs de 1930, avait la première "défriché la terre," *nikapa tany*, aux environs d'Ambatozavavy, dans le lieu actuellement nommé Antanambao. L'important est ici de noter que Tinavoko avait fui le continent encore enfant, à la fin du XIXe siècle, alors que la situation de l'ensemble des Sakalava du Nord liés aux rois était instable; beaucoup de groupes qui avaient suivi la famille royale, dispersée depuis Majunga, étaient constamment en butte aux incursions des pillards (*jiriky*) ou des détachements Merina. La mère de Tinavoko, attachée à la personne d'*ampanjaka* Bemazava de petit statut,[1] s'était ainsi

---

1. La sous-dynastie Bemazava est apparue d'après une tradition orale unanime dès la troisième génération consécutive au fondateur du Boeny, Andriamandisoarivo. On verra

retrouvée "naturellement" une protection auprès d'un autre groupe d'*ampanjaka* Bemazava, ceux là même dont les descendants en 1972 louaient leurs rizières aux gens d'Ambatozavavy.

La question que je posais à propos de Vao était: puisqu'elle est une femme, pourquoi est-elle encore là et non pas dans le groupe de l'un de ses ex-maris, ou mieux encore, auprès du groupe de son père. Le père de Vao était rarement mentionné dans les conversations normales, et il me fallut ces répétitions indiscrètes propres à toute enquête d'anthropologie sociale pour qu'on me l'"avoue." Il était, originaire d'Andriafiamena à Nosy Be, si bien que Vao aurait dû, d'après les règles qui m'étaient répétées souvent pendant ces mois de séjour, résider à Andriafiamena. Mais le mariage de ce cultivateur, Ngeza, avec Tinavoko, avait revêtu une forme particulière quant à l'espace, forme qu'il est loisible de retrouver dans nombre d'alliances sakalava: ils étaient, me disaient d'autres membres de la famille, *samby am placenany*, "chacun dans son lieu particulier." Ce qui signifiait en égard aux autres contextes des alliances observées dans le Nord Ouest pendant mon séjour, qu'ils ne faisaient que se rendre visite et que Tinavoko se refusait à former une maisonnée (*tokan traño*) avec son mari.

Tinavoko avait eu plusieurs alliances, et pour chacune de ces alliances un phénomène de même type s'était produit.

Voici, à propos des alliances de sa grand mère, ce que disait mon aîné (*zokilahy*) Tombozandry:

> Tsy taranaka dadilaitsika Ambatonzavav'io eh eh . . . fa taranaka dadivavintsika fo, lay zanaka jiaby mahazaka io. Lay zanaka dadilahy tsy mahazaka io fa raha mipetraka fo. Fotony dadilahiko, karaha ataon' Mafotaha izy mipetraka Mahabo ary, Kanaha baban'Bory izy mipetraka Mahabo agny, karaha ataon'baban' dry Tombobe io, tsy hainao tanim niboahan' (rires . . .) *Ça fait* lay zanaka Tinavoko mahazaka an tena.
>
> Ambatozavavy ce n'est pas la descendance de notre grand-père eh eh . . . mais la descendance de notre grand-mère. Les enfants de notre grand-père ne contrôlent rien là, ce sont juste des gens qui sont passés. Car mes grands-pères, comme, disons Mafotaha, il habitait là-bas au Mahabo, comme le père de Bory il habitait au Mahabo mais ailleurs, comme le père de Tombobe tu ne savais même pas d'où il sortait (rires). Ça fait que les enfants de Tinavoko contrôlent en fait tout ça.

---

qu'il existe une forte stratification interne aux différents groupes royaux, opposant la famille proche des souverains régnants aux collatéraux éloignés ainsi qu'aux *anadoany*, groupes royaux non-régnants mais protégés et alliés de différents groupes "régnants."

Il ajoutait ensuite à propos de Vao:

> Ke tanan' mañangy izy 'ipetra hatsika jiaby... Io.... Izio, tsisy olo tompon' plac'io, mandidy izikoa tsy angovavy Vao. Izy Araiky fo. Izio mahalio mandroaka atsika jiaby: "mandeha agny anarô mañaton' tanan' babanarô agny." (rires) fa tsy ataony. Ke izikoa izy mañan' zegny, io tsisy olo.

> Nous tous nous habitons sur le village des femmes... C'est ça... Personne n'est maître de cet endroit, ne commande là, si ce n'est la tante paternelle Vao: "allez là-bas rejoindre le village de votre père." (rires) Mais elle ne le fait pas. Si elle faisait ça, il n'y aurait plus personne.

Je voudrais porter attentions aux explications de Tombozandry selon deux directions. Un point global tout d'abord: ce que dit Tombozandry synthétise deux types de faits, ou mieux encore, entrechoque la constatation d'un état de fait et un ensemble de règles implicites, diversement réalisées dans la région à laquelle ce texte se réfère. D'une part Tombozandry parle d'une situation de fait: Tinavoko a résidé la première dans le quartier d'Ambatozavavy où lui-même réside, et ses maris paraissent être considérés comme "uxorilocaux." C'est cette permanence de la présence de Tinavoko dans le périmètre d'Ambatozavavy qui assure les droits de ses enfants (*zanaka*). D'autre part, les commentaires faits par Tombozandry pour expliquer la composition statistique du groupe ici pris en exemple, emploient des termes très répandus dans tout le Nord Ouest de Madagascar, à quelques variantes près. Il est ainsi question d'un "village de femmes" opposé implicitement à un village des hommes. Les *rires*, fidèlement restitués par l'enregistrement, ponctuent la confrontation de cette situation avec les règles que tout Sakalava du Nord a en tête et qu'il ne manque pas de restituer fidèlement à l'anthropologue qui fait l'erreur de l'interroger sans se référer à des situations vécues: règles qui se rapportent toutes d'une part à la patrilinéarité, au rapport avec le père de tout individu, d'autre part à la virilocalité. *Am baban'*, "auprès de son père," me parait être la locution que j'ai entendue le plus souvent lors de mon travail dans le Nord Ouest. Le problème est que celle qui pourrait venir en deuxième position serait "*sitrapo ny olo io*," "c'est selon la fantaisie, la volonté, de la personne en question." L'exemple des maris de Tinavoko[2] me parait

---

2. Les cas d'uxorilocalité sont d'autant plus nombreux que l'on s'élève dans l'ancienne hiérarchie des statuts, et deviennent une règle dans le cas des groupes royaux et des possédés, qui "sont" des rois dans les conceptions locales.

particulièrement éloquent sur un phénomène que les anthropologues ont trop souvent tendance à négliger, et autant bien sûr à Madagascar qu'ailleurs: la *coexistence* entre des règles affirmées relatives à la parenté et les comportements réels qui interprètent ou détournent ces règles. On reviendra plus loin sur la question de la force des rapports masculins dans le Nord Ouest malgache.

Un deuxième point important relatif à l'exemple de Vao et de Tinavoko consiste en une constatation: Tombozandry, très lié à sa tante paternelle qui l'a adopté ainsi que beaucoup d'autres membres de l'unité de résidence, témoigne simplement d'un état de fait, qui le fait rire, comme si toute possibilité inverse était inimaginable, et donc le fait même de l'imaginer était comique. Mais Tombozandry n'*explique pas* dans cette conversation—il l'a fait en d'autres lieux—*pourquoi* Tinavoko a pu rester auprès du village que la mémoire collective lui retient comme lieu de résidence: il a bien fallu en effet qu'une sorte d'épreuve de force ait lieu entre les conjoints de Tinavoko et cette dernière pour que les hommes passent outre à la règle de virilocalité, si forte dans la conscience et les "affects" sakalava du Nord. Il suffit à cet égard de rappeler les nombreux conflits entre les Comoriens immigrés en grand nombre dans le Nord Ouest au XIXe siècle et les groupes sakalava au sein desquels, selon leurs propres règles, ils résidaient auprès de leurs femmes.

Ce fait n'entre pas directement dans les explications de Tombozandry, et pour moi, qui connaissait d'autres éléments du contexte, il n'y entre qu'implicitement.

Au début de mon séjour, lorsque Vao, qui jouait avec un homme du groupe de résidence le rôle de prêtre familial, *ampijoro*, me parlait de ce groupe, elle disait qu' "eux seuls" pouvaient être considérés comme de vrais *vohitry* au village, car eux seuls étaient des gens de rois, *olo ny ampanjaka*. Il convient d'expliquer ici le terme *vohitry*: Vao jouait en effet sur un double sens du terme. Au sens large, *vohitry* dans le Nord signifie "n'avoir pas d'ancêtre aristocrate." Mais dire qu'on est *vohitry ny ampanjaka* veut dire, comme elle l'ajoutait, qu'on "suit" (*manaraka*) les rois, qu'on est lié aux réseaux royaux, qu'on fait partie des gens qui participent aux rituels royaux et qui se chargent pour les rois d'une des innombrables besognes d'organisation impliquées par l'existence d'un appareil politique lié à la royauté sur lequel on reviendra. On a vu que la liaison entre la mère de Vao et les *ampanjaka* Bemazava qu'elle avait accompagnés dans leur fuite était évidente, réelle: elle résidait auprès d'eux avant qu'elle ne se décide, avec la collaboration d'un de ses maris originaire du tombeau royal proche d'Ambatozavavy, de s'installer plus près de la mer, au moment où le groupe Bemazava s'était scindé pour venir s'aggréger par une alliance à l'autre groupe d'Antintoroño, à quelques kilométres de là. Pour Tinavoko, partir auprès du groupe de son mari revenait à rompre les liens d' "allégeance personnelle" avec le groupe *ampanjaka*, liens encore forts en 1972–1973, et d'autant plus forts et contraignants un siècle auparavant.

Il faut noter enfin que Tinavoko était d'un groupe clanique (*firazañana*) Jingo. Qui se dit Jingo dans le Nord Ouest se situe d'emblée dans une relation très étroite avec les rois, quelque soit le segment royal concerné. Etre Jingo, c'est se souvenir que les rois sakalava historiques, lors des funérailles des grands souverains, sélectionnaient dans son groupe l'individu destiné à être sacrifié sous le corps de la dépouille royale; c'est connaître aussi l'importance de son groupe clanique pour tous les rituels royaux: "*Jingo koa tsy ao, tsy tombo asa ny ampanjaka*" dit-on, "si les Jingo ne sont pas là, les travaux des rois ne peuvent être achevés." Les Jingo, comme les quatre ou cinq autres groupes claniques considérés comme pertinents pour les rituels, sont dépositaires d'un savoir général de "chronique" sur les faits royaux, et les règles des rituels, du simple fait que parmi eux des individus intégrés à des unités résidentielles comme celle dont il est question se sont trouvés en contact avec la famille royale; chez le segment royal Bemihisatra du Nord, c'est aussi parmi eux que sont recrutés des personnages dont la fonction est de sanctionner par un rituel l'arrêt des sanctions surnaturelles émanant des rois (*tigny*).[3]

C'est ainsi que toute ma famille métaphorique d'Ambatozavavy qui descendait de Tinavoko se disait Jingo; des appartenances claniques des différents maris de Tinavoko il n'était pas question; ils étaient l'un comorien, l'autre makoa—c'est-à-dire descendant d'esclave africain ou originaire du petit *mahabe* d'Ambatozavavy, c'est à dire Sambiarivo.

Toutefois, il ne saurait être question de prendre la métaphore de Tombozandry sur le "village des femmes" comme une réalité statistique. Tous les enfants de Tinavoko se sont trouvés matrilocaux, en donnant à ce terme sa signification la plus stricte; mais dès leur génération, le groupe résidentiel a pris le visage "classique" de cinq groupes sakalava sur six, celui d'un noyeau de frères assurant la continuité residentielle et la présence du groupe auprès des terres, tandis que les femmes étaient intégrées pour une partie de leur vie au groupe de leur mari. C'est à cet

---

3. Il s'agit du "chef des Jingo" (*tale ny Jingo*) qui porte le nom de fonction d'Amaloño. La rhétorique des croyances associées au *tigny* permet d'interpréter un nombre très important de faits conflictuels (Baré, 1977, chap. 7.

égard une banalité de dire que plus les couples qu'elles ont formés étaient stables, moins forts sont restés les liens avec leur propre groupe, et que les enfants nés d'elles se sont dans ce mouvement même intégrés au groupe de leur mari. On peut ainsi contraster la vie de Vao, fille de Tinavoko avec celle de sa soeur aînée Horavaka (voir figure X).

Vao, on l'a vu, a été élevée par sa mère à Ambatozavavy et un peu par son père qui l'emmenait de temps en temps à Andriafiamena. Dès qu'elle eut quinze ou seize ans elle fut distinguée par les *ampanjaka* d'Antintoroño pour sa beauté et ils l'envoyèrent à l'*ampanjaka oe* (souverain régnant) des Bemazava, Rasidy, dans le Sambirano à Ankatafa, dans les années 1936, comme *marovavy*. Ce terme signifie "nombreuses femmes." Dans de nombreux textes je l'ai traduit par "suivante;" en effet, les *marovavy* entourent toutes les personnes de sang royal dans les unités résidentielles des aristocrates; de surcroît elles ont parfois l'importante fonction d'entourer les possédés royaux et se trouvent ainsi, selon les conjonctures, intégrées à des réseaux où elles peuvent accéder à des informations importantes concernant la politique royale. Il arrive alors souvent qu'elles accèdent à la fonction plus importante dans la hiérarchie de *bemañangy*, "grande femme." C'est ce qui arriva à Vao une dizaine d'années plus tard, et elle résidait à Ankatafa, alors capitale royale (*doany*) des Bemazava. Elle fut mariée longtemps avec un messager (*fihitry*) des rois. Cette période de la vie de Vao est stable, ne serait-ce que par sa durée, une vingtaine d'années. N'ayant pas d'enfants, c'est elle qui a élevé une grande partie de la génération adulte résident à Ambatozavavy, notamment les enfants de son frère Tombobe. a la fin de sa vie, à la suite semble-t-il du changement de résidence des rois Ambanja, elle est cependant revenue dans son groupe résidentiel d'origine; elle n'y cultive pas de terres car elle est âgée et ses neveux se chargent de sa subsistance. Dans son cas, son mariage n'a pas créé de liens d'intégration avec le groupe de son mari, d'autant moins qu'ils n'ont pas eu d'enfants.

Destinée de Horavaka. Le cas de la soeur aînée Horavaka est inverse, et d'autant plus significatif. Élevée elle aussi à Ambatozavavy, Horavaka a épousé un Betsileo du village d'Antsakoamanondro au Nord d'Ambanja. Ils ont eu beaucoup d'enfants et Horavaka a résidé constamment dans ce village; elle y a adopté des descendants du groupe résidentiel d'Ambatozavavy, et, de la même manière, des résidents d'Ambatozavavy ont adopté de manière transitoire des enfants d'Horavaka. Mais l'intégration de cette dernière au groupe de son mari était telle qu'il fallut une négociation familiale pour qu'à sa mort son corps soit "rapatrié" à Ambatozavavy. La mémoire collective rapporte que c'est Vao, en tant qu'un des éléments forts du groupe de résidence et en tant que son prêtre familial, qui s'est interposée pour dire: "ma soeur vivante a suivi un homme, morte tu veux encore lui faire suivre un homme: ce n'est pas quelque chose que tu dois faire" (*zokyo velono efa nañaraka lahilahy maty mbo hamparahanao lahilahy, tsy kaontin' raha ataonao*). Le destin de Horavaka s'est ainsi clos par son retour, morte, à son groupe d'origine, dans le cimetière touffu, proche du littoral Sud d'Ambatozavavy, d'Antsivirañy; mais ses enfants sont restés intégrés à leur groupe patrilocal et il est trés probable que la descendance d'Horavaka et de Tsiasengitry constituera à l'avenir un groupe de résidence distinct.

Sans anticiper sur les développements plus généraux qui vont suivre, je voudrais simplement dire à propos des destinées féminines ici brièvement exposées, qu'elles forment comme les points limites qu'on pourrait assigner aux différentes réalisations individuelles d'un modèle général assez lâche, au sens du *loosely structured* anglo-saxon. Entre le cas de Tinavoko et de Vao, toutes deux intégrées d'abord au plus important réseau de socialisation "autochtone" du Nord Ouest dans les dernières décennies des monarchies, et préférant en quelque sorte les monarchies au mariage,[4] et celui de Horavaka qui ne revient dans son groupe qu'une fois morte—mais qui y revient quand même—tous les cas intermédiaires sont possibles. Statistiquement ce sont ces cas intermédiaires qui sont de beaucoup les plus nombreux: la vie des femmes sakalava du commun, dans soixante-dix pour cent des cas, est une sorte de va et vient entre le groupe de leur maris où elles participent aux travaux sur les terres mais où elles n'ont pas de droits, et leur groupe résidentiel d'origine: dans les villages sakalava, qu'un observateur décrit dans une durée très courte par rapport à ces cycles, sont présentes de nombreuses femmes habitant une maison qui leur est propre et qui marque leur appartenance au groupe résidentiel et de descendance; la composition familiale des villages forme ainsi comme un instantané d'un processus qu'il convient, afin d'approcher la réalité collective du Nord Ouest malgache, de décrire dans la durée. Ce processus met les groupes résidentiels en contact et répartit les enfants, éduqués près de leur mère dans leur enfance, soumis ensuite à une période intermédiaire très mobile, puis adultes s'intégrant dans la majorité des cas, auprès de leur père; ce même processus est largement confondu avec la capacité des femmes de créer ou de refuser des unions stables, selon notamment les

---

4. Il existe de fait certaines analogies, entre la participation à l'appareil monarchique et le mariage: c'est ainsi qu'une transgression consciente de règles rituelles est nommée métaphoriquement un "inceste vis-à-vis du pouvoir" (*manantambo amin'ny fanjakana*).

liens plus ou moins forts qu'elles entretiennent avec leur groupe d'origine. Remarquons dès à présent que dans des conditions des notions telles que patrilocalité, patrifiliation, virilocalité, uxorilocalité, etc. n'ont un sens que dans une coupe faite à un moment de ces cycles de développement qui pourtant me paraissent seuls rendre compte des phénomènes familiaux et sociaux du Nord Ouest.

Un autre point est évident dans les exemples donnés ci-dessus: les facteurs de "rang." Dans le cas de Tinavoko et de Vao, l'un des éléments déterminant de leur destin est, on l'a vu, leur proximité aux rois. C'est cette proximité qui a largement déterminé la volonté de Tinavoko de "garder" ses enfants. Notons d'abord qu'on est ici immédiatement renvoyé á l'histoire: disons pour être bref que Tinavoko était Jingo et avait pu conserver cette appartenance très marquée parce qu'elle était d'un groupe local Jingo proche des rois—tous les Jingo ne sont pas nécessairement proches des rois—mais aussi que le rapport entre les Jingo et les rois est lui-même "historisé," pour ne pas dire historique, puisque nous ignorons les composantes historiques réelles de l'apparition des Jingo comme groupe clanique.

Dans le développement des groupes résidentiels sakalava interviennent aussi des variables qu'on pourrait nommer "extérieures à la parenté" si ce mot avait un sens en dehors du contexte culturel où il est utilisé: en fait, dans les règles d'accès aux terres, dans l'acceptation d'un enfant dans un groupe résidentiel, intervient souvent l'ensemble d'un univers culturel qui définit ce qu'il est possible ou impossible de faire.

Ce sont ces choix individuels qui aménagent et modèlent des règles qui ne forment qu'un patron culturel, qui déterminent l'aspect réel des unités dont il est question ici. Il en va ainsi de la décision de faire du petit commerce (*mameriky*), de louer ses services chez de grands propriétaires fonciers aussi bien que de participer aux réseaux royaux. On est ici encore une fois renvoyé à l'histoire: les choix résidentiels dont il est question ici, les cas étudiés des destinées féminines, s'inscrivent dans une conjoncture où, répétons-le, les grandes unités de socialisation du Nord étaient d'une part les réseaux royaux, d'autre part les sociétés de type capitaliste—la Sucrière de la côte Est de Nosy Be, la Sosumav d'Ambilobe—d'autre part, qui fournissaient une alternative aux individus qui se trouvaient exclus provisoirement des groupes résidentiels qui forment certes les premières unités de socialisation sakalava du Nord.

Les Hommes et les terres. Les destinées des hommes sakalava sont souvent assymétriques de celles des femmes. J'ai noté ailleurs que les hommes formaient comme des "maillons forts" du système social, notamment du point de vue de la répartition démographique des groupes. Idéalement, un homme sakalava adulte se doit d'entretenir les terres de son père en collaboration avec ses frères et éventuellement ses soeurs et collatérales résidant à ce moment dans le même groupe résidentiel que lui. On pourrait commenter longuement cette seule constatation. Les Sakalava font en effet une distinction très nette entre les terres dont on tire un revenu monétaire—en 1970–1973 c'était surtout, on l'a noté, le café et le poivre—des rizières et des cultures de bas fonds (*ketraka*) qui sont généralement indivises. Les parcelles de cultures commerciales sont au contraire soigneusement attribuées individuellement; dans les deux cas une solidarité assez forte est constatable entre "frères" et collatéraux masculins résidant ensemble; au moment de la récolte du café et du poivre des frères peuvent s'entre aider du fait des contraintes de ce type de culture qui suppose une récolte rapide afin que le poivre ne pourrisse pas "sur pied." Mais les revenus sont distribués par famille ménage selon la superficie récoltée, dont la définition est elle-même liée à la division des propriétés par le cadastre.[5]

Les terres indivises (*tany lova*) offrent au contraire une certaine flexibilité d'accès. A leur égard on ne peut trouver de constatation plus appropriée que celle apportée par l'adage sakalava disant que "la terre ne tourne pas, c'est l'homme qui tourne et lui seul" (*tanim tsy tany miherinkerigny fa olom beloño*). Pour illustrer ceci revenons à l'exemple du groupe résidentiel d'Ambatozavavy.

On a vu que le domaine foncier du groupe a été défini par le petit segment constitué autour de celle qui est la grand mère de la génération adulte résident, Tinavoko. On dit d'elle et de ses parents qu'ils ont les premiers "sarclé la terre" (*nikapa tany*) ou éclairci la terre (*nanjava tany*) dans un bas fond situé au sud d'Ambatozavavy dit "Antsahabe." L'ensemble des informateurs s'accorde sur le fait qu'à cette époque le droit d'usage collectif des terres était lié à la qualité de premier occupant. Il convient de noter qu'à cette époque, qu'on peut situer sans autre précision entre 1870 et 1900, il ne semble pas que les groupes sakalava de la région qui nous préoccupe ici aient constitué de grands établissements permanents, tels qu'on peut les connaitre dans les années 1970. Il s'agissait souvent de familles ménages qui menaient une vie semi-sédentaire, se déplaçant notamment au gré de l'utilisation de brûlis, ceci lorsqu'ils étaient encore sur la Grande Terre (Antagnibe). Il semble que l'émigration à Nosy Be,

---

5. En 1972 le cadastrage des terres de ce qui était alors la préfecture de Diego Suarez était à l'état embryonnaire, et les procès verbaux de bornage en concernaient que les terres de plantes commerciales.

consécutive à l'évolution politique des familles royales, ait amené l'île à une densité importante, et que cette variable ait amené la nécessité d'établissements permanents, en même temps que le découpage administratif et territorial de la colonisation définitive des années 1900-1920.

L'ensemble d'Antsahabe, environ 2 à 3 hectares, d'après les informateurs, se définit à partir de la fin du XIXe siècle. Un autre point est considéré comme faisant partie des terres indivises: Mahetsafaly, au sud du *mahabe* d'Ambatozavavy, défriché par Tinavoko et l'un de ses maris. Ce sont ces deux exemples dont on va essayer de suivre non pas la *répartition* dans le temps, mais le *rapport* aux individus résidant à Ambatozavavy.

Ce point est important. Je veux insister ici sur le fait général suivant: dans le cas qui nous intéresse, des terres sont dans une période juridique assez lâche, définies par des défrichements; l'évolution démographique et administrative ultérieure impose une stabilisation à ces superficies: la composition des groupes résidentiels doit s'adapter à ces conditions: à chaque génération le groupe doit modeler ses effectifs selon les règles qui sont à sa disposition.

Dès l'abord, l'on ne saurait parler[6] de "systèmes" fonciers. Dans le cas sakalava du Nord il faut à mon sens parler de relations entre individus qui donnent ou non accès aux terres.

Antsahabe. A Antsahabe ont tout d'abord cultivé les trois frères et soeurs d'origine, Tinavoko, Hindindy et Hasanijoby. On a vu pourquoi Tinavoko était restée sur place et comment il se fait qu'en tant que femme elle a pu se lier à des terres. L'évolution du contrôle par le groupe d'une partie d'Antsahabe ne fait pas de difficulté: celle qui était dévolue à l'une des soeurs, Hindindy. La lignée de Hindindy est représentée dans le quartier Sud d'Ambatozavavy par une très vieille dame, Tombohely, qui s'est mariée durant sa vie avec deux hommes originaires d'autres groupes résidentiels; elle a cultivé leurs terres—les premières terres à café importantes du village—pendant ces périodes, et de l'un d'eux elle a eu quatre enfants. A la mort de son deuxième mari elle est venue résider dans le quartier (*toko tany*) où résidait sa mère. Elle reçoit toujours une partie de la récolte des terres d'Antsahabe, quand celle-ci est suffisante, même si cette récolte ne vient pas de l'endroit cultivé ordinairement par sa mère; ses enfants se sont partagés entre le groupe résidentiel de leur

---

6. Au sens où la continuité des groupes locaux est assurée par de constants réajustements tendant à "optimiser" le rapport entre les effectifs et les superficies, et non pas par l'application "automatique" de règles préexistantes.

mère et celui de leur père. La fille aînée mariée, est absente du village; l'homme qui la suit, d'une quarantaine d'années, est dépourvu de terres et considéré de bas statut au village. A son égard il est très difficile, voire impossible de savoir s'il a été dépourvu de terres par suite d'une compétition avec des collatéraux, ou si comme cela arrive, il ne s'est pas soucié d'entretenir les terres de sa grand-mère. On dit de lui que son "vrai travail c'est de boire du rhum" (*asanany migiaka toaka fo*); il avait loué ses services pendant quelques années chez un colon, puis était revenu au village auprès de ses collatéraux descendants de Tinavoko. Le dernier enfant de Tombohely, une fille, ne réside pas dans le quartier de sa mère, mais auprès de son père où elle travaille des terres n'ayant aucun rapport avec le domaine d'Antsahabe.

Revenons à présent au niveau des frères et soeurs de Tinavoko. On a vu que l'aîné, Hasanijoby, a cultivé à Antsahabe. De son vivant, sa fille unique Riziky a aussi, dans sa maisonnée, profité des terres d'Antsahabe, mais dès son mariage elle a été considérée comme "non résidente" bien que vivant à quelques dizaines de kilomètres, dans un autre quartier du village. Ses enfants ont à la mort de leur mère, réclamé des droits sur Antsahabe, dont entre temps la plus grande partie s'était trouvée occupée par les différentes lignées issues de Tinavoko: alors considérés comme *zanakan'vavy*—enfants des femmes—on leur a refusé l'accès en mentionnant qu'ils ne manquaient pas de possibilités du côté de leur père.

Une analyse juste de ce cas suppose non seulement de souligner le caractère relativement arbitraire de l'explication donnée—les enfants de Tinavoko et leur descendance, comme le disait en riant Tombozandry, habitent après tout eux aussi sur un "village de femmes"—mais aussi et surtout de souligner comment la lignée de Tinavoko a pu alors imposer sa décision: la description d'un tel arbitrage devient alors complexe. En anticipant sur le paragraphe qui suit, disons d'ores et déjà que dans ces années—les années 1950—les enfants de Tinavoko résidant dans le groupe résidentiel sont nombreux, plus de dix, et bien que de pères différents, tous ont tiré un large parti de leurs liens avec une mère si étroitement impliquée avec les aristocrates Bemazava.

Mahetsafaly et les terres de l'Ouest d'Ambatozavavy.

Les enfants de Tinavoko et Mafotaha. Il s'agit de deux frères, Botralahy et Jaofasy. Botralahy a été très tôt responsable (*manantany*) du tombeau royal d'Ambatozavavy, contrôle sur les informa-Zafindra-mañarihena. Ce fait lui donnait un contrôle sur les informations relatives aux rituels funéraires, ce qui, dans ces réseaux, constitue au moins une garantie de ne pas trop "manquer" (*mijialy*), d'avoir accès à différents types de ressources, notamment à la circulation d'argent liée aux réparations symboliques des fautes contre les rois. Il est impossible de développer ce point plus avant. Botralahy a cultivé essentiellement une terre de bas fonds située à l'Est de l'endroit dit Mahetsafaly, á l'Est du tombeau royal où étaient préparés les corps des princes Zafindramañarihena. Cette terre 'aaetait leée à son père originaire d'un groupe étranger, ce qui explique qu'il n'ait semble-t-it pas eu de relation foncière avec le domaine d'Antsahabe. La superficie de cette terre était évaluée en 1973 à sept hectares, ce qui explique que les deux fils de Botralahy, Tombodoany et Tombozandry, résidents temporaires à Ambatozavavy depuis la mort de leur père dans les années 1950, aient pu "prêter"[7] des parties de Mahetsafaly à des parents co-résidents.

Dans le cas de Tombodoany et de Tombozandry, on retrouve les facteurs de mobilité qui étaient déterminants dans les destinées féminines évoquées au début de ce texte. Si tous les deux s'accordent à dire que c'est en fonction de la règle de patrilocalité qu'ils ont continué à entretenir les terres de Mahetsafaly, ce dénouement "dans les règles" est l'aboutissement dans les deux cas d'un itinéraire pour le moins "déviant;" mais c'est le cas de beaucoup d'hommes sakalava. Tous les deux semblaient être à l'étroit "au village" auprès d'un père à la personalité forte, au souvenir si présent qu'il a été enterré auprès du *mahabo* qu'il gardait et non dans le cimetière familial; ils étaient tous deux prétendants à la succession aux fonctions de leur père et de fortes rivalités au sein même de la population du village du *mahabo* ont imposé à chacun, pendant une longue période, une sorte d'errance: Tombodoany, amant d'une femme d'Ambanja chez qui il vivait; Tombozandry magasinier dans le même ville puis employé dans une pharmacie de Hellville à Nosy Be. Pendant ce temps, Mahetsafaly restait en friche.

Il convient de noter enfin que leur oncle paternel Jaofasy a lui, cultivé "du côté" de sa mère (*amin'ny nindry*), à Antsahabe: le simple calcul de la parenté ne valait pas ici contre le fait de se trouver co-résidents avec une femme qui avait des droits d'usage sur un domaine foncier suffisant.

LES ENFANTS DE TINAVOKO ET BAO. On a vu qu'ils étaient très nombreux et il est peu étonnant que des procédures d'arbitrage aient réglé l'accès aux terres: ces procédures étaient non seulement liées aux règles de patrivirilocalité, éliminant pour une période les femmes mariées, mais aussi a des arbitrages internes, "entre hommes."

---

7. Le terme employé était *mihindraña*.

Les trois aînés, Hidy, Bizary et Rama, ont tous trois fait souche très loin du village (Majunga, Diego-Suarex et Antalaha) pour des raisons qu'il ne m'appartient pas de décrire ici en détail, mais dont on peut dire qu'elles étaient liées à des entreprises de sorcellerie. Le groupe semble ignorer s'ils ont une descendance, ce qui suppose, *à fortiori*, que cette descendance n'a pas réclamé de droits sur le domaine foncier lié à Tinavoko.

On a vu que leur soeur Horavaka a "fait souche" à l'extérieur du village. (ci-dessus p. 360.)

Tombobe son frère, dernier enfant de Bao et Tinavoko, est considéré au contraire comme ayant "commandé" (*mandidy*) lors de son âge adulte, l'ensemble d'Antsahabe et de Mahetsafaly. Désigné comme prêtre familial, c'est autour de sa présence que s'est organisée la répartition du domaine foncier; et les descendants masculins du couple qu'il a formé avec une femme originaire de Jangoa, sur la Grande Terre, étaient lors de mon séjour les éléments centraux du groupe de résidence.

Il convient à son égard de préciser que cette continuité et ce rôle central étaient rendus possibles par un ensemble de conjonctures favorables: départ de trois frères aînés, mariage de sa soeur, observance de la règle de patrilocalité par ses demi-frères.

Tombobe a eu avec Hoanaka quatre fils et deux filles. Sur les quatre premiers fils, l'un est parti faire du petit commerce dans la presqu'île d'Ambato, avant de revenir à la mort de son père, réclamer pour la cultiver une partie du domaine d'Antsahabe. Les trois autres sont restés sur place, et l'un, Joasenga, est considéré comme la principale autorité du groupe, notamment en matière d'arbitrage foncier. Il partage avec sa tante paternelle Vao, la fonction de prêtre familial (*ampijoro*), une fonction d'arbitrage pour toutes les affaires relatives au groupe familial.

Tous les *tariky* sakalava sont représentés par un membre considéré comme le plus éminent: bien souvent il s'agit de l'individu le plus âgé; mais, plus profondément, les prêtres familiaux responsables des groupes locaux ont acquis leur position du fait de leurs propres choix et de leurs propres itinéraires. Jaosenga par exemple a un aîné (*zoky*) à qui devrait en principe revenir cette charge: mais celui-ci réside depuis plusieurs années avec un *anadoany*, *ampanjaka* non régnant qui a été désigné comme tête (*loha*) d'un rituel funéraire au petit *mahabo* d'Ambatozavavy; il est donc non résident et de surcroît on dit de lui qu'il boit trop et qu'il n'a jamais porté une grande attention aux affaires de famille.

A chaque époque dans l'évolution des groupes locaux émergent ainsi des hommes dont la fonction offre une nécessité quasi structurale, dés l'instant où le groupe est associé à des domaines fonciers indivis; à la génération d'avant c'était le père de Jaosenga, Tombobe, qui jouait ce rôle qui lui était revenu, comme dans le cas de son fils, par la conjonction d'une série d'événements favorables et de son propre désir de contrôler (*mahazaka*) son groupe local. Ceci définit une hiérarchie interne aux groupes locaux, une centralisation liée à des *consensus* dépendant des conjonctures démographiques. L'émergence d'individus représentatifs de groupes locaux est un phénomène qui a souvent été utilisé par les appareils politiques et notamment par les familles royales: très souvent, les conseillers royaux (*rañitry* ou *rañahy*) sont aussi responsables de leurs groupes locaux, et les avantages de leur position rejaillit, dans les cas pertinents, sur l'ensemble de leurs co-descendants.

Les hommes sakalava apparaissent tels que l'idéologie se les définit: chargés de la continuité des groupes et de la permanence des domaines fonciers; mais, dans les faits, leurs destinées sont mobiles et incertaines comme celles des femmes, mais *pour des raisons différentes*. Le départ des hommes dans leur jeunesse, d'un groupe local, n'est pas consécutif à un mariage mais au rapport entre l'effectif du groupe et leurs droits: la génération de leur père encore vivante leur impose souvent dans ces conditions de rareté foncière, d'aller chercher fortune (*mitady anjara*) ailleurs, jusqu'à ce que la mort de leur père les entraine à venir, en tant que résidents, imposer leurs droits.

Le groupe résidentiel et l'extérieur. Beaucoup de villages sakalava du Nord comptent une nombreuse population. Ambatozavavy, le village dont il est question souvent dans ce texte, comptait lors de mon séjour environ cinq cent habitants permanents: ce chiffre est certes sujet à caution si on le réfère à l'état civil où par exemple les hommes déclarent les enfants qui pourtant, en cas de séparation, peuvent très bien ne pas résider auprès de leur père pendant une longue période; mais il constitue un bon ordre de grandeur. Cet ordre de grandeur est aussi valable pour des villages comme Befotaka à Nosy Be, la partie "sakalava" de Jamanjary, Mahazandry, Antsakoalagny; et pour la "Grande Terre," Jangoa, Antsakoamanondro, peuplé en partie on l'a vu, de descendants du groupe familial qu'on a évoqué ici, entre beaucoup d'autres exemples.

J'ai toujours été étonné toutefois, du manque de relations organiques à l'intérieur des grands villages du Nord. Il paraissent composés d'entités distinctes, associées elles-mêmes à des domaines fonciers séparés, et aucun évènement directement lié à l'histoire familiale n'engageait l'ensemble du village. Le village n'agissait comme entité qu'au regard des nécessités administratives—coopération pour dégager la piste ou l'aplanir en saison des pluies par exemple. Cette juxtaposition trouvait d'ailleurs sa confirmation dans certaines utilisations du mot *tanana*, village. Si je rencontrais quelqu'un d'Ambatozavavy à l'extérieur, la locution *an tanana*, au village, signifiait "à Ambatozavavy;" par contre, en parlant de faits généraux relatifs aux groupes résidentiels, un Sakalava pouvait très bien me dire "*tanananay*," notre village, en parlant du groupe de maisonnée interne au village dont il soulignait ainsi l'existence distincte. Chaque groupe résidentiel d'Ambatozavavy était d'ailleurs appelé d'une manière spécifique; on se référait à "mon" groupe familial en disant parfois "eux autres les Jingo" (*iro Jingo aby ry*), ou "ceux du côté du sable" (*iro am-pasigny*). Seuls les enterrements sont l'occasion d'un déplacement physique massif des groupes familiaux vers celui qui est touché par la mort, mais c'est aussi l'occasion pour des unités extérieures au village, liées au groupe concerné, de venir sur place (*mañatono*).

Cette situation correspond à des variables dont on a pu pressentir dans les développements descriptifs précédents, la récurrence? Si l'on revient au groupe présenté ici, on peut constater que les relations d'alliance qui forment la trame première du rapport de ces unités avec l'extérieur sont loin de former un faisceau cohérent.

J'ai pu, dans un article précédent (Baré, 1971), parler d'une endogamie villageoise atteignant soixante pour cent, en ajoutant toutefois qu'il s'agissait de la génération médiane, en entendant ainsi les hommes et femmes d'entre trente et cinquante ans environ. C'est précisément cette spécification—qu'un tel chiffre soit lié à la génération médiane, à une *génération donnée*—qui me parait ici constituer le fait significatif. Les interdictions matrimoniales relatives aux Sakalava du commun sont en effet extremement larges: elles s'étendent aussi loin que la mémoire généalogique elle-même. Celle-ci est toujours plus étendue du côté paternel, sauf dans des cas minoritaires mais importants de matrilocalité permanente. Ceci a pour conséquence directe la nécessité, qui s'impose périodiquement, de ne former des couples stables qu'en s'associant à des groupes toujours différents: car dès la génération suivante le groupe ou la lignée où l'on a pris femme devient un groupe interdit. Je reviendrai sur cette question. Pour en revenir aux rapports inter-villageois, les rapports d'alliance sont de toutes façon des rapports conjoncturels. En mettant de côté l'instabilité des couples, l'alliance n'est possible qu'à un moment générationnel donné, entre deux maisonnées ou groupes résidentiels: structurellement on pourrait dire qu'elle ne peut engager des groupes de descendance pris organiquement, comme un tout. Dans la diachronie, les alliances des groupes résidentiels se répartissent selon les destinées personnelles des individus et des couples, entre les réseaux villageois et de nombreux villages extérieurs, le nombre même de ceux-ci étant directement impliqué par les règles d'interdiction. En revenant à notre groupe témoin, ceci peut être visualisé par le tableau suivant, qui récapitule les origines des alliés.

1860–1880	(I) Mahilaka (Sambirano)	(I) Andriafiamena (NBe)	(I) Mahabe (Abtzvy)		
	(I) Mayotte?	(I) Ambtzvy			
1880–1920	(I) Antsohihy (Abtzvy)	(I) Majunga	(I) Diego-Suarez	(I)	
	(I) Antalaha	(I) Ampondrabe puis Jangoa (Sembirano)			
	(I) Ankatafa (Sembirano)	(I) Antsakoamanondro			
1930–1960	(2) Abtzvy puis Mahabe	(I) Abtzvy	(2) Abtzvy	(I) Ambalahonko (NBe)	
	(I) puis Antafiambotry (Ambato)	(I) puis Abtzvy	(I) Antintoroño (NBe)		
	(I) puis Abtzvy	(I) Hellville (NBe)	(I) puis Diego-Suarez		
	(I) Ampangoriña(NKomba)	(I) Antsohihy	(I) Ambanja	(I) Ambanja	(I) Abtzvy

(Abtzvy: Ambatozavavy.) Ce tableau n'a retenu que les unions stables. Certains individus du groupe de résidence sont considérés comme n'ayant jamais eu de conjoint stable.

Pour peu que l'on puisse projeter l'ensemble de ces connections matrimoniales sur une carte, ce tableau me parait suffisement éloquent en lui-même. L'extreme dispersion des liens matrimoniaux me parait être une raison suffisante pour orienter la mobilité vers des réseaux extérieurs, de même qu'elle me parait une des bases du caractère aléatoire des destinées des gens du Nord Ouest; on a d'ailleurs vu ci-dessus que cette mobilité est un facteur très répandu notamment lorsque les variables liées au réseau de parenté proche d'un individu ne lui permettent pas de s'intégrer dès son âge adulte au groupe résidentiel de son père. Ces faits sont certes, eux aussi, évolutifs: un des *lamento* préférés des Sakalava du Nord Ouest a pour thème la diminution des contacts entre parents qui ne résident pas ensemble. Ces réseaux, de même que les faits d'adoption temporaire, sont cependant encore largement utilisés mais de manière sélective, selon les besoins et les possibilités du moment. Il serait d'ailleurs contraire à la verité objective de prétendre par là que les Sakalava du Nord Ouest passent leur vie à changer de résidence: il convient simplement de rappeler que tout Sakalava adulte a changé au moins deux fois dans sa vie de résidence pour une longue période: soit par le biais des alliances matrimoniales d'adoptions ou de séjours temporaires chez des parents résidant ailleurs.

Conceptions sakalava du Nord relatives à l'organisation sociale. Dans cette partie, je me propose d'examiner un certain nombre de concepts ou d'arrangements lexicaux servant quotidiennement dans le Nord Ouest malgache, pour nommer et conceptualiser des situations sociales. On a coutume en anthropologie de commencer par là et de conférer aux groupes ainsi nommés, lorsqu'il s'agit d'eux, une sorte d'évidence naturelle: des notions telles que *tariky, firazañana,* n'existent en fait que dans les consciences: elles n'interviennent comme concepts opératoires que dans des moments particuliers de la vie des individus, soit qu'ils aient besoin de se référer à l'existence de ces entités, soit que ces entités elles mêmes soient animées d'une vie réelle qui les définit, ainsi lors de certains rituels qui mettent en contact leurs membres. Les développements qui précèdent me semblent avoir montré la pertinence dans le Nord Ouest de groupes de résidence situés à l'intérieur des villages ou formant eux-mêmes des villages dans certains cas: ces groupes ne sont pourtant pas nommés, ou s'ils le sont, l'analyse montre qu'il s'agit souvent d'abus de langage. Ainsi, en anticipant quelque peu sur ce qui suit, notre groupe d'Ambatozavavy pourrait être nommé *tarikinay* "notre groupe de descendance" au sens strict, pourtant, certains individus résidant ensemble à Ambatozavavy dans ce groupe spatial ne sont pas de même *tariky*. Il parait ainsi opportun de commencer par examiner certains concepts liés à la notion même de résidence.

LA RÉSIDENCE. La notion de village *tanana* est on l'a vu, assez étendue. Tout groupe de maisonnées implanté pendant une période suffisamment longue est un *tanana*. On a vu qu'au sens restreint, *tanananay* peut signifier "notre groupe," dans le cas où la spécification s'impose. Les concepts qui délimitent les unités spatiales internes à la notion de *tanana* sont celles de *toko tany* et de *tokantraño-tokotany* se rapporte à l'espace situé autour d'une maisonnée et où se passent les activités domestiques: dans le Nord Ouest, l'espace des *tokotany* est souvent délimité par des palissades à claire voie, *vala*. L'espace interne au village est ainsi saisi comme la juxtaposition de "parties de terre" (*toko*), la notion de *toko tany* est directement spatiale. *Tokan traño* réfère au contraire aux groupements humains: l'expression pourrait être traduite par le "maisonnée" de l'anthropologie. Quelqu'un qui *"mitokan traño,"* "individualise sa maison," c'est-à-dire qu'il définit une unité sociale notamment au regard des budgets familiaux: des gens qui résident dans la même *tokan trano* mangent ensemble, partagent la nourriture. A l'intérieur d'un groupe local, sont juxtaposées différentes *tokan trano*, qui échangent entre elles des services mais n'en constituent pas moins des entités distinctes du point de vue économique; ceci est d'autant plus clair lorsque les terres exploitées par le groupe produisent des revenus monétaires.

La notion de *fipetrahaña* est par contre beaucoup plus rarement rencontrée dans le discours, bien qu'immédiatement comprise. Elle traduit directement la notion de résidence et englobe ainsi toutes les relations à l'espace habité. *Mipetraka* c'est habiter quelque part, c'est aussi ne pas bouger, ne pas agir: "*legny tia mañano mandeha, tsy tia, mipetraka*" "ceux qui veulent y aller le font, ceux qui n'en ont pas envie restent." Un fait—notamment l'affiliation à un groupe de descendance —peut être expliqué "du fait de la résidence"—*noho ny fipetrahaña*.

Tous ces concepts sont cependant utilisés que dans des conversations où des spécifications sont nécessaires; *trano*, maison ou maisonnée est de loin le terme le plus employé, voire même des expressions idiomatiques souvent révélatrices. Quand on réside chez un parent, "*zaho nipetraka taminany*," "j'habitais chez lui, ou auprès de lui," ou quand on réside pour un temps auprès du groupe local de sa mère "*izy nipetraka andreniny*," "il habitait auprès de sa mère." Dans ces deux derniers cas les expressions spatiales sont "effacées" au profit direct de la relation à la personne dont on parle. Ainsi, si l'on sait par exemple que le père de l'homme est d'Ambalihabe sur la Grande Terre et sa mère de Mangirankirana, et qu'il a pu avoir un droit d'usage sur les terres du groupe de sa mère, on dira "qu'il cultive du côté de sa mère," "*mitsabo andrenin*" sans répéter le nom du village. Une sorte de priorité sémantique donnée aux gens sur les lieux est constante: quelqu'un d'adopté est resté "chez nous ici" (*aminay ato*) et pas nécessairement à Ambatozavavy. Ces observations sont d'ailleurs parfaitement cohérentes avec les quelques traits relatifs à la composition statistique des groupes, ainsi qu'avec la nature structurale de ces groupes qu'on examinera plus bas: les groupes de descendance sakalava dont les groupes locaux sont des parties "réelles" sont tous relativement individualisés, sans être nécessairement associés à des territoires, au contraire des Hautes Terres. En parlant de la distribution des gens d'un *tariky* dans l'espace et d'un village où des parents résident, on dira "*Antsakoamanondro mbola zahay zegny*" "Antsakoamanondro, c'est encore nous."

Toutefois, quelqu'un est "d'un village," on est d'Ambatozavavy, *boka Ambatozavavy*, mais en spécifiant tout de suite *"tariky Jaofasy*," groupe de descendance de Jaofasy ou même *"iro Jaofasy"* "eux/le groupe de/Jaofasy."

Il faut enfin clore de paragraphe par le maintien d'un mot très "chargé" symboliquement, celui de *karamanja*. Le terme de *karamanja* désigne l'espace précis dans les quartiers de la ville où est déroulée la natte de prière, gardée par le prêtre familial *ampijoro;* c'est sur cette natte que se déroulent tous les évènements ritualisés de la vie et notamment de l'enfance, des Sakalava du Nord Ouest: "première sortie de l'enfant" (*fampi-boahaña tsaiky*) et "première coupe de cheveux" (*fangala fagneva*). Le terme de *karamanja* désigne évidement un découpage spatial: il s'agit d'un lieu habituel connu par chacun. Mais il est plus que cela, puisque dans les rituels familiaux qui sanctionnent la première appartenance résidentielle d'un enfant il semble résumer le groupe résidentiel tout entier; c'est à partir de ce lieu qu'on s'adresse aux ancêtres dont est issu le groupe résidentiel. *"Zegny lazaiko baka an karamanja eto"*: "Voilà ce que j'annonce depuis l'espace du *karamanja.*"

LA DESCENDANCE ET L'ALLIANCE. Il convient à nouveau de rappeler qu'on va examiner ici des concepts et non des réalités: rappelons que ces réalités sont liées à la distribution des individus dans l'espace et non dans ces concepts qui servent à penser cette distribution.[8]

On s'attachera tout d'abord aux termes liés à la descendance, tous formés sur une racine commune: *tariky, teranaka*. Des individus sont dits de même *tariky* d'une part s'ils ont un ascendant commun, d'autre part—et c'est là où les spécifications résidentielles qui parsèment la vie de beaucoup de Sakalava du Nord sont importantes—si ces ascendants sont aussi facteurs de l'unité résidentielle où réside l'individu concerné. En fait ces deux conditions sont constamment à l'oeuvre dans l'appartenance aux *tariky* sakalava, et l'on balance constamment entre l'appartenance à un groupe de descendance calculé selon la parenté et l'appartenance à un groupe local dont les occupants se trouvent aussi unis par des liens à une commune ascendance. En principe, l'appartenance à un *tariky* chez les Sakalava roturiers est patrilinéaire. L'ambiguïté commence quand on confronte cette règle aux faits résidentiels. D'une part les *tariky* se multiplient comme toutes les unités de descendance, sur un mode exponentiel, très rapidement, sur trois générations. La patrilinéarité distribue "à l'extérieur" les enfants des femmes (*zanaka vavy*) qui pourtant, pendant la vie de leur mére, gardent des rapports

---

8. E. R. Leach, 1968, M. D. Sahlins, 1965.

avec le groupe patrilinéaire de celle-ci, ne serait-ce que par le biais d'adoptions, très fréquemment matrilatérales; d'autre part, du fait des contraintes démographiques il arrive très fréquemment, on l'a vu, que des individus de même *tariky*—liés entre eux par des liens agnatiques—ne résident pas ensemble; enfin, l'histoire du Nord Ouest depuis un siècle a provoqué de constants mouvements de population. En fait, la notion de *tariky* est assujettie à la mémoire généalogique: si deux personnes sont liées par un ascendant commun, ils vont se dire de même *tariky, tariky raiky*, a moins que des lignées résidentielles différentes ne se soient créés depuis deux ou trois générations, au quel cas l'appartenance au *tariky* d'origine se sera dissoute. A cet égard, il est important de remarquer que plus l'on s'élève dans la hiérarchie traditionnelle, plus les *tariky* se confondent avec de vastes unités de descendance fictive que sont les groupes claniques liés aux systèmes monarchiques *firazañana*. Notre groupe Jingo d'Ambatozavavy était de statut relativement modeste et sa mémoire remontait jusqu'à la quatrieme génération, époque à laquelle Tinavoko, ancêtre éponyme d'une partie du groupe, était venue avec ses parents de la région de Mahilaka; en prenant un exemple extrême les Zafidramahavita de la presqu'île d'Ampasindava alliés et conseillers politiques des rois Bemihisatra du Nord, remontent jusqu'à une époque qu'ils prétendent contemporaine du roi sakalava Andriantsoly.

En bref, l'appartenance à un *tariky* est dans la plupart des cas subordonnée au développement de différentes unités locales dans une région; ces unités sont la plupart du temps établies au travers de liens masculins, mais elles comprennent aussi, pendant la vie des femmes issues du groupe, les unités locales où vivent ces femmes. A la génération suivante, lorsque ces femmes sont disparues, leur descendance se réclamera du *tariky* de leur père. Il ne s'agit pas là d'un modèle "abstrait" de parenté, mais de conclusions tirées par la pensée sakalava de l'évidence des liens matrilinéaires. C'est là un point sur lequel il faut insister: on est ici en présence d'une pensée qui accorde aux individus une grande proximité avec leur mère, mais dans le même mouvement fait des liens masculins le gage de la permanence des unités locales.

Une idéologie agnatique? Ceci nous mène d'emblée à discuter la présence dans le Nord Ouest malgache de ce que j'ai appelé une idéologie agnatique.

Des adages, des remarques, insistent très fréquemment sur la prééminence des hommes; il suffit à cet égard de rappeler au début de ce texte le rire de Tombozandry, dénonçant dans ses explications le "choc" logique impliqué par l'idée de vivre dans un "village de femmes." Il est évident que la suprématie des hommes sur le systeme social est constamment revendiquée *dans le discours* par les hommes eux-mêmes évidemment, qui comme tous les dominants ont le privilége d'expliquer eux-mêmes les raisons de leur domination. Ceci coexiste curieusement avec une présence massive, importante, parfois centrale des femmes dans les relations sociales: qui a vécu dans un village sakalava du Nord ne peut certes oublier leur verbe haut, leur mélange de décontraction et d'agressivité; et l'ensemble des faits organisationnels, notamment la relation des femmes avec l'ancien système monarchique où elles se trouvent occuper en plus des fonctions minoritaires de conseillères ou, dans le cas Bemihisatra du Nord d'intercesseur auprès des rois vivants, les fonctions centrales du systeme de décisions, celles des possédées légitimes (*saha*). Mais nous sortons ici de l'idéologie.

Ce balancement, cette incertitude des classifications sakalava se refléte dans l'idéologie elle même. Celle-ci se réfère à deux champs sociaux distincts: d'une part, la procréation, d'autre part la perpétuation sociale des groupes familiaux. Dans un cas, on répète souvent que "la mère est seule importante, c'est elle où l'on habite" (*ny nindry raha ipetrahana, izy ny be*) alors qu'être père "c'est quelque chose qu'on donne seulement" (*baba raha amiaña fo*).

Pourtant, si l'on demande à des informateurs, qu'ils soient homme ou femme, à quel *tariky* appartient-on, la réponse est toujours "*ambabanao*," du côté de ton père, ou bien que "l'on doit s'appuyer sur son père" (*anao tokony mihankingy am baba*). On ajoute souvent que "seul le coq chante, la poule ne chante pas" (*ny akoholahy no magnena, ny akohovavy tsy magnena*), étonnante manière de préciser le rapport entre les "sens" sociaux, les propriétaires d'une parole efficace et l'organisation sociale; on dit encore "*lehilahy fo fatatra*" ou "*lehilahy fo mahery*," "seuls les hommes sont forts," "seuls les hommes sont durs/solides;" le prince et gouverneur politique Amada, petit fils d'Andriantsoly connu pour ses conduites autocratiques, polygame, eut pour nom posthume "Andriamahamatatrarivo," "le seigneur qui fit mille choses fortes;" ceci se rapportait d'abord aux constructions de caveaux en ciment faites au tombeau royal de Manongarivo, mais supposait implicitement la capacité de durer ainsi fournie à son propre groupe de descendance.

Dans les catégories spatiales associées aux directions cardinales, les hommes associés au Nord s'opposent aux femmes associées au Sud et à l'expression "*lehilahy fo mahery*" répond "*ny avaratra fo mahery*," seul le Nord est fort. Aux tombeaux royaux, les princes régnants sont enterrés au Nord de l'enceinte, par opposition aux autres membres du groupe de descendance non régnants. A ces adages quelque peu pompeux, répond sur le mode de la dérision une chanson entendue en 1971 à Nosy Be et qui avait alors quelque succès, répétant inlassablement ces mots:

Lehilah' kamo tsy mahery
Gaga zah' Ia é
Lehilah' kamo tsy mahery
Gaga zah' Ia é
Les garçons paresseux sont pas durs
Ca alors la é
les garçons paresseux ne sont pas durs
Ca alors Ia é

Si l'on revient à l'idéologie de la procréation, qui on l'a vu insiste sur la proximité d'un enfant et de sa mère, on peut trouver de même des rationalisations qui inversent l'adage selon lequel la mère est importante, qui le retrouvent pour lui conférer un sens inverse. Ainsi un homme du groupe d'Ambatozavavy, questionné sur les règles d'appartenance aux groupes de descendance *tariky* et *firazañana*, me disait que cette règle était toujours patrilinéaire, car, disait-il, "les femmes ce sont elles qui donnent la vie, mais elles sont plus faibles que celui qui donne: si tu ne lui donnes rien elle n'obtient rien. Seuls les hommes sont durs." (*Ny mañangy izy mety mañamia, mamelandranahary izy fa izy toriny ny ampañamia; ike izikoa tsy amianao izy tsy mahazo. Ny lehilahy fo mahery*.)

Ces retournements de sens, ces ambiguités, me paraissent assez caractéristiques des conceptions sakalava du Nord relatives à l'opposition des sexes et à l'intégration de cette opposition dans l'ordre social. Ces idées et les faits sont deux ordres de réalité différents, souvent cohérents l'un à l'autre, dans la mesure où dans certains cas les idées sur la "force" des rapports paternels et de la dominance des hommes sont intériorisées par les femmes elles-mêmes, mais aussi parfois complètement contradictoires; il en va ainsi pour notre groupe témoin de Jingo d'Ambatozavavy.

On verra d'ailleurs plus loin comment cette opposition relativement opératoire dans le cas des Sakalava du commun, se dissout complètement dans les faits—sinon dans les consciences—dans le cas des groupes de descendance "royaux."

Dans ces développements sur la présence d'une idéologie agnatique doit s'inclure les principes sémantiques à l'oeuvre dans la terminologie de parenté du Nord Ouest que j'ai examiné ailleurs en détail.[9]

Dans ce travail je notais que deux principes centraux organisaient

---

9. J. F. Baré, 1974.

cette terminologie, l'indifférentiation des chaînons de parenté "montants" et le principe de "bifurcation" pour se référer aux générations " + I" et "–I"; l'indifférentiation signifie que cette terminologie ne "dessine" pas, dans le réseau de parenté, de groupes fermés de type "lignager" au sens strict: une tante paternelle "à la sakalava" est simplement une collatérale du père de même niveau générationel: il peut s'agir ainsi d'une tante paternelle, corésident avec celui qui parle, et de groupe de descendance différent.

Par contre le principe de bifurcation insiste, avec une précision sans égale dans les autres régions malgaches, sur les oppositions de sexe, opposant "neveux parallèles" et "croisés," tante paternelle et oncle maternel aux "frères" du père et "soeurs" de la mère. Il convient d'ailleurs de noter que cette terminologie est partagée par de nombreux groupes du Nord malgache, notamment les Tsimihety et les Betsimisaraka du Nord. Ces faits ne sont évidemment pas en soi révélateurs d'une idéologie agnatique, mais ils en constituent le premier chaînon logique: pour que les hommes tiennent un discours sur l'opposition des sexes il n'est pas inutile que ceux-ci soient sémantiquement opposés dans ces "catégories de base."

LA NOTION DE *TARANAKA*. Les notions de *taranaka* et de *tariky* sont souvent confondues dans l'esprit des informateurs. Employée avec précision la notion de *taranaka* introduit toutefois une spécification importante à l'intérieur du vaste réseau de descendance des *tariky*: elle se réfère directement à un ascendant ou a un couple d'ascendants, différenciant aussi une lignée d'autres lignées. Elle est opératoire dans les cas où le fondateurs d'un *tariky* ont, comme ce fut le cas à Ambatozavavy, assigné différentes parties d'un domaine foncier à différents enfants: les lignées issues de ces enfants définissent des *taranaka*. Vu dans la durée, la définition de ces lignées constitue comme la première étape d'un processus qui donnera ensuite naissance, après quelques générations, á un ou plusieurs *tariky*, les ascendants les plus anciens étant oubliés. Cette notion est particulièrement opératoire dans le cas du groupe de descendance royal, opposant un elignée "propriétaire du pouvoir" depuis Andriantsoly à ses collatérales. Il ne s'agit pas encore une fois d'un groupe "réel," mais d'une manière conceptuelle de "découper" le réseau de la parenté.

LA NOTION DE *FIRAZAÑANA*.[10] Il s'agit de vastes unités de descendance, qui se distinguent des *tariky* en ce qu'elles sont directement liées

---

10. Pour plus de détails voir Baré, 1975 chap. 2 à 4.

à l'évolution historique et notamment aux monarchies. Elles se rapprochent des catégories claniques en ce que les connexions liant un individu à l'ancêtre fondateur hypothétique—qui n'est quasiment jamais connu—en tout cas actuellement—sont oubliées. Etre d'un *firazañana* donné, c'est, dans les faits, être intégré à un groupe de résidence dont la permanence et souvent les liens avec les rois ont permis qu'une appartenance clanique dominante soit définie et maintenue. Chaque Sakalava du Nord reçoit en effet (*mahazo*) de ses quatre grands-parents ou plus précisément, de l'ensemble de ses ascendants dont il se souvient, des appartenances claniques différentes: c'est le processus de socialisation dans les groupes résidentiels, où la génération adulte de co-descendants partage déjà une appartenance donnée, qui définit la sélection d'une appartenance clanique conservée au fur et à mesure des générations. Les groupes claniques les plus prestigieux du Nord Ouest sont directement pertinents pour les rituels royaux: il s'agit des Sakalava "brûleurs de boeufs" Mañoromby, qui fournissent les intercesseurs *ampangataka* des monarchies, des Jingo et des Antakoala, les uns plus spécialement chargés de fournir les individus responsables des rituels liés à la pollution des membres de la famille royale, les autres des rituels funéraires,[11] enfin des esclaves royaux Sambiarivo qui résident auprès des tombeaux et veillent sur les possédés royaux. C'est au niveau des groupes claniques que sont définies les relations *lohateny:* les quatre groupes claniques cités sont eux-mêmes considérés comme *lohateny* des rois, cette qualité se référant à la nécessité de leur présence dans les enterrements et les rituels funéraires royaux, devoir réciproque que deux individus *lohateny* se doivent, en général, d'accomplir. On sait que la relation *lohateny* traditionnelle, généralement traduite par "parenté de plaisanterie" comportait en plus de ces devoirs liés aux funérailles, des sortes de droits permettant d' inverser les rapports sociaux quotidiens: on peut injurier son *lohateny* sans qu'il réagisse, prendre ses objets mobiliers, etc. Les informateurs étaient généralement ravis de m'expliquer comment se comportait un *lohateny* vis-à-vis son *alter ego* —dans la presqu'île d'Ampasindava j'ai pu entendre pendant plusieurs minutes un ami Antandrano feindre d'injurier une vieille dame Marandra qui passait devant sa maison, la traitant de boeuf de trait et lui disant qu'il allait la vendre comme esclave—mais les relations *lohateny* me sont apparues de moins en moins pertinentes. Ceci tient précisément au fait que ces relations étaient liées à l'ancien système clanique lui-même

---

11. C'était effectivement l'ancienne spécialisation des *Antankoala* mais, faute de trouver des individus considérés comme compétents, ils n'intervenaient plus dans les rituels funéraires royaux au moins dés 1941 (Baré, 1977 chap. 11: 122).

assujetti à l'organisation royale, et que la perte de vitesse de cette dernière retentit sur l'ensemble de ses composants.

En ce qui concerne l'affiliation aux *firazañana*, le point à souligner est qu'elle n'est pas déterminée par un mécanisme univoque lié à la patrifiliation. J'ai montré en détail ailleurs[12] comment c'est souvent l'ancien système des statuts hiérarchisant les groupes claniques, qui se subordonne aux règles d'appartenance. Mais cette subordination passe elle même par la conscience d'appartenir à un groupe local. On peut comprendre ceci aisément en retournant à notre groupe Jingo d'Ambatozavavy. Si l'on prend l'exemple de l'un des ancêtres fondateurs, Tinavoko, celle-ci était considérée comme Jingo: ceci essentiellement parce que son groupe familial était en relation étroite avec des aristocrates. En principe, ses enfants auraient dû suivre l'appartenance de leurs différents pères dont beaucoup étaient de bas statut (Makoa, c'est-à-dire descendant d'esclave, un Sakalava de Mayotte, Antiomahory, etc.). En fait, tous les enfants de Tinavoko qui ont été intégrés au groupe résidentiel se réclament d'appartenance Jingo. Il ne s'agit pas ici d'un simple "calcul" abstrait sur la parenté, mais d'une décision imposée par le bon sens.

Supposons en effet que les enfants de Tinavoko se réclament de leur père, originaires d'autres villages: du vivant de leur mère celle-ci se trouverait être en contact constant avec la famille ou le segment familial royal dont elle dépend. Il serait très contradictoire, voire conflictuel, que ses enfants, résidant dans la même maisonnée et impliqués dans les mêmes échanges, situés dans un espace unique, suivent ici la règle de patrifiliation et se "dégagent" ainsi de liens pourtant organiques, constants. Cette logique culmine comme on va le voir rapidement, dans les mécanismes de transmission du statut des groupes de descendance royaux qui "captent" les conjoints roturiers de manière absolument indifférenciée du point de vue sexuel et gardent toujours leurs enfants.

On peut récapituler ici les éléments généraux relatifs aux groupes de descendance:

> *Firazañana* transmission de type indifférencié selon le statut et l'intégration dans un groupe de résidence: pertinence pour les rituels royaux.
>
> *Tariky* unités généalogiques de quatre à cinq générations centrées sur un ancêtre; affiliation par patrifiliation en général spécifiée par le statut et la résidence.
>
> *Taranaka* lignées généalogiques internes aux *tariky*.

12. Baré, 1977 chap 6.

Groupes de résidence non nommés: unités sociales de base, pertinents pour les terres, qui peuvent se confondre ou non avec des *tariky:* seuls groupes formant des unités spatiales.

L'ALLIANCE. On a déjà évoqué quelques faits relatifs à l'alliance: la mobilité des destinées feminines liée à une forte instabilité matrimoniale, et la grande sévérité des interdictions. On ne peut épouser dans le Nord Ouest que des gens avec qui l'on ne peut établir aucune connection généalogique: c'est-à-dire des gens situés au delà du troisième ou du quatrième degré de cousinage, d'où, comme on l'a déjà vu, une grande dispersion des alliances matrimoniales (ci-dessus p. 370) qui sont des faits sociaux plus relatifs à des conjonctures qu'à des structures; le système social centré sur les unités de descendance ne peut en effet lier durablement ces unités entre elles au delà d'une ou deux générations: une fois qu'on a fait "le plein" des alliances possibles il faut aller chercher un conjoint ailleurs. D'où l'insistance des informateurs à dire que l'alliance est liée à la volonté personnelle des individus: *tiako anao, tianao zah' basy,* "je t'aime, tu m'aimes et voilà tout." De fait, la grande majorité des mariages et *a fortiori* des unions temporaires n'est pas directement orienté par les groupes de descendance pris organiquement: bien plutôt, mis en face d'une situation de fait et s'il n'existe pas d'empêchement majeur à la constitution d'un couple—liens incestueux, contradiction au niveau cosmologique de la divination—les groupes de descendance adaptent leur politique générale à la situation.

Les unions considérées comme les plus stables sont souvent sanctionnées par des prestations de l'époux à sa future femme: ces prestations sont nommées *fehim badiaña,* "lien de mariage" et, ainsi que l'a noté H. Lavondès pour le Sud Ouest, elles sanctionnent en théorie le transfert de la capacité de procréation d'une femme; il s'agit généralement de prestations en argent, qui allaient de cinq mille à vingt mille francs malgaches en 1970–1973, ou plus; elles pouvaient être remplacées par un travail du gendre sur les terres de ses beaux parents, et elles étaient parfois accompagnées de cadeaux en étoffe, nommées *sandoko* ou *valo sandoko.*[13] Les tissus constituent une sorte d'épargne des femmes sakalava

---

13. Il est intéressant de noter à nouveau que la pièce d'argent reçue par les conseillers royaux lors de leur nomination est aussi nommée *sandoko,* rappelant ainsi cette équivalence symbolique entre la participation à l'appareil monarchique et la notion de "mariage." Paradoxalement, toutes les règles de recrutement restent largement extérieures aux réseaux des alliances matrimoniales.

du Nord, ainsi que les bijoux en or, colliers et boucles d'oreille, qui représentent une part très importante de l'épargne des ménages. En fait il s'agit bien plutôt de biens spécifiquement féminins, passés de mère á fille et qui permettent aux femmes une large marge de manoeuvre au regard des faits matrimoniaux, qui dans les règles leur seraient défavorables. Il convient à nouveau de noter que les prestations matrimoniales comme beaucoup d'autres faits sociaux du Nord Ouest, sont assujetties à la hiérarchie des statuts. Les familles royales ne les pratiquent pas afin de retenir les enfants nés de leurs filles; c'est aussi le cas des groupes qui étaient les plus hauts dans l'ancienne hiérarchie, comme les Sakalava Mañoromby. De même, les nobles considèrent comme une transgression le fait d'avoir des enfants illégitimes, c'est-à-dire non-résidents dans leur unités (*tsaiky an tany*). Il n'existe pas à proprement parler de mariage préférentiels dans le Nord Ouest: ceci est évidemment lié au type d'interdiction matrimoniale évoquée, beaucoup plus strictement appliquée dans le cas des roturiers que dans le cas des nobles.[14] Cette interdiction concerne toute la parentèle centrée sur un individu ou un groupe de germains, et écarte tous ceux que le lexique sakalava nomme très précisément des collatéraux (*ampagnilaña*, formé sur *ilañ*, "côté"); toutefois il existe des possibilités de levée d'interdiction (*ala fady*) entre "enfants des femmes" (*zanakan vavy*) et "enfants des hommes" (*zanakan 'lahy*), mais sur plusieurs centaines de cas je n'ai eu mention que d'un mariage de ce type, entre collatéraux au quatrième degré.[15]

Des types de mariage très fréquents lient un groupe de frères à un groupe de soeurs: ceci est d'ailleurs cohérent avec les catégories terminologiques et les faits observés au sein des groupes de descendance où une forte unité est constatable entre germains du même sexe.

De même, les faits d'adoption temporaire entre germains de même sexe sont très fréquents: très particulièrement entre soeurs non corésidentes, ce qui a souvent pour effet de resserrer les liens matrilatéraux entre les unités de descendance et de garder le contact avec les "enfants des femmes" qui sont dispersés (*miparitaka*) au sein des différents groupes (Kottak, ce volume). En fait, beaucoup de ces cas particuliers d'unions semblent ressortir de tactiques différentes pour mettre en échec la sévérité des règles d'exogamie: du point de vue des femmes notamment, il sera toujours préférable d'être allié avec un groupe de

14. Il est très probable que les dynasties sakalava jusqu'au règne de Ravahiny (milieu XVIIIe) pratiquaient une assez stricte endogamie (Guillain, 1845; Baré, 1973).
15. Certains informateurs rattachent ces mariages à la "coutume Musulmane" (*fomba silamo*).

résidence proche avec qui son propre groupe patrilocal entretient déjà des relations suivies, qu'avec un groupe éloigné.

L'ensemble de ces faits constitue une reconstruction liée à la coexistance de différentes conditions sociologiques générales. Cette reconstruction n'est pas présente dans l'esprit sakalava pour qui, répétons-le, l'alliance est essentiellement le fait de "politiques" individuelles qui viennent s'insérer dans les contraintes de la descendance. L'ensemble des informateurs s'accorde certes sur ce fait, qu'en l'espace d'une génération les conduites sont devenues de plus en plus le fait des individus non des autorités des groupes de descendance; que notamment, l'accord des parents était autrefois indispensable pour se marier. P. Ottino a consacré à l'évolution des pratiques matrimoniales de la région de Nosy Be un article qui rejoignait ce point de vue et tendait à imputer au désordre apparent de ces pratiques un aspect de déculturation lié notamment à une période "faste" pour les cultures commerciales. (Ottino, 1968). Il est indispensable que l'élévation forte mais très provisoire des revenus liquides disponibles par les ménages ait amené certains groupes, et notamment les femmes, à des spéculations d'autant plus évidentes qu'elles se trouvaient porter sur des sommes importantes, si bien que les mariages de certaines familles sakalava aisées prenaient dans les années 1960 l'allure de véritables potlatch; phénomène d'ailleurs tout à fait contraire à l'aspect habituel du rituel lui-même, qui se déroule en une ou deux journées d'une manière assez discrète. Mais on peut se demander si les femmes n'agissent pas alors en fonction d'un modèle culturel préexistant, tendant de toutes façon à leur faire percevoir les unités de descendance où elles sont provisoirement intégrées par un mariage, comme des groupes où elles resteront toujours étrangères, et donc à spéculer sur cet éloignement culturel fondamental que l'idéologie agnatique et l'opposition des sexes vient appuyer. L'instabilité décrite par Ottino dans les années 1960 l'était d'ailleurs dans les années 1897, mentionnée par Bénévent en ce qui concerne la région de Majunga; et un siècle auparavant par Mayeur dans des conditions économiques bien différentes. Il semble bien ainsi, que malgré l'existence de prestations sanctionnant juridiquement les liens d'alliance les Sakalava du Nord Ouest aient toujours connu une forte instabilité matrimoniale, telle qu'elle était toujours observable dans les années 1970. Il serait d'ailleurs impropre à cet égard de parler de "spéculation" féminine: dans un univers social où les hommes sont garants de la permanance des unités résidentielles, les femmes sakalava qui sont effectivement souvent à l'origine des ruptures "jouent" des stratégies qui ne peuvent être celles dont les laissent libres les contraintes du système social général. Accumulant des biens mobiliers et de l'épargne, dans des conditions économiques nouvelles, elles "occupent" ainsi la partie de l'espace social que les hommes ne maintiennent pas.

C'est pour l'ensemble de ces raisons que j'ai parlé à plusieurs reprises (Baré, 1977) de l'asservissement de l'alliance au principe de descendance; ce qui est une autre manière de dire qu'il me parait dépourvu de sens de parler d'un principe sans parler de l'autre.

L'ancienne organisation monarchique. On a vu a plusieurs reprises qu'il est impossible de parler d'un groupe de résidence dans le Nord Ouest sans faire mention de ses liens avec des principes hérités des hiérarchies anciennes: ces principes, notamment en matière matrimoniale et familiale, restent toujours à l'oeuvre bien que les familles royales sakalava du Nord Ouest aient été dépossédées du contrôle territorial dès la création de postes militaires français à partir de 1841 et surtout lors de la colonisation définitive de Madagascar en 1897. Un siècle après, ces principes sont cependant toujours à l'oeuvre, "dominés" ou "diffus," mais présents dans chaque conscience.

Les implantations actuelles des groupes royaux du Nord Ouest, et notamment de la sous-dynastie Bemihisatra parmi laquelle les faits relatifs ici à l'organisation royale ont été recueillis, sont liées à l'évolution historique de l'ensemble de la côte Nord Ouest depuis la défaite sakalava en 1822 à Majunga et la dispersion de la famille royale (Guillain, 1845:89sq) alors concentrée à Majunga. Entre les années 1830 et 1860 environ, vont se créer des sous-unités territoriales qui tenteront de reproduire, chacune pour leur part, l'ensemble de l'organisation originelle. Il est impossible de retracer avec précision dans ce cadre ce processus, dont est issu l'unité de Nosy Be-Ampasindava. Le tableau suivant récapitule les faits marquants.[16]

années 1830

> fuite d'Andriantsoly à Mayotte (Comores) déposé par ses conseillers à Anorotsangana, sa demi soeur Ouantiti (Andriamñorigniarivo, la reine qui a "fixé" mille hommes) lui succède dans la région d'Anorotsangana. Elle est enterrée à Lavalohaliky.

---

16. Cette évolution est décrite plus en détail dans *Permanence et évolution d'une monarchie du Nord Ouest Malgache*, 1975 chap. 2.

années 1840

Tsiomeko, petite fille de Ouantiti se réfugie à Nosy Be où les groupes sakalava en fuite se réfugient: elle est nommée Andriamamalikiarivo, "la reine qui a rassemblé mille hommes," et elle est enterrée à Ambalarafia, Nosy Be.

Vers 1849 le fils de Tsiomeko Añono, est emmené à Analalava où se crée la sous unité des Bemihisatra du Sud alors sous contrôle Merina.

à Nosy Be le pouvoir est repris par une fille d'Andriantsoly, Moanaresa (Andrianenganarivo, la reine qui a quitté mille hommes) qui quitte brutalement la région et est remplacée vers 1860 par sa demi-soeur Safy Mizongo, grand-mère de l'actuel souverain.

Ce sont les droits territoriaux fixés par la présence comme souverain suprême de Safy Mizongo (Andriamandrambiarivo) sur le littoral de la presqu'île d'Ampasindava—à Ambavatoby puis à Ampasimena —Nosy Kisimany—qui marquent la naissance des Bemihisatra du Nord, qui se disent groupe de descendance d'Andriantsoly, *tarik'i Andriantsoly*, ou *tariky Andrianmañavaka*, en utilisant ici le nom posthume du célèbre souverain islamisé.

LES NOTIONS DE *TARIKY* ET DE *FIRAZAÑANA* DANS LE CAS DES NOBLES. Comme dans le cas roturier, (*vohitry)* la notion de *tariky* se réfère à un groupe de descendance; cependant, avec l'apparition d'une exogamie probablement contemporaine du règne du père d'Andriantsoly, les nobles, pour se perpétuer, sont contraints sur le plan du statut, d'adopter un fonctionnement absolument indifférencié: tout enfant d'un noble Bemihisatra est lui-même Bemihisatra. Avec le groupe noble, la descendance et la résidence sont directement associées au rang: si bien qu'afin de conserver une hiérarchie opposant un souverain suprême (*ampanjaka be*) à ses collatéraux (*jado*) une stratification interne au vaste groupe de descendance *ampanjaka* doit s'opérer. C'est ainsi que le pouvoir Behimisatra du Nord depuis Safy Mizongo s'est transmis dans une lignée directe (*taranaka manokaña*) ne faisant se succéder que des germains ou des demi-germains. C'est ainsi également qu'avec l'irruption du contrôle colonial à partir du régne de Binao, fille de Safy Mizongo, cette passation du pouvoir a été etroitement liée à la constitution par cette dernière d'un contrôle sur un domaine foncier devenu celui d'un groupe privé, agissant pour ses intérêts propres, domaine d'ailleurs toujours en indivision dans les années 1970, contrôlé par l'ensemble des fils du frère de Binao, et surtout parmi eux, par l'héritier de la sous-dynastie. Comme dans le cas roturier, la notion de *firazañana* définit des groupes socio-politiques directement pertinents pour les rituels d'une part, mais elle permet dans le cas des *ampanjaka* de circonscrire des unités territoriales. Du fait de l'émiettement du grand royaume centré sur Majunga, tous les groupes nobles du Nord sont définis en référence à plusieurs appartenances. Le schéma suivant donne le cas particulier des Bemihisatra du Nord.

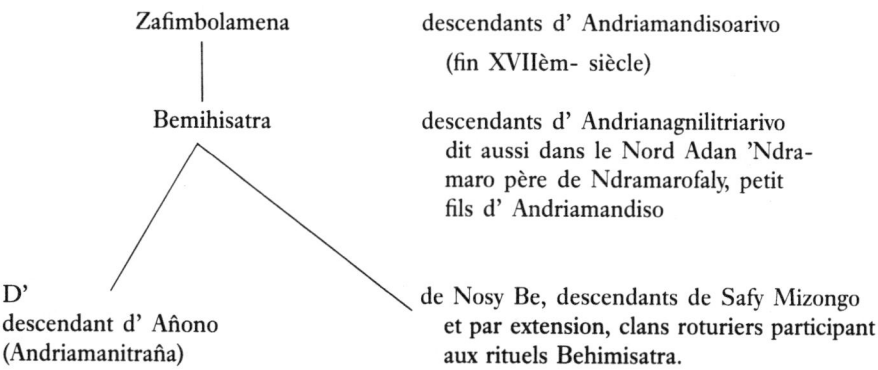

La délimitation de ces unités territoriales est largement liée à des *conjonctures* historiques: il en va ainsi de Tsiomeko réfugiée avec les groupes qui la suivent à Nosy Be, qui y rassembla (*mamaliky*) les Sakalava dispersés dans l'ensemble du Nord malgache. Il en va ainsi de la création de l'unité d'Analalava, consécutive à la révolte des propriétaires d'esclaves devant l'adoption de l'abolition de l'esclavage à Nosy Be, alors sous contrôle français. Les conjonctures historiques sont cependant "maniées" pour ainsi dire par des structures organisationnelles qui se répètent identiquement d'unité en unité.

Ainsi, une unité ou sous unité territoriale n'est définie qu'à la condition qu'un souverain régnant (*ampanjaka be*) dépositaire des reliques royales authentifie par sa présence l'ensemble des contrôles territoriaux. Dans le cas des Bemihisatra du Nord les reliques royales (*razañ' ampanjaka* ou *razaña*) sont déposées dans le *tsizoyzoy* du village d'Ampasimena, *doany* (résidence royale) principale de la reine Safy Mizongo. Dans les années 1970, Ampasimena où j'ai résidé, n'était peuplé que de quelques gardiens qui veillaient sur les reliques; on qualifiait pourtant ce village de *doany be* en référence à l'existence des reliques. La résidence réelle des groupes royaux depuis Binao (années 1880–1923) était le village d'Andavakotoko, quartier de la ville d'Hellville, à Nosy Be même (pour l'ensemble de ces faits Baré 1975 chap. 2).

Or le souverain règnant ne peut être séparé de l'ensemble de l'appareil monarchique traditionnel: conseillers, intercesseurs, suivantes, esclaves royaux "Sambiarivo." L'ensemble de cet appareil monarchique est recruté parmi des roturiers; ces nobles se définissent d'autre part par le contrôle de tombeaux royaux (*mahabo*) dont la création correspond souvent à celle des unités territoriales ou de segmentations internes à une unité territoriale donnée (Baré, 1977 chap. 7: 87).

Avec ces faits généraux—appareil de conseillers roturiers liés aux familles royales, "contrôles" territoriaux, rituels auprès des tombeaux royaux,—on peut entrevoir la pertinence des différentes définitions et analyses exposées dans le cas de la masse sakalava. Il existe une cohérence entre l'organisation monarchique et l'organisation sociale sakalava: sur le plan du recrutement d'une part, les conseillers directs du souverain —appelés comme l'ensemble des "conseillers des vivants" (*olo ny manoro*) *rañitry* ou *rañahy*—sont recrutés sur la base des groupes de descendance *tariky* pris dans leur acception la plus territoriale, en fonction d'une permanence résidentielle elle-même gage d'une influence effective dans un territoire. Ces conseillers directs ont essentiellement pour mission de contrôler les affaires foncières des familles royales et les plus éminents parmi eux—*manantany* et *fahatelò*—constituent une instance d'appel pour les affaires liées aux réseaux royaux: ceux-ci dans le cas des Behimisatra du Nord, ont toujours été recrutés en outre de leurs compétences particulières, du fait de leur insertion directe dans les agglomérations où résidaient les rois, eux mêmes souvent liés à la création des unités administratives. Vis à vis de ces responsables "profanes" les questions d'affiliation clanique sont peu ou pas pertinentes: il s'agit surtout pour les familles royales de s'entourer d'hommes capables de manier les conjonctures historiques contemporaines.

L'organisation monarchique est par contre séparée, symboliquement *et* réellement, entre ces "gens des vivants" et l'appareil établi auprès des *mahabo*, qui ont essentiellement vocation de contrôler et de servir les possédés royaux (*saha*) qui y résident. Je ne peux ici rentrer dans le détail de cette organisation, que les Sakalava renvoient aux "morts" (*ny mihilaña*). Il s'agit de spécialistes rituels dont la vie est toute entière orientée par la rhétorique sakalava du Nord Ouest, liée à la mort et à la permanence des morts royaux.[17] Les rituels funéraires, ainsi que l'a noté

---

17. Baré, 1975 chap. 6.

G. Harnik pour les Behimisatra du Sud (Harnik, ce volume) sont des affaires longues qui occupent à temps quasiment plein les gens des tombeaux royaux, projettant sur l'espace des tombeaux royaux l'ensemble de l'ancienne organisation monarchique: les membres des différents groupes claniques sont notamment répartis dans une symbolique dualiste opposant "ceux du Nord" *Antavarabe* et ceux du Sud (*Tsimania*). On retrouve dans l'organisation de ces rituels la structure symbolique du Centre et des Points Cardinaux à l'oeuvre dans tous les rituels malgaches.

J'ai consacré au fonctionnement des rituels funéraires royaux sakalava, à l'action des possédés dans le processus de décision et à la "philosophie" politique générale qu'ils révèlent, la matière de deux ouvrages (1973 et 1977) dont le deuxième reprend l'un des cas étudiés dans le premier (la fondation du tombeau royal de Manongarivo en 1941). Je ne peux ainsi revenir ici en détail sur ces longues analyses, mais je pense utile de revenir sur un point central, sur lequel j'ai déjà longuement insisté.

D'une part, l'intérêt des rituels royaux du Nord Ouest malgache, qui sont assez élaborés, est à l'évidence de fournir les informations les plus profondes et les plus directes sur les anciennes conceptions malgaches de la légitimité et du pouvoir monarchique; d'autre part, ce serait à mon sens s'engager dans des itinéraires totalement sans issue que de les penser en termes fonctionnalistes, comme "exprimant"cetter philosopohie ou comme ayant des "fonctions"économiques; car dans un cas voit mal comment cette philosophie que la nécessité d'une "expression" suppose implicite ou cachée, peut pourtant régler la vie sociale quotidienne des réseaux royaux; et dans l'autre, pourquoi une économie également supposée "honteuse" ou masquée, pourrait soudain réapparaître dans des événements qui, de surcroît, sont à l'évidence dominés par le symbolique, par un flot de messages sémantiques sans cesse réitérés: des sacrifices aux couleurs, des vêtements des possédés au maniement des objets, du choix des responsables provisoires (*jadoño*) qui donne d'ailleurs lieu à de longs processus de consultations entre les responsables monarchiques. Ces rituels, de même que les paroles des possédés, *sont* eux mêmes la philosophie des anciennes royautés du Nord, qui alors la *dramatisent,* au sens etymologique du terme, la *donnent à voir en action.*

A ces questions sans objet sur le sens de ces rituels, les "grands" des tombeaux du Nord répondent d'ailleurs sans cesse par une tautologie: "c'est ça qui les rend rois," *zegny maha ampanjaka irô.*

Les rituels royaux dans la conjoncture historique des années 1970 dans laquelle les petites monarchies du Nord étaient rentrées à mon sens depuis la "loi-cadre" de 1956[18] apparaissent comme l'affaire essentielle des monarchies. Tout se passait comme si de la famille royale aux Sakalava Behimisatra "de la base" on ne cessait de parler en termes symboliques sans pour autant que ces symboles renvoient eux-mêmes à une efficacité directe sur la réalité sociale contemporaine.[19] Ce clivage se reflétait souvent dans les propos sakalava, qui opposaient les "suiveurs" des rois, (*ampanaraka*)—c'est-à-dire essentiellement les personnes mobilisables pour l'organisation des rituels funéraires—et les autres, accentuant ainsi la marginalisation des petites organisations monarchiques.

La notion de territoire. La question de la marginalisation de ces organisations monarchiques du Nord, qui paradoxalement n'en restent pas moins des témoins historiques essentiels, nous ramène aux faits résidentiels souvent évoqués dans ce texte. Les familles royales du Nord dans les années 1970 étaient liées à des groupes locaux—à Nosy Be, dans la presqu'île d'Ampasindava—composés d'individus dont l'histoire personnelle renvoyait elle-même à l'histoire collective: les conseillers (*rañitry*) étaient très généralement choisis parmi les *tariky* sur qui s'étaient, voici plusieurs générations, "appuyés" (*nihankigny*) les ancêtres de l'actuelle famille royale. Dans certains cas (Baré, 1975 chap. 3), l'élimination d'un groupe local, par exemple la destitution (*faopakaña*) d'un conseiller et l'élection d'un nouveau responsable impliquait au contraire une conjonction significative pour l'ensemble de la monarchie.

Ce fut par exemple le cas lorsque le *panjaka* Amada, demi-frère de Binao et fils d'un Comorien, élimina des postes importants dans les années 1930 les groupes Zafindramahavita, éloignés géographiquement par l'importance accrue de Hellville comme lieu de décision, pour s'appuyer sur les communautés comoriennes.

La succession à ces hautes charges renvoie aussi aux schémas de patrifiliation qu'on a évoqué souvent dans ce texte: mais le fait de succéder à son père sur des terres ou comme *manatany* d'un roi, n'offre évidemment de sens que si l'on est là. A chaque moment historique, á chaque "coupe" dans la durée, les organisations monarchiques font

18. La loi-cadre a eu notamment pour effet d'affaiblir les anciennes structures de pouvoir "indirect" issues du gouvernorat indigène établi par Galliéni, au profit du nouveau personnel politique du futur état Malgache.

19. L'un des aspects les plus étonnants des monarchies du Nord-Ouest est en effet les rapports, qu'elles établissent directement entre une symbolique, apparemment sans prise sur l'histoire, et cette histoire elle-même, qu'elles "enregistrent" et manient tout en la subissant.

ainsi apparaître la distribution dans l'espace des groupes locaux dont le choix suppose et nécessite tout à la fois la permanence. Les individus ainsi sélectionnés se trouvent alors accéder à l'information—sur les rituels ou sur les affaires foncières, ces dernières souvent traitées au travers des premiers—et il est à l'évidence préférable que l'information qui forme comme l'ossature première du fonctionnement des rituels, soit autant que possible conservée par ceux-là mêmes qui en sont dépositaires, dans l'unité locale où ils résident.

L'appareil monarchique n'en reste pas moins essentiellement mobilisé pour l'obtention et la circulation de biens destinés aux rituels royaux, qui, on l'a vu, définissent dans la conjoncture de 1970 l'essence même des organisations monarchiques du Nord. Il s'appuie ainsi sur une répartition démographique inégale, que dans certains cas il parvient même à modifier: il en va ainsi de certains groupes locaux ou villages de la presqu'île d'Ampasindava, qui donnaient parfois l'impression de n'être sur place que pour pouvoir répondre à une hypothétique convocation. Il est vrai qu'il s'agissait surtout, en prenant l'exemple du "grand" *doany* d'Ampasimena, d'hommes et de femmes déjà âgés que rien ne pouvait inciter à tenter ailleurs l'aventure des cultures commerciales, qui constituaient alors l'alternative essentielle.

La forme sociologique générale et le recrutement de l'appareil apparaissent riches d'enseignements sur les faits culturels du Nord Ouest. L'ensemble de l'organisation est scindé, ainsi qu'on l'a vu, en "gens des vivants" et "gens des morts;" les uns résidant au *doany* (où est établi le souverain vivant, les autres aux tombeaux royaux (*mahabo*). L'ensemble des fonctions importantes de l'appareil monarchique revient à "l'ordre" roturier qui médiatise ainsi constamment les rapports des familles royales du Nord avec leurs propres ancêtres. J'ai ainsi pu parler, à propos de la prise de décision, d'une structure "polyarchique" en reprenant ce terme à F. Bourricaud, les réseaux hiérarchiques étant assez "décentralisés les uns par rapport aux autres, ainsi que le montre le schéma suivant."

En fait, la forme sociologique prise par l'appareil politique semble avoir "enregistré" les évolutions historiques des dynasties du Nord Ouest les plus significatives. Il apparaît en effet, lorsqu'on considère la passation aux plus hautes charges (Guillain, 1845; Baré, 1975 chap. 2) que l'ordre roturier, représenté par les conseillers de plus haut niveau, est constamment intervenu dans les décisions relatives à la politique générale des monarchies, notamment dans la période qui va du règne d'Andriantsoly—déposé par ses conseillers à Anorotsangana au profit de sa demi-soeur jusqu'à nos jours. Sur le plan profane, le destin des

	"VIVANTS"		"MORTS"
nobles	*ampanjaka be* (doany) *manantany*	*jado* (résident au *doany* ou dans le territoire)	(résident au *mahabo*)
roturiers	*fahatelo* (doany)	*rañitry* (au doany *ranany* et dans le territoire)	*saha* manantany fahatelo rañahy
	intercesseur du *doany*	*bemañangy* (conseillères) *marovavy* (suivantes) dans le *doany* et le territoire	*ampitana sahany* (2, un au N -assiette de prière- un au S ("porte" du *mahabe*)
			intercesseur du *mahabo* ou "grand intercesseur" réside dans le territorire

nobles est en partie entre les mains des roturiers éminents, et l'on pourrait affirmer que l'histoire dynastique sakalava est un balancement constant entre ces deux pôles de décision, entre souverains tendant vers l'autocratisme et des conseillers roturiers enclins à déposséder les rois de toute intervention sur la réalité politique. De même sur le plan du "sacré" les souverains au contraire des roturiers sont contraints de passer, pour communiquer avec leurs ancêtres représentés par les possédés royaux, par des roturiers qui monopolisent les charges de possédés elles-mêmes et les fonctions d'intercesseur et contrôlent les rituels funéraires.

Conclusion. J'ai cru bon de recourir à un survol général des faits organisationnels du Nord Ouest pour "pointer" avec un maximum de rigueur ceux qui me paraissent pertinents dans une vue comparative.

La discussion sur le caractère "cognatique" ou non des systèmes sociaux malgaches me parait à l'heure actuelle dépourvue de sens, simplement parce que les termes de cognatique ou d'unilinéaire ne sont plus pertinents au regard des connaissances actuelles de l'ethnographie,[20] et que notamment beaucoup de systemes dits unilinéaires voici quelques années n'entreraient plus dans cette catégorie. Il me paraît par contre important de souligner des complexes traits culturels, ou des "armatures" au sens que Lévi-Strauss donne à ce terme, qui semblent avoir rela-

---

20. Southall, 1971.

tivement peu varié dans l'histoire. Dans le Nord Ouest il me semble qu'on a une association entre les facteurs suivants: une idéologie agnatique et patrilinéaire, une très forte insistance sur l'exogamie entre groupes de descendance, une forte instabilité matrimoniale. L'utilisation de l'exogamie, la peur des unions entre parents que d'autres chercheurs m'ont signalé pour des régions culturellement affiliées, comme le Nord Est et le Centre Ouest (D. Hurvitz, W. Gardenier, communications personnelles) me paraît notamment différencier très nettement les organisations du Nord Ouest et de l'Ouest, de régions comme les Hautes Terres où l'insistance sur la constitution de groupes endogames fortement territorialisés est évidente. Le discussion relative à l'impact de l'écologie sur la constitution de ces systèmes me paraît souvent embarrassée d'hypothèses mal posées parce qu'elles le sont déjà dans la théorie de la discipline. A. Southall fait remarquer avec raison dans une note de sa communication (Faliarivo, ce volume) que l'association entre basse densité démographique et systèmes cognatiques n'est pas pertinente, au seul vu des exemples indonésiens (Southall, ce volume); de même l'utilisation de l'unilinéarité dans le Nord est à l'évidence en rapport avec les effectifs des groupes, mais il est bien possible qu'à un moment donné un groupe "unilinéaire" ait trop de fils dont il ne sait que faire. Les systèmes cognatiques relient, mais ils éliminent aussi, par des mécanismes liés aux choix résidentiels des individus, et symétriquement, les systèmes "unilinéaires" éliminent *de jure* mais relient *de facto*, ainsi qu'on l'a vu a plusieurs reprises ici.

Un deuxième point que je voudrais souligner est le rapport des Sakalava du Nord aux territoires. Il est possible ici que les déterminations du milieu naturel aient plus de pertinence. En ce qui concerne l'ancienne organisation monarchique, on a vu qu'elle se répétait quel que soit le territoire sur lequel elle était implantée: c'est là l'histoire même des dynasties sakalava depuis Mangoky. Ceci ne signifie pas qu'il ne s'agisse pas d'une organisation territorialisée, mais les rapports entre les individus sont premiers: c'est le réseau qui compte et qui se déplace. Il est possible que ce phénomène porte la marque historique de la naissance des dynasties sakalava dans le Menabe, où elles s'appuyaient doublement sur l'élevage et le commerce avec l'extérieur, et non pas comme les dynasties Merina, sur l'organisation territorialisée par excellence que suppose la riziculture irriguée.

Bibliographie

Baré, J. F.
- 1971 "Traits des organisations sociales sakalava du Nord" *TALOHA* IV, Tananarive: 185–97.
- 1973a *Conflits et résolution des conflits dans les monarchies sakalava du Nord actuelles*, Musée d'Art et d'Archéologie de l'Université de Madagascar, "Travaux et Documents" vol. XII, Tananarive.
- 1973b "Successions politiques et légitimité: l'exemple sakalava du Nord (1700–1800)" *A.S.E.M.I.* vol. IV no 4, C.N.R.S.-E.H.E.S.S., Paris: 85–97.
- 1974 "La terminologie de parenté sakalava du Nord (Madagascar)" *L'Homme*, Mouton, Paris-La Haye: 5–41.
- 1975 *Permanence et évolution d'une monarchie du Nord Ouest Malgache* Thèse de troisième cycle, Paris V 402 p.
- 1977 *Pouvoir des vivants, langage des morts*, F. Maspero, Paris.

Bénévent
- 1897 "Etude sur le Boeny" *notes, reconnaissances et explorations*.

Harnik, G., B. W.
- n.d. "Ritual and work among the northern Sakalava of Madagascar" Communication to the symposium Human Adjustment in Time and Space in Madagascar, Wenner-Gren Foundation, Burg Wartenstein (Austria).

Kottak, C. P., B. W.
- n.d. "Adoption and fosterage among the Betsileo" Communication to the symposium Human Adjustment in Time and Space in Madagascar.

Lavondès, H.
- 1967 *Bekoropoka. Quelques aspects de la vie familiale et sociale d'un village Malgache*. Mouton, Paris-La Haye.

Leach, E. R.
- 1968 *Critique de l'anthropologie*. P.U.F., Paris.

Mayeur
- 1912 "Journal de voyage au pays des Séclaves" *Bulletin de l'Académie Malgache*, Tananarive.

Ottino, P.
- 1964 "La crise des systèmes matrimonial et social des Sakalava de Nosy Be" *Civilisation Malgache I*, 225–248, Cujas—Université de Madagascar.

Sahlins, M. D.
- 1965 "On the Ideology and Composition of Descent Groups" *Man* vol. 65: 104–07.

Southall, A.
- 1971 "Patrilineal Ideology and Cognatic Kinship in Madagascar" *American Anthropologist* vol. 73: 144–164.
- n.d. "Faliarivo and the model of Malagasy Kinship" Communication to the symposium Human Adjustment in Time and Space in Madagascar.

20

Funerals and Social Change in Mayotte[1]

MICHAEL LAMBEK AND JON H. BRESLAR

In 1975–1976 the performance of funerals on the island of Mayotte was characterized by conflict and uncertainty. This article attempts to explicate the events that appeared problematic to the participants, and, in so doing, to contribute to the comparative ethnography and interpretation of the performance of Sunni Islam. The third, and most ambitious, aim is to discuss certain aspects of the relationship between ritual and social change. There are two directions to this relationship. The first concerns how ritual produces change, that is, the "work" of ritual. Following Ortner's recent presentation of the argument, "the ritual process is in the first instance a matter of meaning creation for actors, ... a matter of shaping actors in such a way that they wind up appropriating cultural meaning as personally held orientations" (Ortner 1978: 5).[2] The second side of the problem, and the main focus of this paper, concerns how ritual operates in the context of, or responds to, change. It will be argued that this latter aspect can only be understood by first examining the former; that is, how ritual change is contingent, to some degree, upon what is intrinsic to it, its production of meaning. In

---

1. The data for this paper were collected while the authors pursued concurrent but independent research in Mayotte. Breslar wishes to acknowledge the support of the SSRC, and Lambek of the Canada Council and the NSF. The NSF grant was administered by Conrad Kottak and Henry Wright. An earlier version of this paper, under the title "Death and Politics in Mayotte," was presented at the 76th Annual Meeting of the American Anthropological Association, Houston, Texas. Lambek wishes to thank Richard Antoun, Nancy Lutz, Michael Peletz, Aram Yengoyan, and the members of the University of Toronto working seminar in Sociocultural Anthropology for their comments on various drafts.

2. Other fruitful approaches to the work of ritual include Turner's work on ritual process (1967, 1969) and Rappaport's applications of speech act theory (1974, 1979).

the case of Mayotte it will be argued that the relatively superficial disorder experienced by participants during funerals is the outcome or cost of the maintenance of the integrity of the ritual form. The ability of the ritual to render the experience of death meaningful is preserved in the face of social change.³

The paper proceeds in the following stages. After a brief introduction to the ethnographic context, the ideal progression of funerals is described in some detail. This is followed by a record of the actual course of events at several funerals. Analysis of the events leads us back to a symbolic interpretation of the ideal funeral and the interrelationship between the two.

The Sociopolitical Context of the Funerals. Mayotte is the southernmost of the four major islands in the Mozambique Channel that comprise the Comoro Archipelago. Mayotte lies at the interface of Swahili (Comorian) and Malagasy (Sakalava) culture, and contains speakers of both language groups. Despite its ethnic heterogeneity, the population of some 40,000 is virtually united in its adherence to Sunni Islam. The islanders inhabit villages ranging in size from approximately 25 to 2000 persons. Dry rice, bananas, and manioc are grown, together with cash crops, in particular, today, *ylang ylang* (*Canangium odoratum*), which produces an oil used in the French perfume industry. Mayotte has been under French control since 1841.

During the past two decades the people of Mayotte have been divided into two political parties, distinguished according to whether they advocated union with the other three islands in the archipelago in an independent republic or maintenance of ties with the French colonial power. The aim of both parties has been economic and cultural growth and eventual autonomy, but they have differed sharply concerning the political context in which such growth might be achieved, each party fervently believing the solution advocated by the other to be, in fact, regressive. The idiom of politics invaded virtually all spheres of life,

---

3. From an evolutionary perspective, the events to be described might be considered an example of the operation of "Romer's Rule" (Hockett and Ascher 1964) that the initial outcome of change is conservative; the whole, or general mode of adaptation, is preserved by a change in the part. This is not to argue that change can never be radical in nature, nor that initially small changes do not have radical significance in the long run. On the contrary, it is to suggest that in a world in which change is the rule, it is continuity that is extraordinary, and continuity, therefore, that must be the object of our explanatory models. This approach, the implications of which are not pursued here, might be labelled an "ecology of meaning" (c.f. Rappaport 1979).

splitting the island into two factions, whose boundaries crosscut those of ethnic and linguistic affiliation, kinship and residence, although (with the exception of the small Francophone and Christian Creole portion of the population, who were pro-French) correlating roughly with the lines set up by the tacit ideology of a past distinction between slaves and freemen and by the incipient class distinctions based on access to the limited sources of income.

In 1975-76, in the face of the emergence of the République des Comores in the other islands and the series of French-administered referenda in Mayotte, political feeling ran extremely high. Every adult individual was ascribed to membership in one of the two parties, the Soldat (pronounced Sordat) and the Serre la Main, whether by public commitment or by association with those who were so committed.[4] In order to further define their commitment, the members of each party did not participate in the public events sponsored by the members of the other. The rule was maintained in events ranging in scale from the expressly political island-wide party congresses through party-, village- and family-sponsored recitations of Islamic liturgy. Among the disruptions occasioned in this way, by far the most salient were those manifest at funerals.

The Normal Course of Events at Funerals. In principal, deceased individuals are disposed of according to the following sequence of events.[5] Immediately upon the observation of death, the *shahāda*, the confession of faith, is uttered, and the body and face of the deceased are covered with a cloth. The body is then laid out and prepared for burial by the close kin, or, if they are overcome, by less immediate relatives. The deceased is undressed beneath the sheet and placed, on his back, with the feet pointing towards Mecca, on a bed devoid of mattress in the front room of the house. A shallow hole is dug underneath the bed and palm leaf mats are tied to the sides of the bed in order to conceal the space beneath it. In this way, when the corpse is washed all the body fluids flow into the hole and can be buried unseen by human eyes. In addition, incense is lit and, if it is night, a lamp is placed near the bed. Cloths are hung around the bed to create a semi-private enclosure within the room. Here the mourners may come to pay their last respects to the deceased.

---

4. During this time, party affiliation was the foremost means of public ascription, entailing unambiguous moral attributes. On the conduct of politics see Breslar (1979) and future publications.

5. All reference is to funerals of adults, male or female. The funerals of children are generally simpler.

A small stone is placed on the cloth at a point directly above the navel. From time to time the close kin or ritual adepts massage and flex the body in a prescribed manner through the cloth, in order to expel gases and offset rigor mortis. The next of kin engage a specialist of the same sex as the deceased to wash the corpse. This too must be accomplished in a highly formal manner and with an accompanying recitation. The washing takes place in two parts. In the first, usually accomplished as soon after death as possible, the body is purged of all waste material and thoroughly cleansed. In the second, performed immediately prior to burial, ritual ablutions are given, the orifices are packed with camphorized surgical cotton, and the body is perfumed and carefully wrapped in the shroud. In contrast to the rest of the funeral the preparation of the corpse is a highly private affair, attended only by the specialist washer and apprentices and perhaps a very few intimate kin, all of the same sex as the deceased. No one may attend without permission of the next of kin. The body is washed through the covering sheet and, while the washer may peek beneath as necessary, exposure of the flesh is kept to an absolute minimum. In addition, the point is emphasized that none of those present may ever comment upon what they have seen or heard, the noises of the escaping gases, etc.

Word of the death is spread immediately. All adult residents of the village gather around the house in which the deceased is located; none of them may resume their ordinary activities (with the exception of cooking and child care) until after the interment. The latter takes place within twenty-four hours, before noon of the following day (but never at night). Individual mourners may whisper brief prayers over the deceased. Outbursts of emotion are replaced as quickly as possible by a subdued gravity. The women gather in the houseyard and the men on the street in front. An awning and mats may be set up in the houseyard to accommodate the women, and mats placed in the street for the men. Here and inside the house many of the mourners will pass the night, sleeping or chanting whichever of the long liturgical works has been selected for performance. The recitation lasts all night, and although the deceased has been hidden under a covering and secluded behind a curtain, he is never left alone.

At a death all the resources of the village, both human and material, may be applied towards the funeral. The chief of the village inquires of the next of kin the names and villages of residence of all relatives of the deceased and appoints youths to travel across the island to announce the death and fetch the relatives. The boys leave immediately, even during the night, for destinations that may be as far as 30 km. away. They go by foot or by sea. Lamps are lent the messengers and, since during this time resources become public, any of the canoes drawn up on the beach may be appropriated without even asking the owner's permission. Women fetch water for washing the corpse and help to prepare the special mortuary meals. In the morning the men share the task of digging the grave and carving the board that is used to seal the corpse in its niche. In some villages these various activities are assigned to age groups. Some of the older men, including an expert, gather in the mosque to sew and arrange the shroud. When the washers are ready for it, the shroud is carefully sprinkled with aromatic powder, folded, rolled inside a mat, and carried to the house.

By the time of the interment relatives, acquaintances, and even some strangers to the deceased and close kin have arrived from other villages. All the women sit in the courtyard, some silently and some reciting. The men sit in the street or in the mosque, where special prayers on behalf of the deceased (the *tahalil*) may be read. The villagers and visitors bring gifts of rice or cash to the immediate kin of the deceased. The gifts are recorded and added up, and the male relatives decide how to spend them. The money is used for expenses such as the purchase of the shroud material, kerosene for the lanterns and for the mosque, and soap for washing with on the third day after the funeral, and paying the men who recite the *tahalil*. The greatest expense is generally the purchase of meat and other provisions for the mortuary meals (*ṣadaqa*).

As the washers finish wrapping the corpse, excitement begins to mount. If the close kin have been in seclusion or busy with arrangements they now return to the house and are followed by as many of the sympathetic and curious as will fit.

The rest of the men gravitate to the street directly in front of the house. The bier, an upturned bed draped with rich cloths, is brought forward and held up against the curtain that seals the front doorway of the house. Inside, the last words are spoken to the deceased and excitement reaches a pitch as the shrouded body is handed through the house and slid under the curtain and into the bier. Raising the bier high, the men start up a chant and move off in procession to the mosque, while the women spill out the door behind them and stand along the side of the house to watch. It is during these moments that someone inevitably breaks into a cry and is hushed.

The bier is deposited on the mosque porch, then a few men perform their ablutions and take it inside to recite a final mosque prayer (*salāt*). This is accomplished without the kneeling that normally characterizes such prayer. The bier is then taken from the mosque and is carried by a procession of all the men to the cemetery. As one man continues to lead the chanting, three or four others climb into the grave, facing towards Mecca. The uppermost cloth from the bier is placed over their heads, entirely covering the grave from view. From beneath a second sheet covering the bier the shroud-wrapped corpse is slipped headfirst eastwards into the arms of the men in the grave. The body is placed on its right side inside the niche that has been cut along the north side of the grave, with its head pointing east so that the face is looking towards Mecca. Part of the shroud is cut away so that the right cheek is in direct contact with the earth. The board is then slipped down to the men in the grave and several large balls of mud with which to seal it over the niche. Earth is pushed into the grave until finally it is high enough so that the cloth can be removed. As the men jump out, the rest of the earth is rapidly filled in and rocks are wedged in the top layer to form a single circle around the perimeter, with an extra stone in the centre if the deceased was a woman. Next, water is poured over the grave, in three sweeps from the head to the foot. A close kinsman or pious scholar crouches by the head of the grave, on the Mecca side, and, addressing the deceased as the offspring of his or her mother, reads the *lakina* (Arabic, *talqīn*), the "prompting" or "instruction." It is believed that the water percolates through the soil until it reaches the deceased's ears, thereby startling his soul into wakefulness. The deceased sits up and is afraid, calling out for company. Though the living cannot hear the deceased call, the latter can hear the responses of the living. The *lakina* tells the deceased what to expect, and admonishes him not to be afraid, but to respond well to the questions of the angels of death who will visit him in the grave. He is reminded of the most important response, the *shahāda*, the Muslim confession of faith.

With the recitation of a *fātiḥa* (the opening chapter of the Qur'ān and most common form of invocation), people begin to leave the grave. A few individuals may whisper final prayers and add small bits of earth or branches to the grave. Back in the village, the male next of kin stands outside his door and receives condolence handshakes. Some of the men may gather in a short and impromptu Sufic recitation and dance. The mother of the deceased may be washed privately in a special medicine to prevent her from missing her child too much and thereby following him to the grave. The women prepare a ritual meal. No matter how small, this is shared among all the villagers, and a bowl of food is taken to the mosque, where the men will find and consume it after evening prayers. A special and full portion may be served to the corpse washers in return for their services. Similar meals, or perhaps even larger ones, are prepared on the third and fortieth days and frequently on the ninth as well. The scheduling of these meals parallels stages in the processes of both the judgment of the soul and the decay of the body of the deceased (cf. Hertz, 1960). Close relatives from beyond the village, especially women, may choose to stay on through the meal of the third or ninth day. The close kin sleep in the house in which the deceased was laid out. Prayers and recitations are held inside the house on several nights following the interment. Other acquaintances and more distant relatives and affines may visit the village preferably on the third, ninth or fortieth day. The period of official mourning ends after forty days, but large or small commemorative feasts and prayers may be arranged for the next year or some time thereafter. At least one such large memorial feast prepared by his close kin is expected on behalf of every deceased individual.

The Actual Conduct of Funerals. Having discussed the way in which funerals should take place, let us briefly examine what actually happened at funerals during 1975-76.

First, in village A, where political conformity was demanded and all residents belonged to the same party, funerals were held as described above, with the exception that relatives of the opposite party from outside the village did not attend. In certain areas they paid brief condolence visits in the period after the interment and between the feast days.

Second, in village B, members of the dominant Soldat party refused to allow members of the Serre la Main to participate in funerals of their own kin, and likewise they refused to participate in the funerals sponsored by the Serre la Main party. Because the Serre la Main were small in number and often unable to carry out funerals on their own, some interesting crises developed. For example, some years ago Salima, a 10-year-old girl, died shortly after the parents of her unwed mother became the first in the village to openly declare adherence to the Serre la Main party. The grandfather called in a washer from his own village, a few kilometers away. Nevertheless, Village B announced that it would not bury the child, and even close kin refused to help. Finally the village agreed to perform the task, on the condition that the grandparents absent themselves. Early the next morning the couple left for their fields and the funeral took place without them. The incident was an upsetting one for all concerned and was cited by many of the Serre la Main in the village as a catalyst for their own subsequent changes in political identification.

Third, another case from village B is also of interest. Mze M'Kolo, an elderly and senile man, died in 1976. This was a time when the power of the Serre la Main party was undergoing a rapid decline on the island as a whole, many of its members finding no recourse but to hold reconciliations and pay fines to join the Soldat fold. Mze M'Kolo had been cared for by a daughter who was married to a vocal member of Serre la Main. Aside from his children, Mze M'Kolo had few relatives of his own in the village and these, as clients of some of the wealthier families in the Soldat party, refused to participate in the funerary activities. His female relatives made this point dramatically by appearing at the daughter's house, saying a brief prayer over the corpse, and then, contrary to all custom, abruptly leaving again. Only the siblings of Mze M'Kolo's deceased wife came to support his children. Together they mourned, said prayers, and massaged the corpse. Unfortunately, none of them knew the procedure for washing. The one available specialist in the village sent his excuses; finally they managed to find a Serre la Main and kinsman of the deceased in a neighbouring village who was willing and fairly competent to do the job.

The village then announced that it would bury the corpse but do nothing more. The situation was saved the next morning by the arrival of two important religious leaders, Soldat members in good standing, who brought with them a number of women mourners and senior men of high religious status. The former chanted in the houseyard and helped prepare the ritual meal, while the latter said prayers in the mosque and sewed the shroud. Over half the women who were actual residents in the village boycotted the funeral in its entirety, and of the rest, many put in only brief appearances and did not help prepare the meal. Most of the village men did not assist in digging the grave but many did join the procession for the interment. Some of these stood in the background and laughed and talked as the last rites took place.

Finally, from village C, composed of members of both parties in about equal number, comes the case of a funeral of a small child. The father of the child had recently switched to the Soldat party, while the mother remained a Serre la Main. In some quandary as to how to hold the funeral, the couple suggested that Soldat men and Serre la Main women should participate. The reaction from all sides to this idea was negative, and eventually the child was given over entirely to the father and the Soldat party to bury. The mother left the house for the duration and took no part in the funeral of her own child.

Analysis and Discussion. This last case was a matter of some shock and depression to all who heard or repeated the story. It seemed to crystallize for people the disorder of the times. In such a context the ritual was not relieving the anxiety of the participants, nor providing social solidarity (as Malinowski or Radcliffe-Brown might, respectively, have claimed). Rather, the ritual's existence as the necessary means of handling death appears to have been creating anxiety and at least expressing, if not exacerbating, factionalism and bitterness. How did this come about and how can the variation in the conduct of the funerals described above be explained?

When the different cases are compared they appear to be variations on a single pattern. Underlying each of the incidents is a basic contradiction between a traditional and a more recent rule of participation. On the one hand, the entire community should perform the funeral; on the other, the members of opposite parties should not participate in each other's funerals. The actual events are determined according to the hierarchy by which the constraints are perceived. In the ideal (and traditional) case, as we have seen, the initial preparation and watch over the body is the responsibility of the close kin, while the interment is the concern of the entire community. However, when political affiliation clashes with either kinship or community membership, considerations of the latter appear to be subordinated to those of the former. In village A, which imposed political conformity among its members, this was not normally an issue at funerals, since party and community affiliation coincided. The people of village A were only confronted with a dilemma when they had kin of the other party outside the village whose funerals they wished to attend or whom they would have wished to invite to funerals held in village A.

The inhabitants of the factionalized villages B and C[6] were faced more directly with the incongruity of the situation created by the contradiction between the rule prescribing kin and community participation and the rule prohibiting participation across party lines. In village C, the attempt made to interpose a mediating classification based on sex proved unsuccessful, indicating that the division by sex role that is so apparent in the funerals is less fundamental than social solidarity among all participants. In village B the situation was complicated by the fact that the Serre la Main party lacked enough members, in particular, a specialist washer, to ensure successful completion of the funerals of its

6. The reasons for intervillage variability in party composition are related in part to the respective social histories of the villages, particularly as concerns land ownership. Village A, for example, views itself as a corporate land-owning body, while village B has been racked by numerous quarrels over land. The demand for conformity in village A is, of course, worthy of analysis in its own right.

members. As a result, in Case 2 the grandparents of Salima were forced to abdicate their responsibility. In Case 3, the attribution of party responsibility for the funeral was fuzzy and subject to political maneuvering based on long-standing quarrels within the community. The prestigious religious leaders from outside made a strong and fairly successful attempt to redefine the funeral as Soldat.

However, despite the tensions between crosscutting political and kin affiliation, what finally moved the actors in each of these cases was the desire to see the funeral correctly carried out. The rearrangement of the participants, the abdication of some and the emergence of others, *was* carried out according to underlying kinship and community norms. Like the true mother in the judgment of Solomon, the mother of village C was ready to sacrifice her own rights in order to ensure the best for her child. Salima's grandparents in village B also abdicated their rights to this end. Likewise, the rest of the village gave these individuals this option of compromise and then did take over proper enactment of the burial. Thus, the assertion of partisanship was subordinated, ultimately, to the norms of kinship and community when such partisanship threatened the very performance itself. It was more important that the deceased have a proper burial than whether particular individuals participated or not in it. The idiom of partisanship did not disappear in these cases, but discreet compromises were permitted in order to mitigate its severest effects.

Two questions remain. Why was partisanship made a particular issue at funerals in the first place, and why, in the end, was it more important to achieve a successful and complete enactment of the funeral than to maintain partisan exclusivity? To answer these questions both the immediate goals and the underlying meaning and central importance of funerals must be examined. It will then become apparent that the actions follow from —and preserve—the power of the ritual to reorganize the experience of the participants in an orderly, predictable and meaningful way.

The Immediate Goals of the Funeral. The period from the recognition of death through the interment is one of highly constrained activity ordered by a number of very precise and detailed rules. During this period the deceased appears to be in a kind of limbo, neither fully in this world, nor fully in the next. In this liminal phase he is powerless and fully dependent on others; he must be protected from disturbances and violence emanating from both worlds. In particular, his body is still in this world, and his soul, although not yet fully awakened, in the next.

The privacy or integrity of his body and bodily functions must be protected from the senses of humans, and the integrity of his soul from the forces of the afterlife. For the former reason, the body is carefully concealed and guarded; for the latter, it is accompanied with prayers and liturgical chants that fill the interstices between the material ritual activities. Body and soul are also kept oriented in this limbo by spatial reference to Mecca.[7]

As well as protection, the aim appears to be to make the inherently difficult and shocking transition as easy for the deceased as possible. To this end he is reassured that things will go well for him and that he is going on a journey that everyone must take. It is primarily in order to make the deceased feel less uneasy that overt and unrestrained exhibition of grief is frowned upon, at least in the presence of the corpse. Although the closest kin may participate in most details of the ritual, their grief is respected; if they are overwrought they are certainly not expected to take on the major tasks, e.g. arranging the body inside the grave. Other people are always ready to step in and take over. In particular, the deceased is prepared for the inevitable meeting with the angels of death in a precise and detailed manner. He is first cleansed of all earthly impurities and then further perfumed and purified. Ablutions are performed on him identical to those of the worshipper who enters the mosque. The orifices that produce impure fluids are closed with surgical cotton; only the ears are left open. This is a crucial detail, because it is through the ears that the soul of the deceased is reawakened in the grave and also through the ears that he hears the final reassurances and instructions of the mourners above, particularly the prompting of the recitation of faith that he must use in reply to the angels if he is eventually to receive heavenly reward. It is the recitation of the *Shahāda*, the confession of the faith, in Rappaport's (1974) terms the "ultimate sacred proposition" of Islam, that marks both the beginning and the end of human action in the liminal period, from the discovery of the death to the departure from the grave (indeed, it also marks the beginning and end of the life cycle as a whole). Likewise, it is the recitation of the *Shahāda* on the part of the deceased in response to the angels who visit him within the grave that marks his own great transition point, the resolution of his uncertainty, the vindication of his life as a Moslem, and the precondition for his future happiness in paradise.

7. The precise form of this orientation varies. Some people argue that the corpse should be laid with the feet towards Mecca, so that during the massage it bows in the holy direction. Others place the corpse at right angles, since it is forbidden to defecate facing Mecca. The important fact is that the central point of orientation remains a constant.

Toward the Meaning of the Funeral. If they can perform the ritual correctly, the human participants can assure themselves that they have done all in their power to make the meeting of the deceased with the angels a success (although they cannot, of course, determine it). However, an understanding of the full significance of the ritual for the survivors requires consideration of the bases for individual participation. Broadly speaking, there are two such bases, close kinship and community membership. It will be argued that the interplay of these social statuses provides the vehicle for the production of the meaning of the ritual. Funerals create the experience of mutual dependence among individuals, kin networks, and the wider community, and then use this dependency to universalize the experience of the particular death.

Community, in theory, includes all of society; in practice, it refers to the village unit. The village as a whole has the responsibility to bury all who die within it. As one informant expressed it, "there is no such thing as a dead person without kin in the village." In most instances this is literally true. People die where they have lived, in the villages of their parents, siblings, children, or grandchildren. Those who die in hospitals are taken home for burial by their kin. But it is considered an earthly vanity to attempt to choose one's place of death. Wherever in Mayotte one dies, even in a village of strangers, one is assured of a proper burial. Between the deceased and the living there emerges a relationship of solidarity equivalent to that present within the home community and equally representative of the wider community of Islam.

From the period stretching between expiration to interment, the community is characterized by a particular mood and mode of social relations of the sort that Turner (1969) has labelled "communitas." This has a number of aspects. First of all, death immediately (if, perhaps, temporarily) ends any and all social conflict or debate, argument, or accusations concerning the cause of illness or form of treatment that should have been followed when the deceased was still alive. Death is self-evident and absolute; since death stems only from God, it is meaningless to speculate or inquire about the "cause" of death, or to relate it directly or indirectly to any preceding conditions. The problem shifts to a higher plane, and, with it, the appropriate means of redress. The community should think as a single body; indeed, it is supplied with only a single model with which to think.

Furthermore, the community acts as a single body. This should be clear from earlier description. Every adult in the village should participate in preparations for the funeral, and many tasks are taken up virtually automatically, with little centralized direction. All ordinary activities must stop for the duration. This is a highly salient point. The first question people tended to ask Lambek upon learning that he came from a city of two million was: "When do you ever have time to get anything done? You must spend all your time at funerals!" Not only do people assist in the physical tasks such as fetching water, digging the grave, or taking the news to other villages, but they spend the rest of their time lending moral support at the house of mourning. Many of them pass the entire night together, dozing or singing lengthy liturgical chants.

A final aspect of the funeral that is characteristic of relationships of communitas as set out by Turner is the absence of private property. Lanterns, mats, and canoes all become public, available for use by the community in this time of collective responsibility and collective action.[8]

Despite the depth of community participation and the identification of community with kinship, at another level the role of the community members is distinguished from that of the close kin. In particular, the close kin have ultimate responsibility for the body before burial.[9] The corpse is washed at their specific request, by an expert washer of their own choosing. They may also select the burial plot (should it be an issue), and they make the decisions concerning the allocation of the money collected from the mourners, and the nature and quantity of the ritual meals to be prepared.

There are two important aspects to the distinction between close relatives and community members. The first is the system of complementarity and exchange implied by the distinction, and the second is the way in which the distinction is used as a vehicle for the development of the funeral. Funerals form the nexus of a complex system of exchange involving God, the deceased, the near kin, and the community at large.[10] The outlines of this system are as follows. Individuals perform the funerals of community members both out of sympathy and obligation and in anticipation that the community will do the same for them. The obligation works in other directions as well; that is, having been given the chance to earn religious merit performing the funerals of others, the

---

8. A resident of village A created a furor and was temporarily banished from the community when he decided to keep his canoe locked to a tree on the beach. There was much comment upon the implications of the action for the conduct of funerals.

9. If there are no kin present, the immediate hosts or neighbours of the deceased take on the role.

10. This exchange system extends throughout the life of the individual and is manifest at other rites of passage as well.

individual must in turn permit others the opportunity to perform a pious duty on the occasion of his own funeral. As an example, one man likened grave-digging to the performance of daily prayers in the mosque. The exchange between community and individual is manifest in material terms as well, for example in the offerings of cash and raw food which are turned into ritual meals, and in the trappings of the bier. Having eaten the cakes of others when he was alive, the deceased must provide cakes to quit his account. The cloths that cover the bier are community property, stored in the mosque and produced at every death. On the other hand, the mat on which the body lies must be supplied by the deceased. Many older women plait their own mortuary mats and hang them, coiled, on the walls of their houses. After the funeral, the mat is added to those which cover the floor of the mosque.[11]

It is obvious that the near kin of the deceased hold a crucial place in this exchange system, mediating between the community and the individual. The cases described above indicate that participation in the funeral is not based on the party identification of the deceased (in many cases an apolitical child or senile elder), but on that of the close kin who assume sponsorship. The kin protect the dignity of the deceased vis-à-vis the public and his moral state vis-à-vis God, by ensuring commitment to his exchange obligations. Again, this is both a right and a duty, in connection with the rest of the community, from whom they must both expect and accept assistance.

Turning now to the distinction between kin and community in the syntagmatic dimension of the ritual, it is apparent that the funeral moves from a relatively private and personalized context to a public and more abstract one.[12] Within the house, the care of the deceased is a matter for the close kin. It is they who lay out the body, watch over and massage it, who engage the washer and supervise his work. By contrast, what occurs outside the house, sending messages between villages, digging the grave, preparing the shroud and bier, is the responsibility of the community as a whole.

Furthermore, within the house people relate to the corpse as a social person. It is here that people say a private farewell or prayer. Outside the house the pious men may be employed to recite the *tahalil*,

---

11. Some old women are afraid to sew their own mortuary mats, and men do not produce them either. When someone dies without a mat, one is borrowed for the funeral from the mosque. However, the family of the deceased must eventually supply the mosque with a new mat.

12. And, finally, in the production and consumption of the ritual meals (a series of events beyond the scope of this paper) to a mediation between the two.

but these prayers are aimed on behalf of not only the newly deceased, but all who have died previously in the families of those sponsoring the prayers. The ritual entails a process of depersonalization. The climax of the funeral occurs when the body leaves the house for the final time, a moment of symbolic richness. The move is vividly dramatized as the women give up the body and then remain by the doorway while the men swiftly bear it away towards the mosque and cemetery beyond. At this moment the deceased leaves his home and family, leaves all human, domestic kinship. Breaking from his social moorings, he heads for the grave in virtual anonymity. Inside the house the deceased is related to as a particular individual; outside, the procession of mourners relate to him in the abstract, as the living versus the dead. Inside, he is concealed under a sheet which nonetheless allowed the outlines of his body to remain visible, and he can be touched through the cloth. But outside, well wrapped in a many layered plain white shroud, he is disguised in the shape of an oblong packet. Even this packet is invisible once it leaves the house, concealed under the curtain as it is slipped into the heavily draped bier, and concealed once again as it is slipped from the bier into the grave itself. Of course, the depersonalization is not yet complete. During the interment the male next of kin have the right to peer under the cloth covering the grave to ensure that the body is properly arranged. The deceased is also addressed by name in the prompting. Significantly, however, the appellation is not one which the deceased ever heard during life. In life you are addressed as the offspring of your father, in the grave as the offspring of your mother. The attribution of paternity is a social convention, it is asserted, while maternity is a self-evident fact of which there can be no doubt. The matronymic form is a means to approximate certainty that the deceased has the benefit of the prompting, but it is also evidence of the fact that the particular social identity has been eclipsed. Indeed, when the soul wakes in the grave, it calls out for an impersonal companion (*djira*, literally "neighbour") rather than for particular individuals or classes of kin. The ritual thus controls the experience for the mourners of the depersonalization of the deceased and of separation from him. It does this through setting out a series of oppositions and controlling the shift between them. The key oppositions can be set out as follows:

house	street (village, mosque, cemetery)
private	public
family	community
women	men

body	soul
life	death
concrete	abstract
particular	universal

The key moment in the transition is the slipping of the body from the house door into the bier. The body is transferred from women to men, from the family to the community, and, simultaneously, from the world of the living to the world of the dead. The analogy is established that: family: community: life: death: particular: universal. This symbolic analysis is supported by the fact that the moment the body leaves the house is also the point of emotional climax. This is the time when some of the mourners lose control and begin to cry.[13]

In sum, the ritual established an experience for the mourners that verifies the phrase they utter to comfort the deceased: "Everyone must pass along this road at some time." Perhaps funerals in all cultures must accomplish something of the sort; what is peculiar to the Mayotte version, and of particular significance to the broader argument of this paper, is the achievement of the effect by means of the juxtaposition of family and community ties during the course of the ritual. In other words, the roles of both kinsmen and community members must be filled, their mutual dependency established, and the transition between them smoothly carried out if the ritual is to have its desired effects.

Conclusion. With this appreciation of the ritual form, we can return to a consideration of the actual events. At issue in the society at large was the question of whether the key corporate social units were the kin groups and villages or the parties. In the early 1970's this seemed to be resolved, albeit somewhat uneasily, in favour of the party, at least in public statements.

In the indigenous interpretation of the ritual, funerals operate to protect the body of the deceased and maximize the chances of his salvation and good treatment in the next life. Participation in funeral activities is a form of assistance, as well as insurance, and it is also intrinsically pleasing to God. Mourning thus entails commitment to a

---

13. The symbolic analysis is strengthened further when funerals are compared to other rites of passage. For example, the first major ritual event of an individual's life is when, as an infant, he leaves the house for the first time and is carried to the mosque and back. This marks his entry into public social life just as the funeral marks his exit. The sequence of rites of passage as a unified symbolic system will be discussed in a future paper.

system of long-term exchange, and thereby implies and asserts political and social affiliation which members of the opposing parties wished to avoid. The strategies adopted to produce the funerals are based on such considerations. This is made explicit in the case of Mze M'Kolo (Case 3), where the village agreed to see that the corpse was buried, but to do nothing more. That is, the villagers were willing to become involved in the funeral only from the moment that the corpse had left the house of the relatives. In this way, they were effectively restricting their commitment to the exchange between the living and the dead, bypassing the particular social personae concerned.

On the other hand, because the ultimate referents of the funeral were never in question, no one boycotted the principle of the ritual. While individuals may not have wished to accept the political implications of participating in particular performances of the ritual, all of them accepted the canons encoded therein. Thus, the members of one party were ready to take over responsibility for a funeral whose sponsorship had been proposed originally by members of the other.

In the deeper interpretation of the funeral, the ritual universalizes the meaning of the individual death. This meaning is produced through the juxtaposition of solidary groups. The refusal by members of both parties to participate jointly avoids a false expression of solidarity which could discredit or undermine not only the political positions of the individuals, but also the ritual form itself. In remaining separate, and creating disruptions at particular funerals, the parties were actually preserving the integrity of the ritual form; that is, the ability of the funeral to produce a certain meaningful change in the experience of the participants. While disputes over participation were experienced as disruptive at the time, such disruption protected the form and power of the ritual in the long run.

In sum, the ties of particular individuals to the deceased took second place to consideration for the solidarity constitution of the participating group. "Cognitive-affective congruity" (Wyllie 1968), the knowledge and feeling that kinsmen should support one another, was sacrificed in particular cases, thereby retaining the forms by which such support is expressed. In other words, what we observe is the integrity and resilience of Islam in Mayotte. It might be noted that this is the opposite of what occurred at the Javanese funeral made famous by Geertz (1959). In Java, in the context of a dispute over Islam, it was in order to salvage the cognitive-emotional congruity of the mourners that the ritual was performed at all. In Mayotte, it was the inconceivability of tampering with the fundamental structure of the ritual that generated the incongruity. In the face of social change, the ritual remained invariant.

Postscript In 1975–1976 the Serre la Main Party was (temporarily?) eclipsed by Soldat. As a result, all members of the former had to seek reconciliation and publicly change party affiliation. This was carried out village by village, each village responsible for finding and reaccepting its wayward members. Ultimately, then, party and village affiliation were brought into absolute harmony, since everyone became a Soldat. The contradiction between village and party affiliation—again at the expense of considerable cognitive-affective congruity—was resolved.

Bibliography

Breslar, Jon
   1979   *L'Habitat Mahorais: Une Perspective Ethnologique.* Paris: A.G.G.

Geertz, Clifford
   1959   "Ritual and Social Change: A Javanese Example." *American Anthropologist* 61: 991–1012.

Hertz, Robert
   1960   *Death and The Right Hand.* Rodney and Claudia Needham, trans. Glencoe: Free Press.

Hockett, Charles F. and Robert Ascher
   1964   "The Human Revolution." *Current Anthropology* 5, 3: 135–68.

Ortner, Sherry B.
   1978   *Sherpas Through Their Rituals*, Cambridge: Cambridge University Press.

Rappaport, Roy A.
   1974   "The Obvious Aspects of Ritual." *Cambridge Anthropologist* 2: 3–68.
   1979   *Ecology, Meaning, and Religion.* Richmond, VA: North Atlantic Books.

Turner, Victor W.
   1967   *The Forest of Symbols.* Ithaca: Cornell University Press.
   1969   *The Ritual Process: Structure and Anti-Structure.* Chicago: Aldine.

Wyllie, Robert W.
   1968   "Ritual and Social Change: A Ghanaian Example." *American Anthropologist* 70: 21–33.

Common Themes in Malagasy Culture[1]

Aidan Southall

The fact that Madagascar is definitively bounded by the categorical frontier of the sea and that no significant surviving evidence carries its peopling further back than two millennia, combined with the generally recognized basic underlying unity of its language and culture, makes the question of how the diversity within this unity came about peculiarly ineluctable. There are only a limited number of ways in which such a large area can acquire and maintain a population of such linguistic and cultural homogeneity, especially when it consists, as Madagascar did until recent centuries, of many small scale collectivities, often in relative isolation from each other and without the unifying and homogenizing force of state organization. Baré[2] has warned against taking the unity of Madagascar for granted, without taking proper account of historical and structural differences, suggesting that the acceptance of objective contrasts according to the dialectics of difference is the only way to bring about a phenomenon of unity.

The first and most obvious limiting factor is that the basic settlement of the island, more especially its coastal regions, must have been effectively achieved by people already of similar language and culture, before any major external demographic linguistic or cultural interference occurred which could not be absorbed and assimilated within the single basic homogeneous core. The presence of other, earlier aboriginal groups cannot positively be ruled out, but no convincing evidence of

---

1. I wish to thank the Wenner-Gren Foundation and especially Dr. Lita Osmundsen and her staff for making Symposium No. 83 possible, successful and so enjoyable.
2. Unless otherwise indicated, citations refer to participants' papers in this volume or to their verbal contributions during the symposium.

such has come to light and the arguments of earlier writers in this vein, with respect to the myths of the Vazimba, the stories of the Mikea (Fanony) or the occurrence of Negrito physical types, have proved untenable (Vérin).

The ocean frontiers were not, of course, absolute. For the earliest arrivals must have come by sea. Recent evidence, as well as earlier speculation, points to the likelihood of a particularly close connection with the Comoro Islands and to the development of proto-Malagasy culture in the northern part of the island (Vérin, Wright). However, archaeology has not yet revealed sites older than the ninth or tenth century. Many small, early settlements must have lived by fishing on the coasts and hunting and gathering in the interior.

Given the common substratum of language and culture, the process of differentiation whereby the present diversity of culture and social organization developed within the wider embracing unity, can only have emerged in reaction and adaptation to internal differences of environment and external forces of interference. The former consisted of the varied resources of fish, fruit, vegetables and wild game; the contrasts of altitude and temperature, of soil and water resources; the forested escarpments and high rainfall of the east, the highlands with their well-watered valleys and once forested hills, the vast dry savannas of the west and south (Rakotoarisoa).

Among influences from the outside were the introduced animals and plants: chickens, guineafowl, sheep and cattle; rice and taro, sorghum and the later manioc and maize. The principal human influences from outside were the early Afro-Arab, or even Indo-Arab (Vérin, Wright, Esoavelomandroso) immigrants, with their mysterious ritual potency and the basically similar but later Afro-Arab-Swahili founders of the coastal trading cities. The African and Bantu influence was obviously significant everywhere, both in vocabulary, culture and physique, though strongest round the coasts, but how far due to mediation by the Afro-Arabs, or by early immigrants from the coast of Mozambique, or by the later influx of African slaves, is very hard to establish.

As elsewhere, it is of fundamental importance to distinguish between the movement, expansion and adaptation of the masses of the common people on one hand, and on the other that of dominant and ruling groups, on whom most attention has concentrated despite their numerical minority status and the fact that their movements were sometimes in a direction opposite to that of the general long term trend, most notably in the case of the primeval movement of settlers from north to south down the west coast, followed by the more recent movement of dominant groups from south to north. In each region of the island there have been complex subsidiary movements in diverse directions, as documented for Androy (Esoavelomandroso).

The present evidence suggests the original development of the proto-Malagasy culture in the north and the expansion and movement of its bearers gradually round the coasts, to the south and into the interior. The pattern of movement of the dominant groups on whom attention has focused was rather different. Most pervasive are the shadowy traditions of the Afro-Arabs, by no means mutually consistent, yet with persistent common emphases. The first arrivals might well date from the seventh or eighth centuries when the proto-Swahili cultures of the East African coast first began to flourish (Vérin). Both tradition and archaeology suggest early arrivals on the northwest coast (the later Boina) and the northeast coast, e.g., Vohémar. There were several waves of immigration. Tradition suggests an early group of Anjoaty, or Onjatsy, settled at Vohémar, but having come from the northwest coast, later subjugated by the incoming Zafiraminia, who took them down the east coast to the Matitana river and the Antanosy country (Hurvitz). The Antambahoaka of Mananjary were a fraternal group. The Antemoro only established themselves on the southeast coast after many stops all along the northwest coast and right down the east coast (Rakotoarisoa). Other subgroups later penetrated further inland as in the case of the Zafimanara among the Antandroy (Esoavelomandroso).

In relation to the pre-existing Malagasy population, all these vaguely Afro-Arab immigrants were possessed of a mysterious ritual potency. They may have lit the spark of ritual domination and leadership very widely through the island, but in the process became thoroughly Malagasy themselves in language and culture, while retaining certain distinctive features. They transmitted the elaborate system of *sikidy*, or *sikily* (Gardenier, Huntington), divination and destiny prognostication throughout the island, involving also intricate calendrical elements and naming the days of the week and the cycle of markets. They carried with them the mystical aura of writing with their *sorabe* manuscripts. They were also blessed with at least some reflection, however dilute, of the sacred authority of the world religion of Islam. All this conferred on them the reputed capacity for providing the most powerful and dangerous talismans, while their impact was further reinforced by the symbolic structure of the myths they believed and the rituals they performed.

Hurvitz shows how their symbolic acts and beliefs provided a profound meaning and coherence to the contrast between sea and land, so fundamental to early Malagasy populations, all of them by origin immigrants from overseas. This gave rise to the contrast between *antandrano* "people of the water" and *antety* "people of the interior," which in its final form was exploited for political reasons in the colonial period by pitting the "Côtiers" against the people of the plateau.

This basic contrast forms part of an intricate set, displaying the now familiar symbolic processes of opposition and contradiction, inversion, ambiguity and mediation. Their early settlements and more particularly their cemeteries, were at the mouths of rivers, mediating the opposition between water and land, soft river water and salt sea water, through the mediating elements of sand, coral, wood (which, derived from land, makes boats on water) and ambiguous land and water animals such as crocodiles.

The sacred ritual potency (*hasina*) of the Anjoaty derived from the water-land opposition, which also stands for life (birth) and death, recalling the derivation of the power of fertility from the mediated opposition between life and death in Imerina (Bloch) and the life force of the Sakalava derived from the worship and service of their departed kings, which suggests that in the death of the king is the life of the people (Feeley-Harnik, Lombard). Here is one of those pervasive themes which justify emphasis on the essential unity of all Malagasy culture, despite its apparent regional contrasts.

The ancestor of the Zafiraminia was created from the foam and stepped out of the Red Sea, whereas Fasanarivo, the founding ancestor of the Vohémar Anjoaty, stepped into the ocean but did not die, just as his descendants scared the local people away from the place where they wished to settle by submerging themselves in the bay without drowning, and as today people may jump into the dangerous (mingled river and sea) water of the river mouth to purify themselves from unwitting sins of taboo violation or incest. Their *hasina* could even propel them magically over the water without boats and on other occasions saved them from drowning. Despite the intimate bond between the Anjoaty and the water, and the fact that their prayers keep the river mouths free of obstruction, and that they are the indispensable ritual sailors who must transport the officiants to the cemeteries by water, they actually fear boat trips and hate swimming (Hurvitz). For they also see living things, people and cattle, under water—a kind of life in death. The themes of submergence and emergence and their mediating elements are constantly played upon. Their ancestors left Arabia when it became flooded and left the island of Mijomby when it sank under the sea. Survivors of shipwreck are rescued by boats, or even by fish. Those whose holy book got wet lost their supremacy (as African peoples lost it when they lost their drum), while those whose book kept dry retained it. Thus submergence signifies failure or expulsion, while emergence signifies success, victory or incorporation. Yet the mediating form of immersion signifies a higher, more potent, yet dangerous form of life. There is a conceptual link between ritual power and service to the area and mystical ownership of the soil, as is so common with autochthonous groups everywhere, as with the Tallensi earth priests and their counterparts all through West Africa. But it is also possible to win this status by ritual efficacy, particularly by burying your dead in the land and maintaining their cemeteries, for it is the dead who assure life to the living. Those ritually responsible for the land are distinct from those who hold authority over it, but the two often become confused, and the latter may be transformed into the former through the arrival of newcomers to displace them. When people with *hasina* thus take over a country they intermarry with the local *tompontany* leaders and turn them into guardians of their cemeteries. This was a process taken to its furthest extreme by the Sakalava, whose kings and royalty became barred from any personal involvement in their own death cult, which was taken over by commoners, who lost theirs in turn.

Despite their claims to Arab, Meccan or South Indian origin, which so easily become a matter of habit, as well as their diluted Islamic features, and whatever their historical status may be, these three groups as we know of them are thoroughly Malagasy and in many respects quite un-Arab and un-Islamic. Paradoxically, siblings are in conflict for the control of their parents (Hurvitz) and children ultimately determine their own ancestry by which tomb they bury their forbears in. Degrees of kinship are reckoned equally through women and men, though filial links through men constitute more powerful links to land, and the office of ritual officiant (*mpijoro*) passes in the male line. The *mpijoro* sits cross-legged with his palms up (Hurvitz), more like a Hinduized priest than an Islamic holy man. Quite unlike Arabs and Muslims, and in conformity with the cognatic emphasis, the highest status and rank was determined by descent through the father and the mother (Hurvitz), and likewise many ruling families endeavoured to incorporate the descendants of all their daughters as well as their sons. These themes also recur throughout Madagascar with minor variations of emphasis.

There is an insistent yet tenuous link between these Malgachized Afro-Arabs, such as the Anjoaty and the Zafiraminia who dominated them and were in turn dominated by others, and the ancestors of the ruling lines which developed later in the southwest and west of the island, and even in the central highlands. The development and emergence of those ruling lines must certainly not be represented in any simple way as caused by the migration of Afro-Arabs from the southeast coast, but must be related to changes in the volume and methods of production in each place where it occurred. But there is no doubt of the mystical awe and prestige attaching to the Malgachized Afro-Arabs with their supposed powers of prophecy, divination, literacy and sorcery. These powers certainly provided a focus for the growth of centralized power and influenced some of the cultural forms of symbolic belief and action in which it was expressed, although in every case it had to be fundamentally based on critical local changes and potentialities of political economy. The different economic developments which provided the base for new political structures included the increasingly intensive wet rice production of the Merina and Betsileo (Rakotoarisoa) and the widely varying combinations of cattle keeping and dry land farming among the Antandroy, Mahafaly, Masikoro and the many different polities known as Sakalava all up the western side of the island. Somewhat later the Bara also held to the same tradition of ruling lines coming from the southeast. The largest number of these ruling lines in parts of Mahafaly, in Masikoro and throughout all Sakalava claim shadowy common descent under the Maroseranana ancestral label.

The Merina and Betsileo possessed a solid and stable base of increased production for potential exploitation in political development as intensive irrigated rice growing developed, but only the central Merina, whom the environment favored with a particularly high concentration of productive resources, finally achieved an effectively centralized state. Wright has made a tentative outline of archaeologically defined stages suggesting progressively larger and more complex settlements, and eventually interrelated systems of settlements, until during the Kaloy period of the second half of the eighteenth century the appearance of large border forts with triple walls and of multiple moated towns with many small dependent fortified settlements signals the emergence of the effectively centralized Merina state. The Sakalava lacked this special environmental advantage and their extensive cattle herding provided a poor base for political centralization, but on the other hand they were in a position to control much of the trade of the Swahili cities of the west coast with neighboring parts of the interior and this provided them with their chief economic power base.

The people of the Swahili cities were also Afro-Arabs, but only minimally Malgachized compared with the early Afro-Arabs from whom the Sakalava rulers claimed descent, such as the Zafiraminia and Anjoaty, the Zafitsimaito and Zafikazimambo, who became predominantly Malagasy in language and culture and who failed to maintain extensive and continuous trading links across the seas. In contrast, the Swahili-speaking inhabitants of the west coast trading cities, though inevitably influenced by their Malagasy surroundings, and badly mauled by the Portuguese in the sixteenth and seventeenth centuries, formed an integral part of the East African Swahili world of port cities at Kilwa, Zanzibar, Mombasa, Malindi, Lamu and beyond.

Discussion of the social organization of Malagasy people has focused a good deal on whether they are predominantly cognatic or agnatic and then on the extent of the contrast between the indisputably cognatic emphasis of the Merina and Betsileo and the agnatic element among the Sakalava, Tsimihety, Bara, Mahafaly and other non-highland peoples, which has been claimed to be so strong by some writers that they would expound it in terms of a totally distinct model. It now begins to appear that this debate may have been misconceived and that a more adequate exposition can be made on the basis of a quite different model, different indeed from any hitherto used anywhere, which accounts for much of the diversity as well as the unity of Malagasy social systems without doing violence to either. This model may be centered most conveniently on what I shall call cumulative kinship, in order to draw attention to the fact that what seems to be distinctive about all Malagasy kinship systems is not their qualities of cognation or agnation, but their emphasis on kinship and descent status as something achieved gradually and progressively throughout life, and even after death, rather than ascribed and fixed definitively at birth.

As with all new hypotheses in this field, the message is obviously not at all that Malagasy kinship is quite different from all other kinship, but that it puts a singular emphasis on an aspect of kinship which is to some extent universal, but perhaps nowhere else so strongly developed as in Madagascar, and not so far subjected to any exhaustive analysis. The hypothesis is not so much to be proved true or false, as to be judged by whether it makes better sense of Malagasy kinship systems than any other and whether it demonstrates the appropriateness of expounding them in the light of a single model rather than several. This does not entirely dispose of questions of cognation or agnation, but it places them more usefully, in a less categorically adversarial context, by relating what has been argued about as cognatic or agnatic to common underlying factors and to influences outside the field of kinship in the narrow sense.

Evidence from all over the island seems to support the perspective that the mystical bond of child to mother is extraordinarily profound, while that with the father is problematic and has to be built up gradually and achieved by progressive and cumulative ritual enactments. Thus among the Bara, one of those groups among whom local agnatic ties are most strongly stressed, as also among the Sakalava, the child's flesh is believed to come from the mother, the bones from the father (Huntington) and the male child's passage from the mother to the father is symbolized by the closing and hardening of the fontanelle, the hardening of the bones generally and the successive rites of birth itself, of haircutting, circumcision, marriage, parenthood and eventually burial. In all groups children have this primal identity with the mother, which in some respects persists, as indicated by the universal taboo against marriage between children of sisters, because they "share the same stomach."

In those groups where agnatic elements have been most stressed—which in fact correspond closely with the groups for whom cattle keeping is most important—the male child moves gradually throughout life from the mother to the father, while the female child moves gradually from the mother to ancestorhood. In those groups where cognatic elements have been most stressed there is the same gradual and cumulative building up of kinship and descent status throughout life, but in a context where the options remain to a greater extent open for different individuals, until they are definitively foreclosed by placement in a specific tomb. There is often a slanting or skewing, other things being equal, in the direction of a preference for patrifiliation (Kottak), especially in succession to certain ritual offices, but even this is not invariable, for the successor to the Merina sovereign, preferred as sharing the royal essence in the highest degree, was the child of the sovereign's sister, again "sharing the same stomach." Queen Ranavalona III was the great-great-granddaughter of the favorite sister of Andrianampoinimerina (Ratrimoharinosy). Yet it would be quite misleading to interpret this as an intrusive matrilineal element.

That kinship and descent is a cumulative process with options at each stage is well shown by the Betsileo of Manandriana (Rajaonarimanana). They claim to be descended from five original groups called "children of the five mothers." These and their subdivisions are called *akitsanjy* and each is credited with its own tomb built by its founding ancestor. However, several are called after ancestresses, not ancestors (as well as all being called "children of five mothers"), while most are named after proverbial or mythical circumstances such as "those who are not gentle," or "the honor of my father is not lost." Each *akitsanjy* includes all the descendants of its founder or foundress through both men and women, so that they are bound to overlap and exogamy could have no meaning, although there is said to be a concern for it. In fact, however, as is so common in Madagascar, there is a strong preference for marriage between children of brothers or of a brother and sister. If a man foregoes his right to marry such a cousin, he can claim one or two of her children, who are considered children of the inheritance. With the *akitsanjy*, the *anarandrae* "name of the father" suggests a group based on patrifiliation, and is concerned with movable wealth in houses and land, yet the balanced concern with descent through women as well as through men, and also with affines, is still maintained, since at *anarandrae* rituals the tasks are divided between all these categories. The first ritual in the process of marriage is the making of the offering to break incest. If the union is actually considered incestuous, the ceremony of "entering the heart of a cow" is held to remove the taboo. The final rite of marriage is only held after the bride has given birth at her parents' home, and it is this rite which transfers the child from the wife's to the husband's group (Rajaonarimanana).

Among the Betsimisaraka the bridegroom makes a field at his bride's village and cohabits with her there for the season (Fanony). If she becomes pregnant, the full marriage negotiations and ceremonies ensue. This is the full form of orthodox marriage, but as among most Malagasy there are many other forms, some seven or eight in all, varying from the temporary and casual to the longer term, and from virilocality to uxorilocality.

Marital unions in Madagascar are frequently described as fragile. Such qualitative statements are notoriously unreliable, but the matter can be put more precisely. Some unions last for many years and in that sense are stable, but even where a spouse has contracted ten or even fifteen unions, the affinal relationships established by the ritual completion of a marriage and its fulfillment in the birth of children continue even when the union of the spouses has ceased to exist (Esoavelomandroso, Gardenier). Thus, former affines continue to attend weddings, funerals and other rituals because, they say, they cannot fail to maintain relations with one who has become part of them through the birth of children.

It seems paradoxical at first that peoples who attach such enormous time and importance to service of the cult of dead ancestors can also be said to be fundamentally child oriented, but in fact the children are the ancestors (Gardenier). It is in the light of this that the widespread practice of teknonymy acquires special significance. Teknonymy emphasizes the importance of children to the status and identity of adults and the fact that while the bond between child and mother is inalienable, that between child and father is problematic, cannot be taken for granted, and has to be achieved. Teknonymy also forms part of the process of name changing which further emphasizes the gradual and cumulative nature of the kinship process itself. If it produces genealogical amnesia (Gardenier) it is likely also to minimize emphasis on descent as such. The elaboration of "sex of speaker" defined terms between siblings and other consanguines in Malagasy kinship terminologies and the use of the same reciprocal term between husband and wife, also expresses the rather equal balance between men and women, between the father's side and the mother's side in the long run, and underlines the focus on endogamy and cousin marriage rather than on differentiating lines of unilineal descent. The frequency of adoption is another aspect of the optional, achieved and cumulative nature of kinship status.

Women are never fully incorporated into their husband's family or descent group, as happens in many agnatic societies in Africa, unless, of course, by endogamy they belong already. Otherwise, they remain more closely tied to their own kin group than to their husband and his. In northern Betsimisaraka the wife is only lent to the husband, she does not belong to him (Fanony). The bond between a wife and her sister is especially strong and a senior wife may request her husband to marry her younger sister (Esoavelomandroso). The wives of two brothers have the same term as sisters, and `sisters-in-law are very close, while brothers-in-law are almost hostile. There is no bridewealth, in the sense of specific property exchanged for specific rights over a woman's child-bearing powers. Having a father is preferable, as it gives you more options, but children born out of wedlock (which is frequent) are perfectly legitimate members of their mother's brother's group. A child never belongs automatically to its father and his group, for to achieve this requires the performance of the appropriate series of rituals, but in this way a genitor can gain legitimate possession of a child begotten by him, without ever marrying its mother. Even among the cattle people, marriage transactions usually result in more cattle passing from the wife's to the husband's people rather than in the opposite direction as in agnatic societies of the classic type. In the northeast cattle pass from wife to husband, but at death more than at marriage, pass from a man to his daughter to her children (Hurvitz). In Bara, also, most cattle pass from the wife's to the husband's family (Huntington) and in Mahafaly the marriage goats are all sacrificed at the ceremonies for marriage and the birth of children and so do not pass on at all (Eggert). On the other hand, in Sakalava a wife is able to beg presents of cattle from her husband on frequent occasions (Gardenier), as when he marries another wife, or whenever he is in a situation of disadvantage in relation to her. These she deposits with her brothers' herds.

The process of becoming married is also long, drawn out and cumulative. This has parallels in many societies, but in Madagascar the status of husband and wife vis-a-vis one another and their families remains peculiarly ambiguous and uncertain. It is the last stage of a Merina marriage which depends upon the couple's parents and establishes the filiation of children (Bloch). The earlier stages, as in most of Madagascar, are very much a matter of the individual spouses.

Since the groups with the strongest elements of agnation are the cattle herding groups it is unreasonable not to enquire whether there is any connection between their cattle herding and their stress on agnation. It is obviously not a question of any absolute correlation between agnation and pastoralism, but whether there is a link between particular forms and exigencies of cattle herding and particular forms of agnation.

It must be noted at once that agnatic organization among the Bara, Mahafaly, or Sakalava is neither large scale nor structurally pervasive by comparison with African agnatic peoples. There are no widely ramifying segmentary lineage structures expressed in long and detailed genealogies. It is mainly a question of small, shallow, usually localized agnatic groups. While fully accepting the ethnographic facts reported, one may still ask how much of what is called agnation might be less misleadingly characterized as patrifiliation. Among the Bara, for example, it is recognized that descent status is not fixed at birth but only gradually achieved. Among the Mahafaly, the *tariha* does not remember genealogies beyond the level of an ancestor recently alive, who is not necessarily male (Eggert) and it is not exogamous.

One is thus left to envisage the youngest generation, of children and young people into their twenties, gradually going through a process of movement away from their mothers toward their fathers (in the case of sons); the next older generation of young married parents, in which the men have been more firmly attached to their fathers, who, in turn, constitute the third ascending generation of the living. Some of the fourth ascending generation will still be alive, but some already dead, while practically all of the fifth ascending generation of men will be already dead, but some of them still very clearly remembered in their manifold recent links with the living and for their continued importance in the complex ongoing network of unenforced claims by which these acephalous societies are importantly structured. Here we have five generations of males each successively attached to its predecessors by the gradual cumulative process of patrifiliation. Whether the process of patrifiliation five times repeated constitutes an agnatic lineage or a patrilineal system is a metaphysical question, but it is arguable that it is more consistently understood as successive patrifiliation in the light of the wider complex of social organization and values as a whole.

The groups described as agnatic in Bara and elsewhere in Madagascar rarely have a generational depth any greater than that produced by the cumulative process of patrifiliation repeated five times in succession. Twenty-five percent of Bara men do not belong to agnatic groups anyway, and perhaps a larger percentage including the numerous cases of those born out of wedlock who are legitimate members of their mother's brothers' groups. Bara agnates "brand" their males (sons) as agnates in the ceremony of circumcision, while they brand their females (cows) into the cognatic, endogamous *raza* (Huntington). Thus this "agnation" forms part of a set of symbolic oppositions in Bara society. It is a form of agnation which does not conflict with cognation in the same system. Treating it as patrifiliation is consistent with the processual nature of the branding ritual. Similar arguments apply to the agnation reported among the Mahafaly, Masikoro and Sakalava and it would seem to all Malagasy peoples reported as displaying agnatic structure.

Is there any link between the Bara emphasis on grouping by patrifiliation and Bara cattle keeping? The grouping recruited by patrifiliation (*tariky*) forms the core of the Bara hamlet and shares rights over its herd, ricefields and tomb, as well as conducting marriage, circumcision, curing and funerary ceremonials (Huntington). The apparent contrast between this grouping and the local Merina family is somewhat superficial, for Bloch considers that the latter would be quite similar to the *tariky* of the Sakalava and Bara (or Mahafaly) if the strict enforcement of Merina locality rules were not inhibited by problems of inheritance.

The principal economic contrast between the Bara and the Merina, Betsileo and other highland peoples lies in the different balance between rice production and cattle keeping. It is true that cattle are of profound symbolic significance almost throughout Madagascar, and even of practical importance for trampling the inundated rice fields in preparation for sowing, and in supplying them with fertilizing manure. Among the Betsileo, cattle are the symbol of wealth and power, as well as being used for sacrifice at every group ceremonial (Rajaonarimanana). Nonetheless, the attitude toward cattle and the personal relationship between human beings and cattle among the pastoralists of the west and south contrasts greatly with that found among the Merina, Betsileo and plateau peoples. The economic contrast in terms of numbers of cattle per head, labor time spent and overall contribution to subsistence and wealth is indisputable. For the Merina rice production predominates and cattle keeping is a relatively minor occupation, whereas for the Bara, while rice growing is important for subsistence, cattle keeping is predominant and demanding, with very large herds amounting to as much as five cattle per head of the population. With an acephalous social system in which fighting and raiding was endemic, the solidarity of the local group of men for herding and protecting the cattle was fundamental, and perhaps sufficient explanation of the correspondingly different balance in the social and kinship system, expressed in the Bara emphasis on cumulative patrifiliation in the *tariky*.

Whether a similar interpretation can be made of the Sakalava *tariky* is more problematic, because the Sakalava herds, though equally large, have in recent times been left to roam freely a great deal and it is therefore less obvious that the need to herd and protect them would have influenced the form of social organization. But the internecine wars of the nineteenth century may have discouraged many Sakalava commoners from keeping cattle and caused a breakdown in the traditional methods of doing so. Before this period, it must have been as essential for the Sakalava as for the Bara to have a strong and solidary group of adult men to herd and protect their cattle. Besides, there is a more important factor which may have facilitated the development of shallow local groups based on patrifiliation among the Sakalava.

The Sakalava contrast most strikingly with other Malagasy, including other pastoralists such as the Bara, in that commoners lack the elaborate cult of tombs and the dead found elsewhere, apparently because the cult of the dead kings and their tombs has entirely taken its place. "The Sakalava conceive of their lives governed by all the Sakalava monarchs that ever lived" (Feeley-Harnik) and the monarchs imposed their authority on the population through the literal physical possession of their bodies, which, unless the required ritual services were performed, caused them sickness and made them afraid to leave the realm. The whole system acquires added prestige and authority from a complex and powerful cosmological system which frames and structures it with coherence and meaning (Lombard).

It is commoners who become possessed by the spirits of dead kings (*tromba*), who construct and tend their tombs and carry out their funerary ceremonies (Feeley-Harnik). In effect, the royalty have lost their ancestor cult, and commoners have lost theirs also, but have been subsumed in the royal cult which they practice in its place. Royalty may not become possessed or conduct second burial ceremonies. Commoners are only possessed by royalty and conduct second burials only for them. With the loss of their own ancestor cult they have also lost fundamental features of the kinship system present elsewhere. Since their well-being and fertility has come to depend upon the royal ancestors, not on their own, there is no pressure, as elsewhere, to ensure continuity with the ancestors both male and female, with its accompanying pressures towards cognatic kinship reckoning and endogamous marriage. In the absence of such pressures, the Sakalava are able to avoid the dangers of incest by insisting on exogamy and avoiding kinship between spouses in a way that most Malagasy cannot, and this favors the Sakalava emphasis on patrilines and the emergence of shallow agnatic groupings. But the rulers themselves are in a relationship of consanguinity with God according to the model of dynastic endogamy (Lombard). Nor were the dynastic families unilineal, for they endeavored to retain all their descendants through both males and females as members.

This general interpretation is strengthened by evidence from Imerina on how changes in kinship and marriage accompany political and economic change. The favored soldiers of Andrianampoinimerina won large numbers of slaves. This changed the productive system and they began to pass down their estates from father to eldest son, cutting out the previous rights of younger sons as well as daughters. Large landowners practiced a strict endogamy. But in poorer families younger sons and daughters continued to inherit. Slaves rarely married at all, but after their emancipation the pressures of land shortage, Christianity and the Code Civile led them to look outside their local communities and marry exogamously (Razafindratovo—Ramamonjisoa). This partly parallels the interpretation of exogamy among Sakalava commoners and its accompanying unilineal emphasis.

Why such changes should have occurred in Sakalava and not elsewhere is thus related to the development of the Sakalava kingdoms of the Maroseranana dynasty—Menabe, Boina, Bemihisatra and the many more, whose ancestry was remotely linked by tradition with the Malgachized Afro-Arabs of the southeast coast. The sparsely occupied, semi-arid grasslands of western Madagascar provided a poor base for state formation, but the advantage which the Sakalava had, under Maroseranana leadership was the relationship they were able to establish with the Afro-Arab-Swahili trading cities of the west coast with their network of commercial links embracing the Comoro Islands, Zanzibar and the whole East African coast. This somewhat ambiguous and unstable relationship probaby varied from economic dependence and partnership to monopoly and plunder.

The Sakalava kingdom never achieved effective centralized state organization. The whole complex panoply of the royal ancestor cult, which can be seen as a mechanism of exploitation for the extraction of surplus and for mystification (Bloch), provided a focus of solidarity and leadership, through which the Sakalava kingdoms were able to operate on a larger scale and at least for short periods mobilize greater force than other Malagasy, apart from the developed Merina state. Berg has documented the way in which the Merina sovereigns consciously monopolized and manipulated religious symbols to increase the sacralization of the kingdom as its secular power increased, with ritual expression changing from the early contract of mutual dependence between group and sovereign, into that of relations between superior and inferior. The sacralization of the Sakalava kingdoms was probably effective in spreading their influence far beyond the permanent range of their secular power. They were able to mobilize force on occasion, not through a developed state apparatus like that of Imerina, but by bargaining with the various local leaders, of which each kindom was composed, for the terms on which they and their followers would join in military expeditions and share the booty. Although the ritual aura of the royal cults and *tromba* possession spread far and wide, stable political order did not, but was rather limited to a small number of people round the immediate capital of each kingdom. The entire population of a sovereign's domain was theoretically required to participate in the "royal work" (Feeley-Harnik), which corresponded to the corvée labor for the Merina sovereign, which included military service and was so oppressive that many young men fled elsewhere to escape it (Ratrimoharinosy). In Sakalava, on the other hand, it seems that a relatively small number of people near to the royal capital participated out of a sense of loyalty and devotion to the monarchy from which they also benefited.

    The ability to mobilize occasional force was enough to draw effectively on the wealth of the trading cities, which had probably brought it into being. For siphoning off the wealth from the cities, by occasional plunder and by monopoly over their internal trade routes seems to have been the extra stimulus which brought into being kingdoms somewhat more impressive than elsewhere but far from achieving the effective organization of a centralized state. Their authority was based on the ritual force of the royal cult, which gave the rulers seniority over all local leaders and enabled them to take the initiative in inviting participation in expeditions from which all stood to gain according to their status and prowess, which in turn confirmed the expression of the rulers' supremacy in the corporate enactment of the royal cult.

    The relative meaninglessness of the current ethnic labels and divisions applied to the peoples of Madagascar is a final feature which reflects their basic unity. Many are of recent origin and were enforced by the exigencies of colonial rule, as is well demonstrated in the case of the Mahafaly (Eggert). If they have any validity at all, several are of purely geographic and ecological significance (Rakotoarisoa, Esoavelomandroso, Fanony). The only unity that the Sakalava had derived from the claim of their royal dynasties to common Maroserana origin and from the relative cultural homogeneity of the common people, which, however, was hardly confined to them. They certainly knew themselves by the names of their individual kingdoms, and the name Sakalava, with its much disputed derivations, was doubtless thrust upon them by outsiders.

I have briefly examined some of the key issues which most strikingly call in question the unity of Malagasy culture, to see whether some of the divergences can be convincingly interpreted in the light of a single model. I have ordered a series of transformations of this model, in the sense used by Lévi-Strauss, to demonstrate how common underlying principles reacting with different external forces and different environmental and economic situations could find expression in forms as diverse as those found in Sakalava and in Imerina, or in Bara and Vohémar and Betsimisaraka. As a hypothesis I have taken cumulative kinship as the central principle of the model, with a number of related secondary principles: undifferentiated descent with a slant towards patrifiliation; inalienable maternity, with lack of emphasis on virginity; problematic paternity, achieved not ascribed; absence of bridewealth, fragile marriage combined with lasting official relationships, the importance of children and teknonymy as well as the cult of the dead; endogamy and incest breaking, royal omnilineality, cousin marriage and sex-of-speaker terminology. The Malgachized Afro-Arabs of the east coast with their ritual potency and the Swahili speaking Afro-Arabs of the west coast with their trading cities and overseas commercial networks were treated as external factors. The internal factors are all directly related to the general principle of cumulative kinship, though often in ways at first sight paradoxical.

The evidence for a coherent and complete social and cultural history of Madagascar is still much too patchy for success to be possible at this stage. Some hold that in these circumstances the less said the better. Others feel that the attempt to coordinate existing evidence and to state its possible implications is the best way to stimulate further research, critical examination and correction. It is better for those professionally committed to the archaeological, historical, social and cultural understanding of Madagascar and its peoples to integrate and reconcile their findings, however incomplete, rather than to leave the field open for even less well grounded speculations on Madagascar and its past.

Bibliography

Abinal and Malzac, RR.PP.
   1963   *Dictionnaire Malgache-Français*. Paris, Éditions Maritimes et d'Outre-Mer.
Agassi, J. B.
   1971   "The Mixed Blessings of Technology: Comments on Professor Roberts' Paper," *Philosophy of the Social Sciences* 1:221–231.
Anonymous
   1816   *Manuscript* no. 99. In Grandidier 1908:121
Association des Géographes de Madagascar
   1970   *Atlas de Madagascar*. Tananarive, Le Bureau pour le Développment de la Production Agricole et Le Centre de l'Institut Géographique National à Madagascar.
Ayache, S.
   1978   *Raombana, l'historien*.
Baré, J. F.
   1971   "Traits des organisations soçiales sakalava du Nord," *Taloha 4*, Tananarive: 185–97.
   1973a   *Conflits et résolution des conflits dans les monarchies sakalava du Nord actuelles*. Tananarive, Musée d'Art et d'Archéologie de l'Université de Madagascar, "Travaux et Documents," vol. XII.
   1973b   "Successions politiques et légitimité: l'exemple sakalava du Nord (1700–1800)" *A.S.E.M.I.* vol IV no 4, C.N.R.S.-E.H.E.S.S., Paris: 85–97.
   1974   "La terminologie de parenté sakalava du Nord (Madagascar)," *L'Homme*, Mouton, Paris-La Haye: 5–41.
   1975   *Permanence et évolution d'une monarchie du Nord Ouest Malgache*. Thèse de troisième cycle, Paris. 402 p.
   1977   *Pouvoir des vivants, langage des morts*. Paris, F. Maspero.
Bastard, E.-J.
   1904   "Mémoires d'un roi Bara," *Revue de Madagascar*.
Batchelor
   1877   "Notes on the Antankarana," *Antananarivo Annual*.
Battistini, R.
   1963   *L'Extrême Sud. Essai de géographie physique*. Paris, Éditions Cujas.
   1964   *Géographie Humaine de la Plaine Côtière Mahafaly*. Paris, Éditions Cujas. 197 p.
   1968   *L'Afrique australe et Madagascar*. P.U.F., Coll. Magellan no. 23, Paris.

Battistini, R., Vérin, P., et Rason, R.
   1963   "Le site archéologique de Talaky." In *Annales malgaches. Faculté des Lettres et Sciences Humaines.* Tananarive, I, pp. 111–127.

Baxandall, M.
   1972   *Painting and Experience in Fifteenth Century Italy: A Primer in the Social History of Pictorial Style.* London.

Beidelman, T. O.
   1961   "Hyena and Rabbit: A Kaguru Representation of Matrilineal Relations.," *Africa* 31: 61–74.
   1971   "Foreword." In Marion Kilson, *Kpele Lala: Ga Religious Songs and Symbols.* Cambridge, Massachusetts, pp. xi-xxi.
   1974   "Social Theory and the Study of Christian Missions," *Africa* 44: 235–249.

Benevent
   1897   "Étude sur le Boeny." *Notes, Reconnaissances, et Explorations.*

Benyowski, M. A.
   1790   *Memoirs and Travels.*

Berg, Gerald
   1977   "The Myth of Racial Strife and Merina Kinglists." *History in Africa* 4: 1–30.

Bernier, C.
   1834   *Rapport sur une mission sur le cote nord-est de Madagascar.* Published as "Quelques Notes sur le nord de Madagascar," T. Fleury, ed., Société de Géographies Commercacle de Bordeaux, *Bulletin*, 1886.

Billard, G.
   1977   "Note sur la découverte de trace de civilisations anciennes à Mayotte," *Asie du Sud-Est et le Monde Insulindien.*

Birkéli, Émil
   1926   "Marques de Boeufs et Traditions de Race," *Bulletin* 2, Oslo Etnografiske Museum.

Bloch, M.
   1968   "Astrology and Writing in Madagascar." In J. Goody (ed.), *Literacy in Traditional Societies.* Cambridge, pp. 277–297.
   1971   *Placing the Dead.* London, Seminar Press.
   1975   "Property and the End of Affinity." In *Marxist Analyses and Social Anthropology.* M. Bloch, ed., London, Malaby Press.
   1977   "The Disconnection between Rank and Power as a Process," *Annales Européenes de Sociologie,* vol. XVIII, 18, pp. 107–148.
   1978   "Marriage amongst Equals: An Analysis of the Marriage Ceremony of the Merina of Madagascar," *Man* 13: 21–33.
   1979   "Slavery and Mode of Production in Madagascar: Two Case Studies." In *Asian and African Systems of Slavery.* J. L. Watson, ed., Berkeley, University of California Press.

Boin, M.
   1897   "Les Baras et les Tanalas des districtes d'Ivohibe et de Ihosy." *Notes, Reconnaissances, et Explorations.*

Boiteau, P.
   1958   *Contribution à l'histoire de la nation malgache.* Editions Sociales—Paris.
   1968   *Article sur les droits sur la terre à Madagascar in Sur le Mode de Production asiatique CERM.* Éditions Sociales—Paris.

Brady, Ivan
1976 "Adaptive Engineering: An Overview of Adoption in Oceania." In *Transactions in Kinship: Adoption and Fosterage in Oceania*. Ivan Brady, ed., pp. 271–93. Honolulu, University of Hawaii Press.
Breslar, Jon
1979 *L'Habitat Mahorais: Une Perspective Ethnologique*. Paris, A.G.G.
Carroll, Vern
1970 "Introduction: What Does 'Adoption' Mean?" In *Adoption in Eastern Oceania*. Vern Carroll, ed., pp. 3–17. Honolulu, University of Hawaii Press.
Chamla, M. C.
1958 "Recherche anthropologique sur l'origine des Malgaches," *Mémoires du Museum*, Paris.
Chanudet, C.
1975 "Conditions de la disparition des subfossiles de Madagascar, Essai bibliographique," *Travail dÉtudess et de Recherches*, Brest, à paraître dans "Travaux et Documents du Musée d'Art et d'Archéologie de Tananarive."
Chittick, H. N.
1966 "Unguja Ukuu: The Earliest Imported Pottery, and an Abbasid Dinar," *Azania* I: 161–163.
1967 "Discoveries in the Lamu Archipelago," *Azania* 2: 37–68.
1973 "Review of *Archéologie Malgache*," *Azania* 8.
1974 *Kilwa: An Islamic Trading City on the East African Coast*. Nairobi, British Institute in East Africa.
Condominas, G.
1960 *Fokon'olona et collectivités rurales en Imerina*. Paris, Berger Levrault.
Coulaud, Daniel
1973 *Les Zafimaniry: Un groupe ethnique de Madagascar à la poursuite de la forêt*. Tananarive, Imprimerie Fanontam-Boky Malagasy.
Cowan, Dean
1881 *The Bara Land*.
Dahl, O.
1951 *Malgache et Maanjan. Une comparaison linguistique*. Oslo, Egede Institut.
Dahle, L.
1908 *Anganon'ny Ntaolo*.
Das Gupta, A.
1967 *Malabar in Asian Trade 1740–1800*. Cambridge.
Decary, R.
1924 "Notes Ethnographiques sur les Populations du District de Maromandia," *Revue, d'Ethnographie et des Traditions Populaires*.
1930 *L'Androy (Extrême-sud de Madagascar). Essai de monographie régionale*. Paris.
1933 Société d'Éditions Géographiques, Maritimes et Coloniales. Tomes I (224 p.) et II (268 p.).
1950 *La Faune malgache, son rôle dans les croyances et les usages des indigènes*. Paris, Payot.
1951 *Moeurs et Coutumes des Malgaches*. Paris, Éditions Payot. 279 p.
Defoort
1913 *L'Androy. Essai de monographie*. Tananarive, Imprimerie Officielle, 134 p.
Deschamps, H.
1959 *Les Migrations intérieures à Madagascar*. Paris, Berger-Levroult.
1960 *Histoire de Madagascar*. Paris, Berger-Levrault, Mondes d'Outre-Mer.

Délivré, A.
1974 *L'Histoire des Rois d'Imerina—Interprétation d'une tradition orale*. Paris, Klinsiek.

Dez, J.
1964 "Quelques hypothèses formulées par la linguistique comparée à l'usage de l'archéologie," *Taloha 1*, pp. 197–213.

Domenichini, J. P.
1981 "Problématiques passées et présentes de l'archéologie à Madagascar," *Recherche Pédagogie et Culture*, IX, 55, sept.-déc., pp. 10–15.

Drucker, P. F.
1960 "Work and Tools." *Technology and Culture* 1: 28–37.

Drury, R.
1906 "Madagascar ou le Journal de Robert Drury pendant ses quinze ans de captivité," *C.O.A.C.M.*, tome IV. Paris, Union Coloniale.

Dubois, le P. Henri-Marie
1938 *Monographie des Betsileo*. Paris, Institut d'Ethnologie, 1510 p.

Dubois de la villerabel
1900 "La Tradition chez les Bara." *Notes, Reconnaissances, et Explorations*.

Dumont, L.
1970 *Homo Hierarchicus*.

Elle, B.
1905 "Note sur les tribus de la province de Farafangana," *Bulletin de l'Académie Malgache*.

Eggert, Karl
1979 "Who are the Mahafaly? Social and Cultural Identifications and Misidentifications in Southwestern Madagascar." Paper prepared for the colloquium concerning "Histoire et civilisation(s) du sud et de l'ouest malgaches" sponsored by le Département d'Histoire de l'Établissement d'Enseignement Supérieur des Lettres. Toliary April 9–15, 1979.

Emphoux, J. P.
1978 "Note sur une culture ancienne du XIIe siècle en pays antandroy." Communication à l'Académie Malgache le 21 décembre. 6 p.
1979 "Archaeology and Migrations in Northern Androy: A Preliminary Report." In *Madagascar in History—Essays from the 1970's*. R. Kent, ed., pp. 32–41.
1979 "Deux sites importants: Andranosoa et le Manda de Ramananga." Communication au Colloque International d'Histoire Malgache (9–15 avril 1979 à Tuléar), 9 p.

Evrard, D.
1979 "Étude culturelle des collections du Musée de l'ORSTOM à Tananarive," "Travaux et Documents," IV, Tananarive, Musée d'Art et d'Archéologie de l'Université de Madagascar.

Faublée, Jacques
1954 *La cohésion des sociétés bara*. Paris, Presses Universitaires de France. 158 p.

Fagereng, E.
1971 *Une famille de dynasties malgaches*. Oslo-Bergen-Tromso, Universitetsforlaget. 104 p.

Faurec, U.
1941 *L'Archipel aux Sultans Batailleurs*. Tananarive, Imprimerie Officielle.

Feeley-Harnik, G.
1978 "Divine Kingship and the Meaning of History among the Sakalava of Madagascar," *Man* (N.S.) 13: 402–417.

1979   "The Sakalava House," *Anthropos* 75:559–85.
Fernandez, M. F.
1970   "Contribution à l'étude du peuplement ancien du lac Alaotra," *Taloha 3*, pp. 3–54.
Ferrand, G.
1891–   *Les Musulmans a Madagascar et aux Iles Comores*, vol. I-III.
1902
1902   "La Légende de Raminia," *Journal Asiatique*, 9th series.
1904   "Qarmathes et Undzatsi," *Revue de Madagascar*.
1905   "Trois Étymologies Arabico-Malgaches," *Mémoires de la Société de Linguistique de Paris*, tome 13.
1908   *L'origine africaine des Malgaches*. Paris, Imprimerie Nationale.
1910   "Les Voyages des Javanais à Madagascar," *Journal Asiatique*, 10th series, tome XV.
Filliot, J. M.
1970   *La traite des esclaves vers les Madcareignes au 18e siècle. 3e cycle. Ronéotypé.*
Firth, R.
1965   *Primitive Polynesian Economy*. 2nd ed. London.
1967a   "Ritual Adzes in Tikopia (1959)." In R. Firth, *Tikopia Ritual and Belief*. Boston.
1967b   *The Work of the Gods in Tikopia*. 2nd ed., London.
1972   *Economics of the New Zealand Maori*. 2nd ed. Wellington, New Zealand.
Flacourt, E.
1913   *Histoire de la grande île de Madagascar*. Paris, Chez Pierre Bien-Gait, 1661. In *C.O.A.C.M.*, tome VIII. Paris, Union Coloniale. 306 p.
Fortune, R.
1932   *Sorcerers of Dobu*. New York.
Foucart, G.
1894   *Le commerce et la colonisation*.
Gardenier, William
1976   *Witchcraft and Sorcery in a Pastoral Society: The Central Sakalava of West Madagascar*. Ann Arbor, University Microfilms International.
1978   "Witchcraft, Sorcery and Cattle Herding among the Sakalava of West Madagascar," *World Review of Animal Production*, vol. XIV, 57–61.
1979   "Sakalava Divination." To appear in *Festschrift in Honor of Edward Norbeck*. Christine M. Drake, ed., Houston, Rice University Studies.
Gaudebout, P. Vernier
1941   "Notes sur une campagne de fouilles a Vohemar," *Bulletin de l' Académie Malgache*, XXIV.
Geertz, Clifford
1959   "Ritual and Social Change: A Javanese Example." *American Anthropologist* 61: 991–1012.
Geertz, C.
1972   "Deep play: Notes on the Balinese Cockfight," *Daedalus* 101 (1): 1–37.
Geertz, Hildred and Clifford
1964   "Teknonymy in Bali: Parenthood, Age-grading and Genealogical Amnesia," *Journal of the Royal Anthropological Institute* 94: 94–108.
Giallombardo, R.
1966   *Society of Women: A Study of a Women's Prison*. New York.

Giedion, S.
1967 *Space, Time and Architecture: The Growth of a New Tradition.* Stu. ed., rev. and enl., Cambridge, Massachusetts.

Grandidier, A. et G.
1903–1920 "Collection des ouvrages anciens concernant Madagascar, *C.O.A.C.M.*. Paris, Union Coloniale.
1908–1928 *Ethnographie de Madagascar.* Paris, Hachette et Soc. édit. géog., mar. et col. édit.

Guillain, C. H.
1845 *Documents sur l'histoire, la géographie et le commerce de la partie occidentale de Madagascar.* Paris.

Guinet, F.
1867 "Rapport sur le Nord de Madagascar." In Baron Richemont, ed., *Documents sur la Compagnie de Madagascar*, Paris.

Gulunier, Noël Jacques
1977 *Les Monuments Funéraires et commémoratifs de bois sculptés betsileo.* Tuléar, Publications du Centre Universitaire Régional, Série recherche No. I, 395 p.

Hammel, Eugene A.
1968 *Alternative Social Structures and Ritual Relations in the Balkans.* Englewood Cliffs, Prentice-Hall.

Harnik, G., B. W.
n.d. "Ritual and Work among the Northern Sakalava of Madagascar." Communication to the symposium on Human Adjustment in Time and Space in Madagascar, Wenner-Gren Foundation, Burg Wartenstein (Austria).

Hastie, J.
1824 *Journal of James Hastie, British Agent in Madagascar 1823–4*, Government of Mauritius Archives (also published).

Hertz, Robert
1960 *Death and The Right Hand.* Rodney and Claudia Needham, trans., Glencoe, Free Press.

Heurtebize, G.
1979 "Les progressions démographiques et spatiales chez les Antandroy vues à travers le clan des Afomarolahy." Communication présentée au "Colloque International d'Histoire Malgache." 9–15 avril Tuléar/Madagascar. 7 p.

Heurtebize, G. et Vérin, P.
1974 "Premières découvertes sur l'ancienne culture de l'intérieur de l'Androy (Madagascar). Archéologie de la valée du Lambomety su la haute Manambovo."In: *Journal de la Société des Africanistes* XLIV, 2, pp. 113–121.

Hildebrandt, J. M.
1880 "Ausflug zum Ambergebirge in Nord-Madagaskar," *Zeitschrift der Gesellschaft fur Erdkunde Zu Berlin*, XV.

Hocart, A. M.
1970 *Kings and Councillors: An Essay in the Comparative Anatomy of Human Society.* Chicago.

Hockett, Charles F. and Robert Ascher
1964 "The Human Revolution," *Current Anthropology* 5, 3: 135–168.

Hoerner, Jean Michel
1976 "Étude sur les populations Mikea du Sud-Ouest de Madagascar, in Omaly sy Anio (Hier et Aujourd'hui)," *Revue d'Études Historique du Département d'Histoire*, Université de Madagascar, Nos 3 et 4.

Huntington, William Richard
  1974   *Religion and Social Organization of the Bara People of Madagascar*. Ann Arbor, University Microfilms International.
  1978   "Bara Endogamy and Incest Prohibition," *Bijdragen Tot de Taal-, Land-, en Volkenkunde* 134: 30–62.
Hurvitz, D.
  1976   "Anjoaty Cemeteries, Villages, and Houses," *Taloha*.
  1979   "Anjoaty Cattle Ear Marks." In R. Kent, ed., *Madagascar in History*.
Julien, G.
  1929   *Pages Arabico-Madecasses*. Paris.
Kent, R. K.
  1970   *Early Kingdoms in Madagascar 1500–1700*. New York, Holt, Rinehart and Winston.
Koechlin, B.
  1975   *Les Vezo du Sud-Ouest de Madagascar*. Paris, Mouton.
Kottak, C. P.
  1971   "Cultural Adaptation, Kinship and Descent in Madagascar," *Southwestern Journal of Anthropology* 129.
  1971   "Social Groups and Kinship Calculation among the Southern Betsileo," *American Anthropologist* 73: 178–193.
  1977   "The Process of State Formation in Madagascar," *American Ethnologist* 4: 136–155.
  1980   *The Past in the Present: History, Ecology, and Cultural Variation in Highland Madagascar*. Ann Arbor, University of Michigan Press.
Kottak, C. P., B. W.
  n.d.   "Adoption and Fosterage among the Betsileo." Communication to the symposium on Human Adjustment in Time and Space in Madagascar.
Kus, S. and H. T. Wright
  1976   "Notes Préliminaries sur une Reconnaissance Archéologique de l'île de Mayotte (Archipel des Comores)," *Asie du Sud-Est et le Monde Insulindien*, VII, 2–3: 123–35.
Lavondès, Henri
  1967   *Bekoropoka: Quelques aspects de la vie familiale et sociale d'un village malgache*. Paris, Mouton, 192 p.
Leach, E. R.
  1968   *Critique de l'anthropologie*. Paris, P.U.F.
Le Barbier
  1916   "Notes sur le pays des Bara Imamono," *Bulletin de l'Adcadémie Malgache*.
Levy
  1911   "Le Nord-Est de Madagascar," *Revue de Madagascar*.
Lombard, Jacques
  1973   *La Royauté Sakalova, Essai d'analyse d'un système politique*, Tananarive, ORSTOM.
Malinowski, B.
  1961   *Argonauts of the Western Pacific: An Account of Native Enterprise and Adventure in the Archipelagoes of Melanesian New Guinea*. New York. (Orig. 1922).
  1965   *Coral Gardens and Their Magic*. 2 vols. Bloomington, Indiana. (Orig. 1935).
Malzac, R. P.
  1912   *Histoire du Royaume Hova*. Antananarivo, Imprimerie Catholique.

Marquer, P.
  n.d. "Étude Anthropométrique des Ossements provenant des sépultures 'arabes' de la region de Vohémar," *Bulletin de l'Académie Malgache*, XXVIII.
Mavrocordato, Alexandre
  1966 "L'étrange Journal de Robert Drury," *Bulletin de Madagascar*, 238: 191–214.
Mayeur, N.
  1912 "Voyage dans le nord de Madagascar," *Bulletin de l'Académie Malgache*, V, X.
McKinley, Robert
  1973 "Review of *Adoption in Eastern Oceania*, edited by Vern Carroll," *Journal of Asian Studies* 32: 734–737.
Mellis, J. V.
  1938 *Volamena et Volafotsy*. Tananarive.
Middleton, John and E. H. Winter
  1963 Introduction. *Witchcraft and Sorcery in East Africa*. J. Middleton and E. H. Winter, eds., London, Routledge & Kegan Paul.
Millot, L.
  1912 "Les Ruines de Mahilaka," *Bulletin d'Académie Malagache* X: 283–88.
Mintz, Sidney W. and Eric R. Wolf
  1950 "An Analysis of Ritual Co-Parenthood (*Compadrazgo*)," *Southwestern Journal of Anthropology* 6: 341–368.
Molet, L.
  1900 "Aperçu sur un groupe, nomade de la forêt épineuse des Mikea," *Bulletin de l'Académie Malgache*, tome XXXVI, Tananarive, Imprimerie Officielle, pp. 241 à 243.
Mondain, G.
  1910 "L'Histoire de l'Imoro au XVIIe Siecle," *Bulletin de Correspondance Africaine*, tome XLIII, Publications de la Faculté des Lettres d'Alger.
Myrdal, G.
  1956 *Development and Under-Development: A Note on the Mechanism of National and International Economic Inequality*. Cairo.
Noel, V.
  1843 "Recherches sur les Sakkalava," *Bulletin de la Société de Géographie de Paris*.
Ottino, Paul
  1963 *Les économies paysannes malgaches du Bas Mangoky*. Paris, Éditions Berger-Levrault. 375 p.
  1964 "La crise des systèmes matrimonial et social des Sakalava de Nosy Be," *Civilisation Malgache I*, 225-248, Cujas, Université de Madagascar.
  1970 "Adoption on Rangiroa Atoll, Tuamotu Archipelago." In *Adoption in Eastern Oceania*. Vern Carrol, ed., pp. 88–118. Honolulu, University of Hawaii Press.
  1973 "La hiérarchie sociale et l'alliance dans le royaume de Matacassi des 16e et 17e siecles," *ASDA*.
  1974 *Madagascar, les Comores et le Sud-Ouest de l'Océan Indien*. Tananarive, Université de Madagascar.
  1979 "Mythe et histoire: les Andriambahoaka malgaches et l'héritage indonésien," Inédit, 43 p.
  n.d. "Le Moyen-Age de L'Océan Indien et le Peuplement de Madagascar," ms., Centre Universitaire De La Réunion.

Ortner, Sherry B.
  1978   *Sherpas Through Their Rituals*. Cambridge, Cambridge University Press.
Park, George K.
  1963   "Divination and its Social Contexts." *Journal of the Royal Anthropological Institute* 93: 195–209.
Poirier, C.
  1953   "Le Damier Ethnique du Pays Côtier Sakalava," *Bulletin de l'Académie Malgache*, XXXI.
Rabeson, J.
  n.d.   *Tantaran'ny Tsimiamboholahy Ilafy*. Tananarive.
Raharijaona, S. and P. Vérin
  1964   "Le système de parenté Merina." *Annales de l'Université de Madagascar*, Série lettres et sciences humaines, No. 2.
Rajaonarimanana, Narivelo R. G.
  1976   "Notes sur le site d'Antsorodalana," *Taloha 7*, Université de Madagascar, pp. 5–18.
  1978a   "Les ancêtres et la vie," *Ambario No. 2–2*, Académie Malgache, pp. 137–138.
  1978b   *"Ny akalo vy fito* 'Les Sept pilons de fer.'" *Traditions orales du Manandriana*. Tananarive, Musée d'Art et d'Archéologie, "Travaux et Documents," 453 p.
Rajemisa-Raolison, Régis
  1966   *Dictionnaire historique et géographique de madagascar*. Fianarantsoa, Librairie Ambozontany. 284 p.
Rakotoarisoa, J. A. et G. Heurtebize
  1974   "Note sur la confection des tissus de type Ikat à Madagascar: Les Laimasaka de la région de Kandreho et d'Ambatomainty," *Archipel no. 8*, pp. 67–81.
Rakotoarisoa, J. A. et Hilarion Rakotovololona
  1979   "Essai d'inventaire des sites d'intérêt historique et archéologique du Sud et de l'Ouest de Madagascar." Communication faite au Colloque d'Histoire Malgache à Tuléar (9–15 avril 1979).
Ralaimihoatra, Édouard
  1969   *Histoire de Madagascar*. Tananarive, Hachetter Madagascar. 324 p.
Ralaivola, C.
  1970   "Esquisse Monographique de Vohemar," *Bulletin de Madagascar*, no. 288.
Ralph, E. K., H. N. Michael and M. L. Han
  1973   "Radiocarbon Dates and Reality," *MASCA Newsletter* Vol. 9, No. 1. Philadelphia: University Museum.
Ramilisonina
  1970   "Ny Kajemby Sy Ny Toeram-Pandevenany," *Taloha 3*.
Raminosoa, Noro
  1971   "Système éducatif de la femme et sa fonction dans la société Zafimaniry," *Bulletin de Madagascar* 307. Dec., 922–51.
Randriamandimby
  1973   "Le Concept de Hiérarchie en Imerina Historique," *Asie du Sud-Est et Monde Insulindien*, vol. 4, no. 4.
Rappaport, R. A.
  1967   *Pigs for the Ancestors: Ritual in the Ecology of a New Guinea People*. New Haven.
  1974   "The Obvious Aspects of Ritual," *Cambridge Anthropologist* 2: 3–68.

1979 *Ecology, Meaning, and Religion*. Richmond, North Atlantic Books.
Rasamimanana, J. and L. Razafindrazaka
    1909   *Ny Andrianamtompokoindrindra*. (Privately published).
Rasamoelina, D.
    n.d.   *Les Andriadranando*. (Unpublished thesis).
Ratrimoharinosy-Andriantsalama, Hélène
    1972   "La Société Malgache et la crise de 1883–1885 à travers le Journal de Rainilaiarivony."
Razafindratovo, J.
    1965   *Étude du village d'Ilafy*. ORSTOM, Ronéotypé.
    1970   *Hiérarchies et alliances*. 3e cycle. Ronéotypé.
Richards, A. I.
    1961   *Land, Labour and Diet in Northern Rhodesia: An Economic Study of the Bemba Tribe*. 2nd ed., London. (Orig. 1939).
Richardson, J.
    1877   *Lights and Shadows*.
Richardson, J.
    1885   *A New Malagasy-English Dictionary*, 1885/1967.
Roberts, J. M.
    1971   "Expressive Aspects of Technological Development," *Philosophy of the Social Sciences* 1: 207–220.
Robinson, J.
    1964   *Économic Philosophy: An Essay on the Progress of Economic Thought*. New York.
Rothman, D. J.
    1971   *The Discovery of the Asylum: Social Order and Disorder in the New Republic*. New York.
Ruud, Jörgen
    1970   *Taboo, a Study of Malagasy Customs and Beliefs*. Tananarive, Trano Printy Loterana. (First edition, Oslo, 1960).
Sahlins, M. D.
            "La Première Société d'Abondance," *Les Temps modernes* 263, pp. 641 à 680.
    1965   "On the Ideology and Composition of Descent Groups," *Man* vol. 65: 104–07.
Scheffler, H. W.
    1970   "Kinship and Adoption in the Northern New Hebrides." In *Adoption in Eastern Oceania*. Vern Carroll, ed., pp. 369–389. Honolulu, University of Hawaii Press.
Schomerus-Gernböck, Lotte
    1971   "Les Mahafaly, introduction à leur culture matérielle." *Taloha 4—Revue du Musée D'Art et D'Archéologie*. Tananarive, Université de Madagascar. pp. 81–86.
Shaw
    1893   *Antananarive Annual*.
Shore, Bradd
    1976   "Adoption, Alliance, and Political Mobility in Samoa." In *Transactions in Kinship: Adoption and Fosterage in Oceania*. Ivan Brady, ed., pp. 164–199. Honolulu, University of Hawaii Press.

Singer, C., E. J. Holmyard, A. R. Hall and T. I. Williams
   1958   *A History of Technology*. 1954–58. 5 vols. Oxford.
Soper, R. C.
   1967   "Iron Age Sites in North-eastern Tanzania," *Azania* II: 19–36.
Southall, Aidan
   1971   "Ideology and Group Composition in Madagascar," *American Anthropologist* 73, 144–64.
   1975   "Ecology and Social Change in Madagascar: Linton's Hypothesis on the Tanala and Betsileo," *American Anthropologist* 77,3: 603–09.
   n.d.   "Faliarivo and the Model of Malagasy Kinship." Communication to the symposium on Human Adjustment in Time and Space in Madagascar.
Titieux
   1900   "De L'Élevage Dans La Province De Diego Suarez," *Revue de Madagascar*.
Trachez, le P. Vincent
   1930   "Superstitions païennes au pays betsileo," *CCM*, mars 1929, pp. 340–348; juin 1929, pp. 408–424; sept.-oct. 1929, pp. 482–496; déc. 1929, pp. 566–576; mai 1930, pp. 147–161; août 1930, pp. 272–282.
Turner, Victor W.
   1967   *The Forest of Symbols*. Ithaca, Cornell University Press.
   1969   *The Ritual Process: Structure and Anti-Structure*. Chicago, Aldine.
Vavihely, A.
   1971   "Ny foko Antankarana S Sakalava Avaratra," *Tari-dalana*, mars.
Verguin, J.
   1958   "Les échanges," *Population et Economie paysanne du Bas-Mangoky*, Paris, ORSTOM.
Vérin, P.
   1972a   "Historie Ancienne Du Nord-Ouest De Madagascar," *Taloha 5*.
Vérin, P.
   1972b   *Les échelles anciennes du commerce su les côtes Nord de Madagascar*. Thèse pour le doctorat d'État, ronéotypé, Paris. Also L'Université de Lille, 1975.
   1978   "Migrations et contacts entre Madagascar et l'outre-mer jusqu'au XVIIIe siècle." In *Annuaire des Pays de l'océan Indien*, vol. III, 1976, Presses Universitaires d'Aix-Marseille, avril 1978, pp. 73–82.
Vérin, P. et P. Griveaud
   1968   *La protection des richesses naturelles, archéologiques et artistiques à Madagascar*. Guides d'initiation active au développement, Fasc. 6. Antananarivo, Université de Madagascar, École Nationale de promotion sociale.
Vérin, P. et C. G. Mantaux
   1971   "Souvenirs de Voyages d'Alfred Grandidier 1865–1870 (d'apres son manuscrit inédit de 1916)." *Documents Anciens sur Madagascar*, VI. Tananarive, Publication de l'Association Malgache d'Archéologie. 52 p.
Vernier, E. and J. Millot
   1971   *Archéologie Malgache*. Catalogues du Musée de l'Homme.
Vianes, S. and H. Deschamps
   1959   *Les Malgaches Du Sud-Est*, Paris.
Vianès, S. and H. Deschamps
   1968   "Ritual and Social Change: A Ghanaian Example," *American Anthropologist* 70: 21–23.

Vogel, C. C.
    1975   *Les Quatres Meres d'Ambohibo.* (Unpublished thesis).

Weber, M.
    1947   *Max Weber: The Theory of Social and Economic Organization.* New York.
    1958   *The Protestant Ethic and the Spirit of Capitalism.* New York.

Wind, E.
    1964   *Art and Anarchy.* New York.

Wright, H. T.
    1983   "Notes préliminaires sur un ancien site Islamique de Mayotte," *Asie du Sud-est et le Monde Insulindien* XII.
    n.d.   "Early Seafarers of the Comoro Islands: the Dembeni Phase of the IXth-Xth Centuries A.D."

Wyllie, Robert W.
    1968   "Ritual and Social Change: A Ghanian Example," *American Anthropologist* 70: 21–23.

Index

Afomarolahy, 129
Akitsanjy, 29
Alaotra, 48
Ambalavao, 32–33
Ambatofinandrahana, 28–29, 259
Ambila, 91
Amboasary, 128
Ambohimanambola, 178, 182, 188–189
Ambohimanga, 178
Ambondro, 124, 128
Ambositra, 28–29, 245–246
Ambovombe- Tsihombe, 123–125, 127
Ampanobe river, 109, 113
Ampasindava, Bay of, 3, 6, 39–40, 76, 80–81, 84–85, 111, 113
Ampatres, 122
Ampotaka, 124
Anantake, 139
Andapa, 91
Andovo, 127
Andrananivo, 129
Andranosoa, 49
Andriake, 330
Andriamanelo, 102, 301
Andriamanjaka, 40
Andriamasinavalona, 184, 186, 196, 230–231
Andriambolamena, 19–20, 145, 151, 196, 217
Andriamifidy, 181
Andriana, 103, 202
Andrianampoinimerina, King, 22–24, 178, 183–184, 186, 190–192, 206, 232

Andriantsavo, 182
Andrianjaka, 184
Andriantsimitovinaminandriana, 178, 222
Androy, 3, 16–17, 49, 52, 91, 97, 121–130, 413
Anjampenorara, 127
Anjeka, 128
Anjoaty, 2, 14–16, 42–43, 107–117, 414–426
Anjouan, 54
Ankatso, 56
l'Ankay, 48
Ankazoabo, 48, 52
Ankililoaka, 133–134, 136
Anosibe, 301–319
Anosy, 128
Antananarivo, 74, 78, 93
Antandrano, 113
Antandroy, 121–122, 125, 130, 413
Antanimenabe, 77
Antanimieva, 133, 136
Antanimora, 122, 124, 128, 129
Antanosy, 112–116
Antemaroaloke, 128
Antemoro, 90
Antety, 113
Antidoany, 166
Antimahabo, 166
Antonarivo, 236, 238
Antongil, 46, 111
Antanosy, 109, 111
Antsahabe, 365
Antsirabe, 46, 49

Antsohihy-Mandritsara, 91
Antzatci, 111
Anzuali, 112
Arindrano, 49
Asambalahy, 49
Avaradrano, 203
Avaratanana, 261

Bantous, 46, 138
Bara, 2, 3, 6, 16, 33, 34, 35, 36, 128, 195, 277–298, 299–318
Basibasy, 141
Batchelor, 114, 118
Bealanana, 91
Beara, 124
Befandriana, 133, 135, 136
Bekitro, 129
Bekoropitike, 49
Bekoropoka, 133
Beloha, 124, 128
Bemba, 160–161
Bemihisatra, 21, 39, 166, 354, 375, 385–388
Betsileo, 2, 5, 6, 12, 28–29, 31, 33–34, 48, 90–91, 232, 244–262, 263, 274, 277–298, 416
Betsimisaraka, 12, 102
Betsimitatatra, 93
Betsizaraina, 178
Bezanozano, 90
Boba, 308
Bobaomby, 111, 113
Boina, 47, 49, 111–112
Borizano, 198, 201–202
Brissaud, 48

"La Case de Redan", 80, 82
COACM, 118
Comorean Archipelago, Comores, 1, 2, 7, 40, 49, 53–54, 77, 84–85, 394–395, 412, 424

Dembeni, 68, 70–71
Dzaoudzi, 56, 70

Echinops, 137

Faliarivo, 6, 29–32, 263–276

Fanjahira, 113, 115
Fantaka, 187
Faux-cap, 125
Fianarantsoa, 32–33
Fieferana, 238
Fiheregna, 128
Fiherenamasay, 134
Fokontany, 91, 229
"forest people", 2, 138
Fort-Dauphin, 49, 122
French, 287
Froberville, 118

Gak, 77

Hako, 139–40
Hanyundru, 62–63, 66, 68–71, 73, 77, 81
Haute-Terres, 17
Hénésouastes, 111
Horavaka, 360–361
Hounzati, 111–112

d'Ihosy, 34–35, 300–319
Ihotry, 135
Ilafy, 229–243
Imahasina, 209
Imanjakatsiroa, 187
Imerina, 48–50, 52, 102, 175–192, 232–246, 263, 414, 426
Indian Ocean, 352
l'Institut d'Art et de Civilisation de l'Université de Madagascar, 45
Irodo, Bay of, 76–78, 80, 85
d'Isandra, 48–52
Ivato, 281–298

Kachin, 216
Kajemby, 113
Kabary, 99
Karim, 126
Karimbola, 16–17, 125–129
Kelimalaza, 177–178, 181–183, 186, 188–192
Kilwa, 42–43, 68, 81, 417
Kingany, 49
Kipao, 133
Kirkman, 75

Lambomaty, 48
Lamu Archipelago, 84
Lavondès, 133, 134
Lavanono, 125

Madagascar, 71, 81, 130
Mahafale, 127
Mahafaly, 2–3, 6, 13, 36–37, 182, 321–335, 421–422, 426
Mahakirinjo, 133
Mahandrovato, 16–17, 125–127
Mahatomotse, 128
Mahavaly, 178, 182
Mahilaka, 46, 50, 80–82, 84
Mahorais, 41
Maintirano, 46
Majikavo, 56–57, 62–64, 68–72, 77, 84–85
Majunga, 197
Makoa, 197
Malaimbandy, 48
Malayo-Polynesian, 296
Malindi, 42–43
Mamba, 230
Manombo, 136
Manambovo, 122, 124–125, 127–129
Manandona, 49
Manda, 84
Mandrare, 122, 124, 127–128
Mangamila, 49
Mangararo, 112
Mangoky, 136, 145
Mania et Manandriana, 28–29
Manjakatsiroa, 178
Maore, 53–54, 56, 68, 71, 74–77, 80–81, 84
Maori, 161
Marambitsy, 198
Maroaloke, 127
Maroantsetra-Antalaha, 91
Maroseragna, 19, 22–23
Maroseranana, 90, 127
Marovoay, 91
Masikoro, 18–19, 122, 133, 137–138, 140
Matitana, 111–113, 115–116
Matsatso, 181
Mayotte, 1, 6, 40–41, 53, 393–411

Mecca, 112, 117, 395, 403
Menabe, 3, 20, 91, 127, 134
Menaraha, 35
Menarahaka Valley, 34, 300–302
Menarandra, 122, 124, 129
Mergui, 'Archipel, 141
Merina, 2 ,25, 90, 116, 182, 192, 201, 215–228, 263, 274, 277–298, 391, 416–426
Midongy, 128
Mikea, 3, 18, 19, 133–141, 412
Mikoboka, 136
Mikoiky, 139
Moheli, 54
Mombasa, 417
Morombe, 134
Morondava, 91
Moroni, 56
Mozambique, 198
Mpanjaka, 102–103
Musée d'Art et d'Archéologie, Université de Madagascar, Antananarivo, 9, 46
le Centre et le Musée d'Archéologie, 9, 46
Mwali, 54, 68

Ndremandresy, 145
Ndremisara, 145
Ndrenagnahare, 147–148
Ndzuwani, 54, 68, 85
Ngazidja, 54, 68
Nosy Andriana, 113
Nosy Be, 3, 6, 39–40, 354, 361–363, 382–386
Nosy Lava, 46
Nosy Mamako, 81, 113
Nosy Manja, 46

Oceania, 296–297
Old Sima, 68
Ondzatsi, 111–116
Onjatsy, 111, 116

Pamanzi, 70
Protomalagasy, 1
Pygmées d'Afrique Centrale, 138

Rabehaza, 178, 187
Radama, I, II, 116, 176, 180, 186, 189, 190–191, 195, 197, 200
Rafololo, Andrianaivoarivony, 49, 52
Raharovony, 196
Rainilaiarivony, 24–25, 193–196, 199–200, 202–205, 264
Rajaonarimanana, Narivelo, 2, 6, 28–29
Rakoto-Ratsimamanga, 46
Ralambo, 181, 184, 188
Ralehilahy, 40
Ramahavaly, 187
Ramasy, 197
Ramiandrisoa, 199
Ramilisonina, 113, 120
Ramoralambo, 196
Ranavalona, Queens II & III, 24–25, 182–183, 186, 188–189, 195, 197, 203–205, 211, 418
Randriamandimby, 120
Ranotsara, 34–35, 312–319
Ranovato, 123
Raotoaminarivo, 255–256
Rapaka, 96
Rapelasinoro, 205
Rasambohery, 247
Rasendranoro, 205
Rasoamanana, 196
Rasoherina, Queen, 183
Ravaotsirofo, 196
Ravololonandriana, 188
Razafimahefa, 196
Rezoky, 49
Riamangidy, 188
Rohandrian, 115

Sainte-Marie, 113
Sakalava, 2–3, 6–7, 12, 16–22, 37–40, 90–91, 99, 102, 127–128, 143–156, 160–162, 165–166, 169–171, 337–351, 353, 392, 394, 414–426
Salaka, 98, 99
Samangoky, 91
Savoka, 95
Serre la Main, 395, 399–402, 410
Service d'Archéologie de l'Université, 48
Sevohitse, 127–128

Shaw, 120
Sihanaka, 90
Silamo, 17
Sondage, 77–78
Sud-Manombo, 135
Suleyman, 50
Sunni Moslem Maorais, 7
Swahili, 7

Tafiampatsa, 76–78, 80
Tafiantsirebika, 76, 80
Talaky, 48
Taloha, 45
Tampoketsa, 46
Tanala, 2, 6, 12, 195, 274
Tanalavondroue, 128
Tananarive, 178, 189, 200, 204–211, 244, 300–319
Tandriake, 330
Tandroy, 2, 12, 16–17, 91
Tantara ny Andriana, 181, 226
Tattersal, 52
Tikopian, 161
Tinauoko, 365
Titeux, 120
Tranoroa, 128
Tranovato, 49
Trobriand, 161
Tsaratanana, 91
Tsiahilika, 116
Tsienimbalala, 128
Tsihombe, 124
Tsimahalahy, 188, 231
Tsimamandy, 129
Tsimihety, 91
Tsimilofo, 128–129
Tuléar, 52, 134

Unguja Ukuu, 84

Vazimba, 412
Vezo, 18, 115, 133–134, 140
Vohémar 46, 109, 111–116, 413, 426
Volamena, 143
Vonizongo, 49, 52
Vorehe, 139–140
Voromahery, 49, 52

Wartenstein, Burg, Symposium, 1, 45
Wenner-Gren Foundation for
  Anthropological Research, 1, 7,
  42–43, 109

Zafimanara, 16–17, 126–129, 271, 413–426
Zafimanely, 301
Zafimaniry, 6, 16–17, 29, 263, 272, 274

Zafindramalo, 128
Zafindravalo, 128
Zafiraminia, 112, 114–115
Zafitsimaito, 116
Zanahary, 104
Zanakambony, 178
Zanakandriana, 222
Zanzibar, 42–43, 417
Zira'at, 68